Colección | Biografías y documentos

LOS LATINOAMERICANOS
Y LA CULTURA OCCIDENTAL

Carlos Alberto Montaner

LOS LATINOAMERICANOS Y LA CULTURA OCCIDENTAL

GRUPO EDITORIAL NORMA
http://www.norma.com
BOGOTÁ, BARCELONA, BUENOS AIRES, CARACAS, GUATEMALA,
LIMA, MÉXICO, PANAMÁ, QUITO, SAN JOSÉ, SAN JUAN,
SAN SALVADOR, SANTIAGO DE CHILE, SANTO DOMINGO

Impreso por
Cargraphics S.A. Impresión digital
Impreso en Colombia
Printed in Colombia

Ilustración de cubierta:
Fernando de Szyszlo, *Imago*, 1972.
Colección Banco de la República,
Bogotá, Colombia
Armada:
Blanca Villalba Palacios

CC 20702
ISBN 958-04-7641-1

Este libro se compuso
en caracteres Janson

Montaner, Carlos Alberto, 1943-
    Los latinoamericanos y la cultura occidental / Carlos Alberto Montaner. —
Bogotá : Grupo Editorial Norma, 2003.
    424 p. ; 21 cm. — (Colección biografías y documentos)
    ISBN 958-04-7641-1
    1. América Latina - Condiciones sociales 2. Cultura - Historia - América
Latina 3. América Latina – Historia 4. Identidad – América Latina I. Tit.
306.098 cd 19 ed.
AHS I 302

        CEP-Banco de la República-Biblioteca Luis-Ángel Arango.

A los maestros y profesores latinoamericanos, diariamente condenados a explicar quiénes somos y de dónde venimos.

LA EVOLUCIÓN política y el desarrollo económico latinoamericanos se han apartado claramente de los modelos predominantes en los países del Atántico norte. Subjetivamente, los mismos latinoamericanos están divididos a la hora de identificarse a sí mismos. Unos dicen: "Sí, somos parte de Occidente". Otros afirman: "No, tenemos nuestra cultura propia y única"; y un vasto material bibliográfico producido por latinoamericanos y norteamericanos expone detalladamente sus diferencias culturales. Latinoamérica se podría considerar, o una subcivilización dentro de la civilización occidental, o una civilización aparte, íntimamente emparentada con Occidente y dividida en cuanto a su pertenencia a él.

SAMUEL P. HUNTINGTON
«EL CHOQUE DE CIVILIZACIONES»

NOTA DE GRATITUD

Varias instituciones y personas hicieron posibles la redacción, edición y publicación de esta obra. En primer lugar, la Universidad Francisco Marroquín de Guatemala, la Universidad Peruana de Ciencias Aplicadas de Lima y la Universidad de Miami me invitaron a reflexionar sobre los orígenes de la identidad latinoamericana y de ese múltiple ejercicio salió la redacción de este libro. Luego leyeron el manuscrito los profesores Beatriz Bernal, Laura Ymayo Tartakoff, Gastón Fernández de la Torriente y Leonardo Fernández-Marcané y me hicieron valiosas sugerencias. En su momento, mi asistente Ana Grille levantó el índice e incorporó numerosos cambios. Por último, Lilliam Moro, excelente poeta y gran experta en artes gráficas, leyó las pruebas finales en tres días vertiginosos, eliminó gazapos y corrigió unas cuantas inexactitudes e imprecisiones.

Para todos ellos, mi gratitud total.

Contenido

Antes de que comience la lectura

NO HAY NADA
más importante para la formación intelectual y moral de
cualquier ser humano que tener una idea muy clara de las
raíces de la cultura a la que pertenece. Y no es una casualidad que los pensadores más notables del ámbito iberoamericano –Ortega y Gasset, Unamuno, Alfonso Reyes, Octavio
Paz, Jorge Mañach, Antonio S. Pedreira, Mariano Picón,
Pedro Henríquez Ureña y otra larga docena de intelectuales de primera línea– hayan dedicado sus reflexiones más
hondas a tratar de perfilar las señas de identidad de sus respectivas naciones.

Este libro aborda ese tema, pero de forma abarcadora y
no con relación a un país concreto. Me he propuesto describir cuáles son nuestras comunes raíces latinoamericanas
y cómo llegaron a serlo. Se trata, pues, de una historia de la
cultura que puede leerse con provecho desde México a la
Argentina, incluidas, naturalmente, las Antillas españolas o
"mayores". La obra, sin embargo, difiere en cuanto a la estructura convencional de este tipo de libro. El contenido se
despliega en sentido inverso al recorrido tradicional. Comienza con lo que hoy sucede, con lo que observamos, y
luego intenta rastrear sus posibles orígenes. Esa es la manera
racional de interesarnos en la historia. Empezamos a amar
el pasado cuando nos damos cuenta de que formamos parte
de él, de que está vivo en nosotros. También es una historia
diferente porque las fuentes son muy diversas, poco usuales
y no se rehuye ningún tema, por trivial que parezca (el fútbol
o la comida, por ejemplo). Lo importante es que realmente
tenga relevancia para la sociedad: que sea un aspecto fundamental de la convivencia para un grupo importante de
personas.

Hace muchos años, cuando apenas era un adolescente, se me ocurrió la idea de que alguien debería escribir este libro. Entonces yo era un joven estudiante, y entre las disciplinas a las que debía enfrentarme estaba, naturalmente, Historia de América. Creo recordar que utilizábamos un manual bien organizado y con prosa clara, muy didáctico, escrito por un prestigioso catedrático. En realidad no guardo ningún rencor especial contra aquel texto. Era útil, informativo, y contaba con eficacia y economía la crónica de los principales acontecimientos ocurridos en el Nuevo Mundo desde la llegada de los europeos. Ahí estaban los indios precolombinos, la Conquista, la Colonización, la esclavitud de los negros africanos, el asedio de los ingleses, los enfrentamientos con piratas y corsarios, los precursores de la Independencia, los héroes y caudillos, las guerras de liberación, las batallas gloriosas, las luchas intestinas, la dolorosa fragmentación en veinte repúblicas y los subsiguientes episodios de la América contemporánea.

Aparentemente estaba "todo". Nada de lo que se decía era falso. Nada era, tampoco, intrascendente. Conocer estos hechos y saber organizarlos metódica y cronológicamente me concedía una cierta perspectiva y me dotaba de una determinada idea sobre América, pero no era suficiente, pues ese libro, y me temo que todos los libros de texto convencionales, al escoger y narrar ciertos sucesos protagonizados por generaciones anteriores, dejaban al lector sin entender su propia historia personal. Uno averiguaba que Colón era un marino, probablemente genovés, tercamente empeñado en navegar hacia Occidente en busca de un paso marítimo que lo condujera a las costas asiáticas; o que Bolívar fue un brillante político y estratega militar que consiguió la Independencia de media Hispanoamérica, pero resultaba difícil relacionarse intelectual o emocionalmente con *esa* historia. Eran cosas que les sucedían a otros, y frente a ellos uno sentía cierta sensación de extrañamiento, de "ajenidad".

Yo era, claro, un latinoamericano, y, como tal, hubiera

querido que me contaran mi propia historia. Es decir, antes de conocer los avatares políticos de la tierra en que había nacido, por notorios que fueran, yo esperaba que la Historia de América fuera una explicación coherente de mi propia naturaleza, una descripción de mi propia identidad que me ayudara a afincarme con más certidumbre en el mundo en que vivía. ¿Por qué yo hablaba español y no otra de las cinco mil lenguas en que se comunica la parlanchina especie humana? ¿Por qué le rezaba (o no le rezaba) a unos dioses y no a otros? ¿Por qué la arquitectura de la ciudad en que vivía tenía determinadas características? ¿Por qué el gobierno de mi país estaba organizado con arreglo a un modelo y no a otro diferente? ¿Por qué todos estábamos sometidos a leyes aplicadas por severos jueces ataviados con unas extrañas togas? ¿Cuál era el origen de esas reglas? ¿De dónde venían nuestros ejércitos y por qué solían inmiscuirse y hasta dirigir nuestras vidas? ¿Por qué jugábamos unos juegos distintos a otros que se practicaban en otras latitudes? ¿Por qué la dieta que mis padres me suministraban –una especie de implacable festín de carbohidratos– era esa y no otra? ¿Por qué yo estudiaba lo que estudiaba y de dónde procedía la particular cosmovisión que ya entonces empezaba a forjarme? Si yo era –como confirmaban todos los síntomas– un latinoamericano, la historia que, ante todo, debía aprender, tenía que estar encaminada, precisamente, a explicarme qué era ser un latinoamericano.

Como se verá a lo largo de este libro, esta otra historia de América Latina irremediablemente adopta un punto de vista eurocentrista. Y la razón es muy simple: las respuestas a todas las preguntas anteriormente formuladas casi siempre nos remiten a la vieja historia de eso a lo que vagamente llamamos Occidente. No somos o no hemos venido a ser otra cosa que un gran fragmento de ese mundo occidental complejo y variopinto. Ser latinoamericano –por sólo mencionar algunos ingredientes– es ser español, lo que a su vez acarrea ser griego, fenicio, romano, germano, judío, cristiano y, en alguna medida, árabe y también, cómo no, africano. Y da exactamente igual que nuestra piel contenga más o menos melanina, nuestro cabello sea más o menos rizado y nuestros labios más gruesos o más finos. Como resulta indiferente si nuestros párpados poseen el "pliegue acántico", o si mascamos nuestros alimentos con "dientes de pala", rasgos aparentemente propios de los pueblos asiáticos emparentados con los habitantes autóctonos de América. Nuestro ser histórico, en fin, es indudablemente de raigambre occidental, por lo menos el del noventa y cinco por ciento de los habitantes del Nuevo Continente, entendiendo por ello nuestro estilo de vida, nuestras creencias, las instituciones por las que nos regimos, las ideas que habitan en nuestras cabezas, los roles que desempeñamos, nuestros quehaceres (esas actividades en las que empleamos nuestro tiempo) o nuestras diversiones.

En todo caso, carece de sentido pretender vincular la historia a las raíces biológicas. La sangre y la cultura no tienen la menor relación. No es posible, por lo menos hoy, ni sirve para gran cosa, hacer la historia biológica o "genética" del hombre. La mayor parte de las personas apenas pueden identificar media docena de generaciones de antepasados, y quienes tienen más larga memoria –los nobles neuróticamente preocupados por sus árboles genealógicos– apenas pueden remontarse a unos pocos siglos de biografía familiar, dato totalmente insignificante en la trayectoria muchas veces milenaria de nuestra inquieta especie.

Una última observación para calmar a los puristas. Utilizo el vocablo "latinoamericano" en lugar de "iberoamericano" porque esa es la voluntad y la costumbre de cuatrocientos millones de personas. En 1838 el francés Michel Chevalier utilizó la expresión y dividió las Américas en "protestante-anglosajona" y en "católica-latina" –dicotomía que se derivaba del ejemplo europeo–, y la clasificación tuvo el mayor de los éxitos. A fines de siglo los españoles Emilio Castelar y Pi y Margall ya hablaban de la "raza latina de América". La expresión quedaba definitivamente acuñada y luchar contra ella es una de las maneras más solemnes de perder el tiempo.

Ahora sigue esa "otra historia", esa "historia diferente", que nunca me enseñaron en las aulas. Aspiro a que los lectores –incluidos los españoles, que muy poco suelen conocer de historia latinoamericana, esto es, la historia de ellos mismos en tierras lejanas– adquieran una percepción distinta de la propia identidad: una visión más abarcadora en el tiempo y en el espacio, despojada de cualquier pretensión de excentricidad. Para ello me he concentrado en seleccionar las mejores fuentes y en ordenar de una cierta manera coherente y respetuosa la información más acreditada consignada por buenos historiadores y académicos. Sin la obra de ellos sería inexplicable el mérito que pudiera tener este libro. Las omisiones y los defectos, en cambio, son cosa mía.

I | *Los fundamentos*

Un aire de familia

EL AIRE DE familia es notable. De pronto surge una esquina de Bogotá que recuerda a otra de Montevideo o de Santiago de Chile. O se repite ese edificio barroco, o aquella iglesia estilizada, con un rosetón gótico en la fachada, o esa basílica y esa capilla que aparecen y desaparecen una y otra vez, como si fueran variaciones ilimitadas de un mismo plano arquitectónico. Y luego los puertos: La Habana, Cartagena de Indias, Guayaquil, San Juan de Puerto Rico, Santo Domingo, se asemejan en el trazado, en el ramalazo marinero, en sus construcciones guerreras siempre listas para defenderse de las incursiones enemigas. En cambio, Coro en Venezuela, Antigua en Guatemala, Trinidad en Cuba, o Popayán en Colombia, tienen, sin saberlo, un indudable parentesco de soñolientas villas coloniales, mientras Ciudad México, Quito y Lima, tan distintas, poseen, sin embargo, una grandiosidad virreinal que delata los lazos históricos y la común estética con que fueron creadas. No hay duda: América Latina, pese a su inmensidad, más allá de su rica diversidad, comparte numerosos rasgos arquitectónicos. Los comparte, incluso, hasta en ese paisaje maciliento de ladrillo y latón, donde centenares de miles de latinoamericanos construyen furtivamente sus miserables viviendas, prácticamente en torno a todas las grandes ciudades del continente, prorrogando una vieja tradición urbanística colonial que confinaba a indios e indigentes a vivir en la periferia de los poderes económicos, sociales y políticos.

Claro que las diferencias entre las ciudades de América también son enormes. Buenos Aires, con su vocación europea, ha evolucionado de una manera muy distinta a una Caracas moderna en la que predomina una visión newyorkina

de la arquitectura. Y ni siquiera hay que comparar capitales
de diversas naciones. Quito en la sierra y Guayaquil en la
costa son dos ciudades ecuatorianas que entre ellas se parecen menos que Madrid y Roma. Esos rasgos particulares
tienen que ver con la función para la que fueron creadas:
algunas son capitales administrativas; otras, puertos de mar
destinados al comercio y a servir de escalas en el lento recorrido de la flota; las hay que nacieron para sedes episcopales,
para organizar explotaciones mineras, para santuarios milagrosos, o como campamentos militares que servían de cabezas de puente, erigidos para poco a poco arrancarles el
territorio a los indígenas más feroces. Y todas adquirieron,
además, cierto perfil definitivo con las corrientes migratorias
que fueron recibiendo, o con la suerte económica que les
deparó el destino. No obstante, los rasgos que unifican a
estas ciudades pesan bastante más que los que las separan.
Hablar de una "cultura urbana latinoamericana" no es una
licencia poética: es la constatación de un hecho evidente.

El dato es importante porque las ciudades, de alguna
manera, imprimen carácter a quienes en ella habitan. Es cierto que son las personas las que hacen las ciudades, pero se
trata de una relación de recíproca influencia. Kafka sólo
podía darse en Praga, pero, tras la aparición de su obra, Praga
siempre llevará la impronta de Kafka. Sócrates no hubiera
podido influir en la historia del acontecer humano sin un
ágora en la que someter a sus conciudadanos a sus metódi-
cas preguntas. Los atenienses lo condenaron a muerte tras
un juicio multitudinario, pero no pudieron nunca sacudirse
la huella de su magisterio. El eco de su voz impertinente
continuó resonando durante siglos en la plaza que le dio la
fama y le quitó la vida. Un París sin Montparnasse o sin el
Barrio Latino hubiera sido menos generoso en vanguardias
plásticas y literarias. Un Madrid sin el vecindario de las
Musas, sin las tertulias, los cafés y las corralas en que se reu-
nieron Cervantes y Lope, cierto tiempo vecinos, además, en
la misma calle, tal vez no hubiera parido un Siglo de Oro

tan formidable como el que tuvo. Borges acaso no hubiese sido posible sin un Buenos Aires de esquinas rosadas y bibliotecas insólitas capaz de dotarlo de una estética cosmopolita. Claro que, de pronto, en una polvorienta aldea nicaragüense puede aparecer un monstruo excéntrico como Rubén Darío, pero ese es el dato excepcional. Las ciudades hacen a los hombres. Y los hacen para bien y para mal. Un joven criado en Viena o en Berna aprende desde su infancia a respetar las reglas, a cuidar los bienes públicos como propios, a mantener las calles limpias de desperdicios. Su coetáneo en Asunción o en La Paz tendrá un comportamiento social diferente. Sus ciudades no lo invitan a cuidar el ornato colectivo. La lección que aprende es la contraria: el bien común no existe. En gran medida, el ámbito del civismo se limita a lo privado.

De ahí la enorme importancia de las ciudades como parte fundamental de la identidad de las personas, extremo que hasta hace pocos siglos se reconocía en los apellidos o en las formas de denominar a las gentes. La filiación era por los progenitores o por las ciudades. Se era "hijo de fulano o de zutano", o se era "de" un sitio específico. Jesús, para sus contemporáneos, era "de Nazaret". Por eso los griegos desarrollaron el castigo más sutil y duradero con el ostracismo. Se expulsaba a las personas indeseables o incómodas de los límites de la ciudad, a sabiendas de que el exilio era una forma cruel de mutilación moral. El exiliado tendría que sufrir, para siempre, la pena de ser un extraño. Alguien que no se reconoce como parte del paisaje; alguien que no siente como suyos ni los gestos ni la entonación del paisanaje que lo circunda. Los griegos no sólo habían inventado el exilio como castigo: también habían descubierto el dolor callado de la nostalgia por la ciudad perdida.

Ese vínculo mágico entre el hombre y la ciudad es tan viejo como la misma civilización. Es curioso que las primeras ciudades no fueran para los vivos, sino para los muertos. Los cementerios son las primeras muestras de urbanismo.

Se congrega a los muertos para rendirles culto y para pedirles alguna forma de mediación con esa otra vida que nos espera tras el último latido del corazón. Que hay otra vida no pudo dudarlo el hombre primitivo. La incertidumbre vino después, cuando llegó la ciencia. Él, nuestro remoto antepasado, "vio" en sueños con toda claridad al hijo que murió la víspera, o al enemigo al que consiguió asesinar de una certera pedrada. La fantasmagórica reaparición de los muertos durante el sueño se le antojó como la prueba inequívoca de que nadie desaparece del todo. Los muertos, simplemente, yacen en otro sitio misterioso y evanescente. Las cuevas, más que viviendas, parecen haber sido centros ceremoniales para venerarlos, y la pintura rupestre una delicada forma de expresión espiritual. La cultura –la filosofía, el arte, la religión– es la consecuencia no buscada de esa insólita capacidad de soñar.

En los cementerios, como señaló Lewis Mumford, surgió una suerte de estratificación social. Hizo falta el guardia que cuidara las tumbas, el sacerdote que oficiara, el jefe implacable. Y, tras el jefe, sus principales secuaces. El cementerio dio origen a la ciudad. ¿Qué mejor sitio para enterrar a los muertos que cerca de las tierras cultivables? La ciudad dio origen al Estado: a continuación de los cementerios vinieron el mandamás, los funcionarios, el ejército, las reglas, la masa obediente y temerosa. Luego, con la especialización, siguieron los barrios gremiales: alfareros, carpinteros, hiladores, curtidores, incluso prostitutas. La ciudad permitió que las mujeres colaboraran en la cría colectiva de sus hijos. Morían menos niños. La especie pudo entonces multiplicarse y prevalecer. La ciudad generó desperdicios. Los desperdicios alimentaron a los cerdos y a los perros, amables y juguetones carroñeros, aunque también congregaron a las ratas en fecundísimas manadas que desde entonces acompañarán al hombre como un vecino tan desagradable como inevitable.

Lentamente fue surgiendo la ganadería. La aglomeración tornó indispensable el acarreo de agua, la vivienda múltiple, los caminos, las cisternas, los almacenes de víveres. Se inició la ingeniería. La navegación hizo posible el comercio marítimo y fue necesario construir puertos y colocar señales en la noche. Los puertos exigían un diseño especial, con almacenes y muelles. Pericles, en el 445 a.C. envía a su mejor arquitecto a crear un puerto en un punto de la Magna Grecia donde los antiguos "sibaritas" propalaron la leyenda de una forma maravillosa de vivir. Pero Platón sospecha de los puertos. Lo dice claramente en *Las leyes:* el mar es un enemigo peligroso y alienta en los habitantes de los muelles un espíritu crapuloso y desleal. En una isla griega, en Faros, frente a Alejandría, en el extremo de una torre famosa por su altura –130 metros–, se colocó una fogata. Desde entonces el nombre de la isla designa ese tipo de construcciones altas, y redondas coronadas por un halo de luz que advierte los peligros. A lo largo de ese fatigoso proceso hubo que imponer o proponer un orden racional que tuviera en cuenta la existencia del otro ser humano y creara las condiciones mínimas para la convivencia: paulatinamente, comparecieron la ética y el derecho.

No es extraño que en los restos arqueológicos de las más dispares civilizaciones se descubra siempre un misterioso fenotipo y una secuencia que los relaciona, aunque nunca hayan tenido el menor contacto. Los zigurats de Mesopotamia se parecen a las pirámides de los egipcios, a las de los mayas, a las de los aztecas, a ciertos templos camboyanos. Algunas calles de Tenochtitlán, el corazón del Imperio Azteca, fueron trazadas a escuadra. Cuzco, la capital de los íncas, con sus muros y sus calzadas rectas, pudo reencarnar sin grandes esfuerzos en una ciudad española. Es como si existiera un instinto urbanizador ciego y ancestral semejante al que lleva a las abejas a construir siempre el mismo panal o a los termes a excavar inevitablemente el mismo termitero. Hay una "ciudad latinoamericana", es cierto, pero esa ciudad forma parte de una antigua memoria.

Hipócrates y Vitruvio

Los conquistadores españoles, con Colón a la cabeza, traían codificada una ciudad ideal, abstracta, cuyo origen teórico se remontaba, como siempre, a los inevitables griegos, cinco siglos antes de Cristo. Hipócrates fue el padre de la medicina –por eso se le conoce–, pero también pudo serlo del urbanismo. Uno de los muchos libros que se le atribuyen llevó el nombre *Aire, agua y lugares*. Para el sabio griego la calidad del agua era vital para conservar la salud del pueblo. Había que tomar agua limpia y bañarse a menudo. El vino no debía tocarse si la persona se sentía enferma. Los edificios tenían que orientarse de manera que escaparan del calor del verano o de los vientos nocivos, transportadores de humores malvados. El emplazamiento correcto de las ciudades y sus construcciones era clave. Resultaba importante disponer de una plaza grande, el ágora, para dirimir las cuestiones comunes, o simplemente para estrechar las relaciones sociales. Con Hipócrates surgió la noción de la higiene colectiva. Y falta hacía, pues las ciudades griegas, con sus montones de basura, sus calles estrechas y sucias, y sus enjambres de moscas, no debieron haber sido un modelo de salud urbana. No en balde Platón, siempre atento a los intereses de la comunidad, siempre tan peligrosamente reglamentista, propone la creación de inspectores sanitarios.

Los griegos, sin embargo, hicieron algo mucho más importante que pretender vivir en ciudades pulcras. Nos enseñaron a mirar. Crearon los cánones por los que juzgamos la belleza en Occidente. Hace dos mil quinientos años que levantaron el Partenón o esculpieron bellas estatuas de jóvenes atletas de ambos sexos y todavía seguimos viendo la realidad a través de sus ojos. Definieron lo que era clásico y lo que era excesivo. Lo clásico quedó grabado en la memoria de Occidente como una referencia intemporal e inamovible. Sus columnas "dóricas", "jónicas" y "corintias" contienen en sus diferentes capiteles el trayecto que va de la clásica elegancia estilizada al barroco complejo. A partir de los griegos, los arquitectos, cuando se cansan de explorar nuevas formas, o cuando las formas nuevas los fatigan, regresan a los griegos. Ahí está el canon de los objetos y de la belleza humana. Ellos decidieron lo que era hermoso y lo que era feo. Según Protágoras el hombre era la medida de todas las cosas. Y los griegos fueron la medida del hombre. Atraparon a Europa y, por extensión, al resto del planeta, en una red estética de la que no han podido zafarse. Sin presentirlo, también construyeron las ciudades latinoamericanas.

¿Cómo? De la mano del romano Vitruvio quien, discípulo de los maestros griegos, acabó trayendo de carambola la obra de Hipócrates a la cultura española. Marco Vitruvio Polión, coetáneo de Jesús, fue soldado en las tropas de Julio César, y luego sirvió como funcionario civil. Ya viejo, escribió *De Arquitectura*, la más exitosa obra en su género, y el manual más utilizado por los urbanistas y constructores de caminos y edificios en toda la historia: diez "libros" –más bien diez capítulos o rollos de pergamino de un gran libro– que fueron cuidadosamente leídos y estudiados durante milenio y medio. No se trataba de un arquitecto exitoso, sino de un teórico dotado de una buena cabeza para la ingeniería de la época, especialmente en lo tocante a temas hidráulicos. Su obra refleja, además, una necesidad para el Imperio Romano. La civilización romana es la historia de una ciudad que conquista el mundo de su época bajo la perentoria necesidad de reproducirse a sí misma, de clonarse incesantemente, sin jamás plantearse una visión global de su esfuerzo imperial. Por eso siembra el fruto de sus conquistas con arcos de triunfo, gráciles acueductos, arcadas, foros, termas, lavabos públicos, villas, basílicas, anfiteatros y estadios deportivos. Desde el Atlántico hasta el Mar Negro, en todo el norte de África y en el oriente próximo, Roma se multiplica y divide con una furia imparable. "Romanizar" es eso: la urgencia irrefrenable de reproducir un modo de vida e instalarlo en edificaciones familiares. Romanizar es revivir a Roma en todos los parajes arrebatados a los bárbaros, a los extraños, con el pretexto no siempre conseguido de cobrarles tributos a los pueblos sojuzgados.

Esto es, en esencia, el aporte de Vitruvio. Vitruvio describió la manera de llevar a cabo ese formidable y avasallador milagro de transculturación urbana. Redactó una guía para construir el Imperio con la ordenada uniformidad que amaban sus compatriotas. Romano al fin, no sin cierta humildad, su obra comienza por admitir la herencia que reciben de los etruscos, un misterioso pueblo del norte de Italia, y el magisterio que les imparten los griegos. Los constructores, como quería Hipócrates, tienen que tener en cuenta la dirección de los vientos y el destino de los malos humores. Sólo se ven obligados a aceptar una condición extraña en ese enfoque racionalista: hay que consultar a los augures. La lectura de las entrañas de un animal sacrificado podía decidir o anular el emplazamiento de un poblado. La buena disposición de los dioses era más importante que la orientación de las urbes.

Cuanto hacían los romanos, y cuanto Vitruvio recomendaba, todavía está parcialmente vigente. El trazado de las calles comenzaba por dos avenidas principales que se cruzaban en un punto. La que corría de norte a sur era el *cardo*, la que se desplazaba de este a oeste se denominaba *decumano*. Dos milenios más tarde, las ciudades de cultura inglesa –no debe olvidarse que los romanos dominaron Britania quinientos años– continúan guiándose por estas coordenadas. En Estados Unidos las calles están situadas con arreglo a esa cruceta artificial, y por ella se orientan los ciudadanos: *North West, South West, North East, South East*.

Cuando conquistaron Iberia, los romanos se extendieron creando campamentos militares o "castros" que desde el inicio tenían vocación urbana. Así surgieron León, Lugo o Zamora. El trazado de las calles era recto, ortogonal, como un damero que permitía el crecimiento ilimitado del perímetro urbano, y se dejaba un espacio libre para la plaza o foro. La casa del tesoro, la prisión y la sede del gobierno solían estar cerca de ese foro. La ciudad se rodeaba con una muralla. Los edificios eran sólidos, y de apariencia reluciente, con frecuencia cubiertos de mármol, aunque la estructura interna era a veces de cemento, pues los romanos descubrieron la forma de elaborar el hormigón, mas, curiosamente, no siempre lo utilizaron: los acueductos, que han resistido el paso de milenios, generalmente eran erigidos con piedras perfectamente talladas y trabadas en arcos y columnas sin argamasa.

Un tipo de edificio romano tuvo –y todavía tiene– una larguísima vida: la basílica. Estas grandes construcciones, aún cuando no carecían de un pequeño altar para el sacrificio de animales, ceremonia inevitable en un pueblo convencido de la existencia de un futuro predecible, solían destinarse a impartir justicia o como lonja comercial, y en sus grandes naves o en el ábside semicircular podía reunirse un buen número de personas. Los templos religiosos paganos, en cambio, se construían para albergar a los dioses. Eran las "casas" de las deidades. Podían ser altos, lujosos e imponentes, pero su función no era la de reunir a muchas personas, pues las manifestaciones de los devotos se expresaban fuera de las edificaciones. El cristianismo, sin embargo, como procedía de la tradición de la sinagoga judía, parlanchina y discutidora, necesitaba templos en los que cupieran los creyentes, pues la prédica de los sacerdotes formaba parte del ritual. Eso explica que cuando Constantino abrazó el cristianismo, o pocas décadas más tarde, cuando Roma lo adoptó como religión oficial, a partir del emperador Teodosio, a fines del siglo IV, las autoridades católicas primero convirtieran las basílicas en iglesias, y luego construyeran grandes basílicas rectangulares, con naves laterales, para fines exclusivamente relacionados con el culto, práctica arquitectónica que no ha desaparecido del todo.

La herencia arquitectónica

A partir del siglo VIII la tradición urbanizadora romana, fuertemente implantada en la península ibérica y mantenida sin alteraciones por los visigodos, sufrió un fuerte estremecimiento. Árabes y bereberes cruzaron el Estrecho de Gibraltar y en poco tiempo dominaron casi todo el país. Los invasores, como siempre sucede, traían en su conciencia un modo particular de organizar el espacio y una idea más o menos concreta de las construcciones.

El pueblo "árabe" o "moro" carecía de la pasión romana por los ángulos rectos y por las avenidas amplias. Mahoma en el Corán se limitaba a recomendar que por las calles pudiera pasar un camello. Poca cosa. El islamismo no prescribe un orden urbano, aunque prohibe las imágenes figurativas, carencia que se compensa con una prodigiosa imaginación para los dibujos geométricos o las formas abstractas con que adornan sus edificaciones. La ciudad, sinuosa, va a crecer orgánica y espontáneamente en un promiscuo y umbrío laberinto de casas próximas, en las que apenas las celosías y los cortinajes son capaces de proteger el pudor y la privacidad extremada de sus habitantes. Pueblo del desierto, busca instintivamente la sombra, y se regala fuentes y palmeras para escapar de la memoria abrasadora del sol.

Hay, no obstante, una relevante arquitectura islámica que los árabes desarrollan a partir de la influencia de los pueblos que logran dominar al paso de sus cabalgatas. La más importante es la bizantina, pero también se inspiran en las construcciones romanas y helenísticas, o en las asiáticas, depurando poco a poco un estilo que llega a ser propio, capaz en el siglo VIII de lograr ese todavía asombroso monumento que es la gran mezquita de Córdoba, con los curiosos arcos alzados sobre las desiguales columnas romanas que aún hoy asombran a quienes los contemplan.

En el norte de la península, tras las montañas de Asturias, un puñado de refugiados comienza la increíble hazaña de la Reconquista. Setecientos años de luchas intermitentes, riñas y alianzas; siete siglos de difícil equilibrio con el invasor, y esa aventura, inevitablemente, tiene un componente urbanizador. Casi siempre se trata de recuperar el territorio y los pueblos al enemigo islámico, pero a veces el objetivo es fundar ciudades en territorios vírgenes. Estos son los nuevos asentamientos, usualmente colocados en la frontera portátil de la Reconquista. Así surgen las ciudades de Viana, Puentelarreina o Villarreal, y todas son diseñadas con la cuadrícula clásica heredada de los romanos y prescrita por Vitruvio, mientras los edificios, aunque se erigen dentro de la tradición cristiana, acusan enseguida ciertos elementos decorativos de la más refinada arquitectura árabe, incluidos los refrescantes azulejos o esos bellos garabatos que de inmediato reciben el nombre de "arabescos".

En el 800 ocurre uno de los hechos más significativos en toda la historia de Occidente: Carlomagno es coronado emperador del Imperio Romano de Occidente. Se trata de un franco, de un germano latinizado, y coloca su capital en Aquisgrán, una ciudad alemana en la frontera de lo que hoy son Bélgica y Holanda. Es la señal del desplazamiento del poder en Europa. Ya no es Roma solamente, ya no es Italia el indiscutible motor creativo del Viejo Continente. En el cristianizado y romanizado norte de Europa, antigua tierra de bárbaros, ha surgido un competidor que acabaría por colocarse a la cabeza. Eso tiene inmediatas consecuencias en el desarrollo de la arquitectura y el urbanismo. Primero y por corto tiempo, la orden de los benedictinos impulsará en sus iglesias y monasterios lo que se ha llamado el "renacimiento carolingio". Pero fue sólo un ensayo. Un punto de partida. En el siglo X, cuando ya el Imperio Carolingio había desaparecido de la historia, desmembrado por el propio Carlomagno, quien lo fragmentó en diferentes reinos dejados en herencia a sus hijos, otra vez los inquietos monjes de San Benito crean en Cluny, en la Borgoña francesa, unos edificios grandes, funcionales, mezcla extraña de poder y sencillez, destinados al culto y a hospedar a los religiosos de la tradición romana: había nacido el románico, y será la norma arquitectónica más respetada durante dos siglos. No se trata, naturalmente, de una ruptura radical con el pasado, sino, como siempre, de una suave evolución de formas previas en las que todavía son clarísimas las huellas de la basílica romana. Pero Cluny es mucho más que un conjunto arquitectónico imponente: es el comienzo de una arrolladora influencia religiosa y arquitectónica que llega a contar con 1.450 casas dependientes de la famosa abadía. La mayor parte está en Francia, mas hay algunas en España, Italia, Gran Bretaña, Alemania y Polonia. Más de 6.000 monjes benedictinos instalados en los principales focos culturales de Occidente le imprimen un sello característico a no pocos centros urbanos. Cluny va uniformando el paisaje. La cristiandad es también un modo de fabricar recintos religiosos. Esas instituciones están vinculadas a Cluny como lo están las filiales a una casa matriz. Es en Cluny donde se ordenan los monjes y donde los priores juran lealtad.

No todos, sin embargo, están satisfechos con el modelo de Cluny. En la misma Borgoña, uno de los espacios económicos más ricos del occidente de Europa en los siglos XI y XII, San Bernardo de Claraval rechaza la monumentalidad de la abadía de Cluny. Bernardo tiene una personalidad de fuego. Se proclama humilde, pero su poderosa inteligencia lo convierte en una de las figuras más destacadas de la historia del cristianismo. El rey de Portugal le rinde vasallaje y todos lo tienen por la referencia intelectual y filosófica más notable. No obstante, a Bernardo la fastuosidad de Cluny le parece contraria a la tradición cristiana de ascetismo y sobriedad. "Monje" viene de "mono", de uno, de la soledad de los eremitas, del desierto ardiente de los anacoretas, de la renunciación al boato y a la ornamentación. La abadía de Cluny se ha vuelto demasiado poderosa. Los cluniacenses visten de negro que es el color del poder y de la intimidación. Han olvidado la estricta Regla de San Benito de Nursia, aquel severo asceta, pese a su aristocrática cuna, fundador de los benedictinos en el siglo VI, en Monte Cassino, Italia, orden en la que la felicidad personal estaba proscrita. Benito había advertido que sólo se podía acceder al verdadero júbilo si se compartía con toda la comunidad y dentro de un espíritu de servicio, humildad y renunciación, virtudes que en su abadía, asentada sobre los restos de un antiguo templo pagano, se expresaban en numerosas salas en las que se atendía a enfermos y ancianos con dedicación y toda la ciencia disponible en aquella época. Había que volver a las pobres raíces monásticas de los primeros cristianos y a la pureza de las mejores costumbres: el hábito de los cistercienses será blanco; las celdas serán pequeñas y deliberadamente incómodas. La cabeza de los monjes, con frecuencia, descansará sobre la piedra desnuda. La mortificación de la carne, suponen, es un sacrificio grato a los ojos de Dios. Es eso lo que pretende la recién creada orden del Císter: servir a Cristo pobre y calladamente. Pero en el terreno arquitectónico será sólo una cuestión de matices. Felizmente, la orden del Císter, aunque más austera, construye también obras duraderas y valiosas que son imitadas en todo Occidente y forman parte de la mejor tradición del románico. El gran abad del Císter controlará más de medio millar de filiales en España, Escandinavia, Irlanda e Italia. La autoridad estará férreamente centralizada. Este factor contribuye a estabilizar un mundo cultural bastante homogéneo. En el plano arquitectónico eso resulta totalmente evidente.

El próximo hito de la arquitectura medieval surgiría del fuego. En el 1140, el coro de la abadía de St. Denis, cerca de París, sepulcro de los reyes franceses, lo que le daba una importancia extraordinaria, se incendia fortuitamente, y el influyente abad Suger, hombre muy cerca del poder político, decide aprovechar el siniestro y, de paso, poner a prueba ciertas modas y tendencias que ya aparecían en otros edificios. Antes de la reconstrucción de St. Denis se habían hecho iglesias con bóvedas nervadas; en Cluny se podían ver arbotantes que contenían desde el exterior la fuerza de los muros; los arcos apuntados, eran relativamente frecuentes, y la técnica de construir vitrales se conocía perfectamente. Todos aquellos elementos que, aislados, habían matizado diversas construcciones románicas, ahora se acentuaban como conjunto dentro de un nuevo concepto arquitectónico. Se reunían deliberadamente con el objeto de cambiar la percepción del espacio y otorgarle una apariencia novedosa al edificio. Las columnas se afinaron y alargaron notablemente, mientras los muros, menos gruesos, aliviados de la carga románica, fueron generosamente taladrados con ventanales de cristal que poseían vistosas ilustraciones de temas bíblicos. La luz entraba en el templo atravesando los vitrales e incrementaba el goce estético y la atmósfera espiritual. Suger deseaba que los feligreses sintieran una mayor emoción religiosa, y eso –escribió– se podía conseguir con un diseño adecuado del templo. Con la espontaneidad con que ocurren estos fenómenos, había nacido el estilo gótico, sin siquiera dejar registrado el nombre de ese primer arquitecto, probablemente porque se trataba de un humilde maestro albañil de enorme talento, pero escaso linaje social, y esa nueva manera de construir se extendería muy rápidamente por toda Europa, y con notable intensidad en España. Una intensidad que, siglos más tarde, tras la colonización de América, todavía no se había apagado del todo.

En el siglo XIII, Alfonso X el Sabio hace redactar las *Siete Partidas* y reitera las instrucciones para la creación de ciudades cristianas de acuerdo con el modelo clásico grecorromano. Cien años más tarde, en 1383, el franciscano Francisco Eiximenis escribe *Lo Crestiá* y propone su ciudad ideal. Luego lo harán otros tratadistas del Renacimiento. Para este visionario catalán la ciudad soñada es un perfecto cuadrado de ocho por ocho manzanas. Al centro hay una plaza mayor rodeada de nobles edificios "principales": el palacio del obispo, la catedral, las casas de los curas. Hay también cuatro plazas menores geométricamente colocadas, una muralla con doce puertas, y un convento de mendicantes en cada una de las cuatro esquinas de la ciudad, previsión muy propia, naturalmente, de un franciscano.

En la centuria siguiente, cuando Colón consigue persuadir a los Reyes Católicos de las discutibles virtudes de su proyecto trasatlántico, Isabel y Fernando están empeñados en desalojar a los árabes del último rincón que les quedaba en España: el bello reino de Granada. Como el asedio era largo y complicado, los monarcas decidieron erigir una pequeña ciudad ortogonal desde la cual preparar durante varios años el asalto final. Se trataba de Santa Fe, y en ella se cumplían las recomendaciones clásicas habituales: dos calles longitudinales y una transversal. Donde se cruzaban, instalaron la consabida plaza.

Colón no es el único italiano que deambula por la ciudad-campamento. Abundan sus compatriotas entre el crecido número de extranjeros que ha venido gozoso a la última cruzada europea. Algunos son técnicos militares; otros, simples mercenarios. Estamos en pleno Renacimiento y los italianos son los grandes urbanistas del momento. Ninguno de ellos ignora las atrevidas propuestas de León Battista Alberti, Antonio Averlino o Francesco di Giorgio. Los tres proyectan y proponen unas ciudades de formas estrelladas u octogonales, rítmicamente simétricas, que parecen sacadas de un caleidoscopio. América, sin que nadie pudiera presentirlo, sería el gran laboratorio para ensayar algunas de estas fantasías. Era el *quattrocento*, y los artistas comenzaban a utilizar la palabra *rinascimento*, pero dándole una significación mucho más restringida que la que luego le asignaran los historiadores del siglo XIX. Se referían al regreso a las formas clásicas grecorromanas, redescubiertas recientemente, seducidos por la idea de que dentro de esa estética, y dentro de la rescatada tradición de la ingeniería romana, encontrarán unas soluciones más hermosas para los edificios: "armonía" y "equilibrio", más que palabras, eran las obsesiones del momento.

El más notable de estos visionarios fue Filippo Brunelleschi, y ahí queda como su mayor legado el domo de la catedral de

Florencia, pero el que indirectamente dejó la huella más profunda en los primeros conquistadores de América fue el mencionado León Battista Alberti, émulo de Vitruvio, y autor también de diez "libros" escritos y publicados bajo el título de *De re Ædificatoria*. Alberti, soñador y pedagogo, proponía una ciudad con barrios de artistas, con plazas rodeadas de nobles artesanos y sastres competentes, en la que no faltaran tiendas de especias que aromatizaran el aire, y en la cual los viles oficios pestilentes –carnicerías, tenerías– fueran discretamente relegados a la periferia. Músico aficionado, y atraído por la Física, creyó encontrar la idea de las proporciones armónicas en las leyes de la acústica, y supuso que esa armonía, que era la del universo, podía trasladarse al lenguaje de la arquitectura, descubriendo en la organización del espacio un ritmo interno semejante al que regulaba las ondas de sonido.

El mestizaje de las piedras

Ese bagaje intelectual se traslada al Nuevo Mundo en las embarcaciones fletadas por Colón: dato fundamental para entender el perfil y el linaje espiritual de América Latina, porque eso que llamamos "colonización" de América es, en esencia, un descomunal esfuerzo urbanizador, sólo comparable al de los romanos, precedente, por cierto, con el que es fácil encontrar innumerables parecidos. Y uno de ellos es la referencia ideal: mientras los romanos una y otra vez desovaban ciudades semejantes o parecidas a Roma en sus incesantes conquistas, los españoles, consciente o inconscientemente, al margen de las recomendaciones ideales de los urbanistas de la época, traían como modelo en su memoria a Sevilla, la bella ciudad andaluza, entonces a la cabeza de España en casi todos los órdenes del saber, y desde la cual se dictaban las directrices que guiaban el proceso de colonización del mundo recién descubierto.

A un ritmo pasmoso, Santo Domingo es fundada en 1494, San Juan de Puerto Rico en 1510, La Habana en 1515, Panamá en 1519, México en 1521, Guatemala en 1524, San Salvador en 1525, Quito en 1534, Lima en 1535, Caracas en 1566, Tegucigalpa en 1579, Santa Fe, en lo que hoy es el estado norteamericano de New Mexico, en 1599. En 1523, Carlos V, emperador de los reinos de España y de media Europa, requerido por sus vasallos, da sus reales instrucciones: "Y cuando hagan la planta del lugar, repártanla por sus plazas, calles y solares a cordel y regla, comenzando desde la plaza mayor, y sacando desde ella calles a las puertas y caminos, y dexando tanto compás abierto, que aunque la población vaya en crecimiento, se pueda siempre proseguir y dilatar en la misma forma". Cincuenta años más tarde, su hijo Felipe II, en las *Nuevas ordenanzas de Descubrimiento, Población y Pacificaciones*, aunque de una manera más detallada, reiterará las mismas instrucciones, pero será una reglamentación casi inútil: ya prácticamente todas las grandes capitales, ciudades y villas principales de lo que llegaría a ser América Latina habían sido creadas.

¿Por qué esa furia constructora? Porque la ciudad era la expresión de la soberanía española. Era una bandera clavada en el Nuevo Mundo con la que España acreditaba sus derechos ante las otras potencias acechantes. Montevideo en Uruguay, Angostura en Venezuela o San Francisco en California, eran fundaciones erigidas para frenar y desalentar el apetito conquistador de otros poderes imperiales. Eran, también, los centros desde los cuales se controlaba, administraba y explotaba a la masa indígena, especialmente para dedicarla a la minería, pero también a la agricultura y a las tareas domésticas. Por eso se procuraba instalarlas en las proximidades de fuertes concentraciones de indios, a los que alojaban fuera del perímetro de la ciudad, dando origen, desde entonces, al fenómeno de los barrios periféricos de indigentes, hoy más visibles que nunca.

Si las primeras ciudades españolas creadas en América son una síntesis del urbanismo del Renacimiento, montadas sobre el idealizado recuerdo de una Sevilla transformada por

la memoria, la realidad americana provocará ciertos cambios
con relación a los modelos europeos. El primero es la escala
del territorio. Las plazas españolas en América serán mucho
mayores que las que se construían en Europa. La de Salamanca, por ejemplo, cabe varias veces en la del Zócalo de
México. El segundo, la concentración: en las ciudades españolas los edificios públicos tienden a la dispersión. En
América, en cambio, como consecuencia de las recomendaciones de los urbanistas, y por un claro cálculo político, la
casa de gobierno, la residencia del gobernante, la iglesia, el
palacete del obispo —si lo hubiere—, y el cuartel de los militares, rodean la plaza mayor, en un simbólico despliegue de
fuerza y poder que demuestra la indisoluble asociación entre la autoridad secular y la religiosa, gesto que, sin duda,
contribuye a intimidar a la población autóctona sojuzgada:
es el lenguaje político de la arquitectura.

Los edificios, además, enseguida propenden a una mezcla y confusión de estilos mayor que la que se verifica en la
península. El mestizaje latinoamericano no es sólo el ayun-
tamiento de blancos con indias o con negras (durante varios
siglos las blancas casi siempre se abstuvieron de imitar a los
varones de la familia), sino es también el de modelos arquitectónicos. El palacete de Diego Colón en Santo Domingo,
mezcla el gótico con el mudéjar y le añade arcadas claramente renacentistas. El de Hernán Cortés, en México, invierte
el peso estético de estos elementos: es claramente renacentista, con un toque gótico, y bastante del llamado "plateresco"
sevillano. La casa de Diego Velázquez en Cuba —el conquistador de la isla— estaba llena de azulejos y motivos francamente
moriscos. La catedral de México, construida y modificada a
lo largo de tres siglos, se proyecta como un edificio gótico
y termina dentro del neoclásico. La fortaleza de San Juan,
edificada dentro de una terca concepción medieval, tiene
torres moriscas.

En el XVI los artistas italianos —siempre los italianos—,
aguijoneados por el precedente de grandes creadores como

Brunelleschi y Alberti, habían continuado explorando formas arquitectónicas rescatadas de la tradición grecorromana, y uno de ellos, Andrea Palladio (1508-1580) publica una notable obra que inmediatamente se convierte en obligada referencia de los constructores que trabajan en América: *Cuatro libros de arquitectura*. Entre otras propuestas, Palladio hace la de revitalizar las villas romanas, aquellas suntuosas viviendas unifamiliares de los patricios, dotadas con todas las comodidades de la época. Palladio, no obstante, es demasiado ostentoso para ser imitado en las grandes mansiones de los propietarios rurales de América. Ese elegante estilo, sin embargo, convenientemente modificado, alcanzará su mayor influencia en Inglaterra y en Estados Unidos, donde se utilizará en numerosas viviendas sureñas, y hasta en el famoso Capitolio de Washington –*Capitoline* era la mayor de las siete colinas de Roma–, concebido y clasificado como "neopalladiano". Edificio que servirá de modelo a otro similar, pero aún más alto y lujoso, construido por los cubanos hace unos setenta años en el centro de una bellísima Habana que ignoraba que los rasgos más nobles de su palacio legislativo republicano habían sido insinuados cuatrocientos años antes por un artista italiano obsesionado por el espléndido pasado arquitectónico de Roma.

No, definitivamente no son "palladianas" las villas rurales hispanoamericanas, aunque algunas residencias de propietarios azucareros puedan calificarse como suntuosas o palaciegas. El modelo predominante será la casa que en el sur de España podía contemplarse en los mejores cortijos. De un modo más rústico, imitando a los andaluces –que a su vez reproducían viejas villas de patricios romanos–, surgen las hermosas y confortables haciendas de los empresarios agrícolas allende el Atlántico. Desde México hasta la Argentina –con profusión en la zona andina– aún quedan visibles y habitables centenares de esas hermosas construcciones, muchas de ellas hoy convertidas en lugares turísticos, hospederías o lujosos restaurantes. Generalmente poseen una sola altura y los techos están cubiertos de tejas rojas. Son austeras, encaladas, con piso de piedra, gruesos muros de adobe rasgados por enormes ventanales protegidos por rejas, y capilla u oratorio –a veces notablemente grande–, con múltiples habitaciones que se asoman a un gran patio central. Pero la hacienda será algo más que la vivienda de los poderosos: será la prolongación de la autoridad, casi un miniestado, aislado por la inmensidad del territorio rural americano y por la ausencia de buenos caminos. En esos enormes patios la peonada indígena tiene sus fiestas. En sus hornos y fogones se gesta la cocina local, mezcla de sabores y alimentos de procedencia indígena y europea. En las capillas todos reciben los sacramentos y en las habitaciones de la servidumbre a veces se imparte instrucción a los niños. La hacienda latinoamericana es como una extensión del castillo feudal del medievo. Los trabajadores agrícolas se organizan en torno a ellas; a cambio de tierras para poder cultivar sus propios alimentos, o los que venden en la plaza, deberán trabajar para el hacendado. En Ecuador llevaron el nombre de huasipungueros y ahí Jorge Icaza escribió una famosa novela de denuncia, *Huasipungo* (1934), acaso con más valor político que literario. Los indios que no están adscritos a una hacienda, los "sueltos", padecen una especie de inferioridad social. Como ocurría en las relaciones feudales, estar vinculado a una poderosa hacienda le confería al humilde peón campesino un cierto estatus. Muchas veces la hacienda pertenece a una orden religiosa que es propietaria agrícola e industrial. Los jesuitas fueron especialmente activos como empresarios de esta naturaleza, y lo hicieron con un espíritu notablemente moderno para la época, introduciendo libros de contabilidad y la especialidad laboral, con capataces y expertos que conseguían darle profesionalidad a las tareas. Fueron ganaderos y cultivaron inmensos viñedos y plantaciones de azúcar. Auspiciaron oficios nobles y necesarios para el sostenimiento de la hacienda: herreros, carpinteros, albañiles. Quizás una de las razones que explica su expulsión de América en 1767

haya sido, precisamente, el enorme poder económico que
habían adquirido. Murieron de éxito. Por lo menos provi-
sionalmente.

Muros y fortalezas

En todo caso, donde la presencia española dejó en América su huella más pura, más incontaminada por la mezcla
de estilos, fue en la arquitectura militar. Los arquitectos e
ingenieros podían jugar creativamente con las construcciones civiles o religiosas, pero las que estaban dedicadas a la
defensa del Imperio se regían por normas mucho más rígi-
das. Eso se comprueba con una rápida mirada al Morro de
San Juan, al de La Habana, al de Santiago de Cuba, a la Torre
del Homenaje en Santo Domingo, al castillo de San Marcos
en San Agustín, situado al norte del estado norteamericano
de Florida, o a la ciudadela de Pensacola, en la antigua Louisiana, hoy Florida. Eso es obvio cuando contrastamos el
Fuerte de San Juan, en Nicaragua, con Cartagena de Indias
en Colombia, una ciudad amurallada para resistir todos los
asedios; con San Felipe de El Callao, en Perú, con el que en
Puerto Cabello, Venezuela, lleva el mismo nombre; con las
fortificaciones de Valdivia en Chile, o el de Punta del Picón
en Guayaquil. Toda América Latina, desde San Juan de Ulúa
en México hasta Nuestra Señora del Carmen en la Patago-
nia, está moteada de estas gigantescas moles de piedra em-
plazadas en las costas o en las desembocaduras de los ríos.
Estas fortalezas no están exentas de una belleza geométrica,
pues la función defensiva y la sobriedad castrense no consiguieron eliminar la vocación artística de sus constructores.

No estamos, sin embargo, ante una arquitectura propia
del Nuevo Mundo, sino ante la expresión latinoamericana
de una construcción típicamente europea derivada de la conjunción de dos fenómenos letales: el desarrollo de la artillería
y la creciente belicosidad de las potencias imperiales. España
era el núcleo principal de un Imperio que se alargaba por el

norte y por el sur de Europa, amenazada y atacada en todas sus fronteras, mientras dentro de su propio perímetro ardían las rebeliones independentistas. Grandes edificios militares como los construidos en América pueden verse en Cádiz, en Milán, en las Islas Baleares, en Canarias, en Túnez, en San Sebastián (Guipúzcoa), en Nápoles, en Ibiza, en Melilla, en Bayona (Galicia) y hasta en Amberes. Y todos fueron ordenados por Carlos V y por su hijo Felipe II, dos de los monarcas más pendencieros que ha conocido la historia, a los que sucedieron sus hijos, nietos y bisnietos, quienes continuaron el reñidero heredado de sus mayores, hasta que en 1700 la dinastía de los Habsburgo, entonces dirigida por un pobre imbécil enfermizo, se agotó por falta de descendientes. Fatalidad biológica que provocó, como solía ocurrir, otra guerra, la de Sucesión (1701-1714), sangriento y larguísimo conflicto que ha sido calificado como la verdadera primera guerra mundial moderna, con su infinito reguero de más de un millón de cadáveres esparcidos por medio planeta.

Si quisiéramos fijar una fecha para el nacimiento de la nueva arquitectura militar, la más adecuada es 1453, año en que los turcos otomanos, tras emplear los cañones más poderosos de la época, consiguieron dañar severamente las murallas de Constantinopla, mientras un pequeño grupo de "comandos" penetró por la *kerkaporta* y le franqueó el paso al ejército invasor. No sólo desaparecía el Imperio Romano de Oriente tras mil años de accidentada y gloriosa supervivencia al de Occidente –aniquilado en el siglo V–, también se había hundido una fórmula arquitectónica defensiva basada en altos muros insuficientemente gruesos y en torreones circulares. El impacto de las enormes balas de cañón provocaba el derrumbe de lienzos completos de pared y la caída de las estructuras redondas, con el inevitable aplastamiento de los defensores. Fue el primer ejercicio de artillería realmente gruesa: los sitiadores de Constantinopla habían contratado a un famoso fundidor de cañones de origen húngaro, conocido como "Orban", quien fabricara para ellos un

monstruo tirado por 150 bueyes, capaz de disparar proyec-
tiles de piedra de hasta 500 kilogramos, cuyo ruido atrona-
dor, según los cronistas de la época, provocaba el espanto
de los soldados más valientes y el aborto a las mujeres em-
barazadas. Ese cañón –acaso el mayor jamás fabricado por
el hombre– no obstante el pánico que sembró entre los
bizantinos, sólo funcionó durante varios días. Su fundidor
le llamó Mahometta a la mortífera pieza. Costumbre nada
extravagante: durante varios siglos, y mientras no fueron
fabricados en serie, sino artesanalmente, los cañones eran
decorados cuidadosamente y se les "bautizaba" con nombres
individuales, generalmente de carácter religioso.

En efecto, la presencia de la artillería, utilizada desde el
siglo XIII e impulsada en el siglo XIV a partir de la técnica
de la fabricación de campanas de bronce –lo que explica que
ciertas órdenes religiosas, como los jesuitas, fueran también
notables constructores de cañones en el siglo XVII–, cambió totalmente el modo de hacer la guerra a la ofensiva y,
por supuesto, a la defensiva. Había que apelar a otro concepto arquitectónico. El centro de la ingeniería militar del
Renacimiento fue, claro, Italia, y, en gran medida, Milán. Es
ahí donde surge la idea de nuevas fortalezas más bajas, con
muros que no son paredes más o menos gruesas de piedra o
ladrillo, sino grandes masas de tierra apisonada, colocadas
entre capas de piedras calizas. Pero tan importante como el
grosor y la consistencia de los paramentos verticales era la
estructura abaluartada. El castillo tradicional había dado
paso al baluarte, palabra procedente del árabe con que se designaba una construcción en ángulo, generalmente pentago-
nal –aunque la hexagonal era la ideal–, diseñada para desviar
la fuerza del impacto enemigo y para no dejar sin cubrir ni
un centímetro de la "cortina" o muro propio. El baluarte,
además, también concebido para el uso ofensivo de la gran
artillería, debía contar con rampas de maniobra para el arras-
tre de los pesados cañones, con polvorines y garitas para cen-
tinelas, recurriendo casi siempre a fuertes techos abovedados

capaces de resistir poderosas explosiones. Curiosamente, durante varias décadas, mientras se mantuvo vigente una ordenanza de Carlos V que exigía que la población, por un estipendio, le diera techo y comida a la tropa –práctica tomada de la tradición romana–, no se contempló el alojamiento de los soldados dentro de los baluartes. Esos "cuarteles" fueron añadidos más tarde.

En realidad, la construcción de baluartes creó la prestigiosa profesión del ingeniero militar, funcionario que solía recibir hasta el doble de lo que ganaban los grandes arquitectos de la época. Circunstancia que acaso justifica que hasta Leonardo se considerara uno de ellos, aunque su gran aporte a esta disciplina fuera una extraña máquina creada para cosechar berro que, por un error de diseño, terminó por ser un arma feroz erizada de cuchillas, utilizada por las tropas de Ludovico el Moro contra los franceses.

Estos edificadores debían ser buenos matemáticos, dominar los cálculos de la artillería, conocer a fondo la geometría euclidiana, y contar, además, con el talento de los grandes dibujantes. Tan buenos artistas solían ser, que uno de ellos, Pellegrino Tibaldi, llegó a España para ejercer su profesión, pero acabó quedándose en El Escorial como pintor real. Casi todos tenían, por supuesto, experiencia militar, y los cuatro que más fama alcanzaron en Europa estuvieron al servicio de Felipe II: Juan Bautista Calvi, Jácome Pelearo –el "Fratín" mencionado por Cervantes–, Tiburzio Spannocchi, y Juan Bautista Antonelli. Fue este último, seguido de sus hijos, quien con mayor intensidad dejó su huella en toda América Latina, territorio que recorrió penosamente –sufría unas severas alergias–, batallando contra las intrigas de sus enemigos –que hasta de espía y homosexual lo acusaron–, descubriendo y reforzando los flancos débiles por los que podían atacar los franceses, los ingleses, los holandeses, y los piratas y corsarios de todas las combinaciones posibles, porque los enemigos de la monarquía española eran tantos que el sol tampoco se ponía en sus dominios.

De los italianos a los franceses

Los siglos XVII y XVIII, periodo de gran esplendor en España, son los de las más notables construcciones religiosas y los de los grandes edificios públicos en América. Sorprenden los conventos de San Francisco y el de San Agustín en Quito, el de Santa Clara en Bogotá; la catedral de Puebla de los Ángeles y Zacatecas en México, la de Lima, la de La Habana, la de Comayagua en Honduras. Todos estos edificios, generalmente dotados de unas espectaculares fachadas, o con altares minuciosamente tallados por orfebres increíbles –más un largo centenar que pudieran citarse–, comparten ciertos rasgos hermosos que los vinculan dentro de una misma familia: son expresiones del Barroco americano.

Se ha dicho que el signo arquitectónico de América Latina es el Barroco, y esa opinión no parece muy descaminada, acentuándose esta tendencia en aquellos países donde el elaborado estilo europeo coincidió con una fuerte presencia indígena diestra en las tareas artesanales y portadora de una previa estética precolombina, muy adaptable a la complejidad ornamental. El Barroco –palabra de origen portugués con que se designaban ciertas perlas irregulares– se inició en Italia a partir de la obra seminal de Gian Lorenzo Bernini y de Francesco Castelli, "el Borromini", y sus características fundamentales fueron la ondulación de las líneas en fachadas y columnas, los claroscuros, la teatralidad, la decoración abigarrada, el efectismo óptico. Se trataba de un franco alejamiento del clasicismo renacentista, que se extendió velozmente por la superficie de Europa, y que en España se reflejará en la obra de José y Alberto Churriguera, y –sobre todo– del escultor Narciso Tomé, autor del monstruosamente bello "transparente" de la catedral de Toledo, un conjunto escultórico religioso que en sus formas resume la estética barroca mejor que cualquier tratado escrito por especialistas.

Con el Barroco disminuyó considerablemente la etapa de la gran influencia italiana en la arquitectura de Iberoamérica

–España y América Latina– y comenzó la francesa. Era natural. En el XVIII Francia se había alzado con la hegemonía
europea en todos los terrenos, menos en el militar, que Inglaterra le disputaba amargamente, y gobernaba en España
una dinastía, la de los Borbones, de cultura y procedencia
francesas: "ya no hay Pirineos", exclamó asustado un embajador cuando llegó a reinar en España un joven francés de
17 años, Felipe V, nieto de Luis XIV.

Grosso modo, a mediados del XVIII, cuando en España gobierna un monarca ilustrado, Carlos III, hijo de Felipe V, el
perfil urbano de Iberoamérica otra vez comienza a cambiar
en la dirección de los modelos clásicos grecorromanos. Es
el llamado "Siglo de las Luces" y la razón neoclásica sustituye a la emoción barroca. Suavemente, el péndulo estético
se mueve en dirección contraria. Vuelven las construcciones
armónicas, vagamente inspiradas en la simetría griega del
Partenón, y en Madrid surgen edificios como el Museo del
Prado, obra del arquitecto Juan de Villanueva, mientras las
catedrales de México, Bogotá y Montevideo, lentamente
construidas, son culminadas con fachadas neoclásicas no
siempre previstas en los planos originales. Hay una especie
de fatiga frente al Barroco. Todas las ciudades, de una u otra
manera, comienzan a incorporar alamedas, fuentes y jardines. Se colocan bellas estatuas en los parques. Se pavimen-
tan las calles, mejora notablemente el sistema de acueductos
y alcantarillados. Lo castizo, lo tradicional, lo que se asocia
a la tradición española más rancia, es rechazado: es sinónimo de atraso.

Esa influencia gala no terminará con la guerra de España
contra la invasión de las tropas de Napoleón. La verdad es
que España, sin advertirlo, tanto en su porción americana
como en la europea, se había afrancesado medularmente. Y
se habían afrancesado todos, los españoles y los americanos,
pero especialmente las clases dirigentes. De alguna manera
inefable, la referencia cultural fundamental ya no era Madrid
sino París. En la segunda mitad del XIX, cuando gobierna

en Francia Napoleón III, sobrino del legendario emperador
y guerrero, primero como presidente electo democráticamente, y poco después como monarca golpista, prácticamente toda América Latina es independiente –sólo faltaban Cuba
y Puerto Rico, pues Panamá era un territorio colombiano–,
y París, tras la gran reforma de Haussman, se convierte en
el modelo ideal de ciudad.

En efecto, Georges-Eugène Haussman es el más exitoso
urbanista de los tiempos modernos. Se trataba de un funcionario tenaz y ordenado, un brillante abogado, no un
arquitecto, tocado por la naturaleza con el genio de la organización, y dotado por el gobierno central con una enorme
cantidad de dinero. Fue él quien le dio a París el grandioso
diseño que todavía hoy exhibe la ciudad, con sus amplias
avenidas y los bulevares arbolados que confluyen en un por-
tentoso arco de triunfo. ¿Por qué ese enérgico cambio y por
qué ese gigantesco esfuerzo? Por una combinación de factores: porque los franceses vivían la ilusión razonablemente
fundada de que Francia era el centro de la civilización occidental, y París, a su vez, era el vértice, el corazón del mundo
civilizado; porque el país había prosperado admirablemente tras los desastres de las guerras napoleónicas, y, curiosamente, porque Napoleón III, que había vivido muy de cerca
la revolución de 1848, con barricadas que obstruían los avances de las fuerzas del orden, sabía que las callejuelas estrechas y los barrios oscuros eran los sitios propicios para las
algaradas de los revoltosos. Lo más sensato, pues, era demo-
lerlos y crear calles rectas y despejadas en las que la policía
fuera capaz de disparar sus cañones y armas de fuego sin obstáculos. La reforma de París era también, pero sin declarar-
lo, una medida contrarrevolucionaria.

Lo que ni Haussman ni Napoleón III fueron capaces de
prever, sin embargo, es que al otro lado del Atlántico, a la
escala de sus posibilidades, varias ciudades latinoamericanas,
maravilladas, deslumbradas, comenzaran a imitar el gesto
arquitectónico de París. Lo que Rubén Darío soñaría des-

pués con sus poemas afrancesados y su lenguaje preñado de galicismos, también acaecía en el entorno urbano. Eso ocurrió en Buenos Aires, en Ciudad México, incluso en La Habana, que en su momento hasta diseñó un palacete francés para albergar la presidencia de la República, o en Ciudad Guatemala, en cuyo distrito noveno todavía hoy una discreta reproducción a escala de la Torre Eiffel descansa en las cuatro esquinas de un muy transitado cruce de avenidas. ¿Cómo llamar a una calle señorial con árboles y cómodas aceras? Naturalmente, con una palabra francesa: *boulevard*.

New York o la modernidad

Pero si París era rehecha para evitar las revoluciones, la técnica aportaba unos elementos que cambiarían aún más el hábitat de los seres humanos. Durante milenios los hombres sólo habían construido con piedras, bloque sobre bloque, o con maderas. El XIX trajo el acero, y con este metal, que se hizo a sí mismo un homenaje en París con la Torre Eiffel, cambió radicalmente la arquitectura. Ya era posible levantar rascacielos revestidos con débiles paredes de ladrillo o con grandes ventanales de cristal. Los puentes podían abandonar los clásicos arcos romanos y las columnas en quilla, para transformarse en gráciles caminos de hierro sostenidos por cables capaces de resistir unas asombrosas tensiones. Simultáneamente, un químico, Joseph Aspdin, desarrollaba un tipo de cemento, al que llamaba "Portland" por la semejanza con ciertas piedras, que una vez trufado con barras de hierro adquiría una fortaleza y elasticidad hasta entonces desconocidas. El hormigón armado entraba en escena, y con este material se lograban unas estructuras imposibles de realizar con piedras convencionales.

En América Latina, aunque tardíamente y con pocos recursos económicos en casi todos los países, a excepción de la próspera Argentina, y, en alguna medida, México, comenzó a ocurrir exactamente lo mismo que en el resto de Occi-

dente. Surgieron unas bellas estaciones de trenes construidas
como grandes hangares de ladrillo y metal, muy francesas
en su diseño, como en Santiago de Chile o en Montevideo,
ciudad esta última donde una estructura concebida para
albergar trenes acabó convirtiéndose en el popular Mercado
del Puerto. Mientras esto ocurría, los edificios multiplica-
ron sus alturas. En 1885 una compañía de seguros inauguraba en Chicago un "rascacielos" de diez pisos. Ya era posible
y relativamente barato: cinco años antes el inventor Otis
había sustituido los viejos ascensores hidráulicos por los
impulsados mediante electricidad. Chicago y New York se
disputaban la supremacía como modelos urbanos y arquitectónicos. Cuando la ciencia y la tecnología se convertían
en los ejes sobre los que giraba la civilización occidental,
Estados Unidos recogía el testigo y sustituía a Europa como
fuente básica de inspiración. El norteamericano Frank Lloyd
Wright con el tiempo se convertiría en el arquitecto más
famoso e imitado del siglo XX.

No siempre, claro, eran norteamericanos de nacimiento
o de formación quienes influían sobre América Latina, pero
generalmente se trataba de europeos avecindados o fuertemente radicados en Estados Unidos. Es el caso del alemán
Adolph Walter Gropius, creador en su país de la escuela
Bauhaus, una academia multidisciplinaria de arte donde se
integraban el diseño y la tecnología. Gropius visitaba La
Habana en 1949 y establecía una fecunda relación con el
arquitecto Nicolás Quintana, miembro de lo que en Cuba
se llamaría "la generación del 50". Es el caso de otro alemán,
Ludwig Mies van der Rohe –el más influyente de todos–,
quien también dirigiera esta institución hasta que los nazis
decretaran su cierre, circunstancia que precipitó su trasla-
do a Estados Unidos, facilitando que en ese país se construyera uno de los edificios de cristal y acero más elegantes y
emblemáticos de la arquitectura moderna: el Seagram de
New York. Es el caso del finlandés Alvar Aalto, o del suizo
Le Corbusier, genio convencido de que su misión era cons-

truir para las grandes masas, a quien la fortuna tuvo la cortesía de confirmarle sus presentimientos, deparándole la oportunidad de efectuar el diseño básico del edificio de Naciones Unidas. Sin embargo, el legado de la Bauhaus, con sus fachadas modulares, sin adornos, y sus diseños económicos en los que se aprovechaba hasta el último centímetro de espacio, no siempre fue positivo: en el nombre de esa eficiente modernidad de concreto, acero y cristal, adorada por constructores siempre a la búsqueda de mayores beneficios, muchas valiosas edificaciones del pasado fueron demolidas y sustituidas por nuevos recintos que no tenían en cuenta el entorno urbano, la tradición, y, a veces, el clima o la luz del sitio en que se colocaban estas imponentes moles.

En todo caso, ahí, en esos famosos maestros, están las semillas de los españoles Félix Candela y José Luis Sert, del brasilero Oscar Niemeyer –el más universal y conocido de los arquitectos latinoamericanos–, de los cubanos Nicolás Quintana, Henry Gutiérrez y Ricardo Porro, del venezolano Carlos Villanueva, del chileno Emilio Duhart y de tantos otros artistas y urbanistas latinoamericanos totalmente relacionados con las corrientes estéticas contemporáneas. Si en el XVI los hispanoamericanos fabricaron casas renacentistas y baluartes militares, en el XVII catedrales y palacios barrocos, en el XVIII palacetes neoclásicos, y en el XIX buscaron en París su más enérgica inspiración, era perfectamente predecible que en el XX llenarían sus avenidas de edificios altos, estilizados y funcionales surgidos de la experiencia estética de Chicago y New York. El fenómeno, como se ha visto, no es nuevo. Viene ocurriendo desde 1492. Es sólo otra muestra de una irrevocable filiación occidental.

En el principio era el verbo

TODO EMPEZÓ por un pleito entre Roma y Cartago provocado por lo que suelen reñir los imperios: el poder político y los recursos económicos. Ya llegaremos a eso, pero antes hay que dejar un puñado de datos en claro. Comencemos por lo obvio. El español es uno de los pocos idiomas internacionales que existen entre las casi cinco mil lenguas clasificadas. Es la lengua romance más difundida y cuenta con más de trescientos cincuenta millones de hablantes. Al margen de los veinte países que lo tienen por lengua oficial –todos los de América Latina más Puerto Rico y España–, hay grandes comunidades de hispanoparlantes en Guinea Ecuatorial, Marruecos, Israel, Filipinas, Belice, Brasil, Trinidad y –por supuesto– Estados Unidos, donde cada día de una manera más clara se perfila como una "segunda lengua", absolutamente viva y económicamente activa, difundida por centenares de poderosísimas estaciones de radio y televisión. En total, el seis por ciento de la especie humana se comunica en español, y sólo el inglés tiene una mayor implantación geográfica en el planeta.

El español también, qué duda cabe, es una de las grandes lenguas literarias del mundo. Las novelas de Vargas Llosa y García Márquez, los poemas de Neruda y Octavio Paz, los ensayos de Ortega y Unamuno, o los cuentos de Borges y Rulfo –por sólo mencionar ocho contemporáneos entre cien posibles autores universales–, son una buena muestra del nivel de excelencia y prestigio que han alcanzado nuestros más reconocidos escritores. *Cien años de soledad* de Gabriel García Márquez y *La rebelión de las masas* de José Ortega y Gasset son libros traducidos a prácticamente todos los idiomas cultos. Los clásicos Cervantes, Lope y Calderón se estudian en los cursos de Humanidades de casi todas las universidades de Occidente. Incluso, no faltan especialistas que encuentran una clara influencia de *La Celestina* de Fernando de Rojas en el *Romeo y Julieta* de Shakespeare, y del teatro del Siglo de Oro español en el posterior desarrollo dramático de la vecina Francia.

Sin embargo –todo hay que decirlo–, la influencia del español en el mundo es mucho menor de la que pudiera derivarse de su inmensa geografía o del impresionante número de sus hablantes. Es casi insignificante. Por cada libro redactado en español que se lleva a otras lenguas cultas, nosotros traducimos diez, casi todos del inglés, algunos del francés, y uno que otro del alemán, el italiano o el portugués. En un libro del Marqués de Tamarón publicado en 1994 –*El peso de la lengua española en el mundo*– se recogen los datos más notables: ese año se tradujeron 6.732 obras francesas y 1.725 italianas, mientras sólo 933 obras escritas originalmente en español fueron vertidas a otros idiomas. Algo semejante a lo que sucede en el terreno de la literatura científica: somos claramente deudores. Tomamos las ciencias y los avances tecnológicos de otras lenguas y culturas. Aportamos muy poco. Hasta ahora nuestro mayor genio se ha expresado en el terreno casi únicamente literario o plástico. Las razones de ese fenómeno las veremos en otro capítulo de este libro. Ahora nos limitaremos a precisar muy brevemente la historia de esta lengua que, de manera desigual, se habla en cuatro continentes. Sólo que antes de entrar en ese apresurado recorrido, conviene establecer ciertas generalizaciones que nos ayudarán a entender algunos sucesos que nos conciernen directamente.

El incesante cambio de las lenguas

Nadie sabe a ciencia cierta si todas las lenguas del planeta se derivan de una lengua madre primigenia, la hipótesis "monogenética", o si el fenómeno de la comunicación de ideas complejas mediante sonidos ocurrió entre grupos de humanos o humanoides en diversas partes y en diferentes momentos, hipótesis conocida como "poligenética". Pero el debate es tan antiguo y tan estéril, que ya en 1866 la Sociedad Lingüística de París, hastiada de bizantinismos, dejó de admitir ponencias en las que tal cosa se discutiera por enésima vez.

Tampoco hay acuerdo sobre la forma en que se supone que en la infancia los seres humanos aprenden la lengua con la que principalmente se comunican. Al emperador germánico Federico I, Barbarroja, le intrigó tanto esta cuestión que en el siglo XII condujo el primer experimento controlado que registra la sicolingüística: eligió a un grupo de recién nacidos, los separó de sus padres y les prohibió a las nodrizas que les hablaran para ver en qué lengua se comunicaban. Todos murieron y se quedó con la duda. Si no hubieran muerto, el emperador habría descubierto que los niños, sin el estímulo del lenguaje, hubieran presentado un lamentable retraso mental. No obstante, ocho siglos más tarde, en 1998, en un artículo publicado en *Nature*, las sicólogas Susan Goldin y Carolyn Mylander de la Universidad de Chicago, tras la cuidadosa observación de niños sordomudos de nacimiento, chinos y norteamericanos –así elegidos para poder evaluar el factor étnico–, han podido precisar que sí existe un común lenguaje gestual para expresar deseos y sentimientos. De alguna manera, esta forma universal no aprendida de comunicación desmiente las hipótesis de los conductistas. En efecto: los sicólogos conductistas afirman que la adquisición del lenguaje se trata de un proceso de imitación y construcción por analogía, mientras los sicolingüistas de la escuela generativista propugnada por Noam Chomsky alegan que, por el contrario, la capacidad de adquirir el lenguaje materno es innata, y nos viene dada por la naturaleza, más o menos como la de caminar erectos sobre nuestras piernas y comer con las manos, aunque en ambos casos se requiera de un estímulo exterior que potencie estas facultades. En todo caso, parece que los experimentos neurolingüísticos les dan la razón a Chomsky y a sus discípulos. Incluso, ya hasta comienza a hablarse de genes que controlan la posibilidad o imposibilidad de adquirir esa gramática interna con que todos nacemos. Algo que parece probar un curioso hallazgo llevado a cabo en Canadá: se han identificado ciertas familias naturalmente incapacitadas para formar plurales regulares de palabras desconocidas. Pueden aprender que casas es el plural de casa, pero si se les pide que formen el plural de una nueva palabra, digamos xena, no sabrán cómo hacerlo.

Por otra parte, los estudios sobre las lesiones en diversas partes del cerebro y sus repercusiones en forma de diferentes patologías de la comunicación, han dejado fuera de toda duda la relación fisiológica entre el habla y el cerebro, incluso entre los gestos que se realizan y determinadas zonas del cerebro. Las mismas lesiones que afectan el habla también parecen afectar los códigos gestuales innatos. Ya en el siglo XIX el médico francés Paul Broca consiguió establecer cómo determinados accidentes que afectaban cierta zona del lóbulo frontal del hemisferio izquierdo del cerebro producían lo que se denominó afasia motora –una notoria incapacidad expresiva y confusión de sonidos–, mientras que el alemán Karl Wernicke describió la afasia sensorial, caracterizada por la incoherencia lógica de lo que el enfermo trataba de comunicar. Asimismo, se sabe con bastante certeza que la lengua materna o las que se aprenden antes de la pubertad se "instalan", generalmente, en el hemisferio izquierdo –con gran actividad subcortical–, mientras que las lenguas aprendidas tras la imprecisa frontera de los doce o trece años ocupan su lugar en el lóbulo derecho, con gran actividad en la zona frontal y cortical. Dato que acaso explique que quienes aprenden una segunda lengua tras pasar el umbral de la adolescencia casi nunca son capaces de pronunciar los sonidos con la fidelidad de los verdaderos nativos. Desgraciadamente, junto a los enérgicos cambios hormonales que les ocurren a los jóvenes cuando abandonan la niñez, está la atrofia de esa maravillosa capacidad de aprender las lenguas con que nos dota la madre naturaleza por cierto periodo de nuestras vidas, observación que no pasó inadvertida a los jesuitas que en los siglos XVII y XVIII organizaron las "reducciones" de Paraguay –una especie de Estado teocrático creado en el corazón de Sudamérica y mantenido durante ciento cincuenta años–, pues en varias oportunidades, decididos a crear intérpretes realmente bilingües, utilizaron huérfanos españoles a los que colocaban dentro de las comunidades indígenas con el objeto de que aprendieran sus lenguas con la fidelidad de los propios nativos, posibilidad que, por razón de su edad, les estaba vedada a los sacerdotes.

De esta incapacidad que padecen los adultos para reproducir fielmente los sonidos de otras lenguas o para aprender sin errores la gramática extranjera se derivan muchos de los cambios que sufren las lenguas. Es lo que se llama la "influencia del sustrato". Hay una lengua previa que interfiere en el aprendizaje de la nueva y genera ciertas diferencias. El español que habla un indio de la península de Yucatán es perceptiblemente distinto al que habla un indio de la cordillera andina, aunque sólo sea porque en el lenguaje del yucateco existe un sustrato –el maya– diferente al del quechua que sobrevive en el altiplano. El inglés que aprende un francés adulto será siempre pronunciado de manera diferente al que se le escuche a un alemán que también lo haya adquirido en la postadolescencia: el sustrato les modificará la pronunciación y les hará cometer diversos y distintos errores gramaticales derivados de la lengua materna, cambios que, con el paso del tiempo, pueden convertirse en normas transmitidas a otras generaciones, como sucede, por ejemplo, con el inglés de los norteamericanos con relación al de los británicos.

Pero aun cuando no existiera la presencia de un nuevo idioma dominante, todas las lenguas están sujetas a un permanente cambio que primero se manifiesta en el habla, y luego se incorpora a la escritura en aquellas culturas que cuentan con esta forma elaborada de comunicación. Los lingüistas han identificado varias causas tras estos cambios. La primera es la "ley del menor esfuerzo", resultante de una tendencia instintiva a simplificar las estructuras complejas o a regularizar las formas de expresión. En el ámbito del español –por citar un par de ejemplos– se observa una tendencia a la unificación en el seseo de los sonidos que antes se diferenciaban como zeta o ce, o a conjugar el verbo haber de manera gramaticalmente incorrecta, pero más cercana a la intuición lingüística popular: "habemos muchos". Otros cambios se desprenden de errores en la audición y articulación de sonidos, de préstamos de otras lenguas, y hasta de falsos cultismos o ultracorreciones: amastes o quisistes en lugar de amaste o quisiste, formas verbales que, de tanto repetirse, es posible que alguna vez acaben por ser legítimamente aceptadas.

Ese carácter incesantemente mutante de todas las lenguas, más las barreras geográficas o políticas que a veces las aíslan retardando su evolución –como ocurre con el francés de Quebec con relación al de Francia–, hacen que el destino de todo idioma sea su lenta pero inexorable fragmentación en dialectos que tiendan a distanciarse hasta romperse en otras lenguas diferentes totalmente incomprensibles entre ellas. Más aún: nadie, realmente, habla una lengua. Todos hablamos dialectos de una lengua en perpetua dispersión; dialectos que, a su vez, se subdividen en idiolectos, es decir, en sistemas de códigos de comunicación aún más selectos y restringidos. Un porteño en Buenos Aires hablará un determinado dialecto diferente al de su compatriota de Córdoba, pero, además, si ese porteño es catedrático o abogado, hablará un idiolecto refinado, quizás más comprensible para un mexicano culto que el idiolecto de un compatriota analfabeto de Guadalajara o de Monterrey. Es posible, pues, que ya se entienda con mayor claridad la sucinta historia de nuestros dialectos latinoamericanos, suma de centenares de idiolectos, y a su vez retazos todos de una vasta lengua española que, pese a las diferencias que puedan encontrarse entre el castellano de Burgos, el de Ciudad México o el de Santiago de Chile, todavía, por fortuna, es fácilmente comprensible dentro de todo el ámbito del idioma. Circunstancia que no sólo se demuestra en el extendidísimo culto a autores complejos y barrocos, como sucede con los cubanos Lezama Lima y Alejo Carpentier, sino como puede comprobar cualquiera que conozca el éxito internacional de los populares "culebrones" televisivos peruanos, mexicanos o venezolanos. El español, por ahora, y quizás por mucho tiempo, dada la "globalización" de los medios de comunicación, está vivo y coleando en los hablantes de todos los registros de la lengua.

En el principio era el latín

Nadie ignora que los hispanoamericanos hablamos español porque el continente fue descubierto y colonizado por los españoles, pero ese dato deja sin saciar nuestra curiosidad. ¿Por qué los españoles hablaban la lengua que acabaron difundiendo en el Nuevo Mundo? La respuesta a esta pregunta tiene un curiosísimo origen apuntado al inicio de este capítulo: todo comenzó hace más de dos mil años por un pleito relacionado con el equilibrio de poderes y por los tributos impuestos por Roma a la otra potencia imperial que entonces le disputaba la hegemonía en el Mediterráneo: el aguerrido estado norteafricano de Cartago, fundado varios siglos antes del nacimiento de Jesús por descendientes de los míticos fenicios en el espacio geográfico que hoy ocupan Túnez y Libia. Tras la Primera Guerra Púnica (264 al 241 a.C.), motivada por el dominio sobre Sicilia, Cartago, derrotado por Roma, aceptó la obligación de pagarle al vencedor un enorme tributo, suma que se vio incrementada unos años más tarde por un nuevo conflicto con los romanos, esta vez por el control de la isla de Cerdeña. Con sus arcas vacías, Cartago tomó la decisión de adueñarse de una buena parte de Iberia –entonces fragmentada en decenas de etnias, culturas y entidades políticas diversas, global y equívocamente llamadas "celtibéricas"– con el objeto, a su vez, de cobrarles tributos a los pueblos conquistados, y, sobre todo, de apoderarse de los ricos yacimientos de minerales del sur de la península, para poder satisfacer la deuda de guerra contraída con Roma. Esa –la rapiña imperial– era en aquella época, y así fue durante muchos siglos, la forma habitual con que se enriquecían los estados poderosos.

El fulminante éxito de los cartagineses en Hispania preocupó de inmediato a Roma, que no quería que sus peligrosos adversarios de la víspera adquirieran demasiado poderío. Cautela que llevó al Imperio del Tíber a forzar un pacto en el que se establecía que la ciudad ibérica de Sagunto, en la proximidad del río Ebro, se convertiría en la inamovible frontera nororiental de Cartago en la península. Así que en el momento en que esta ciudad resultó ocupada por el ejército enemigo, el acto fue considerado *casus belli* por Roma, dando comienzo a la Segunda Guerra Púnica (218-206 a.C.). Este sangriento y devastador enfrentamiento determinó la expulsión de Cartago y el inicio de la romanización de la península ibérica –los saguntinos, los pocos que sobrevivieron, recibieron a los romanos con vítores, dicho sea de paso–, desenlace que, irónicamente, no parecía estar en los planes inmediatos de expansión del Senado de Roma. La península ibérica quedaba demasiado lejos de Roma, y el acceso por tierra era poco apetecible, habida cuenta los imponentes Pirineos. Sin la amenaza cartaginesa, pues, lo más probable es que Iberia hubiera quedado fuera de los límites del Imperio. En todo caso, un siglo más tarde los romanos emprenderían sobre suelo africano la tercera y última Guerra Púnica con el objeto de borrar de la faz de la tierra y de la memoria de los hombres a los cartagineses, destrucción que, en efecto, consiguieron llevar a cabo. De aquel espléndido Estado hoy sólo quedan unos pocos vestigios y vidriosas noticias históricas, casi siempre consignadas por implacables vencedores que fundamentaron el exterminio de los cartagineses en los sacrificios de niños con que sus enemigos solían aplacar a los sanguinarios dioses que controlaban su destino.

La península de la que los romanos expulsaron a sus adversarios tras la Segunda Guerra Púnica, era un abigarrado universo de pueblos, lenguas y culturas de muy distinta entidad, entre los que se encontraban griegos, vacceos, ligures, fenicios, cántabros, celtas mezclados con iberos, lusitanos, tartesios, galecios, y otros menos conocidos de los que apenas existen unas vagas referencias. De aquel complejo mundo en el que coexistían ciudades refinadas con villorrios infectos, mal comunicado y roto en centenares de unidades tribales, espacio en el que la guerra y el bandolerismo parecían ser la norma más que la excepción, sólo sobrevive una misteriosa etnia, la vasca, que aún conserva su lengua, el eusquera –dividido en múltiples dialectos que hoy tratan de unificar–, acaso el único idioma de Europa cuyos orígenes demostrables se remontan al paleolítico.

Los invasores romanos, a fin de cuentas, llegaron a la península encuadrados en varias unidades militares de unos diez mil hombres cada una –seis mil eran soldados y el resto tropas auxiliares– conocidas como "legiones". Con ellos traían sus dioses, su moneda, una cierta forma de organizar las colonias conquistadas, una determinada estructura administrativa, unos códigos arquitectónicos y un talento especial para las construcciones civiles: caminos, puentes, edificios públicos, acueductos, centros de recreo, templos religiosos. También eran portadores de un derecho que regulaba comportamientos y conflictos, y de una lengua en la que se comunicaban. Pero quizás su aporte más importante era un alfabeto compuesto por veintiuna letras –todas mayúsculas–, aprendido de los etruscos, verdaderos padres de la civilización romana. ¿De dónde había surgido ese alfabeto? Estos signos habían sido tomados de los griegos, quienes, a su vez, los heredaron de los fenicios y los enriquecieron con grafías dedicadas a los sonidos vocálicos. ¿Era ése el punto de partida? Tampoco: los fenicios fueron, por su parte, deudores de los egipcios, pues ciertos hallazgos de fines del siglo XX llevados a cabo por el historiador John Coleman Darnell, de la Universidad de Yale, parecen demostrar que fueron miembros de esta etnia, sujetos a un entorno egipcio, quienes desarrollaron una especie de taquigrafía fonética para simplificar y aplicar a su lengua semítica los complejos jeroglíficos egipcios. En suma, estos rápidos rasgos evolucionaron hacia el alfabeto con el que los romanos transcribían los sonidos de las palabras y construían los números. En cambio, la numeración decimal, con el cero incluido, tal y como hoy la conocemos, es una ingeniosa invención hindú del siglo VI que luego los árabes introdujeron en Europa, atribuyéndoseles equivocadamente la paternidad ("números arábigos"), error al que se suma la paradoja de que hoy los árabes no utilizan los números arábigos. El "cero" constituía un invento realmente audaz, pues hasta ese momento los números expresaban cosas o personas, mientras ese era un signo para designar lo contrario: señalaba su ausencia. Una lengua y un alfabeto latinos, con los agregados números arábigos, en síntesis, que poco a poco y a lo largo de varios siglos, generalmente de sur a norte y de este a oeste, con el acento puesto en lo que hoy es Andalucía, unificaron a toda la península, parcialmente exceptuado el remoto y aislado rincón en el que sobrevivían los vascos, pero no porque este pueblo ofreciera una resistencia especial a la latinización, sino porque quedaba lejos de los circuitos económicos y de los centros urbanos en los que fue sedimentándose la cultura romana.

Si se quiere entender el éxito de Roma como poder colonizador, no puede soslayarse la importancia medular de contar con una lengua escrita bien desarrollada, con buenos teóricos y una gramática normativa que de alguna forma unificara la vasta labor de los burócratas que mantenían la armazón institucional del mundo conquistado por los romanos. Ese instrumento era tan vital como las armas de las legiones para mantener la autoridad de Roma, pero era, además, algo que acaso no sospechaban los diferentes pueblos colonizados: era un elemento vertebrador que comenzaría a unificar lo que hasta entonces constituía un mundo variopinto, generalmente incomunicado, del que quedan muy pocos restos idiomáticos, precisamente por la carencia de modos de representar la historia, el presente, y mucho menos el pensamiento abstracto.

En realidad, los legionarios, como era de rigor, no hablaban exactamente "una lengua", sino un dialecto, el latín, propio de una pequeña región de Italia conocida como Lacio, punto de partida de la gran aventura imperial de los romanos. El latín era una variación dialectal de la rama itálica del gran tronco indoeuropeo, junto al osco, el umbro y los dialectos sabélicos. Pero ese latín que hablaban los legionarios, en primer término, no era la lengua culta de los grandes escritores, sino la vulgar, la que se utilizaba popularmente por las gentes; y, en segundo lugar, ni siquiera reproducía las normas lingüísticas de los habitantes de Roma, puesto que los legionarios provenían de diversos orígenes itálicos, y no faltaban entre ellos numerosos mercenarios procedentes de otros lugares del Imperio. Circunstancia que de inmediato explica que la lengua que, con el paso de los siglos, se llegó a hablar en la Hispania latinizada, fuera parcialmente diferente a la que se hablaba en la capital romana, fenómeno no muy distinto al que ocurre con el español de América Latina cuando se compara con el que se escucha en Burgos o en Valladolid. Y contraste que también nos permite entender las diferencias surgidas dentro de la propia Hispania: no era lo mismo aprender el latín desde el sustrato celtibérico, que desde el tarteso, el griego o el cántabro, y especialmente si entre los hablantes que transmitían la nueva lengua prevalecían los del norte, centro o sur de Italia. Obviamente, todas estas variaciones en los modos de enseñar y de adquirir el latín, a su vez, allanaron lentamente el camino para el posterior surgimiento de las lenguas romances de la península durante el periodo en que los dialectos regionales se fueron convirtiendo en por lo menos tres idiomas claramente diferenciados del latín del que provenían: el portugués, el catalán y el castellano.

La latinización de Hispania duró aproximadamente setecientos años –desde el 207 a.C. hasta la retirada de las legiones en el siglo V, tras la caída del Imperio Romano– y el ritmo que siguió fue el de las calzadas que se construían, algunas de las cuales todavía pueden utilizarse, o el de las ciudades que creaban u ocupaban, unas veces mediante conquistas militares, y otras mediante actos pacíficos de integración en los que, naturalmente, siempre existía un subyacente elemento de intimidación, o, al menos, de búsqueda de la protección romana frente a un tercer enemigo en discordia.

En todo caso, tras fieras batallas de las que quedaron persistentes mitos heroicos como el del lusitano Viriato, o la terca y suicida resistencia de la ciudadela Numancia, la latinización fue adquiriendo entre los iberos el tinte de prestigio que se deducía de la adquisición de una cultura percibida como superior, especialmente porque quienes primero se acogían a ella solían ser las élites dominantes de los miniestados ibéricos, dada la hábil costumbre romana de pactar su hegemonía con la clase dirigente conquistada, a la que enseguida convidaban a disfrutar de algunos de los privilegios reservados a los romanos. De esta suerte, hablar y escribir latín se convertía en el primer peldaño para ascender por la ladera de la pirámide económica. Era un magnífico negocio, factor que, con la excepción del eusquera, como queda dicho, paulatinamente logró arrinconar a todas las lenguas y dialectos ibéricos hasta hacerlos desaparecer casi sin dejar otras huellas que algunos matices en la pronunciación del latín, cierto vocabulario (barro, perro, páramo, lanza, etcétera) y algunos sufijos que encontramos en palabras como mach*orro* o labr*iego*.

Del latín al castellano

La hegemonía romana sobre Hispania duró mientras el Imperio de Occidente pudo sostenerse, pero ya a principios del siglo V, debido –entre otras razones– a la progresiva penetración de las tribus germánicas, unas veces como enemigas y otras como incómodas aliadas, se produjo el fin del dominio de Roma en España y el comienzo de la monarquía visigoda, circunstancia que no tuvo un efecto sustancial sobre la lengua de los hispanorromanos, porque los visigodos, pueblo germánico "federado" dentro del Imperio, habían asimilado la lengua y la cultura latinas de forma bastante radical. A fin de cuentas, los visigodos que cruzaron la frontera –unos doscientos mil según algunos historiadores, incluidos mujeres y niños, frente a una población de cuatro a seis millones de habitantes de la península– lo hacían con el compromiso de destruir o expulsar a los suevos. Los suevos eran otro pueblo germánico que había penetrado en los territorios ya desprotegidos de un Imperio que se desmoronaba inexorablemente, instalándose preferentemente en la región noroeste de la península, en la Galicia actual, en la que dejaron una clara herencia genética de abundantes ojos azules y cabellos rubios, pese a las normas que prohibían o desaconsejaban las uniones entre hispanorromanos y germanos.

Los perseguidores de los suevos, los visigodos, legalmente eran "aliados" de Roma. Eran bárbaros latinizados durante varios siglos de difícil convivencia fronteriza, y no tenían demasiado interés en imponer su lengua y cultura góticas, por las que no parecían tener un especial aprecio, y especialmente a un pueblo que, por lo menos en los primeros tiempos, no los recibía como invasores, sino como al factor capaz de restituir la ley y el orden en medio de una sociedad que había perdido súbitamente el centro secular de su autoridad. Se supone, sin embargo, que la caída del Imperio Romano de Occidente –el de Oriente, de lengua y cultura griegas, cuya capital era Constantinopla, duraría otros mil años–, y

la aparición de una nueva etnia dominante en la península
–la primera vez que, con propiedad, podemos hablar de algo
así como un estado español independiente–, inconscientemente aceleraron el proceso de cambios en la lengua hablada
por los hispanorromanos, como parece deducirse de las
numerosas modificaciones desde entonces surgidas en la
lengua escrita, al extremo de que los especialistas denomi-
nan "bajo latín" a los textos redactados a partir de este periodo y durante toda la Edad Media, pues al desaparecer o
debilitarse la referencia política de Roma como cabeza del
Imperio, de alguna imprecisa manera también se aflojaron
los lazos que mantenían la unidad de la lengua, algo que,
naturalmente, no fue un fenómeno solamente español. Mientras que en la España visigoda los dialectos del latín hablados
por los hispanorromanos aceleraban la gestación de varias
lenguas romances, un fenómeno semejante acaecía en el
resto de las antiguas provincias romanas: un "protofrancés"
daba sus primeros y temblorosos pasos en la Galia conquistada por los francos, mientras que en el ya disuelto Imperio
del Tíber surgían modos de expresión que con el tiempo
devinieron en el "italiano" y en el "rumano".

Esto no quiere decir que el latín desapareció totalmente
de la península ibérica convirtiéndose en una lengua muerta.
Se refugió en la Iglesia católica y, como esta se había hecho
cargo de la educación, creando posteriormente las primeras universidades en la zona cristiana a partir del siglo XIII,
el latín se convirtió en la *lingua franca* de las mejores cabezas
europeas. Era la norma: en casi toda Europa se mantuvo durante muchos siglos la costumbre de utilizar el latín como
lengua culta para impartir y transmitir los conocimientos.
Los libros de pensamiento o las investigaciones se escribían
en latín, y sólo tras la reforma de Lutero en el siglo XVI,
como una forma de subrayar la independencia frente al catolicismo romano, en los países protestantes comenzaron a
utilizar las lenguas vernáculas en los centros de enseñanza.
A fines del XVIII ya eran pocos los intelectuales europeos

capaces de escribir correctamente en latín. Sólo la Iglesia mantuvo la tradición, pero más por razones litúrgicas que por consideraciones culturales. En cualquier caso, la desaparición de una lengua común capaz de vincular a toda la *intelligentsia* europea fue una terrible pérdida. Ese solo detalle explicaba y permitía que los italianos o los españoles estudiaran y enseñaran en París o en Inglaterra, mientras los franceses o los ingleses podían beneficiarse de las instituciones educativas de Italia o de Holanda, en un incesante proceso de hibridación e intercambio de información e influencias que tuvo una extraordinaria importancia para acelerar el ritmo del progreso.

¿Qué rastros dejaron en nuestra lengua los dos siglos de presencia visigoda al frente de la primera monarquía española? Básicamente, numerosos nombres y apellidos propios como Alfonso, Alberto, García, Jimena, Jiménez, Bermudo, Bermúdez, Rodrigo, Rodríguez, Fernando, Fernández, Ramiro, Ramírez, o Elvira. También –algo perfectamente comprensible dada la vocación militar de muchos de sus componentes– palabras como guerra, tregua, espía, yelmo, banda, espuela, robar, bramar, orgullo o alevosía. Pero no dejan influencia sintáctica, y sólo se identifican como góticos algunos sufijos de los que se observan en palabras de las familias de real*engo* o bast*ardo*. Sin embargo, una decisión política tomada por los monarcas visigodos, con el paso del tiempo sí tendría un efecto importante sobre el destino lingüístico de la península: nombrar a Toledo capital del reino. Varios siglos más tarde la lengua de esa emblemática ciudad –mientras Madrid no adquirió la condición de capital hasta la segunda mitad del siglo XVI– se convertiría en la norma de pronunciación con mayor reputación entre todas las variantes dialectales del castellano, aunque en la Edad Media, a partir de los siglos XIII y XIV, otras dos ciudades, Burgos y Valladolid, también adquirieron la reputación de ser los sitios en los que mejor se pronunciaba el castellano. Afirmación, por supuesto, totalmente subjetiva que no descansaba en la elegancia fonética de sus habitantes, sino en el poder económico de las ciudades, entonces convertidas en centros comerciales clave de la España cristiana.

Finalmente, el reino visigodo se hundió en medio de guerras civiles que, por invitación de uno de los bandos, provocaron en el 711 la intervención de las tribus bereberes del norte de África, entonces recientemente convertidas al islamismo. No es este el sitio para debatir la naturaleza de la invasión mal llamada "árabe", pero vale la pena precisar que la complejidad técnica de la cultura de los recién llegados no se distanciaba excesivamente de la del pueblo invadido. Y como no era extraño en la historia de la península, este acogió a la nueva casta dominante sin grandes resistencias, aunque en el norte del país, unas décadas más tarde, comenzara un lento y complejo proceso de reimplantación de las élites cristianas –ahora al frente de los reinos medievales que paulatinamente fueron surgiendo–, fenómeno lleno de altibajos y contradicciones que duró más de setecientos años, y al que se le ha dado el equívoco nombre de "Reconquista", como si se hubiera tratado de un largo episodio históricamente lineal.

En ese periodo –algo mayor que el de los romanos y más extenso que el de la España moderna, semi unificada a fines del siglo XV por el matrimonio de Fernando e Isabel– los árabes, como antes los visigodos, no irrumpieron en la sintaxis latina, pero introdujeron en sus reinos y taifas los primeros molinos europeos para fabricar papel, técnica que aprendieron de los chinos tras la toma de Samarcanda en el 704, adelanto que tendría un enorme impacto en la difusión de la lengua escrita. Con esta invención, eventualmente, los copistas dispusieron de materiales más económicos para su minuciosa tarea, dato que no debe menospreciarse, porque hasta ese momento y por varios milenios, excluyendo las pesadas escrituras en tabletas de barro, sólo dos habían sido los soportes más usuales de los libros: el papiro, obtenido del tallo de una planta acuática cultivada en Egipto –"hojas" no muy resistentes al paso del tiempo que luego se almacenaban como rollo o volvo, de donde viene nuestro vocablo volumen–, y el pergamino, que se obtenía de la piel curada de corderos, notoriamente más duradero, pero mucho más caro. Eran de tal magnitud el costo y la consecuente escasez de pergaminos, que para lograr sólo un ejemplar como la Biblia Latina impreso en el siglo XV por Gutenberg, se hubiera necesitado la piel de más de 200 corderos.

Es desde el siglo IV d.C. en adelante, casi siempre manuscritos sobre pergamino, que se popularizan una suerte de "libros" muy semejantes a los nuestros: son los *codex* o códices que acabarán por sustituir a los rollos. Códices que de alguna manera se asocian a la labor de los copistas cristianos insertos en la cultura latina, frente a los rollos percibidos como el soporte de la literatura pagana de origen helénico. Pergamino, por otra parte, es una palabra derivada de Pérgamo, ciudad a la que se le atribuye la invención de este material como consecuencia de la imposibilidad de comprar papiro a Egipto, que había prohibido su exportación como un arma para debilitar a sus adversarios, pues el Imperio del Nilo se daba perfecta cuenta de que una sociedad que no contaba con libros y con archivos era notablemente más débil que la que disponía de esas formidables ventajas.

Al margen del importantísimo aporte del método para fabricar papel, los árabes salvaron del olvido numerosas obras clásicas del mundo grecolatino mediante trabajosas traducciones, y –ya en el estricto terreno de la lengua– legaron al castellano unas cuatro mil palabras que a veces habían tomado de otros idiomas en sus correrías imperiales por Asia, África y otros rincones de Europa. Son árabes palabras como: tarifas, aduanas, almonedas, zocos, alguaciles, alfileres, azoteas, albóndigas, almíbar, azúcar, algodón, aceite, azucena, azahares, alfeñique, alfanje, rebato, acicate, jineta, alazán, zanahorias, alcachofas, alberca, aljibe, guarismo, cifra, jarabe, álgebra, alcohol, algoritmo y un sinfín de otros vocablos absolutamente vigentes en el español contemporáneo de ambos lados del Atlántico.

¿Cómo pasaron tantas palabras árabes al español? Sin duda, por el contacto entre los dos pueblos, pero también porque la interrelación lingüística entre la zona islámica de la península y la cristiana era muy intensa. Los moros avecindados en la península escribían un árabe culto en los documentos oficiales, las traducciones o en los comentarios religiosos, pero popularmente se hablaba un dialecto vulgar trufado de palabras latinas o de las lenguas romances. Incluso, por imperativos de la enorme masa mozárabe –los cristianos que vivían en el mundo árabe–, y por los numerosos judíos, existía una tercera lengua, muy extendida, que era un dialecto romance que también dominaban los árabes de todos los niveles sociales, incluida la casta dirigente, entre otras razones, porque era frecuente que muchas de las concubinas de los árabes más poderosos procedieran del mundo cristiano. También –y esta es una bella ironía– se debe a la invasión árabe que a ciertos habitantes de la península se les comienza a llamar *hispaniolis* (españoles): es así como se denomina a los hispano-godos habitantes de la provincia Tarraconense que se refugiaron en la marca hispánica carolingia –el territorio peninsular controlado por el enorme Imperio fundado por los francos–, de donde se deduce que los primeros "españoles" fueron, en realidad, los catalanes.

Simultáneamente a la presencia de los árabes en España, ya en plena Edad Media –situémonos en el siglo IX–, la vieja lengua romana que se había hablado en la península se distancia cada vez más de los dialectos del latín vulgar que se escuchaban en Galicia, León, Asturias, Cataluña o Aragón: han surgido definitivamente las lenguas romances, y, cada una con sus peculiaridades, se vincula a un espacio geográfico que suele coincidir con el de algún reino cristiano. Sin embargo, en el centro-norte de la península, al sur de la zona habitaba por los vascos, en un territorio tradicionalmente

llamado "Bardulia", existen unos condados que dependen del
Reino de León. A esos condados, unificados por Fernán
González, zona de intensas guerras y combates, territorio
de frontera, se les conoce por las fortificaciones militares que
han erigido los cristianos: "Castella" o "Los Castillos". Sus
habitantes, los castellanos, muchos de ellos inmigrantes de
fuera de España, hablan un tosco dialecto más alejado del
latín que el portugués o el catalán, que recibe las influencias
de todos sus vecinos, al que ellos aportan algunos rasgos particulares. Según los lingüistas modernos, se trataba de una
modalidad dialectal muy dispuesta a aceptar innovaciones.
Buenos guerreros, los castellanos logran crear un reino que,
con el curso del tiempo, más las alianzas políticas y los matrimonios de conveniencia, se convierte en el mayor y más
poderoso de España, mientras su romance se transforma en
una lengua franca que sirve, entre otras funciones, para comunicar a los cristianos en la empresa común de la Reconquista y para redactar los contratos de compra-venta en las
transacciones comerciales. En la medida en que crecen su
importancia y el perímetro de sus conquistas, la lengua de
los castellanos se va abriendo hacia el sur como una cuña
invertida, arrinconando y separando a los otros dos grandes
idiomas romances –el portugués y el catalán–, mientras debi-
lita, hasta casi hacerlos desaparecer, entre otros, a los dialectos riojano, astur-leonés o el aragonés.

En el siglo X la primera noticia que tenemos del castellano son unas vacilantes notas escritas al margen de un cuaderno concebido para enseñar latín. El estudiante que las
garabateó necesitaba glosar en su lengua vernácula las palabras latinas que ya casi no entendía. Se les llama Glosas
Silenses por haber sido halladas en el convento de Santo Domingo de Silos. Hay otras parecidas: las Glosas Emilianen-
ses encontradas en San Millán de la Cogolla. En el XII los
juglares repiten de memoria las estrofas del *Poema de Mio Cid*
o bellos romances en los que se cuentan milagros de santos,
increíbles hazañas guerreras y dolorosas cuitas amorosas: se

trata de una especie de periodismo oral rimado para facilitar
la memorización. En el XIII ya Alfonso X el Sabio, aunque
escribía (o hacía escribir) en gallego sus poemas a la Virgen,
redactaba (o hacía redactar) en castellano su *Estoria de España*
y *Las siete partidas*, pues reinar era impartir justicia, y para
ello necesitaba unificar en un código único y en una lengua
común los derechos dispersos por toda la península. Asimismo, para beneficio de toda Europa, fortalecía notablemente
en Toledo la celebérrima *Escuela de traductores*, en la que eruditos y lingüistas, junto a poetas y músicos, traducían del árabe
al latín, y luego al castellano, las obras clásicas de la tradición
grecolatina salvadas del olvido por los mulsulmanes, quienes
se habían apoderado de ellas en las conquistas de enormes
porciones de los Imperios romanos de Oriente y Occidente.

A fines del siglo XV el castellano, sin duda, había alcanzado la mayoría de edad literaria. Los cuentos de Don Juan
Manuel recogidos en *El conde Lucanor* cien años antes, o
Coplas a la muerte de su padre de Jorge Manrique y la *Tragico-
media de Calisto y Melibea* –*La Celestina* famosa– escritos en
el XV, demostraban que la hegemonía política de Castilla también se expresaba en el terreno de la lengua. Tanto, que en
1492, precisamente en el año en que zarpan las dos carabelas y la *nao capitana* de Colón rumbo al incierto oeste –nunca hubo tres carabelas–, el humanista Antonio de Nebrija
–un cultísimo andaluz profesor en Salamanca– publica su
Gramática de la lengua castellana –la primera que aparece en
una lengua romance–, y consigna su intuición de que el
Imperio naciente, junto a la espada triunfadora, necesita fijar
las normas ortográficas y estructurales del idioma para mantener la cohesión cultural de sus conquistas, y –sobre todo–
para dotar a los funcionarios de la Corte de una forma exacta
de comunicar la voluntad de las autoridades. La gramática
española, como ocurriera con el latín durante la romanización de Hispania, es también un arma fundamental en la
conquista y colonización. Pero su normalización es ahora
más importante que nunca: ha nacido la imprenta. En efec-

to, el castellano, convertido en la principal lengua de España y en una de las más importantes de Europa, ya conoce la reciente experiencia alemana de la imprenta. En Barcelona y Valencia, en 1468, diez años antes que en Inglaterra, de la mano de tipógrafos holandeses e italianos, ya se imprimen libros, sólo dos décadas después de que apareciera en Maguncia la primera obra reproducida por medio de tipos móviles fundidos en metal por Gutenberg, un orfebre fascinado por la ciencia y la religión, pero desdichado en asuntos comerciales. Este "milagro" tecnológico, aprendido de los coreanos y chinos, que ya lo utilizaban desde el siglo XI, pronto llegará a media docena de ciudades castellanas y aragonesas. Todo está listo para la inesperada aventura americana.

El español llega a América

Curiosamente, nadie ha podido precisar con exactitud cuál era la lengua materna de Cristóbal Colón. Los expertos no saben si las peculiaridades de su redacción se deben al sustrato genovés, al mallorquín, al portugués, o si se trataba de un deliberado esfuerzo por ocultar un oscuro origen hebreo que en aquellos tiempos de furioso antisemitismo podía resultar muy peligroso. No obstante, cualquier confusión lingüística del Almirante palidecía ante el panorama que comenzaba a abrirse aquel octubre de 1492 cuando, por error, descubría un continente hasta entonces desconocido para los europeos.

En efecto: sicológicamente preparado como estaba Colón para enfrentarse a interlocutores chinos o japoneses, de los que tenía infinidad de noticias gracias a los textos de Marco Polo, y con los que pensaba entenderse en latín o en hebreo, en primera instancia tuvo que vérselas, sin embargo, con unos seres casi desnudos que probablemente hablaban en uno de los centenares de dialectos de la familia del arahuaco —una extendidísima y primitiva cultura que abarcaba desde Brasil hasta toda la cuenca del Caribe–, quienes enseguida comenzaron a dotar al castellano con las palabras de su primitivo universo: canoa, bohío, yuca, o el vocablo con que designaban al terrible dios de los vientos, huracán.

El rompecabezas lingüístico que poco a poco irían descubriendo y describiendo los conquistadores y colonizadores del Nuevo Mundo –y que ni siquiera hoy se conoce del todo– era asombroso: ciento veintitrés familias de lenguas totalmente diferentes, sin conexión entre ellas, dato que inevitablemente parece desmentir la teoría de que todos los habitantes de la América precolombina provienen de una misma fuente migratoria llegada desde Asia a través del Estrecho de Bering, hoy la costa noreste de Rusia, hace veinte o treinta mil años. Setenta y siete de esas inconexas familias de lenguas yacen –o yacían– al sur de lo que actualmente es Panamá; veinte en México y América Central; veintiséis en Estados Unidos y Canadá; en total, literalmente, miles de dialectos, algunos de ellos hablados por unos pocos centenares de personas. Aún hoy, un pequeño país como Guatemala, en el que por lo menos la mitad de su población es indígena, sobreviven una veintena de lenguas y dialectos precolombinos, casi todos derivados del tronco maya.

El castellano –como antes había hecho el latín con las lenguas ibéricas–, aunque no de una manera consciente, dado que los religiosos preferían aprender las lenguas de los indígenas para predicarles el cristianismo antes que enseñarles español, lo que provocó curiosas consecuencias, como la expansión del quechua en el norte de Argentina, sitio en el que no se habló nunca esa lengua hasta que los religiosos españoles comenzaron a evangelizar a los indios en ese idioma. En todo caso, aún sin proponérselo, el castellano o español se ocupó de exterminar o –por lo menos– de orillar los idiomas de los pueblos vencidos y sometidos por la fuerza, pero sin poder (o querer) evitar diferentes tipos de préstamos léxicos: los centroamericanos no sólo proporcionaron el tomate, como alimento, sino cedieron la palabra con que se designa. Lo mismo ocurrió, también tomadas del nahuatl, con aguacate, cacao o cacahuete. El quechua donó pampa, mate, cóndor, puma, guagua, guaso. El guaraní, ñandú, tucano, mandioca, curare, y quién sabe si hasta esa curiosa entonación con que los argentinos, o en Perú los arequipeños, pronuncian traigameló o demeló. ¿Contaminación lingüística de la que tanto preocupa a los puristas? Puede ser, pero de esa materia híbrida y mestiza están hechos todos los idiomas, y especialmente los que viven extensas aventuras imperiales en contacto con otros pueblos y costumbres.

Contrario a la leyenda, pese a la juventud y la frecuente ausencia de estudios formales de muchos de los conquistadores de América, no faltaban entre ellos los que supieran leer, y se sabe con bastante certeza cuáles eran sus preferencias. En primer término –y se trataba de un fenómeno común a todo el ámbito de Europa occidental–, cuando podían, cuando los libros conseguían burlar la censura, leían novelas de caballería. Fabulosas historias de héroes enamorados que realizaban las más grandiosas hazañas guerreras. El *Amadís de Gaula*, *Tirant lo Blanch* y *Palmerín de Inglaterra* fueron los primeros *best-sellers* de la historia, y todavía cien años después de haber sido publicados se continuaban reproduciendo. También llevaban devocionarios, textos de doctrina católica e infinidad de libros de oraciones, aunque es probable que la posesión de estos últimos, más que revelar un gusto literario o una intensa piedad religiosa –sentimientos no muy razonables en quienes luego se comportarían de manera poco cristiana la mayor parte de las veces–, se debiera a la obligatoriedad de rezar durante la peligrosa travesía atlántica.

A principios del XVI los libros son todavía muy caros, escasos, y el hábito de la lectura no formaba parte siquiera de la clase dominante. Es curioso saber que cualquier senador romano del siglo primero después de Cristo tenía muchos más libros que un caballero español de los siglos XV o XVI, aun cuando el romano debía almacenar complicados

rollos de papiro o pergamino y el español ya contaba con
libros prácticos y manejables para su lectura y almacenamiento. La reina Isabel la Católica, por ejemplo, atesora
menos de treinta volúmenes en su "librería" –palabra que
entonces se utilizaba como sinónimo de "biblioteca", cul-
tismo de origen griego que provocaba la ira y la risa de Lope
de Vega–, y los grandes coleccionistas de libros apenas llegaban al millar, siendo una curiosísima excepción el caso de
Hernando y Diego Colón, quienes llegaron a poseer veinte
mil, punto de partida de la Biblioteca Colombina. Ese desin-
terés de los españoles por los libros contrasta con la pasión
bibliófila de los hispanomusulmanes más poderosos, poseedores de enormes bibliotecas privadas, con decenas de miles
de bellísimos libros cuidadosamente encuadernados que alcanzaban un alto precio y constituían, además, un sello de
distinción personal. Una de esas grandes bibliotecas, la de
Alhakem II, la mayor de Europa en su momento, que llegó
a contar con 400.000 volúmenes catalogados, no desapareció, sin embargo, por la intolerancia de los cristianos, sino
por la de los propios musulmanes, cuando Almanzor, al filo
entre el primer y segundo milenio, para zanjar un pleito religioso, ordenó la quema de miles de libros heréticos y vendió
el resto entre los bibliófilos más curiosos y adinerados. "Hazaña", por otra parte, que contaba con un infame precedente
egipcio: la quema de la ya disminuida Biblioteca de Alejandría –700.000 manuscritos, la mayor y más completa del
mundo antiguo, quemada en el siglo I a.C. por los romanos
paganos, vuelta a quemar a fines del siglo IV d.C. por los romanos ya cristianizados–, por último, total y definitivamente
incinerada en el siglo X debido a un curioso silogismo religioso: si la Biblioteca reiteraba la sabiduría del Corán, era
innecesaria; y si la negaba o desmentía, era indigna de existir. (La UNESCO, paladinamente, desde fines del siglo XX se
propuso auspiciar una moderna y vasta Biblioteca de Alejandría como homenaje a la mítica institución clásica reitera-
damente carbonizada. Fue inaugurada recientemente).

En todo caso, fueron los libros, sin duda, objetos caros. Desde el siglo XII en adelante sabemos que los estudiantes necesitados o los nobles arruinados llegaban a pignorarlos. No obstante, en la medida en que se fue difundiendo la imprenta –con la oposición militante y a veces agresiva de los copistas, y las reticencias de una Iglesia que otorgaba indulgencias a quienes ordenaran y pagaran copias de manuscritos religiosos–, y en tanto y en cuanto fue posible abaratar de manera creciente la fabricación de papel, surgió un verdadero "mercado" editorial, aunque muy condicionado por la vigilancia ideológica del gobierno civil y de las autoridades eclesiásticas. Es posible asegurar, incluso, que la invención de la imprenta, además de los infinitos beneficios que trajo a la civilización, tuvo una consecuencia tan impredecible como lamentable: el perfeccionamiento de una verdadera policía del pensamiento destinada a impedir que ciertas ideas supuestamente "peligrosas" para la paz social o contrarias a la ortodoxia religiosa fueran debatidas por la sociedad. Si en la antigüedad el alfabeto contribuyó a consolidar la burocracia estatal –el mandarinato, los escribas, los monjes copistas–, la imprenta, al popularizarlo, lo acercó a las grandes masas, convirtiéndolo en un elemento peligroso para el poder establecido.

En el siglo XVI tres deben ser las licencias que se obtienen para imprimir un libro: de las autoridades religiosas, de las civiles, y una tercera para el propio taller de impresión. Publicar libros no es un derecho sino un privilegio celosamente administrado. Del siglo XVI son los *Index expurgatorius*, donde se consignan los libros que no se pueden imprimir, leer, y ni siquiera poseer, bajo amenaza de castigos y tormentos capaces de acarrear hasta la misma muerte. En algún momento, hasta la Biblia es incluida entre ellos, pues se piensa que el vulgo corriente y moliente no es capaz de interpretar correctamente los libros sagrados. Hay que filtrarlos a través de las autoridades. En efecto: no es hasta 1790, y como consecuencia de la suspicacia de la Inquisición española, que aparece y circula en castellano la primera traducción total de la Sagrada Escritura. El Antiguo Testamento podía parecer demasiado judaizante a los ojos de lectores poco cultos. El inquisidor Zapata explicó las razones en su *Índice de 1632:* "Como la experiencia haya enseñado, que de permitirse la sagrada Biblia en lengua vulgar, se sigue (por temeridad, ignorancia o malicia de los hombres) más daño que provecho: se prohíbe la Biblia con todas sus partes impresas en cualquier lengua vulgar". De ahí que no deba sorprendernos la sistemática quema de las leyendas e historias precolombinas –los códices famosos– llevada a cabo por los conquistadores. Exactamente eso mismo se hacía en el Viejo Continente con los libros heréticos del adversario. Lo hacía Lutero con los papeles católicos y lo hacían los católicos con los papeles de Lutero. La tolerancia, de la que hablarían con extraordinaria elocuencia los filósofos John Locke y Baruch Spinoza, víctima él mismo, o sus antecesores, de la barbarie antisemita, todavía no había entrado en el corazón de los hombres.

Desgraciadamente –y esto quizás marcó fuertemente la posterior evolución intelectual de la América recién descubierta–, el control del material impreso que se permitía trasladar a América fue muy eficiente, puesto que se trataba de expediciones o exportaciones que debían contar con la aprobación y la supervisión de las autoridades, circunstancia que nos ha permitido conocer las preferencias de los escasos lectores allende el océano. Sabemos –por ejemplo– que en 1605, año en que aparece la primera edición de la primera parte de *El Quijote*, ya el ilustrado virrey del Perú recibe en Lima un ejemplar, señal quizás del posterior éxito que tendría la novela de Cervantes, con catorce ediciones y dos traducciones en menos de diez años, antes de que en 1615 se imprimiera la segunda parte.

Si bien España cuenta con imprentas desde el siglo XV, a las colonias americanas dicha invención llega con retraso y a cuentagotas. No era una prioridad de la Metrópoli. La

Corona tal vez intuía que era un artefacto peligroso. En el siglo XVI en América sólo conocen la imprenta Lima y la capital de México. En el XVII, en cambio, especialmente en México, se multiplican los talleres tipográficos dedicados, fundamentalmente, a editar obras relacionadas con la catequesis o estudios de vocabularios y gramáticas de lenguas indígenas. Esto no es, naturalmente, lo que se lee popularmente. Los autores de moda son los que hoy consideramos clásicos: Jorge Manrique, Cervantes, Góngora, Quevedo, Calderón, Rojas Zorrilla. Las viejas novelas de caballería mantienen el interés de los lectores. No sólo son *best-sellers*. Son *long-sellers*. Se venderán durante mucho tiempo. El Barroco español ejerce una gran influencia en las incipientes letras mexicanas. Ya hay buenas bibliotecas en los colegios y conventos, y alguna llega a los 12.000 volúmenes. Sor Juana Inés de la Cruz, la genial monja mexicana, tenía cuatro millares de títulos. También abundan las bibliotecas privadas en manos de seglares. La Inquisición, alerta, ordena que todo coleccionista rinda un catálogo de las obras que posee.

La expansión de la imprenta en América –sin que jamás pueda hablarse de una concentración parecida a la de Europa– tuvo lugar en la segunda mitad del siglo XVIII, y casi siempre vinculada a instituciones oficiales: el Estado, las universidades, las órdenes religiosas. En La Habana, sin embargo, funcionan algunos talleres tipográficos privados. La Sociedad Económica de Amigos del País –tan importante en el desarrollo intelectual de la Isla, copiada de la que pocos años antes habían creado los vascos– cuenta con uno de ellos. Las bibliotecas ya no sólo tienen clásicos españoles. Al igual que España, América se va afrancesando y la Inquisición va perdiendo fuerza y voluntad para perseguir a los supuestos enemigos de la fe. Se lee a Montaigne, a Rousseau, a Voltaire, a Montesquieu. Tampoco faltan los protoliberales ingleses: Hobbes, Locke, Hume. Nada de esto, obviamente, está fuera de peligro: son muchos los liberales criollos y españoles que van a la cárcel por difundir ciertas ideas contrarias al absolutismo. Pero son casi siempre blancos o mestizos totalmente españolizados, algo que cuando llega la hora de las repúblicas no es un fenómeno cultural tan expandido como se cree. En 1820 sólo uno de cada tres latinoamericanos es capaz de comunicarse en español, pese a las instrucciones dadas en 1770 por Carlos III ordenando que en América sólo se hablara castellano. Son las repúblicas las que consiguen difundir esta lengua, y el esfuerzo tiene éxito como consecuencia de la enseñanza pública, y, como señala el profesor Juan Ramón Lodares en un libro delicioso –*Gente de Cervantes*–, porque las ventajas económicas que se derivan del dominio de este modo de comunicación se le hace cada vez más evidente a las masas indígenas: para prosperar era casi inevitable conversar y, de ser posible, escribir en castellano.

En los años de la conquista y colonización, el español que se habla y escribe en América ya acusa algunos de los rasgos que lo acompañarán hasta nuestros días. Como las primeras oleadas migratorias proceden, en su mayor parte, de Andalucía –el sesenta por ciento según los demógrafos–, y como Sevilla y Cádiz se convierten en las virtuales capitales españolas para la colonización de América, la impronta andaluza queda definitivamente grabada en los americanos. Esto es cierto incluso cuando los inmigrantes no son andaluces. El tiempo de espera en Sevilla antes de embarcar rumbo a América con frecuencia es de hasta seis meses. En ese período los futuros conquistadores y colonizadores incorporan muchos de los rasgos fonéticos de la región, entre otras razones, porque Sevilla era la gran ciudad de España y su norma de pronunciación debía tener cierto prestigio del que hoy carece. El característico seseo –pronunciación de ce y zeta como ese– y el yeísmo, tan acusado en el cono sur –pronunciación palatal de la elle–, conformarán el habla americana. La zeta, tal y como hoy la pronuncian en una buena parte de España, todavía no figuraba en el modo de hablar peninsular. Eso vendría después, lo que explica que no haya cruzado el Atlántico. ¿Cómo lo sabemos? Porque para estudiar la lengua española del momento del Descubrimiento existe una inigualable fuente de contraste asombrosamente conservada: el habla de los sefarditas, los judeo-españoles expulsados de casi toda la península ibérica en 1492, cuya lengua vernácula era mayormente el castellano, dado que el hebreo sólo era un idioma litúrgico o académico, pero nunca de uso diario. Y no sólo sirve la lengua de los sefarditas para saber cómo era la pronunciación en España. Del vocabulario que utilizaban se pueden deducir los préstamos y adquisiciones posteriores a esa fecha. De ahí que sea posible datar con bastante precisión los vocablos aprendidos por los conquistadores en campañas italianas, luego incorporados a la lengua de peninsulares y americanos: facilitar, novela, fantasía, estafar, millón, banco, banca, tráfico, cómodo e incómodo. También galicismos relacionados con la guerra, dado que españoles y franceses con frecuencia se trabarán en conflictos a veces feroces: rindibú, aproche, marchar, sorpresa.

Menos frecuente, y quizás más interesante desde el punto de vista lingüístico, es la diversidad de los pronombres personales. Ese rompecabezas que hace que los argentinos hoy digan vos, donde los cubanos dirían tú y los colombianos (de alguna región) usted e incluso, hoy mismo, vuesa merced o su merced. Esas notables diferencias parten de la evolución de los tratamientos de distinción –vuestra merced-vuesausté-ucé-usted–, y de los diversos momentos en que se completó la colonización, peculiaridades tan arraigadas que resistieron todos los intentos de unificación hechos por la Real Academia Española tras su creación en el siglo XVIII. Intentos, por cierto, que albergan alguna paradoja, como la de asignar la grafía X al sonido ks, algo que los americanos lograron conservar, mientras en la península la pronunciación se ha debilitado hasta convertirse en una especie de ese: seso en lugar de sekso, Mésico en vez de Méksico.

¿Cuál es el estado actual de nuestra lengua y cuál será su

destino? Como regla general, puede afirmarse que el español
–así se ha llamado a todos los dialectos derivados del castellano que se hablan en el mundo– mantendrá su fundamental
unidad durante mucho tiempo todavía (quizás varios siglos),
aunque con una creciente influencia del inglés que no tiene
que ser, necesariamente, calificada como "mala" o "negativa".
Es prácticamente inevitable que las personas prefieran lla-
marle *fax* al ubicuo aparatejo, y no "teléfono transmisor de
imágenes", como se diría en un castellano tan correcto como
pedante y fatigoso. *E-mail* parece una fórmula más económica que correo electrónico –su traducción literal– aunque
es probable que el emilio bárbaro y sencillo termine por
imponerse. En todo caso, de la misma manera que godos,
árabes, italianos y franceses legaron al español infinidad de
palabras, pero apenas rozaron la estructura de origen latino
del idioma, lo predecible es que sucederá lo mismo con el
inglés: nuestra lengua se enriquecerá con miles de préstamos adquiridos de ese idioma, sin que la sintaxis sufra excesivamente, aunque no faltarán puristas alarmados que se
echen las manos a la cabeza cada vez que los usuarios de los
ordenadores hagan "click" en una tecla o se acojan a las ventajas de adquirir *stock options*. Tampoco faltan los que advierten que es posible que el *espanglish* –la mezcla del español y
el inglés– acabe por constituir una lengua independiente,
como sucediera con el *yiddish*, retoño del alemán y el polaco espontáneamente surgido en el seno de la comunidad
judía centroeuropea, idioma que con el tiempo llegaría a
tener una literatura considerable, y hasta conquistara un
Premio Nobel en 1978, año en el que Isaac Bashevis Singer
saltara a la fama.

Por último, como quiera que la lengua y la cultura españolas también configuran un mercado significativo –uno de
los mayores del mundo–, el español se ha convertido en una
disciplina estudiada con cierto rigor y cuidado entre los
grandes países productores. En Estados Unidos –cuya Academia de la Lengua Española está reconocida–, Japón, Ale-

mania y Francia cada vez son más los estudiantes que intentan dominarlo, y no deja de ser sintomático el relativo éxito de las emisiones por satélite de las transmisiones internacionales de televisión en lengua española, tanto las mexicanas como las de la propia España. En suma: es muy probable que el español, que acaba de cumplir su primer milenio, vea el segundo sin demasiadas dificultades, algo que casi nunca y casi nadie es capaz de relacionar con aquel remoto incidente entre romanos y cartagineses surgido por una fortuita combinación entre los apetitos imperiales y la rapiña fiscal.

A Dios rogando

TAL VEZ EL RECUERDO auditivo más antiguo de los latinoamericanos sean las rítmicas campanadas de alguna iglesia inevitablemente próxima al domicilio. Algo casi obsesivo, por ejemplo, en ciudades como Quito o San Salvador de Bahía, donde se dice, y se exagera, que existe una iglesia para cada día del año. Fenómeno que también alcanza a los mexicanos, los peruanos o los colombianos, pues no hay duda de que la Iglesia cristiana, como arquitectura y como institución, es uno de los elementos clave de la identidad latinoamericana. Ahí están esos templos con sus torres imponentes en el centro de nuestros conjuntos urbanos, con sus enormes naves umbrías, decoradas con imágenes de un Cristo casi siempre sufriente.

Pero es más que eso. En un porcentaje altísimo, los latinoamericanos son bautizados al poco tiempo de nacer, y si se trata de personas de niveles sociales medios o altos, probablemente se eduquen en escuelas jesuitas, lasallistas, maristas, agustinas, dominicas, o de cualquier otra de la larga docena de órdenes docentes, casi todas ellas cargadas de un notable prestigio profesional. Si, por el contrario, los latinoamericanos en cuestión son pobres de solemnidad, es muy posible que algunas monjas de la Caridad o frailes franciscanos les alivien su miseria o los ayuden en sus enfermedades, pues los cristianos no sólo poseen las más viejas instituciones educativas de la historia, sino también han concebido y mantienen el más antiguo y extendido de los sistemas asistenciales que ha conocido la humanidad.

En efecto: el catolicismo –luego veremos otras denominaciones cristianas–, de acuerdo con el Anuario Pontificio del año 2000, es una enorme organización integrada por algo más de mil millones de creyentes. El mayor segmento cultural lo constituyen más de cuatrocientos millones de iberoamericanos (Brasil es el país católico mayor y más poblado del mundo). La extremadamente simple estructura administrativa se divide en parroquias dirigidas por sacerdotes –unos cuatrocientos mil en todo el mundo–, y grupos de parroquias asociadas en diócesis bajo la orientación de obispos –apenas cuatro mil quinientos– que son directamente nombrados por el papa. Paralelamente a esta organización central, y además del colegio cardenalicio –una especie de "senado" escogido por cooptación papal–, existen las órdenes religiosas y varias decenas de instituciones laicas vinculadas a Roma, especialmente dedicadas a labores de contenido social. A todo ello se suma un considerable contingente de monjas incardinadas en diversas órdenes, cuya cifra duplica el número de sacerdotes: ochocientas mil dedicadas mujeres, básicamente ocupadas en enseñar y en cuidar enfermos, dos de los menesteres tradicionalmente desempeñados por la Iglesia. Dada la inmensa labor que realiza, es admirable el reducidísimo tamaño de la burocracia vaticana que administra esta compleja trama de organismos, empresas e instituciones sobre la que descansa el funcionamiento del catolicismo.

Lo que creen los cristianos

Pero ¿qué hace "católico" a un latinoamericano más allá de la ritual ceremonia de recibir el bautizo pasivamente en la niñez por medio de un sacerdote? Fundamentalmente, sostener como profundas convicciones personales ciertas afirmaciones precisadas de una manera sucinta en una oración llamada "Credo", es decir, "creo", redactada en el siglo II de nuestra era, aunque ligeramente modificada tres centurias más tarde. En ese breve texto hay una mínima aunque compleja teología: la existencia de un solo Dios, radicado en el cielo, pero integrado por tres factores (el Padre, el Hijo y el Espíritu Santo); una noticia histórica –el paso real de

Jesús por la tierra y los crueles padecimientos a que fue so-
metido; algunos hechos milagrosos –Jesús fue concebido sin
padre, "por obra y gracia del Espíritu Santo", y resucitó tras
su fallecimiento–, y una profecía sobre el fin de la especie y
su infinito destino *post mortem*. Vale la pena reproducir el
"Credo", porque ser católico, al margen del comportamiento
ético a que se comprometen quienes forman parte de la Iglesia o del "cuerpo místico de Cristo", es creer disciplinada-
mente en las siguientes quince revelaciones establecidas por
las autoridades religiosas:

1. Creo en Dios Padre todopoderoso, creador del cielo
   y de la tierra.
2. Creo en Jesucristo, su único hijo, Nuestro Señor,
3. que fue concebido por obra y gracia del Espíritu
   Santo,
4. que nació de Santa María virgen,
5. que padeció bajo el poder de Poncio Pilato, y fue crucificado, muerto y sepultado;
6. descendió a los infiernos, al tercer día resucitó de entre los muertos,
7. subió a los cielos,
8. y está sentado a la derecha de Dios padre todopoderoso,
9. de donde vendrá a juzgar a los vivos y a los muertos.
10. Creo en el Espíritu Santo,
11. la Santa Iglesia Católica,
12. la comunión de los Santos,
13. el perdón de los pecados,
14. la resurrección de los muertos y
15. la vida eterna.

Naturalmente, ese "Credo" codificaba una serie de to-
mas de posición ante conflictos teológicos que habían ido
surgiendo en el seno de las comunidades cristianas, disputas que, con frecuencia, provocaron cismas y rupturas entre
cristianos que mantenían opiniones diferentes, generalmente

enfrentadas con relación al carácter divino o humano de Jesús: ¿era "sólo" un profeta más, o era realmente el hijo de Dios enviado a salvar a quienes en Él creyeran? ¿En qué consiste la naturaleza del Espíritu Santo? ¿Se trataba María de una mujer buena, pero no diferente a las otras, o poseía cierta condición divina, puesto que ella misma había nacido sin pecado original, había concebido a Jesús sin la intervención biológica de su marido José y había traído a Jesús al mundo sin que el parto afectara su virginidad?

Para definir los campos, la Iglesia estableció ocho creencias "mínimas" que identificaban a quienes las compartían como miembros del grupo, y excluía de manera tácita a quienes no las suscribieran en su totalidad. Para ser católico era preciso sostener: primero, que había un solo Dios, origen y explicación de todo lo que existe y de todo lo que sucede; segundo, que el Mesías, el enviado de Dios, el hijo de ese Dios, era Jesús, un judío de Galilea nacido hace unos dos mil años; tercero, que Dios, su Hijo y el Espíritu Santo –otra expresión de la Divinidad– formaban la Santísima Trinidad; cuarto, que los seres humanos nacían convictos de un pecado originalmente cometido por sus primeros antepasados, pero la ceremonia del bautizo los libraba de esa mácula, mientras el arrepentimiento y el propósito de enmienda, si eran genuinos, conseguían el perdón de Dios para los otros pecados cometidos a partir de asumir la condición de persona responsable de sus actos; quinto, que Jesús, con sus enseñanzas y con su sacrificio en la cruz, venía a salvarnos del infierno para poder gozar en el cielo de la vida eterna; sexto, que lo que "ascendía" al cielo, tras la muerte, era el alma inmortal que existía en todas las personas, entidad incorpórea que debía rendir cuentas a Dios de sus acciones durante la vida; séptimo, que la Biblia, tanto las viejas escrituras como el Nuevo Testamento, eran libros sagrados revelados por Dios a los hombres, con el objeto de que se convirtieran en su guía espiritual; y octavo, que los cuatro Evangelios –en los que se relata la vida de Jesús–, en consonancia con lo anterior, deben ser tomados como verosímiles fuentes históricas.

Los cuatro evangelios originales, redactados en griego de puño y letra por sus autores ochenta o noventa años después de la muerte de Jesús, se perdieron casi de inmediato, pero se conservan diversas copias de distintos fragmentos escritas entre los siglos II y IV, momento en que ya aparecen los textos completos. Los autores a los que se les atribuyen los evangelios (Marcos, Mateo, Lucas y Juan) se dirigían a distintos fieles. El más antiguo de los evangelios es el de Marcos y tal vez fue escrito por un romano que pretendía explicarles a los paganos las peripecias de Jesús. Mateo probablemente fue un judío cristianizado muy preocupado, en cambio, por armonizar la tradición bíblica hebrea con la fe en el Nazareno. Lucas, según los expertos el mejor escritor de todos ellos, un culto médico de origen gentil (no judío), nacido en Siria, conquistado por el propio Pablo –su paciente– para la nueva fe, introduce importantes parábolas no descritas en los otros ("El Buen Samaritano") y explica cómo el cristianismo ha comenzado a ganar adeptos en Roma. El atribuido a Juan es el más reciente –siglo I de nuestra era–, y su autor, en quien se ha querido ver a uno de los apóstoles, vivió en Asia Menor, acaso en Éfeso, hoy parte de Turquía. Este evangelio es el que más diferencias muestra con relación a los otros tres.

La historia de Jesús

¿Quién es ese Jesús a quien le rezan los latinoamericanos? ¿Quién es esa Virgen María, conocida como "Guadalupe" en México, como "Caridad" en Cuba, o como "Altagracia" en Santo Domingo, que, sin dejar de ser la misma, va cambiando de nombre y hasta de apariencia física, país tras país, mientras millones de fieles devotos le rinden pleitesía y le solicitan favores y hasta prodigios?

La historia comenzó en el revuelto mundo de lo que se

conoce como Palestina, en medio de una conflictiva comunidad —la judía— entonces sometida al control político y militar de Roma. En aquel entonces —año 37 antes de nuestra era— en virtud del poder conferido por el senado romano, gobernaba en Judea un hábil político judío llamado Herodes, luego recordado con peor fama de la que probablemente merecía, quien consiguiera la hazaña de reconstruir la ciudad y el templo de Jerusalén, tal vez como parte de un gran esfuerzo por pacificar a su levantisco pueblo; pero la tarea no parecía nada fácil. Por una parte, la profunda inconformidad con la dominación romana, y, por la otra, las divisiones religiosas entre los propios judíos —que vivían un periodo de gran crispación, en el que muchos de ellos veían el posible fin del mundo que seguramente estaría precedido por la llegada de un Mesías salvador—, provocaban numerosos conflictos entre las extendidas comunidades hebreas aposentadas no sólo en Judea, sino también en Egipto, Chipre, Siria y el resto de lo que se consideraba la zona culturalmente "griega" del Imperio romano. No es un capricho que "Cristo" sea la palabra griega con que se designaba al Mesías. Se habla de una masa judía que acaso llegara a tres millones de almas. Sólo en Palestina había unos 600.000, diseminados en pueblos que contaban con cierta densidad demográfica: Jerusalén entonces tendría unos 25.000 habitantes —una gran población para la época— y 480 sinagogas, palabra cuya traducción sería "asamblea", sitios en los que solían darse las más tensas discusiones teológicas.

Aunque eran numerosas las sectas judías, y muchos los judíos que no pertenecían a ninguna de ellas, tres eran los principales grupos entonces organizados: los fariseos, los esenios y los saduceos. A estas tres sectas, a veces violentamente enfrentadas por interpretar de manera diferente las leyes y la liturgia hebreas, habría que añadir la presencia de "hombres santos", verdaderos profetas en el sentido de la tradición bíblica, que ejercían su magisterio de manera independiente en medio de una población muy sensible a toda

clase de experiencias místicas, temerosa de una inminente
catástrofe universal, de la que sólo se librarían los que reco-
nocieran al enviado de Dios.

Uno de aquellos hombres santos era Juan el Bautista, así
llamado porque mediante una ceremonia de inmersión en
el río Jordán "bautizaba" o "limpiaba" los pecados de quienes
se le acercaban. Y uno de sus bautizados fue Jesús de Galilea,
un hombre de treinta años, hijo del carpintero José y de su
más joven esposa María. Poco tiempo después de aquella
ceremonia, y como consecuencia de sus prácticas religiosas
y de sus constantes denuncias sobre los vicios de los poderosos, Juan fue hecho decapitar por uno de los hijos de
Herodes, a la sazón gobernante de esta convulsa región del
Imperio romano.

De los primeros treinta años de la vida de Jesús –cuya
existencia histórica no es posible poner en duda– se sabe
poco. Nació en Belén, un pequeño pueblo de Galilea, a unos
noventa kilómetros de Jerusalén, unos cinco años antes de
la era a la que luego, cinco siglos más tarde, equívocamente,
le darían su nombre. Convencionalmente se ha designado
el 24 de diciembre como la fecha de su nacimiento, aparentemente con el objetivo de hacerla coincidir con una popular fiesta pagana en homenaje al sol, dato nada sorprendente,
pues entre los romanos las relaciones entre el calendario y
las deidades eran muy estrechas: enero estaba consagrado al
dios *Ianuro*; febrero a *Februo*, otro nombre de Plutón; mar-
zo a *Marte*, el dios de la guerra; abril proviene de *afros*, la
espuma en donde apareció *Venus*; mayo es probablemente
un homenaje a *Maya*, deidad primitiva; junio se relaciona con
los jóvenes, con *junior*; julio tomó el nombre del emperador *Julio César*; agosto fue así nombrado por el emperador
Augusto, quien eligió ese mes, el del nacimiento de Cleopa-
tra, como un extraño homenaje a quien había sido la amante de su archienemigo Marco Antonio. Los siguientes cuatro
deben sus denominaciones a un error de la aritmética. Originalmente, el calendario romano se dividía en 10 meses,

pero el rey Numa Pompilio (715-672 a.C.) lo extendió a doce.
Septiembre que era el mes séptimo, pasó a ser el noveno,
pero conservó su viejo nombre. Y lo mismo sucedió con
octubre (octavo), noviembre (noveno) y diciembre (décimo).

Fue Julio César quien autorizó el primer calendario occidental, y lo hizo 46 años antes del nacimiento de Cristo.
Se le llamó "Calendario Juliano" y lo confeccionó el astrónomo Sosígenes, quien lo calculó en 365 días y fracción. En
el siglo VI, Dionisio el Exiguo, abad católico de la provincia de Escitia, en lo que hoy sería Rumanía, sabio y erudito,
por encargo papal hizo los cálculos correspondientes para
comenzar a datar los documentos a partir del nacimiento de
Jesús, dando lugar con ello al surgimiento oficial de la "era
cristiana". Mil años más tarde, el cardenal italiano Ugo
Boncompagni, un astrónomo que se convertiría en el papa
Gregorio XIII (1572-1585), "ajustó" ese impreciso calendario sumándole los 10 días "perdidos" como consecuencia de
la fracción (el 5 de octubre pasó a ser 15 de octubre) y estableció nuestro calendario, por eso llamado "gregoriano",
ordenando que la datación de los documentos o hechos posteriores al año primero llevara la aclaración a.D., abrevia-
tura de *anno domino* o año del Señor, traducido al castellano
como d.C. "después de Cristo", mientras los textos o sucesos anteriores al año primero se calificarían como a.C., es
decir, "antes de Cristo". Gregorio XIII no fijó un año cero
como división entre las dos épocas, lo que daría lugar a una
enorme polémica a fines del segundo milenio sobre la fecha
exacta en que comenzaba el tercero.

En todo caso, a los doce años Jesús viajó a Jerusalén con
sus padres y –de acuerdo con los Evangelios– deslumbró con
su prematura sagacidad a los rabinos del Templo, la principal sinagoga de Judea. Tras este episodio, y hasta ser bauti-
zado por Juan, no se tiene noticias ciertas de su existencia,
aunque no faltan interesantes historias apócrifas que le atribuyen diversas aventuras.

A partir de la inmersión ritual que le impartiera Juan,

Jesús sintió la llamada de Dios, que lo calificaba de "hijo", y guiado por el Espíritu Santo marchó al desierto, sitio al que la tradición judía, debido a la experiencia de Moisés, le asignaba una trascendencia mística. A su regreso a Galilea comenzó a predicar sobre cuestiones de carácter ético, utilizando un lenguaje alegórico con el que creaba parábolas que siempre contenían una enseñanza moral. Reclutó una docena de discípulos o "apóstoles" –palabra que en griego quería decir "enviado"–, casi todos ellos pertenecientes a las clases bajas; curó enfermos de manera calificada como "milagrosa" por sus seguidores, generalmente tocando con las manos o utilizando la saliva para sanar a leprosos, ciegos, sordomudos o cojos; realizó algunos prodigios consignados en los Evangelios (la conversión del agua en vino durante un banquete nupcial o la multiplicación de panes y peces en otra circunstancia) y, dadas sus actividades y enseñanzas heterodoxas, entró en conflicto con las autoridades religiosas oficiales así reconocidas por los romanos, especialmente con los muy formalmente estrictos fariseos. Finalmente, y debido a estas "herejías", los guardianes de la fe judía lo entregaron a las autoridades romanas, las cuales, tras un juicio sumario en el que ofició Poncio Pilatos, procurador romano destacado en Judea por el emperador Tiberio, lo hicieron ejecutar sin demasiada convicción mediante el procedimiento habitual con que se castigaban los delitos graves: la crucifixión. De acuerdo con el Talmud de Babilonia –texto judío que, naturalmente, no toma a Jesús por el Mesías– un heraldo estuvo durante cuarenta días a la búsqueda de testimonios favorables que impidieran su muerte "por haber practicado la magia, por engañar y por llevar a la perdición a Israel", pero nadie quiso hablar en su favor, de modo que lo "colgaron" la víspera de la Pascua.

¿Lo "colgaron"? En cierto modo: a tenor con los crueles métodos punitivos romanos, encaminados a castigar y a intimidar, a las afueras de las ciudades era frecuente que se instalaran numerosos postes a los que los condenados a muerte debían llegar cargando el travesaño de madera sobre sus propios hombros. Allí los soldados clavaban al condenado por las muñecas y los pies, mientras el peso del cuerpo se sostenía mediante una especie de cuña colocada en la entrepierna del reo. Casi siempre ayudado por la herida de una lanza, el condenado solía morir desangrado a las pocas horas de iniciado el tormento. Aproximadamente tres años duró el magisterio religioso de Jesús. Pilatos, finalmente, no tuvo una carrera feliz: fue juzgado en Roma por incompetente y por una innecesaria masacre de samaritanos. Nadie le reprochó la ejecución de Jesús, pero sí los continuos enfrentamientos con el pueblo judío por cuestiones de índole religiosa y cierta malversación de fondos: tomó las donaciones del Templo para otros gastos de su polémica administración. Poco después de haber sido conducido frente a Calígula –entonces emperador– se suicidó. Según una leyenda, intentaron disponer del cadáver en un río, pero las aguas se desbordaron en señal de protesta. Según otra, se quitó la vida arrepentido por el ajusticiamiento de Jesús y, en consecuencia, algunos cristianos lo tuvieron por santo. Lo probable es que haya optado por el suicidio, como era frecuente entre romanos, cumpliendo órdenes del emperador.

Es en los cuarenta sermones o parábolas consignados en el Nuevo Testamento –escrito, como se ha dicho, varias décadas más tarde por devotos cristianos que no siempre tuvieron fuentes directas a su alcance– donde mejor se recoge la esencia del pensamiento de Jesús. Ahí, y en diversos pasajes, se recalca el carácter piadosamente asistencial de la religión que estaba surgiendo –dar de comer al hambriento, de vestir al desnudo, etc.–, compasión que formaba parte de la mejor tradición judaica, pero también propone una actitud que rompe radicalmente con la mosaica "Ley del Talión" ("ojo por ojo"), derecho a la represalia que los judíos tomaron casi literalmente del Código de Hammurabi, primer sistema penal organizado de que se tiene noticia. Jesús predica amar al enemigo y no aceptar jamás actitudes revanchistas, incluso contra los que nos hacen daño. Frente a la violencia del otro, el cristiano debe oponer el amor y la mansedumbre de su otra mejilla. Sin embargo, lo que convierte al cristianismo en una religión universal dedicada a la búsqueda de adeptos es una orden dada por Jesús a sus discípulos tras su resurrección, a los tres días exactos de su muerte, según las Nuevas Escrituras: "Id e instruid a todos los pueblos". Ese es el fundamento que legitima la posterior acción evangélica sobre la que descansarán las incesantes campañas de dominio espiritual lanzadas por la Iglesia. Ahí estarán no sólo la cristianización de Roma, sino la de los bárbaros del norte de Europa, en cierta medida la reconquista de España, las cruzadas, las órdenes militares –templarios, hospitalarios, etc.– y la conquista y colonización de América. Una actitud, por cierto, totalmente alejada del aislamiento tradicional a que se sometían los hebreos, pueblo que, lejos de buscar la judaización del resto de la humanidad, se complacía en subrayar su propia singularidad dentro del concierto de las naciones.

La cristianización de Roma

¿Por qué los romanos ejecutaron a quien predicaba un mensaje tan pacífico? Según algunos historiadores, se trataba de una simple cuestión de Estado. Probablemente, porque entendían que esa muerte contribuía a pacificar la inquieta región y aumentaba el poder de las autoridades religiosas judías oficiales, aliadas de Roma en el terreno del mantenimiento del orden público. También, probablemente, porque en la tradición judía el Mesías, el "ungido", simultáneamente contaba con el liderazgo político de su pueblo, como ocurriera con Abraham o con Moisés en el pasado. De ahí que sobre la cabeza de Jesús, cuando fue crucificado, las autoridades romanas colocaran una simple leyenda que tenía la fuerza de una feroz advertencia: "rey de los judíos". Era eso, la muerte y el escarnio, lo que le esperaba a quien retara el poder o la autoridad de la metrópoli romana. Sin embargo, la causa legal técnica, el delito por el que Jesús fue crucificado, de acuerdo con el historiador Klaus Rosen, es la contumacia. Es decir, la repetida negativa a responder a Pilatos cuando este le pregunta si en verdad se considera "el rey de los judíos". Este desacato a la máxima autoridad romana local, cuando el acusado no ostentaba la ciudadanía romana y sólo se trataba de un provincial, acarreaba la pena de muerte con carácter sumario.

No obstante, para Roma la pequeña secta cristiana no era otra cosa que un oscuro pleito teológico, surgido en las efervescentes sinagogas, propio de esa turbulenta zona del mundo bajo su dominio, y Jesús, apenas algo más que un casi desconocido líder religioso que sembraba la desobediencia entre los suyos, como poco antes lo había hecho Juan el Bautista. Su crucifixión fue un episodio menor para las autoridades romanas, al extremo de que el primer historiador que se refiere a ella es Josefo, un jefe militar judío, aristócrata, romanizado tras la derrota (y casi el exterminio) de los rebeldes de su etnia que se enfrentaron a las legiones, y lo hace varias décadas más tarde de la muerte de Jesús. Posteriormente, los historiadores romanos Plinio el Joven, Tácito y Suetonio se refirieron a Cristo y a los cristianos en forma casi siempre despectiva que servía, al menos, para confirmar que el grupo mantenía una inquietante presencia dentro de los límites del Imperio. En el *Talmud* hebreo –dos larguísimos textos de miles de páginas, uno de "Jerusalén" y el otro de "Babilonia", escritos en el siglo V y VI d.C.– sólo hay quince menciones de Jesús, y una de ellas recoge el rumor sin fundamento de que quien se decía hijo del carpintero José era, en rigor, el fruto de una violación sufrida por María por parte de un legionario romano conocido como "Pantera", fuente de la que se han servido innumerables detractores de la fe cristiana.

En realidad, Roma no era demasiado intolerante con las creencias religiosas ajenas. No podía serlo, dada la vastedad y la diversidad del territorio que controlaba. El paganismo y el politeísmo siempre dejaban espacio a que unas nuevas deidades se incorporaran al panteón imperial. ¿No procedían, acaso, los dioses romanos del mundo religioso de los griegos y los etruscos? Todo lo que Roma solía exigir era que entre esos dioses o cuasi dioses se aceptara y reverenciara la figura del emperador, admitiendo el carácter semidivino que se le asignaba –mediaba entre los hombres y los dioses–, porque esa condición sobrehumana aumentaba su poder político y su autoridad sobre los pueblos conquistados.

De ahí la permanente incomodidad que provocaban los judíos con su monoteísmo radical. Yahvé, el dios inefable, cuyo nombre sólo le revelara a Moisés, ocupaba todo el espacio teológico, y las personas que se calificaban como judías siempre acababan por ser sospechosas ante los poderes públicos. Por eso, poco después de mediados del siglo I, cuando se produce un incendio en Roma, el emperador Nerón la emprende contra los judíos –a quienes culpa de la catástrofe–, destacando especialmente entre ellos a los cristianos, pues desde la pupila de los gentiles no había gran diferencia entre unos y otros. Todos eran judíos, y era en las sinagogas de esa religión donde la incipiente secta de los cristianos continuaba debatiendo y reclutando adeptos.

Quien logró darle un vuelco a esa situación fue el judío Saulo –Paulo o Pablo entre los romanos–, nacido en Tarso, aristócrata y ciudadano romano, privilegio cívico del que disfrutaba una parte muy minoritaria de los habitantes del Imperio, hijo de un rico comerciante que soñaba con que su descendiente se convirtiera en un afamado rabino fariseo, para lo cual le había procurado una esmerada educación en lenguas y filosofía. Pero Saulo –San Pablo de Tarso para los cristianos de la posteridad–, tras combatir fieramente contra los cristianos, en el camino de Damasco, a donde iba a continuar reprimiendo a los enemigos de su fe, tuvo una experiencia mística –oyó la voz de Dios– que lo convirtió a la entonces diminuta secta de Jesús –a quien nunca conoció–, y desde ese momento, con gran habilidad, se dedicó a organizar comunidades cristianas en diversos puntos de la enorme geografía romana, dejando como testimonio de esa intensa labor un conjunto de cartas –luego recogidas por Lucas en el Nuevo Testamento– dirigidas a los primeros adeptos a la nueva fe que iban surgiendo en medio de numerosos encontronazos con otras expresiones del judaísmo.

Durante los primeros dos siglos, y como consecuencia de los constantes conflictos de los judíos con Roma, los cristianos sufrieron persecuciones periódicas. Los apóstoles fueron detenidos; Esteban, el primer mártir cristiano, fue lapidado (37 d.C.); Herodes Agripa I hizo asesinar a Santiago el Mayor (44 d.C.), hermano de Juan Evangelista; Santiago el Menor, también discípulo de Jesús, corrió la misma suerte casi veinte años más tarde. No obstante, debido a una iniciativa de Pablo, máximo responsable de la universalización del cristianismo al rechazar la tradición de que sólo los judíos pertenecían al pueblo "elegido", y al plantear que la salvación estaba al alcance de cualquiera –hombre, mujer, libre, esclavo, gentil o judío– que abrazara la fe de Jesús, los seguidores de Cristo abandonaron la limitación de sólo intentar convertir a los judíos y empezaron a predicar entre los gentiles, para lo cual, naturalmente, fue necesario eliminar el importantísimo rito de la circuncisión –práctica ancestral consagrada por Abraham, que simbolizaba, realmente, un pacto de sangre y carne entre Dios y el pueblo por Él elegido–, pues difícilmente los varones adultos hubieran aceptado incorporarse a la nueva secta si se mantenía la exigencia de someterse a este tipo de dolorosa operación. En cualquier caso, para los judíos conocedores de las Sagradas Escrituras, exonerar a los gentiles de la circuncisión no resultaba un paso fácil, dado que, como relata Samuel, uno de los pasajes más admirados y conocidos de la Biblia era, precisamente, la carnicera hazaña de David, cuando se presentó al rey Saúl con doscientos prepucios arrancados a otros tantos filisteos (presumiblemente) muertos, en lugar del centenar

exigido como dote por el monarca para entregarle a su hija
Micol en matrimonio.

La raíz judía

Como resultaba previsible, la desvinculación entre cristianos y judíos fue más formal que raigal. Aunque mutua-
mente se detestaban, y aunque los cristianos les reprochaban
a los judíos la muerte del Mesías y la persecución a sus seguidores, la cosmovisión básica del judaísmo continuaba viva
dentro de los cristianos. La idea de que los judíos eran el
pueblo elegido por Dios se sustituía por otra similar alejada
de consideraciones de carácter étnico: los cristianos, pertenecientes a cualquier nación, creyentes en la fe única y verdadera, eran los nuevos elegidos por Dios, aunque no se
sometieran al rito de la circuncisión, porque en esta nueva
interpretación de las Escrituras –a las que no se renuncia-
ba, por supuesto– lo importante no eran los aspectos formales sino la relación íntima con el Creador, compromiso que
los obligaba a vivir dentro de unas estrictas coordenadas
éticas que exaltaban la humildad, la obediencia a los preceptos religiosos –especialmente los mandamientos entregados
por Yhwh o Yahvé a Moisés en el Sinaí–, la solidaridad con
los pobres y enfermos, y, sobre todo, la fe en Cristo como
fuente insustituible para la salvación eterna del alma, objetivo final del cristianismo. El espiritualismo judío y su estructura de valores se prolongaban, pues, en el cristianismo,
y de alguna manera comenzaban a dotar con una peculiar
forma de interpretar la realidad y las relaciones interper-
sonales a lo que luego se denominaría "Occidente".

El pueblo hebreo –palabra que deriva de "hapiru", o "los
polvorientos"– era una de las tantas pequeñas tribus nómadas de origen semita que recorrían la semidesértica región
del Medio Oriente, hasta que se asentó dentro de los límites
de la extraordinaria civilización sumeria surgida en Mesopotamia, concretamente en la ciudad de Ur. La historia de los

hebreos está recogida en la Biblia ("los libros" en griego), colección de historias, leyendas y reglas para la convivencia, que comienza con la creación del mundo, supuestamente hace unos seis mil años, sobre el que cae un cruel diluvio punitivo (exactamente 1657 años más tarde), provocado por el comportamiento de los seres humanos, relato muy influido por la *Epopeya de Gilgamesh*, texto escrito en acadio –entonces la gran lengua culta del Medio Oriente– que explicaba a los sumerios su extraordinario origen a mitad de camino entre los hombres y los dioses.

Abraham, ciudadano de Ur, pero de primera generación, hijo de Teraj, que debió ser un hebreo con fortuna –poseía 318 esclavos–, por razones que no se explican, fue escogido por Dios a los 2084 años de la Creación para iniciar la historia de su pueblo –es el padre fundador–, basado en la fundamental creencia de que sólo existía un Dios, y no muchos, como suponían los politeístas habitantes del mundo antiguo (y de gran parte del actual). Abraham, sin embargo, a quien Dios le pedía que abandonara la ciudad en la que había nacido y marchara junto a los suyos en busca de Canaán, prometiéndole que de su estirpe algún día descendería el Mesías, no fundaba una religión *ex novo*, sino tomaba numerosos elementos de la compleja fe sumeria: la existencia de ángeles y demonios que mediaban entre Dios y los hombres, la noción del cielo y el infierno situados "arriba" y "abajo" de los hombres, o la creencia en que Dios, a veces, les hablaba a las personas durante los sueños.

De alguna manera, esa relación entre Dios y Abraham constituía un fenómeno religioso y cultural de excepcional trascendencia: por primera vez se percibía la historia como una imprevisible aventura hacia el futuro y como un pacto libremente aceptado por unos hombres que se sienten dueños de su destino. Abraham se ve a sí mismo como el interlocutor de Dios ante los suyos y como el representante de los suyos ante Dios. Un Dios, además, celoso y con rasgos sicológicos humanos –puede ser riguroso y vengativo, pero también es capaz de negociar y transigir–, que no se contenta con meros sacrificios rituales y que espera la adoración exclusiva del pueblo al que ha seleccionado. Con Él, con ese Dios único, termina la idea de la existencia humana como una cíclica rueda donde el nacimiento y la muerte, al igual que el movimiento de los astros, es un fenómeno regular y eterno, siempre igual a sí mismo, sin significación especial. Ha nacido la búsqueda de un futuro incierto como tarea especial para los hombres. En cierta forma, ha surgido la búsqueda de la libertad individual y con ella la esperanza en un fulgurante destino personal: el futuro puede ser mejor, aún cuando el inescrutable Dios de los judíos le vaticine al propio Abraham épocas de graves contratiempos. Todo no está escrito en los astros: los seres humanos pueden construir su porvenir; ha surgido el libre albedrío.

Algo menos de cinco siglos más tarde, en el año 2513 de la Creación, según el puntilloso calendario bíblico, comenzará otro viaje, esta vez dirigido por Moisés, nombre egipcio del caudillo político-religioso que dirigirá la fuga de los hebreos de los predios del faraón que los mantenía esclavizados. Como en el caso de Abraham, su antecesor, Moisés estableció con Dios una relación directa, no exenta de conflictos, y tras realizar numerosos prodigios que afianzaron su legitimidad como jefe de su pueblo –entre ellos el célebre cruce del Mar Rojo–, finalmente recibió las Tablas de la Ley directamente de las manos de Yahvé en el Monte Sinaí, durante una jornada en la que la tierra tembló y el cielo pareció oscurecerse. Eran los diez mandamientos o "palabras" de Dios: un código ético sencillo y enérgico que comenzaba por ratificar el carácter inequívocamente monoteísta de la religión de los hebreos, e inmediatamente establecía una serie de tajantes prohibiciones capaces de sustentar la convivencia armónica de cualquier sociedad que cumpliera con estos preceptos: honrarás al padre y a la madre, no matarás, no cometerás adulterio, no robarás, no mentirás, no codiciarás. Por primera vez el pacto entre Dios y los hombres se fundamentaba en la obligatoriedad de aceptar unas normas de comportamiento que acaso podían resumirse en la esencia moral del pensamiento judío: no harás a los demás lo que no desearías que a ti te hicieran.

Paradójicamente, cuando Moisés regresa ante su pueblo con las Tablas de la Ley, descubre que sus correligionarios se han entregado a la adoración de un becerro fundido con oro –probablemente un toro– y, lleno de cólera, ordena el exterminio a cuchillo de unos cuantos millares de idólatras. El "no matarás" era súbitamente olvidado por quien traía la noticia de su obligatorio cumplimiento, pero como se trataba de un castigo a la violación de las dos primeras reglas ("amarás a Dios sobre todas las cosas" y "no adorarás imágenes") no aparece en la Biblia la menor censura a la conducta del iracundo patriarca. ¿Por qué? Muchos siglos más tarde San Agustín se enfrentará a esta contradicción con un lacónico y muy cómodo comentario: la lógica de Dios no es siempre descifrable; si lo fuera, no sería Dios.

Estos diez mandamientos pronto evolucionaron hacia el más complejo "Pentateuco", los cinco libros de Moisés, base de lo que constituye la Torah o Ley suprema. Pero al margen del carácter regulador de estas normas, quizás lo más importante es que le imprimieron al judaísmo dos rasgos fundamentales que no lo han abandonado y que seguramente se proyectaron sobre el cristianismo: la vocación por la justicia y la urgencia de estudiar y conocer. Una y otra vez la Biblia se refiere al hombre "justo", al que cumple con los preceptos, al que hace bien al prójimo, al que ejerce la caridad. Al mismo tiempo, se establece una especie de obligación moral de conocer la Ley: hay que estudiar; hay que debatir y encontrar la verdad. Y para estudiar, los judíos señalan un día, el sábado, que será dedicado a entregarse a la oración y a la reflexión. Es un precepto importante: es el día de Dios, el "día de guardar", y ese día sirve para cultivar el intelecto. Los judíos habían inventado el descanso semanal, pero no para el ocio, sino para la meditación, lo que probablemente ex-

plique la desproporcionada presencia de los judíos en las
actividades intelectuales. La religión los guiaba hacia el estudio, hacia la memorización, y hacia el permanente debate
sobre cuestiones de índole moral.

A los 120 años de edad –la longevidad de los personajes
bíblicos es pasmosa– Moisés muere sin poder alcanzar la tierra prometida –lo que se interpretará por los judíos y, sobre
todo, por los cristianos, como señal de que las recompensas
a los sacrificios se obtienen en el otro mundo– y poco después comienza otra etapa de la historia del pueblo hebreo,
cuando se establece el Estado judío tras una larga serie de
batallas en las que desalojan de sus tierras a otros pueblos
de Palestina –"Filistina", tierra de los filisteos– menos afortunados. Es la época de Saúl, de David, de Salomón y, posteriormente, de los indignados profetas que claman contra
el vicio, la lascivia y la exhibición sin pudor de las riquezas
personales. En medio del relativo esplendor de Jerusalén,
con su templo colosal y sus palacios lujosos, seguía viva la
moral austera de las caravanas del desierto. El viejo pueblo
nómada de Abraham, pobre y sediento, no había muerto del
todo. Un profeta del siglo VIII antes de Cristo, Amós, ya
anuncia con su prédica lo que luego reiterará Jesús, y lo que
tras Jesús dirán muchos cristianos irritados por el pecado o
por la vida muelle: los culpables serán castigados y llegará
el día de la ira en que los pecadores serán juzgados. Israel,
que es una nación desposada con Dios, se porta como una
prostituta, y como tal será severamente castigada, claman los
hombres santos.

En efecto, poco después (año 721 a.C.) las tropas del rey
asirio Sargón II penetran en Israel y muchos de sus habitantes son asesinados o deportados. Diez de las doce tribus
desaparecen. A fines del siglo VI le toca el turno imperial a
Nabucodonosor, rey de Babilonia, quien se apodera de Jerusalén, destruye el Templo Sagrado y secuestra a miles de
judíos. Cincuenta años dura el cautiverio, hasta que Ciro,
rey de los persas, toma Babilonia, proclama un edicto espe-

cial y libera a los judíos, autorizándoles el regreso a su tierra. Esto sucede en el año 538 a.C. En la primavera siguiente los judíos comienzan la construcción del Segundo Templo. En el 516 a.C. lo habían terminado. Durante la diáspora o dispersión, en contacto con civilizaciones vigorosas, el judaísmo era objeto de nuevas aportaciones, y entre ellas las del zoroastrismo, entonces profesado en Persia. En cualquier caso, es notable la capacidad de asimilación y supervivencia del judaísmo. A los hebreos –luego llamados israelitas y judíos por los dos reinos creados por ellos en Palestina– les tocó vivir junto a los mayores imperios de la tierra y recibir de ellos toda clase de influencias, lo que sin duda los hizo más cultos y cosmopolitas, más versados en cuestiones científicas o en el comercio. Pero mientras todas esas civilizaciones desaparecieron, y con ellas sus elaboradas religiones –sumerios, egipcios, asirios, persas, romanos o griegos–, el judaísmo no sólo se ha sostenido hasta nuestros días, sino que fue capaz de multiplicarse o retoñar dentro de la fe cristiana y de la islámica, pues al fin y al cabo la religión de los musulmanes, la fe en Alá y en su profeta Mahoma, también proviene del tronco judío: aquel Ismael fecundado por Abraham en el vientre de la esclava Agar, episodio que no gustó excesivamente a Sara, su legítima mujer, madre de Isaac, el continuador de la estirpe hebrea.

El cristianismo

Poco a poco cristianismo y judaísmo fueron separándose hasta constituir religiones totalmente diferenciadas. Esta desvinculación entre judaísmo y cristianismo, a la que se añadía el celo misionero de los primeros seguidores de Jesús, debe haber contribuido a la expansión de la nueva religión entre los paganos del Imperio Romano, pero otro factor muy importante fue el carácter asistencial que tuvo el cristianismo desde su fundación. Era una religión monoteísta, pero también era un sistema de ayuda a los pobres y enfermos, e

incluso a los muertos y a sus familiares, pues una de las primeras tareas benéficas de los cristianos consistió en cuidar
a los moribundos y luego proporcionarles sepultura en cementerios controlados por ellos, práctica que aún se mantiene en algunas naciones en las que el catolicismo ha sido
poderoso. Asimismo, como señala el historiador César Vidal
en un libro particularmente estimable –*El legado del cristianismo en la cultura occidental*–, el mejor trato dado a las mujeres y a los esclavos por parte de los cristianos no debe haber
sido ajeno a la expansión de la nueva fe dentro de los límites del Imperio Romano. Donde el infanticidio de las niñas
era una práctica frecuente y tolerada (en mucho mayor grado que el cometido contra los varones), y donde los salvajes
castigos y atropellos contra los esclavos eran la norma, una
religión que recomendaba el fin de la violencia y el amor al
prójimo, cualquiera que este fuese, debía tener una gran
aceptación entre los débiles.

En todo caso, unas veces perseguidos con saña, otras
permitidos sin demasiado entusiasmo, los cristianos fueron
creciendo en número e influencia dentro del Imperio Romano, y paulatinamente pasaron de las capas económicamente
menos favorecidas a estar presentes en las más poderosas,
hasta que en el siglo IV de nuestra era, cuando tal vez ya alcanzaban el diez por ciento del censo, el emperador Constantino I el Grande, hijo de una cristiana singularmente
piadosa, Elena, más tarde convertida en "santa" pese a que
alentó el asesinato de su nuera Fausta, dictó el famoso *Edicto
de Milán* o *Edicto de la Tolerancia*, mediante el cual se admitían
sin reservas todas las prácticas religiosas, aunque sin duda
alguna la más favorecida sería la cristiana. Algunas décadas
más tarde el catolicismo se convirtió en la religión oficial de
Roma y no tardaron las prohibiciones y persecuciones a otras
manifestaciones religiosas. Juan Crisóstomo –que en griego
quería decir "boca de oro"–, obispo de Constantinopla, llegó
a afirmar que "la sinagoga no es solamente lupanar y teatro,
sino también cueva de brigantes y refugio de bestias feroces".

Al margen de la sinceridad de Constantino en su conversión al cristianismo –resultado de unas curiosas señales percibidas en el cielo poco antes de una batalla decisiva contra su adversario Majencio, cuyo cadáver hizo decapitar para exhibir la cabeza como trofeo–, y teniendo en cuenta que se trataba de un hombre colérico que ordenó el asesinato de Crispo, su propio hijo, y de su nuera, es probable que la razón fundamental por la que, a partir de este emperador, la Iglesia Católica –es decir "universal", calificativo que la alejaba de su origen judío– comienza a convertirse en la religión oficial de los romanos, haya que buscarla en el mismo punto que explica por qué había sido perseguida anteriormente: por razones de Estado. Expandidos como estaban los cristianos por todo el Imperio, y ya a cargo de numerosas entidades de beneficencia que los hacían populares a los ojos de muchas personas, ¿por qué no utilizar ese prestigio y esa organización al servicio de Roma? Al fin y al cabo, si el emperador siempre había utilizado las creencias religiosas en beneficio del poder político y se autocalificaba de *pontifex rex* ¿no le conferiría una gran fortaleza la alianza entre la cabeza del estado romano –ahora situada en Constantinopla– y una religión monoteísta?

Así lo entendió Constantino e inmediatamente comenzó una enérgica transferencia de recursos económicos y responsabilidades administrativas de manos de la burocracia estatal a las de la estructura de la Iglesia. Una estructura que, en alguna medida, se fundía con la del Estado romano y mezclaba funciones y funcionarios, asumiendo el cristianismo cada vez más un carácter asistencial que ya incorporaba tareas pedagógicas y hasta legislativas. Pronto el obispo de Roma sería llamado por un nombre que recordaba al que designaba al propio emperador: Sumo Pontífice. El Imperio Romano comenzaba a tambalearse, pero se sujetaba en la Iglesia Católica que entonces iniciaba su gran andadura dentro de los poderes temporales. Teodosio, emperador romano de origen hispánico, en el año 380 dicta un inequívoco *Edicto de Tesa-*

lónica que ya no deja espacio a otras sectas o religiones: "Queremos que todos los pueblos regidos por nuestra clemencia y templanza profesen la religión que el divino apóstol San Pedro enseñó a los romanos, como lo declarara la religión que él mismo introdujo y es la que profesa el Pontífice Dámaso y Pedro de Alejandría, obispo de apostólica santidad. Mandamos que los que siguen esta ley tomen el nombre de cristianos, católicos. Los demás son unos dementes y unos malvados, y mandamos que soporten la infamia de su herejía, que sus conciliábulos no reciban el nombre de iglesias, y que sean alcanzados por la venganza divina, primero, y luego también por nuestra acción vindicativa, que hemos emprendido por determinación del cielo".

El muy rico panteón pagano, lleno de deidades mayores y menores, incluso de divinidades familiares, comenzó a fundirse con las figuras reverenciadas por los cristianos –generalmente mártires, apóstoles o personas notablemente vinculadas a la vida de Cristo–, y los templos católicos pronto se llenaron de imágenes que despertaban en los viejos politeístas una piedad "personal" y directa que no se hubiera podido lograr de otra manera. Con este notable fenómeno de flexibilidad y sincretismo –impensable en el judaísmo original– el cristianismo daba muestras de una extraordinaria capacidad para la expansión como fe planetaria.

La cristianización de España

Como resultaba predecible, el fenómeno de la cristianización del Imperio Romano no sólo afectó a las dos capitales –a Roma y a Constantinopla– sino también se sintieron sus efectos en las más apartadas regiones, como era el caso de la lejana provincia de Hispania, territorio cuya conquista le había costado un largo esfuerzo a las legiones romanas dos siglos antes.

La leyenda cuenta que el apóstol Santiago viajó a España para predicar el cristianismo, pero no hay ningún dato o referencia fiable que lo verifique. Más probable, sin embargo, es que Pablo de Tarso sí alcanzara a desembarcar en Tarragona, y es seguro que en el siglo II ya existían numerosas comunidades cristianas, casi todas asentadas entre los rústicos campesinos poco romanizados, y que un buen número de mártires había ofrendado la vida, víctima de la persecución de las autoridades romanas. Dos siglos más tarde, cuando el cristianismo ya era la religión del Imperio, en España abundaron las herejías, definidas y perseguidas por concilios llenos de pasión y dogmatismo. En cierta medida, como ocurre tantas veces en la historia, los perseguidos de antaño se habían vuelto perseguidores en la búsqueda de la uniformidad religiosa.

A comienzos del siglo V, ante la debilidad militar y la descomposición política de Roma, se produce en Hispania la irrupción de tribus bárbaras enemigas del Imperio –básicamente germanas– que, a su vez, huían de los hunos. Pocas décadas más tarde, como se menciona en el anterior capítulo, en persecución de estos invasores, los visigodos –un pueblo germano casi totalmente latinizado–, en principio de acuerdo con Roma, penetran en la península y durante dos siglos consiguen dominarla. Es la primera vez que en la región se constituye un estado independiente. De alguna manera este es el nacimiento de España como nación. Los visigodos ya han sido cristianizados, pero no son católicos, sino "arrianos", esto es, partidarios del presbítero Arrio, un teólogo que opinaba que Jesús, más que el hijo de Dios, era un instrumento de Este, debate que no había abandonado a la Iglesia desde los primeros años de su fundación. Con el tiempo, se afirma que por razones de Estado más que por convicciones, los visigodos renunciaron al arrianismo y adoptaron el catolicismo ortodoxo. Durante el periodo visigodo la Iglesia Católica asumió una multitud de funciones, y tanto en los monasterios como en las parroquias se ocupó de la educación y de tareas relacionadas con la cultura, especialmente porque la nueva dinastía encontraba en el catolicismo un vínculo legitimador con el anterior gobierno de los romanos.

Sin embargo, lo que vigoriza de una manera definitiva al cristianismo español no es el dominio de los visigodos, por mucho que hayan descansado en la colaboración de la Iglesia, sino su desaparición a partir del año 711 como consecuencia de la exitosa invasión de los bereberes musulmanes, llamados "árabes" con cierta imprecisión, quienes llegan a la península "invitados" por una facción goda que disputaba el poder en medio de una guerra civil. El derrumbe de la monarquía visigoda –que había asentado su capital en Toledo– a manos de un pueblo que tenía una religión diferente, el islamismo, iba a redefinir la identidad de los *hispaniolis* –así les dicen los nuevos conquistadores–, no ya como una entidad de carácter político, sino por su condición religiosa.

En el norte de la península, tras las montañas de Asturias, donde los derrotados organizan la resistencia, no crean exactamente un reino "godo" –aunque Pelayo, su primer caudillo lo sea–, sino un reino "cristiano". Tal vez –y esta es la persuasiva opinión de Américo Castro– porque en la batalla contra los moros, los españoles han tomado la identidad religiosa del enemigo y su noción de "guerra santa" como paradigmas para encontrar razones capaces de animar a sus propios guerreros. Los moros dan vivas a Alá y a su profeta Mahoma como gritos rituales para entrar en combate. Los españoles comenzarán a encomendarse al Apóstol Santiago: "¡Santiago, y cierra España!" será la consigna de la Reconquista. Ha entrado en la historia española un ingrediente que la acompañará durante varios siglos y que será clave para entender la historia de América Latina: el factor religioso. No obstante, es justo señalar que la *yihad*, la guerra ordenada por Alá a su profeta Mahoma para que extienda por el mundo la fe en el Islam –una poderosa fuerza que en pocos años provoca la transformación del pueblo árabe de unas mise-

rables tribus nómadas en un poderoso Imperio–, en algo se
parecerá al celo misionero que llevará a los españoles a la
conquista del Nuevo Mundo.

La cristianización de América

La Reconquista de España por los cristianos fue una larga empresa de más de siete siglos –del 711 al 1492–, y, naturalmente, no constituyó un episodio "lineal", sino un largo
proceso, lleno de altibajos, en el que los reinos cristianos que
fueron surgiendo a partir de la experiencia asturiana, unas
veces convivieron pacíficamente con el enemigo islámico,
otras lo combatieron con fiereza, y, en más de una oportunidad, lo imitaron o se aliaron circunstancialmente frente a
adversarios comunes.

En todo caso, lo que sucedió en ese periodo de la historia medieval española es muy importante para entender lo
que luego ocurrió en América, dado que para los descubri-
dores, conquistadores y colonizadores del Nuevo Mundo,
la aventura americana no era otra cosa que la "adaptada"
prolongación del espíritu y las instituciones de la Reconquista. La tarea –primero en España, frente a los moros y luego
en América, frente a los indios– consistía en arrebatarle al
enemigo sus tierras y colocarlas bajo la soberanía del monarca cristiano, victoria por la que los guerreros triunfadores recibían como recompensa, "derechos de conquista". Y
la legitimidad de esa acción estaba dada por la expansión de
la "fe verdadera", la de Jesucristo, puesto que la del monarca cristiano era obtenida de la jerarquía católica, especialmente del reconocimiento del papa romano.

Es muy significativo que en 1492, cuando Colón pacta
con Isabel y Fernando las condiciones para lanzarse a la
empresa de navegar hacia el oeste en busca de las "indias
occidentales", los Reyes Católicos estén en Santa Fe, una
pequeña ciudad-cuartel creada en las afueras del reino moro
de Granada, último reducto del islamismo en España, con-

tra el que se preparaba el asalto final. Y era predecible que esas *Capitulaciones de Santa Fe* –los capítulos del acuerdo entre el Almirante y los monarcas– estuvieran impregnadas del espíritu y la letra de los documentos por los que solían regirse las campañas de la Reconquista.

Para Isabel el ingrediente religioso era muy importante, primero porque, de acuerdo con los testimonios de la época, se trataba de una mujer muy piadosa, firmemente creyente, y también, con bastante certeza, porque el apoyo de Roma y de la jerarquía eclesiástica le resultaba vital, dadas las condiciones de ilegitimidad dinástica que le atribuía una parte de la nobleza española, convencida de que Isabel había usurpado el derecho a la sucesión de la infanta Juana, hija del rey castellano. De ahí que a Isabel, tras producirse el inesperado descubrimiento de unos territorios en el camino hacia el oeste –lo que poco después se llamaría "América" en honor al navegante y cartógrafo italiano Américo Vespucio– se le hizo imprescindible recurrir al papa para avalar la extensión de la soberanía castellana sobre el nuevo territorio. Al fin y al cabo, la norma jurídica más o menos aceptada le adjudicaba al Sumo Pontífice la posesión de los territorios "sin dueño", e Isabel necesitaba que Roma legitimase en ellos la presencia y dominio de los castellanos. El papa Alejandro VI, un Borgia de familia valenciana y terrible fama de libertino, así lo hizo mediante la concesión de varias bulas que culminaron en el Tratado de Tordesillas (1494), pero sólo tras dividir entre España y Portugal los derechos papales que delegaba, reino este último con una más acreditada vocación marinera. Por este tratado, demasiado vago, a Portugal le correspondieron las islas Azores y las tierras situadas al Poniente hasta trescientas setenta leguas del meridiano de Cabo Verde, origen de la soberanía portuguesa sobre Brasil; a España, las que se descubriesen allende ese punto. A partir de este "derecho" concedido por el papa –e inmediatamente objetado por ingleses y franceses– es que Castilla y Portugal pueden crear en América sus posesiones de ultramar. Ahí surge lo que luego será América Latina, la española y la lusitana, esto es, Hispanoamérica y Brasil. El papa, no obstante, no otorga esos derechos graciosamente: les exige a los monarcas beneficiados que cristianicen a los paganos del Nuevo Mundo. Civilizar, para Roma, incluso para un papa Borgia, era sinónimo de cristianizar, y sólo se justificaban la conquista y la colonización si tras ellas llegaba la fe de Jesús. Los Reyes Católicos se tomaron muy en serio esta cuestión.

Otro elemento clave es importante para entender la naturaleza del cristianismo en América: el tenso momento en que se produce. En efecto, el siglo XVI, el siglo de la conquista y colonización de América, es también el siglo de la Reforma y la Contrarreforma. España no sólo se echa sobre sus hombros la tarea imperial de mantener un territorio de tal extensión sobre el cual "nunca se ponía el sol", sino además y simultáneamente asume la tarea de ser "escudo de la cristiandad frente al turco" –un gran poder militar de religión islámica instalado desde 1453 en los antiguos dominios del Imperio Bizantino–, y de defender la ortodoxia católica, apostólica y romana ante el reto de luteranos protestantes, calvinistas y otros cristianos heterodoxos que habían denunciado la autoridad papal. Esa triple tarea, en la que varias veces se arruinó la monarquía española, empeñada en guerras tremendamente costosas, acaso explique, aunque no justifique, la dureza represiva empleada en lograr sus objetivos. Eran también los métodos de la época. La Inquisición, el antisemitismo, la persecución de los herejes, la esclavitud –tácitamente aprobada por las autoridades católicas y justificada por medio de algunos teólogos de la importancia de Ginés de Sepúlveda–, y los tormentos a los detenidos –en los que la Iglesia estaba presente– no eran típicamente españoles ni constituían, lamentablemente, una conducta excéntrica: formaban parte del durísimo modo con que en aquellos tiempos se ejercía el poder, se administraba la justicia y se dirimían las disputas. Es verdad que hubo una "leyenda negra" española, pero también pudo haberla inglesa, holandesa, alemana o francesa: era una época universalmente despiadada.

Catequesis y jerarquías en América

La Iglesia, que fue, con mucho, el gran paño de lágrimas de los indios, casi el único, era, no obstante, una parte esencial del Estado español, y esto, que también era cierto en Europa, resultaba aún más patente en América, donde Roma no contaba con otra infraestructura que la que España iba estableciendo. Para estos fines, mediante una nueva bula proclamada en 1508, esta vez a cargo del belicoso papa Julio II, se constituyó el Patronato Regio. La Corona se convertía así en patrona de la Iglesia. Tenía la obligación de construir templos, hospitales y escuelas, pero obtenía el derecho de proponer obispos, designar curas y escoger a los religiosos que cruzarían el Atlántico. ¿De dónde sacaba la Corona los recursos para esa ingente tarea? Del diezmo que había que pagarle a la Iglesia desde tiempos inmemoriales. La Corona podía manejar esos fondos. Naturalmente, también quedaban a su cargo los salarios del clero y el sostenimiento suntuoso de arzobispos, obispos y otras dignidades mayores de la Institución. Más adelante, ese control público sobre la Iglesia se extendió al campo de una cuasi censura: a partir de 1563 se establece el Pase Regio. Roma no está autorizada a publicar sus documentos oficiales ni a comunicarse directamente con los religiosos situados en América: tiene que pasar a través del Consejo de Indias. Y ni siquiera puede el papa colocar su propia y sagrada oreja en el distante territorio mediante un nuncio que lo represente, porque la Corona española no lo aceptaba: el papa ponía la teología, pero la administración quedaba en el celoso poder de unas autoridades españolas decididas a defender el control de la institución tanto de Roma como de los criollos latinoamericanos. De los 705 obispos nombrados durante los tres siglos de la

Colonia, sólo 105 habían nacido en el Nuevo Mundo, y todos eran blancos criollos, pues resultaba impensable que un mestizo de indio o un mulato se convirtiera en príncipe de la Iglesia, en abad, o que ocupara un importante cargo eclesiástico.

Esta simbiosis político-religiosa del monarca español pronto genera una lectura ideológica: el Vicariato. Como los emperadores de Bizancio, el rey de España, a consecuencia de la donación de la Iglesia, se considera vicario de Jesús en las Indias. Dios actúa por medio de su ínclita persona. En cierta forma, él es una especie de papa en el Nuevo Mundo. Con el tiempo esa idea adquirirá un matiz arrogante: el regalismo. El rey ya no es vicario de Jesús o patrono de la Iglesia por la donación que le ha hecho el Santo Padre. Lo es porque ese atributo es una regalía o prerrogativa inherente a la propia condición de rey. ¿Por qué se hace esa sutil distinción? No es gratuita. Se hace para poder extender a España lo que hasta entonces sólo era propio de las colonias americanas. No se trataba de un debate teológico, aunque lo pareciera, sino de la racionalización de una bien hilada estrategia para atar con una cadena más corta a Roma, la otra gran fuente de poder en Europa hasta la segunda mitad del siglo XIX.

La catequesis solía quedar a cargo de un cura doctrinero que se las veía negras para llevar a cabo su misión. En primer lugar, debía hacerse lingüista, aficionarse a la antropología y convertirse en un experto en la comunicación gestual. En la Biblia, el libro sagrado, estaba la verdad revelada, pero los indios no sabían lo que era un libro y no podían entender que ese objeto débil y pequeño encerrara la palabra de Dios. Cuando Pizarro trató de explicarle este extraño fenómeno a Atahualpa, el Inca, incrédulo, puso la Biblia junto a su oído, no oyó la palabra de Dios, tiró el libro al suelo y llegó a la conclusión de que aquel maloliente personaje con la cara cubierta de pelos era un farsante. La teología, sin duda, no parecía el mejor camino para conquistar a aquellos paganos.

Poco después Pizarro lo haría ejecutar acusándolo de hechicero. ¿Cómo atraerlos al seno del cristianismo? Con comida, con cuentas de colores, con espejos, con tijeras. Cuando conseguían repetir una señal cristiana, como santiguarse, los curas los premiaban. Sin saberlo, los sacerdotes habían descubierto la pedagogía conductista del refuerzo positivo. Era el clásico terrón de azúcar encaminado a asociar el conocimiento con una experiencia gratificante. Pero ¿cómo se le comunicaba a un tequesta o a un taíno la complicada historia de Jesús de Nazaret, los fariseos, los romanos, Pilatos, el Misterio de la Santísima Trinidad o la obediencia que todos le deben tener al papa? Se les explicaba con señas, con símbolos propios de la cultura del indio al que se intentaba catequizar o con pinturas e imágenes, como veremos en el capítulo dedicado al arte. Esto da lugar al mayor sincretismo posible, pero sólo desde la perspectiva del indio: los curas y la población blanca se mantienen dentro de la ortodoxia, pero toleran que los indios y los negros mezclen sus símbolos con los cristianos. No es una práctica que hace feliz a Roma, pero no parecía existir otra forma de conquistarles el corazón a los perplejos aborígenes o a los esclavos traídos de África.

Además, se les instruye cantando. Ese fue otro grato descubrimiento pedagógico. Dentro del cristianismo, en una práctica tomada de la tradición hebrea, luego intensificada por el paganismo romano, muy dado a los himnos, se canta mucho. Se supone que es una forma de alabar a Dios. Muy pronto los doctrineros descubrieron que a los indios les gustaba cantar –los guaraníes formaban coros geniales–, especialmente a los niños, así que lo que había que hacer era reescribir las letras de los propios cantos autóctonos y convertirlas en mensajes cristianos. También era frecuente recurrir a los temores esotéricos, difícilmente explicados mediante gestos y muecas, y al espectáculo mucho más espeluznante de tratar de explicar la naturaleza del infierno lanzando animales vivos a las llamas. Las historias de milagros, de diablos y ángeles, impresionaban notablemente a los indios, que consideraban mucho más poderosa la magia de los españoles que sus pobres e ineficaces conjuros. Ya lo había comprobado Cristóbal Colón en Jamaica, tras un naufragio, cuando los indios lo acosaban peligrosamente. Y como el almirante conocía la proximidad de un eclipse de luna, les hizo saber a sus amenazantes anfitriones que si no le proporcionaban agua y alimentos los liquidaría súbitamente con la misma fuerza con que se proponía ocultar el astro y privarlos de la luz nocturna. Los indios se mostraban remisos a creer al almirante. Como un mago de feria, Colón les dijo que hablaría con su Dios. Se introdujo en su tienda, salió al poco tiempo y comunicó el mensaje de su poderosa deidad: les devolvería la luna si los indios lo trataban generosamente. Al término del eclipse, naturalmente, los asustados indios corrieron a complacerlo.

La primera diócesis y el primer obispo de América se instalan en Santo Domingo en fecha tan temprana como 1504. Entonces son pocos los sacerdotes y viven, en general, pobremente. Cuando termina la época colonial, en 1824, ya hay cuarenta y cinco obispados y la Iglesia es el mayor terrateniente del Nuevo Mundo: un tercio de las tierras de labranza y una enorme cantidad de casas, templos y grandes edificios están en su poder. Se trata de una regla no escrita de la economía: cualquier organización de varones célibes dedicada a la producción acaba por acumular grandes cantidades de riqueza, puesto que no hay herencias que fragmenten la masa de bienes acumulados. Es, con mucho, el mayor propietario de América Latina. Entre esas dos fechas se produce, en efecto la cristianización de la sociedad autóctona, pero no su incorporación a la jerarquía eclesiástica. Durante un larguísimo periodo ni los indios ni los mestizos pudieron convertirse en sacerdotes, y cuando legalmente pudieron serlo, casi nunca lo consiguieron. Y si bien era cierto que el bautismo constituía una ceremonia que convertía a todos los seres humanos en hijos de Dios por

A Dios
rogando   [117]

igual, también lo era que muchos templos tenían dos pilas: una para los blancos y la otra para el resto. Como se ha señalado antes, nunca hubo, por ejemplo, indios que hubieran alcanzado la categoría de obispos, y los pocos curas de piel morena –indios o mestizos– que conoció la colonia fueron relegados a aldeas remotas donde no molestaran el ojo racista de españoles y criollos blancos. No obstante, alguno de estos humildes curitas, como el peruano Martín de Porres, "el santo de la escoba", barbero y sacamuelas –tan humilde que los milagros más populares que se le atribuyen son poner a comer en el mismo plato a un gato, a un perro y a un ratón, o revivir animalitos aparentemente muertos–, acabó elevado a los altares como resultado de una vida ejemplar y generosa, mientras otros que fueron cristianos, aunque nunca se ordenaron, como el Juan Diego de los mexicanos –el indio portador del paño con la imagen de la Virgen de Guadalupe– han sido canonizados por la voluntad popular, luego refrendada por el Vaticano.

Afortunadamente, la Inquisición no jugó un papel muy destacado en América, aunque en la segunda mitad del siglo XVI se implantó formalmente en Lima, en México y en Cartagena de Indias, ciudades en las que además de contar con sus temibles tribunales tuvieron el apoyo entusiasta y nutrido de los llamados familiares, es decir, espontáneos colaboradores del aterrador organismo. Este tribunal religioso –heredero de otro creado por el papa en el siglo XIII– fue instaurado en España por los Reyes Católicos en 1478, y su función principal era preservar la pureza de la ortodoxia católica tal y como la entendían los monarcas y refrendaban las autoridades religiosas. En el momento de su nacimiento, la Institución declaraba como objetivo reprimir a los judíos y a los falsos conversos, tarea que tuvo su punto culminante en la expulsión de 1492, cuando decenas de miles de judíos fueron obligados a abandonar España con pocas semanas de previa notificación. Tras el enemigo hebreo vinieron los protestantes y los moriscos criptoislamistas.

También los blasfemos y otros ofensores de la majestad divina. El tribunal, presente en casi todas las grandes ciudades españolas, se financiaba con las multas y las confiscaciones a los acusados, de manera que le resultaba muy conveniente encontrar culpables a los detenidos. Un tercio de lo recaudado iba a parar, cómo no, a la Hacienda Real. Las torturas, los acusadores sin rostro y las imputaciones imprecisas formaban parte de la práctica judicial habitual. Un notario solía asistir a los tormentos de los sospechosos, dando cuenta puntual y minuciosa de las palabras y reacciones del torturado. Sus siglos estelares fueron el XVI y el XVII, pero hasta 1834 no desapareció del todo. En 1789, cuando en Francia estalló la revolución, en Madrid se le encargó que estableciera la censura y el riguroso control de los impresos para que los españoles no supieran lo que acontecía al otro lado de la frontera: el lema "libertad, igualdad y fraternidad" se convirtió en un anatema. Poco antes de ser abolida, ya en el siglo XIX, el Santo Oficio hizo ejecutar a un maestro acusado de protestante.

En realidad la Inquisición no tenía por qué desempeñar un papel importante en América: desde el principio mismo del Descubrimiento –exceptuado el viaje de Colón, donde probablemente sí viajó algún judío–, existió una expresa prohibición para que no pasaran a América ni judíos ni moros conversos, filtro que a veces se burlaba desde Brasil o desde las posesiones holandesas, pero en cantidades exiguas. Esa limitación luego se extendió a protestantes y a extranjeros en general. De manera que las herejías fueron pocas, y pocos, también, los castigos impuestos para reprimirlas. Apenas unas cuantas docenas de personas resultaron "entregadas al brazo secular de la justicia" para ser ajusticiadas por judaizantes o por heterodoxos, lo que no quiere decir que no se emplearan atroces tormentos contra unos cuantos centenares de acusados que pasaron por los calabozos de la "guardiana de la fe". En Lima se conservan los instrumentos de tortura y espeluzna imaginarlos actuando sobre la piel o sobre las coyunturas de las víctimas. Los historiadores consignan el caso de Antonio Cordero en 1639, un joven portugués que se hizo sospechoso porque cerraba su comercio los sábados, aunque su perdición provino por no comer tocino. Tras las pesquisas brutales de la Inquisición limeña, once personas fueron quemadas vivas en un Auto de Fe público, una muchacha murió durante los tormentos, y otros cincuenta y un prisioneros resultaron condenados a larguísimas sentencias. Como para la Inquisición la paz de los sepulcros era una hipótesis dudosa, el cadáver de un supuesto criptojudío fue exhumado con el objeto de quemar su pecadora osamenta.

En todo caso, esa relativa ausencia de tareas habituales tuvo una inesperada consecuencia: la Inquisición latinoamericana se concentró en reprimir las hechicerías de las brujas que volaban a bordo de escobas y las prácticas religiosas de los negros esclavos, aunque con menos rigor que en el Viejo Continente, pues al fin y a la postre no se trataba de cristianos herejes, sino de "salvajes" que aún no habían recibido la verdad de Cristo. En otras oportunidades, el desvío llegó a ser curiosísimo: en 1629 –como descubriera el historiador peruano Fernando Iwasaki y publicara en un libro delicioso, *Inquisiciones peruanas*–, cuando la atormentada monja limeña Inés de Ubitarte le comunica a su confesor que ha sido física, carnal y gratamente poseída por el demonio –portador de "una grande verga, fría como la nieve y negra como la pez, que era cosa muy rara y digna de verse"–, el sacerdote, tras buscar cuidadosamente entre los papeles de Santo Tomás, llega a la grave conclusión de que en Lima hay un íncubo haciendo de las suyas, un diablo suelto que vive en la tenebrosa atmósfera de los sueños eróticos y las poluciones nocturnas de los lujuriosos varones, infernal criatura que ha cobrado vida apoderándose de la carne pecadora de un cadáver reciente. ¿Cómo asfixiarlo, cómo exorcisarlo, como expulsarlo de aquella tranquila comunidad de espíritus piadosos? Muy fácil: la Inquisición saca a las calles una proce-

sión rogatoria y emite una tajante orden por la que se prohíbe soñar durante un tiempo. Remedio santo. Poco después
el Maligno desapareció de aquellos parajes dejando un extraño vaho de azufre. Por si acaso, Inés de Ubitarte nunca
más salió de su celda del convento de La Encarnación. No
hay duda de que el realismo mágico del que luego hablarían
los críticos literarios para referirse a la literatura de América Latina tiene su asiento en épocas remotas.

Las repúblicas y la Iglesia Católica

Obviamente, los religiosos hicieron en el Nuevo Mundo lo que hacían en el antiguo: fundaron escuelas, universidades y conventos; crearon hospitales, erigieron templos;
educaron a millones de seres humanos; y –cómo no– combatieron las herejías con saña, persiguieron manifestaciones
de paganismo, quemaron o destruyeron expresiones religiosas y culturales precolombinas, entre ellas algunos irrempla-
zables códices mayas que poseían los secretos de varios siglos
de civilización. A ratos atropellaron a numerosas etnias, a
ratos intentaron protegerlas, y, unas veces por la fuerza, las
más por la intimidación, y esporádicamente por el conven-
cimiento, borraron las viejas religiones y creencias, "convirtiendo" a las masas indígenas, como quería Roma, a la religión
de sus conquistadores, la "verdadera", aunque sin olvidar el
pragmatismo o flexibilidad ritual siempre presente en el
catolicismo. El espectáculo en México de "el día de los
muertos", o en Guatemala, en Chichicastenango, el templo
católico cubierto por pétalos de flores, demuestran que bajo
la religión de Jesús queda un evidente substrato precolombino y pagano; quien ha contemplado en las cercanías de La
Habana la "procesión de San Lázaro" –o las que se producen en Salvador de Bahía, en Brasil– no puede ignorar que
algo de la África politeísta también pervive en esa impresionante manifestación de devoción católica.

Tres siglos duró la dominación española en casi toda

América (la portuguesa se prolongaría algo más). Y en ese larguísimo periodo la Iglesia fue uno de los pilares de los poderes públicos, y con ella pactó la Corona Española casi toda su obra social, y a ella confió la mayor parte de sus circuitos asistenciales. La Iglesia enseñaba, curaba, bautizaba, casaba, estructuraba los valores morales, aconsejaba a los gobernantes, censuraba los textos, consolaba a los dolientes y enterraba a los muertos. No era, exactamente, una expresión de la sociedad civil. Era el brazo moral del Estado. Todavía no había cuajado en el mundo iberoamericano la separación entre lo religioso y lo público. Pero algo así se estaba gestando.

En efecto, desde el siglo XIII, cuando los franciscanos radicados en Oxford –casi "exiliados"– Rogerio Bacon y Duns Escoto afirman que una cosa es la ciencia, regida por leyes que le son propias, y otra muy distinta la teología, sujeta a los criterios y opiniones de las autoridades de la Iglesia, se produce un creciente proceso de secularización que lentamente va separando la Iglesia del Estado. Y ese proceso, quinientos años más tarde, en pleno siglo XVIII, precedido por el Racionalismo del XVI, ya ha madurado totalmente en los escritos de Voltaire, de Rousseau, de Diderot, y del resto de los enciclopedistas e ilustrados que no ven con simpatías la labor o la prédica de la Iglesia y el papel que esta desempeña en la sociedad.

En América –una franja cultural de Europa al fin y a la postre–, esos conflictos se reproducen con bastante fidelidad, por lo que no debe sorprendernos que los precursores de la Independencia americana chocaran con una Iglesia Católica que era, en gran medida, una expresión del estado colonial español. De ahí la estrecha relación entre la masonería –entonces excomulgada– y los conspiradores antiespañoles –desde Bolívar, a principios del siglo XIX hasta José Martí, a fines de la misma centuria–, o la identificación que se hace en las nacientes repúblicas entre la Iglesia Católica y España. Para los criollos latinoamericanos ilustrados –Espejo, Miranda, Bolívar, Lastarria– el catolicismo era "español", y lo español significaba oscurantismo, represión, atraso científico.

Sin embargo, el catolicismo –aunque hubo curas, como los mexicanos Hidalgo y Morelos, o el cubano Varela, que se opusieron a España– sobrevivió al establecimiento de las repúblicas, y hasta contó con gobiernos abierta y fanáticamente declarados como católicos –García Moreno en Ecuador, por ejemplo–, entre otras razones, porque si bien era cierto que una parte sustancial de la clase dirigente criolla, blanca o casi blanca, se inclinaba hacia la creación de estados laicos, la gran masa indígena o mestiza profesaba una total devoción por la religión católica y solía obedecer con bastante fidelidad la voz de sus sacerdotes locales. Para el pueblo la religión católica era mucho más que la referencia española. Era una creencia profundamente arraigada que los nuevos estados surgidos tras la Independencia no podían extirpar.

La Iglesia y la cuestión social

Tras la derrota de España en el primer cuarto del siglo XIX, la Iglesia Católica iberoamericana, en líneas generales, exactamente como sucediera en Europa a lo largo de toda la centuria, aunque indirectamente, comenzó a participar activamente en las luchas políticas, casi siempre en respaldo de las facciones más conservadoras. Entonces el enemigo era el liberalismo, al que se acusaba (con alguna justicia) de anticlerical, librepensador y "relativista". Llegó a decirse –lo dijo un papa– que "el liberalismo era pecado", y en todas las repúblicas se estableció una pugna entre los nuevos Estados y la Iglesia para poder establecer el matrimonio civil y la enseñanza laica, en un tenso esfuerzo encaminado a separar la esfera religiosa y la vida pública. Conflicto que, con frecuencia, acabó con la nacionalización de los bienes de la Iglesia, entonces propietaria de numerosos edificios y de

grandes extensiones de tierra, hecho que tuvo una consecuencia negativa en el terreno de la asistencia social, pues
al privar a la Iglesia de muchas de sus fuentes de ingreso,
disminuyeron sustancialmente las prestaciones y auxilios que
esta daba a los más necesitados.

Si el liberalismo, a ojos de la Iglesia, pareció ser el enemigo a batir durante casi todo el siglo XIX, a fines de la centuria el adversario era otro: el marxismo y sus variantes
socialistas. El papa León XIII (1878-1903), que entendió que
Roma, con total realismo, debía aceptar la separación de la
Iglesia y del Estado y poner punto final a su larga etapa de
poder temporal, fue el mismo que decidió darle la batalla a
los revolucionarios, pero no enfrentándose a los obreros,
sino poniéndose junto a ellos para defender sus intereses,
mientras censuraba las convocatorias al odio y a la violencia que se hacían desde la izquierda. Con la encíclica *Rerum
Novarum*, "Sobre las novedades", la Iglesia católica, instalada en un magisterio ético totalmente desarmado, asume
la defensa de los más débiles y da inicio a lo que acabaría por
llamarse Doctrina Social de la Iglesia. Esa DSI –hecha de varias encíclicas, a veces contradictorias, y de los acuerdos y
pronunciamientos de las autoridades religiosas– a mediados
del XX ya ha generado varias instituciones políticas y sindicales: los partidos demócrata–cristianos, organizaciones católicas obreras y universitarias, grupos juveniles y asociaciones
femeninas que cultivan una cierta ética cristiana. El instinto del catolicismo para crear instituciones se manifiesta otra
vez en esta moderna "acción social", en cierta medida diferente, sin embargo, de la tradición asistencial de Roma.

No obstante, es ese un camino lleno de peligros. No se
trata de cuestiones religiosas, en las que el papa puede imponer su carácter "infalible", sino de asuntos opinables en
los que nada resulta transparente. Al mismo tiempo, la Iglesia, que desciende al debate político con ideas y propuestas
dirigidas a influir en la sociedad, también recibe la influencia de los otros. Poco a poco, en la medida en que el propio

siglo XX, tras la Segunda Guerra mundial, va radicalizándose, la Iglesia no puede escapar a este destino. En efecto, en 1959, Juan XXIII, fundamentalmente para reexaminar la cuestión social, convoca a un gran Concilio, Vaticano II, y Roma se llena de expertos sociales y teólogos que durante un tiempo van a escorar a babor la posición de la Iglesia. Finalmente, ya durante el papado de Pablo VI, y como culminación de ese magno evento, se promulga la encíclica *Populorum progressio*, documento que establece serios reparos éticos al capitalismo, y en el que se condena como inmoral un mundo en el que unos pocos poseen innumerables bienes y la inmensa mayoría nada posee; análisis del que se infiere –seguramente de manera errónea– que las riquezas de los afortunados han sido acumuladas gracias al expolio de los desafortunados.

Para los católicos latinoamericanos –y hasta para quienes no lo son– ese Concilio, que se prolonga hasta mediados de la década de los sesenta, va a tener una extraordinaria consecuencia: el nacimiento de la Teología de la Liberación, así llamada por un libro publicado en 1971 con ese título por el sacerdote peruano Gustavo Gutiérrez, en el que intenta documentar en los Evangelios el prioritario y casi excluyente compromiso de la Iglesia con los "explotados", algo que el teólogo llama "opción por los pobres". Esa "opción", sin embargo, posee una característica distinta a la convencional DSI: para conseguir la redención de los pobres en el terreno económico y social, los teólogos de la liberación encuentran justificable la utilización de la violencia propuesta por los marxistas, y admiten, de hecho, una coincidencia en el análisis y en la estrategia de lucha. En cierta medida, es lo contrario de lo que se proponía León XIII con su *Rerum novarum*, pero era la consecuencia predecible de la *Populorum progressio*.

La radicalización política de la Iglesia Católica latinoamericana –o de una parte importante de ella–, impulsada por las conferencias de obispos reunidos en Medellín (Colombia), y Puebla (México), acabará por provocar un fuerte debate en el seno de la propia Iglesia y crecientes temores en Roma, que, a partir de la ascensión al trono de Juan Pablo II, el papa anticomunista venido de Polonia, ve con gran preocupación el surgimiento de "comunidades de base" –asociaciones de creyentes– cada vez menos obedientes a la labor pastoral de los párrocos y obispos, no digamos al magisterio del muy remoto Vaticano. Para el cardenal Wojtyla, ungido papa en 1978, el lenguaje "revolucionario" de los jesuitas situados en Centroamérica –a quienes su predecesor llegó a amonestar–, o las opiniones del teólogo brasilero Leonardo Boff, le resultaban demasiado próximas al discurso de los marxistas y, por lo tanto, no tardó en percibirse una no tan discreta confrontación.

Tras el derrumbe del "socialismo real" en 1989 se observa en la Iglesia Católica –más en Roma que en América Latina– una actitud de revisión de la DSI, expresada en la encíclica *Centesimus annus*, promulgada a los cien años justos de la *Rerum novarum*, no tanto para celebrar los hallazgos de León XIII, como para corregir el peligroso rumbo de las tendencias antimercado en el seno de la Iglesia, especialmente tras comprobarse en la sangrienta práctica comunista el fracaso del colectivismo como método para desarrollar a los pueblos y el carácter contraproducente de la planificación económica practicada por estados dirigistas. Lo que no quiere decir, por supuesto, que toda la estructura de la Iglesia esté satisfecha y feliz con el giro a estribor, a la derecha, dado por el papa polaco. En octubre de 1996 los provinciales jesuitas, en un documento que causaría una gran polémica, volvían a la carga contra la economía de mercado, la reforma del Estado y las medidas de ajuste macroeconómico auspiciadas por los gobiernos tras la debacle económica de los años ochenta, medidas supuestamente inspiradas en el "neoliberalismo", y a esta supuesta escuela de pensamiento le atribuían la pobreza que aflige a la mitad del censo latinoamericano.

Por último, mientras la Iglesia Católica debate con vehemencia estas y diversas cuestiones, otras denominaciones cristianas han ido penetrando en un terreno que antes pertenecía casi exclusivamente a Roma. La importancia de los protestantes en países como Guatemala, Honduras o Perú es hoy extraordinaria, y, según parece, socialmente benéfica, pues suelen predicar la ética del trabajo en la esfera personal, la moralidad en el manejo de la cosa pública y la unidad familiar como forma de cumplir con los designios de Dios. En sociedades como las centroamericanas, en las que la mitad de los niños nacen fuera del lazo conyugal, con el consiguiente perjuicio que eso suele acarrear para el recién nacido y para su madre, cualquier esfuerzo por preconizar la responsabilidad paterna debe ser bienvenido. En todo caso, parece que la penetración religiosa evangélica va de la mano del éxito económico de los conquistados por esta variante de la fe cristiana. En hogares en donde no está presente el alcoholismo y el núcleo familiar es más estable, por una parte se multiplica la capacidad de ahorro, y, por otra, aumenta la confianza de los empresarios, lo que inmediatamente se traduce en menores índices de desempleo, factor que contribuye a fortalecer al grupo y a dotarlo de prestigio.

¿Qué futuro se avizora para la fe de Jesús en América Latina? A juzgar por lo que viene sucediendo en los últimos dos siglos, es posible predecir una gradual disminución de la influencia de la Iglesia Católica en los asuntos públicos, lo que necesariamente no quiere decir que se reducirá la fe religiosa de los latinoamericanos. Por el contrario, hay síntomas que apuntan a una revitalización de la espiritualidad, aunque no necesariamente dentro del catolicismo, como demuestra el auge impresionante de las iglesias protestantes, e, incluso, de sectas en las que predomina la búsqueda de fuertes experiencias místicas. Ha ocurrido otras veces a lo largo de la historia. Parece que la especie humana, siempre en busca de explicaciones y consuelos, necesita creer.

El poder, el Estado y la Política

EN SIGLO Y medio de historia republicana, los bolivianos han sufrido 187 intentos de golpes de Estado. La suma de las Constituciones latinoamericanas es también asombrosa: algunas naciones, como Venezuela, a lo largo de su accidentada historia han adoptado más de veinte. Tampoco existe un claro consenso sobre los órganos e instituciones más convenientes para establecer los gobiernos. En general, los latinoamericanos han constituido países presidencialistas copiando la fórmula norteamericana, pero algunos, influidos por los franceses, han ensayado una suerte de semi parlamentarismo adoptando la figura del Primer Ministro (Perú), mientras otros, por lo menos en el pasado (Uruguay), optaron por la presidencia colegiada a la manera suiza. Y ni siquiera se ha dejado de explorar la fórmula monárquica. Lo hicieron los mexicanos muy brevemente en el siglo XIX con el pintoresco Agustín de Iturbide, y los brasileros por un tiempo mucho mayor –siete décadas– bajo la benévola tutela de los emperadores Pedro I y Pedro II.

No hay duda de que los latinoamericanos, desde que se desgajaron del tronco ibérico, andan, sin demasiado éxito, en la agónica búsqueda de una manera eficiente, racional, justa y duradera de organizar la autoridad. Y no es raro que así sea, pues si existe un rasgo propio de la cultura occidental, si hay un tema central a debatir desde hace más de dos mil quinientos años, es precisamente ese: quién manda, con qué legitimidad, para qué manda y cuáles son las reglas. Incluso más: la gran distinción entre la cultura grecolatina y las más viejas culturas mesopotámicas o Egipto estriba precisamente en la voluntad griega de someter la autoridad a los dictados de la razón. Esa indagación es también parte de su legado a Occidente. Encontrar esas raíces, descubrir la estructura de esa sutil arquitectura moral en la que los latinoamericanos se encuentran y desencuentran es el objetivo de este capítulo. Saber rápidamente, a vuela pluma, por qué y cómo se llegó al punto en que se hallan.

Siempre los griegos

Las pautas del debate, incluso hasta hoy mismo, la establecieron los griegos. Una cultura como la que se forjó en aquel rincón del Mediterráneo siglos antes del nacimiento de Cristo, que llegó a plantearse que la realidad se sujetaba en unos principios racionales que podían expresarse por medio de las matemáticas, no podía aceptar sin más la existencia de una autoridad basada en el capricho de los dioses, en el azar o en la simple fuerza bruta de quien resultaba vencedor en una batalla. ¿Es posible que todavía influya en nuestros días de Internet y viajes espaciales una referencia tan antigua como la Grecia Clásica? Por supuesto: no puede ignorarse la fabulosa continuidad que exhibe la cultura grecorromana. De la misma manera –como ya hemos visto– que la arquitectura romana está viva en las ciudades trazadas a escuadra, en las basílicas religiosas, en los estadios deportivos o en el Derecho, o que el latín se prolonga en el castellano, la prescripción sobre el arte del buen gobierno y la condena de lo contrario hay que buscarlas en Atenas.

¿En qué momento? Según Lord Acton precisó en sus *Ensayos sobre la historia de la libertad*, como cita Xavier Zavala Cuadra en su espléndido texto *La democracia en nuestra historia*, unos seiscientos años antes de Cristo, cuando los atenienses le encargan a Solón el rediseño del Estado para acomodar los intereses de los distintos estamentos sociales. Solón era un *eupátridas* –un "bien nacido", un representante de la nobleza–, con experiencia como comerciante y cierta vocación de poeta. Tiene unos 45 años y ha viajado bastante para los limitados horizontes de aquel entonces. En todo caso, gozaba fama de hombre sabio, y de alguna manera lo era: su reforma, impuesta a lo largo de más de veinte años de gobierno, consistió en admitir las diferencias económicas y sociales de cada clase, pero asignándole a cada una responsabilidades económicas y militares de acuerdo con su rango. Los más ricos, en efecto, ocupaban los cargos más relevantes, pero pagaban más impuestos y servían por más tiempo en la milicia. Era como si hubiera descubierto el lema que se acuñaría mucho después en la corte francesa: "nobleza obliga". Pero todavía llegó a más: eliminó la prisión por deudas y les concedió a todos los ciudadanos, incluidos los pobres, la posibilidad de escoger a los funcionarios que iban a manejar las instituciones. Impulsó, pues, una suerte de gobierno consentido y no impuesto que limitaba grandemente las posibilidades de ejercer el despotismo.

Dos siglos más tarde, se dieron cita en Atenas tres generaciones sucesivas de genios griegos encadenados por el azar, o quizás por el estimulante medio intelectual que allí bullía: Sócrates, Platón y Aristóteles. El primero, como se sabe, fue condenado a recurrir al suicidio sin razones claras –acusado de una especie de herejía o desacato a las tradiciones religiosas–, pero le dio tiempo para formar a Platón, fundador a su vez de la Academia, aquella escuela gloriosa en la que dictaba clases y dialogaba con sus amigos y alumnos sobre todo lo humano y lo divino, y en la que durante veinte años contó con un crítico discípulo, Aristóteles, un griego nacido en Estagira, en la Macedonia actual, quien tan pronto murió su maestro, sin proponérselo y sin sospecharlo, se alzó con el liderazgo intelectual del mundo durante un periodo asombrosamente largo: dos mil años.

En *La República* y en *Las leyes*, dos de sus obras principales, Platón, de origen aristocrático, defendió la tesis de que el mejor de los gobiernos posibles sería aquel dirigido por un rey especialmente formado para la tarea de mandar, asesorado por filósofos llenos de sabiduría. Pensaba en una benevolente

oligarquía basada en los conocimientos y en las buenas inten-
ciones. En su diseño de Estado, la autoridad descendía desde
la cúspide hacia las masas. No en balde los totalitarismos
modernos, milenios más tarde, lo tomaron como santo patrón.
Platón había conocido periodos de grandes desórdenes y sos-
pechaba de la democracia, es decir, de la capacidad del pueblo para tomar las decisiones convenientes. Al fin y al cabo,
la sentencia por la que se condenó a muerte a su mentor Sócrates había sido tomada "democráticamente" por un jurado
compuesto por centenares de personas.

Aristóteles admiraba a su maestro, pero gozaba de un
espíritu crítico que le impedía seguirlo allí donde no coincidían. Tras la muerte de Platón, marcha a Macedonia y se
convierte en el preceptor del joven Alejandro Magno, futuro
rey de esa ciudad-estado con vocación de imperio. Después
de unos años regresa a Atenas y funda su propia institución
educativa, "El Liceo". Estudia a fondo las constituciones de
casi dos centenares de pueblos y ciudades-estado dotados de
reglas escritas. En su *Ética a Nicómano* establece con claridad los límites de su subordinación intelectual: "Siendo
Platón y la verdad amigos míos, es mi deber poner por delante la verdad". En su libro *Política* es obvia la refutación a
Platón. Para Aristóteles la autoridad debe ascender de la
masa a la cúpula. Es el pueblo quien debe hacer las reglas y
dotar de poder a los gobernantes para que ejecuten las órdenes de las mayorías. La soberanía radicaba en las gentes y
se delegaba. De forma embrionaria, ahí estaba el principio
rector democrático que acabará imponiéndose en todo Occidente, incluida, naturalmente, América Latina. Esa idea
protodemocrática hoy podrá parecernos muy imperfecta,
pero significaba un considerable grado de avance. Hasta los
griegos, la autoridad emergía de la fuerza bruta, y luego se
encubría con un matiz religioso: el gobernante era un dios,
o su directo enviado, y por eso mandaba. Los griegos se atre-
vieron a aplicarles a las relaciones de poder la misma racionalidad que aplicaban al estudio de la naturaleza o de la

geometría: la autoridad debía fundarse en la razón. La vida se fundaba en la razón.

El debate sobre el origen de la autoridad corría parejo al que definía sobre quiénes se ejercía esa autoridad. Durante siglos, el primer vínculo que unió y desunió a los griegos fue la consanguinidad. No se pertenecía a una nación, sino a una *fratría*, que venía a ser una suma de clanes integrados por familias vinculadas por supuestos ancestros comunes que luego se articulaban en tribus. Era el lazo de sangre, y en la antigua Grecia la clase dirigente –los *eupátridas*– formaron cuatro de estas tribus. Pero poco a poco fue fortaleciéndose otro modo de establecer los nexos: el lugar en que se habitaba, la *polis*, tomaba paulatinamente mayor relevancia. En efecto, en la medida en que las ciudades adquirieron cierta belleza y grandiosidad, y se fueron llenando de plazas y templos hermosos, se desarrolló una suerte de arraigo sicológico precursor del patriotismo nacionalista actual. El orgullo de pertenecer a ellas, el territorialismo que desencadenaba, dotaba a las personas de una identidad que trascendía la *fratría*. Quizás esto fue lo que reconoció el aristócrata Clístenes cuando tuvo que gobernar a los atenienses en la frontera entre los siglos VI y V antes de Cristo. Y quizás por ello aumentó las tribus de cuatro a diez, sin tener en cuenta el origen común sino la pertenencia a la *polis*. Incluso, los extranjeros avecindados en ella podían formar parte de las tribus y acceder a ciertos cargos y al ejercicio de responsabilidades civiles. Junto al derecho de sangre había surgido el derecho de suelo. De alguna forma era un paso de avance, aunque ni siquiera en nuestros días ese cambio ha conseguido hacerse universal. Entre los alemanes de hoy, como entre otros pueblos, la nacionalidad y la ciudadanía se transmiten como herencia biológica, no por lugar de nacimiento.

Aparentemente, ese instinto democratizador se había insinuado mucho tiempo antes, tras la muerte del rey Codro, en el siglo VIII, cuando comenzó a evolucionar la composición del gobierno. Del "basileo" o rey todopoderoso y vitalicio, se pasó a un "arconte basileo" que gobernaría por una década. Cien años más tarde, se redujo el periodo a sólo uno y se le asignó la tarea de encabezar la compleja religión estatal, poblada de deidades locales y familiares. Junto a él se situaban, además, media docena de legisladores o *temostetes* y un jefe militar o *polemarca*, especie de Ministro de Defensa que debía organizar a la población de acuerdo con sus responsabilidades y su posible contribución a las guerras, clasificación que se prolongaría durante milenios: los caballeros, los dueños de caballos, eran los *hippeis*, palabra que todavía conservamos en voces como "hipismo", formaban la veloz caballería. Los *hoplitas*, integrados por los poseedores de poderosos bueyes, constituían la versión antigua de las divisiones acorazadas. Los *tetes* eran la infantería pobre, a veces armada sólo con piedras y palos, carentes del privilegio de ser elegidos arcontes o sacerdotes.

Cuando Clístenes ocupó el gobierno se hizo claro que entre los atenienses, amantes de la libertad individual, la fragmentación del poder ofrecía ciertas garantías. Cada una de las diez tribus que integraban la estructura básica del estado-nación tuvo entonces la oportunidad de colocar a un *strategoi* o general junto al polemarca. Simultáneamente, cada una de ellas envía cincuenta representantes a una especie de Consejo que elaborará el temario y las medidas que tendrá que aprobar la gran asamblea de ciudadanos. Era un organismo de 500 miembros. Muchos, sin duda, pero lo asombroso era el número de ciudadanos con derecho a voto: entre veinte y treinta mil. Cuando alguno de ellos no cumplía con sus deberes, o se comportaba de una manera contraria a los intereses de la mayoría, se le excluía de la ciudad. Pero como se trataba de una pena terrible –perder el derecho a vivir en la *polis* era el mayor de los castigos morales–, la decisión se tomaba por un altísimo número de votantes: seis mil personas. ¿Cómo lo hacían? En la asamblea se iban acumulando pedazos de cerámica que eran como boletas condenatorias. Se les llamaba *ostraka*, y cuando alcanzaban la cifra de seis millares se producía la expulsión. De ahí viene nuestro "ostracismo". No lo utilizaban con frecuencia, pero en casos extremos recurrían a este castigo.

Las leyes griegas, en efecto, podían ser severas, mas contenían elementos que luego se incorporaron a la justicia occidental hasta nuestros días. El denostado código promulgado por Dracón –de donde se deriva nuestro adjetivo draconiano–, es, en realidad, un paso de avance. En primer lugar, se determina que la ley afecta de igual manera a todos los ciudadanos. Se establece la diferencia entre la premeditación y los hechos involuntarios. Los parientes dejan de ser corresponsables de las acciones cometidas por los miembros de la familia, esto es, desaparece la culpabilidad por asociación. El agravio previo no puede ser invocado como justificación para la venganza. Y los asesinatos –el mayor de los crímenes– serán directa y muy duramente juzgados por el Senado.

La aplicación de las leyes también se hacía con arreglo a una clara vocación democrática que lega a Occidente, hasta nuestros días, una institución judicial: el jurado elegido mediante sorteo. A partir de ese momento los acusados tienen una mayor garantía de ser juzgados con equidad. Y esos jurados no van a pertenecer a la clase dirigente, sino a cualquier estamento, pues todos los ciudadanos pueden ser convocados para este menester, exceptuando originalmente a los más pobres, y ello por una razón económica: no podían abandonar sus labores sin padecer un grave perjuicio. Pero más adelante se eliminó ese inconveniente mediante el pago de un jornal al seleccionado sin recursos para que pudiera cumplir con sus compromisos cívicos.

No hay duda de que había entre los griegos todos los elementos que hoy asociamos con los valores democráticos. Pero, además, existía entre ellos un par de factores enormemente perturbadores: por una parte, el culto por la *polis* llegó a crear la noción de la "razón de Estado". Más allá de lo que fuera realmente justo, existía lo que convenía a la *polis*, a la colectividad encarnada en el Estado. Y la mayoría podía ejercer su voluntad sin limitaciones, como si lo justo fuera una función de la aritmética. No había poder, autoridad o ley que prevaleciera al criterio de la mayoría. La voz del pueblo era la voz de los dioses.

Esta noción comenzó a cambiar cuando en el siglo III a.C. un grupo de filósofos atenienses, dirigidos por Zenón de Citio, reunidos en una de las puertas de la plaza conocida como *Stoa*, de donde toman el nombre de "estoicos", empiezan a diseminar la idea de que existen unos derechos inalienables que protegen a las personas frente a los atropellos de la mayoría o frente a la "razón de Estado". Son los "derechos naturales". Anteceden a la *polis* y a la *fratría*, y, por lo tanto, a cualquier forma de organización que se hayan dado los hombres. Esos derechos, además, no distinguen raza, tribu o condición social: son universales y deben aplicarse a todos los individuos. ¿A dónde conduce este planteamiento? Obvio: a un refinamiento de los principios democráticos. Con la teoría de los derechos naturales ha surgido un contrapeso que evita los excesos cometidos en nombre de la democracia, mientras se le concede a la criatura humana un carácter trascendente: es diferente a cualquier otra, y sus derechos naturales remiten a un poder anterior a la Creación; de alguna manera, en ellos estaba implícita la existencia de la voluntad divina.

Todos los caminos conducen a Roma

Mientras los griegos ponían los cimientos de lo que luego llamaríamos "civilización occidental", en la península Itálica, junto al río Tíber, otro pueblo más rústico, mucho menos cultivado, pero dotado de un notable instinto para la organización y para la guerra, el romano, iba poco a poco afianzándose en la zona, mientras daba el salto enorme que separa las sociedades campesinas de las urbanas. Roma, pues, iba creciendo, poblándose, y llenándose de edificios espectaculares, deslumbrantes incluso para nuestra pupila acostumbrada a la desmesura del tercer milenio.

Con el tiempo, y en la medida en que Roma se convirtió en la cabeza de un formidable Imperio comunicado por cien mil kilómetros de carreteras pavimentadas que permitían el paso veloz de las legiones y de millones de viajeros que se desplazaban en todas las direcciones, las relaciones comerciales entre las personas se fueron haciendo más complejas, lo que exigía una reglamentación acorde con el fenómeno, así como formas de solucionar las inevitables disputas que surgían como consecuencia de la multiplicidad y diversidad de las transacciones. De alguna manera, la primera función de los soberanos, y la razón de ser de los estados, ha sido la de resolver conflictos, y para eso hacía falta dictar reglas, establecer derechos y obligaciones, así como castigos para los violadores de las normas. La jurisdicción, el ámbito donde el soberano ejercía su poder quería decir exactamente eso: el sitio donde estaba facultado para "decir la ley".

Como todos los pueblos antiguos, los romanos se gobernaron durante siglos por medio de normas orales basadas en tradiciones interpretadas por la clase dirigente, los patricios, ricos propietarios rurales, descendientes de figuras ennoblecidas por las leyendas. Y como era habitual en la historia, los funcionarios a cargo de organizar la religión, que en Roma tomaba el nombre –que todavía subsiste– de Colegio de Pontífices, exclusivamente formado por patricios, eran quienes se encargaban de administrar la justicia, especialmente sobre la masa de plebeyos, muy numerosa, pero carente de poder.

Naturalmente, este privilegio de los patricios irritaba profundamente a los plebeyos. No siempre quienes juzgaban eran personas bien intencionadas o poseedoras de sentido común. Resultaba muy fácil ser víctima de una injusticia cuando no se sabía exactamente qué leyes se infringían o de qué modo la tradición solucionaba alguna querella, máxime cuando los jueces llamados a resolverla podían tener sus

odios, sus filias y sus intereses personales. Así que el clamor
por contar con reglas escritas, como las que poseían los admirados griegos, a mediados del siglo V a.C. llevó a los romanos a comisionar a una decena de hombres sabios para
que redactaran lo que luego se conoció como las XII Tablas.
Posteriormente, una asamblea de ciudadanos dio su aprobación al texto. Se había "fijado" el Derecho Romano por
primera vez, y con él se perfilaban los procedimientos para
su utilización. No sólo se precisaban las normas consagradas por la práctica y la tradición, tanto en la esfera pública
como en la privada, sino se entraba en lo que hoy llamaríamos "Derecho Procesal".

Esto último era muy importante. El Derecho, naturalmente, intentaba la búsqueda de la justicia, pero la forma en
que se procuraba resultaba fundamental, y quienes adminis-
traban las leyes no podían ser personas de escasa instrucción
o ignorantes. Mientras el derecho fue "oral", el nivel intelectual de las personas, incluso, el conocimiento de las normas, podía ser bajo. Tan pronto se escribió y codificó, se hizo
necesaria la mediación de profesionales que pudieran inter-
pretarlo. Así que un siglo después de promulgadas las XII
Tablas, se hizo indispensable nombrar pretores, unos magis-
trados capaces de ejercer como jueces. Asimismo, los mejores oradores, expertos en el muy romano arte de la retórica,
comenzaron a representar a las partes en litigio, abogando
por unos y por otros, dando inicio a la profesión del abogado. Con el tiempo, no sólo se escribirían las leyes, sino todo
el proceso, la demanda y la contrademanda, lo que exigía del
juez una notable capacidad interpretativa.

La heterogeneidad, por otra parte, complicaba las cosas.
Un Imperio hecho de retazos conquistados por las legiones,
y en el que convivían ciudadanos y no ciudadanos, presen-
taba un problema de inicio: ¿quiénes debían someterse a las
leyes y a los tribunales romanos? De alguna manera, ser ciudadano romano comportaba un enorme privilegio: el de ser
sujeto de Derecho dentro de un Estado que había llevado

esa disciplina a su más alto nivel. Ser romano era eso: estar gobernado por leyes romanas, las mejores de su época, manejadas por un competente cuerpo de funcionarios judiciales sin paralelo en el mundo antiguo. Y esto era básico, pues la seguridad jurídica era lo único que podía garantizar los frutos del trabajo y la propiedad privada.

El dilema con los extranjeros se resolvió creando un derecho paralelo para extranjeros, administrado por un "pretor peregrino", muy cercano al de los romanos, un cuerpo de leyes que pronto derivó hacia una especie de derecho universal o de "gentes", que de alguna manera recogía el principio consagrado por los defensores de los derechos naturales: todos los seres humanos, por el hecho de serlo, poseían unos derechos que debían protegerlos. Y los pretores, ya fueran urbanos o peregrinos, elegidos para administrar esas reglas y procedimientos, resultaban escogidos entre los miembros más exclusivos de la clase dirigente, aunque en algunos casos pasarían a la historia por otras razones. Bruto –"¿tú también, Bruto, hijo mío?"– y Casio, por ejemplo, dos de los asesinos de César, fueron pretores de romanos y de extranjeros.

Las fuentes legislativas eran varias. Una de ellas era el Senado, institución centenaria, parecida al Areópago de los griegos, a la que pertenecían ciertos nobles patricios. La inspiración de muchas leyes, naturalmente, eran las costumbres, y el objetivo consistía en dar una norma escrita al previo comportamiento de la sociedad: es lo que se llama Derecho Consuetudinario. El Senado mezclaba funciones legislativas, judiciales y las propias del ejecutivo. Tras el fin de la República y la instauración del Imperio, fue perdiendo peso e importancia en la medida en que los emperadores y cónsules adquirían poder. Otra fuente fueron los emperadores mediante sus edictos y rescriptos, fundamentos de las "constituciones imperiales". Los rescriptos eran las respuestas del emperador a las numerosas consultas de litigantes o funcionarios sobre conflictos de carácter legal. Rara vez, por supuesto, era la propia voz del soberano la que hablaba por medio de esos textos. Para estos menesteres había en la cancillería imperial un grupo de notables juristas exclusivamente dedicado a la correspondencia legal, lo que garantizaba una cierta calidad en las respuestas y establecía las bases de la jurisprudencia.

Con el tiempo, fueron apareciendo maestros en el arte del Derecho, juristas sutiles que eran capaces de establecer diferencias entre posesión y propiedad, o de entrar en el delicado asunto de la transmisión de las herencias –un problema capital en una sociedad fundada en torno a las familias– con la precisión de los grandes artistas del lenguaje jurídico, dando lugar al Derecho Sucesorio, uno de los grandes aportes de los romanos a la cultura jurídica. Algunos de sus persuasivos razonamientos han llegado a nosotros, y varios nombres famosos se conocen: Gayo, Modestino, Papiniano, Paulo y Ulpiano, aunque no siempre el Estado los recompensó como era debido: el emperador Caracalla –una persona especialmente cruel– ordenó la ejecución de Papiniano, mientras Ulpiano fue asesinado durante una asonada militar. En todo caso, esos grandes juristas se convirtieron en autoridades, y sus opiniones tomaron la fuerza de la jurisprudencia. Se dio por sentado que la lógica que utilizaban era la correcta y las conclusiones a las que llegaban eran las válidas. ¿Para que sirvieron sus textos a la posteridad? Para dirimir las dudas y zanjar disputas legales. Incluso más: la costumbre de acudir a estas autoridades del campo jurídico permitió, posiblemente, que con posterioridad se reforzara uno de los métodos de razonamiento más importantes de la Escolástica: la verdad y lo correcto es lo que decían las cabezas más distinguidas consagradas por la tradición, las llamadas autoridades.

Esta multiplicidad de fuentes –emperador, Senado, autoridades– daba lugar a un singular problema: cómo saber de su existencia, cómo tenerlas en cuenta en todos los rincones de un vastísimo Imperio. Pero este problema comenzó a solucionarse con diversos esfuerzos de sistematización

y codificación ordenados por distintos emperadores, y muy
especialmente por Teodosio y por Justiniano I el Grande.
Este último, emperador en Constantinopla –nuevamente
llamada Bizancio– en el siglo VI a.C. tras el colapso de la
porción occidental por la acometida de las tribus germánicas, dio instrucciones para la elaboración de lo que se conoce como *Código Justiniano* o *Compilación Justiniana*, cuyos
dos elementos principales fueron el *Código* y el *Digesto*. Con
el *Código* ordenó nuevamente las constituciones recogidas en
el texto de Teodosio, a las que se sumaban las leyes posteriores. En el *Digesto*, recopiló de una manera ordenada las
opiniones de las grandes autoridades, creando la antología
de textos jurídicos que mayor efecto tendrá en la historia del
Derecho. En el siglo XI, durante el medievo, cuando las naciones europeas intentan escapar del caos jurídico en el que
viven, la aparición fortuita de la obra de Justiniano será vista como la salvación. A partir de ese momento, y en muchos
sentidos hasta hoy, el Derecho Romano consigue resurgir y
reorientar la administración de la justicia en las naciones de
Occidente, incluidas, naturalmente, en su momento, las surgidas allende el Atlántico de la mano de España y Portugal.

Pero no es esa solamente –y ya es tremenda– la influencia que deja al mundo futuro el Derecho de los romanos. Al
tratarse, esencialmente, de Derecho Civil, el que norma los
acuerdos y conflictos entre ciudadanos privados, fortalece en
la memoria colectiva un modo de realizar las transacciones
basado en el derecho a adquirir y disponer de propiedad
privada y una manera de establecer los pactos y contratos.
Es un derecho, en fin, protocapitalista. En su momento,
cuando la irrupción de los pueblos germánicos ponga fin al
Estado romano en el occidente de Europa, destruyendo a
su paso el sistema judicial, el recuerdo y los hábitos dejados
por esas normas servirán para forjar los nexos feudales ca-
racterísticos de la Edad Media, nombre con el que los historiadores califican al periodo transcurrido entre la caída de
Roma y la aparición del Renacimiento.

Mil años de poder limitado

En efecto, en la medida en que se fue extinguiendo la autoridad romana, cambiaron las relaciones de poder y se modificó notablemente el perímetro de la jurisdicción. Ya no se podía esperar justicia de inexistentes pretores, ni era posible apelar a instancias superiores que, en Roma, llegaban hasta el mismísimo emperador. Los dos nuevos factores de autoridad y orden eran los hombres poderosos, generalmente propietarios de grandes latifundios rurales, dueños de numerosos esclavos, y la Iglesia Católica, una estructura religiosa que desde principios del siglo IV, a partir de Constantino, pero muy especialmente de la mano de Teodosio I, se había convertido en el credo oficial del Imperio, asumiendo de paso algunas de sus funciones sociales más importantes, como podían ser la enseñanza y el cuidado de los enfermos; como depositaria de la cultura, incluidas las tradiciones jurídicas, protegidas y mezcladas dentro del derecho canónico, esto es, las reglas por las que se guiaba la organización de los cristianos. Asimismo, a partir de fines del siglo V, el papa Gelasio I reclama para la Iglesia una autoridad separada del poder de los seglares, pretensión que irá adquiriendo mayor tamaño con el tiempo, hasta que el obispo de Roma consigue erigirse en el legitimador de monarcas en Europa. Esto se hace patente la navidad del año 800, cuando Carlomagno acude a Roma a recibir de manos del papa su corona de emperador del Sacro Imperio Romano de Occidente. A partir de ese punto comparece en los documentos una fórmula que se usará hasta fines del siglo XX: "rey por la gracia de Dios". Dios quería que ciertas personas gobernaran para su mayor gloria. ¿Quiénes eran los escogidos? Los que determina o aprueba su vicario en la tierra, el obispo de Roma y papa.

En medio de estos dos poderes –los hombres ricos y la Iglesia– la masa de campesinos libres fue forjando lo que se conoce como el pacto feudal. Dado que no había una ciudad o un Estado al cual vincularse civil ni emocionalmente, el sustituto fue la adscripción a un feudo, una relación de servidumbre entre el campesino y el gran propietario, el señor feudal. ¿Cómo se lleva a cabo el vínculo? Mediante diversas fórmulas de juramentos de vasallaje que aseguraban protección al hombre pobre y a su familia a cambio de la entrega de una parte sustancial de las cosechas obtenidas en sus parcelas, a veces el pago de impuestos en especie o dinero, y casi siempre la obligación de pertenecer a la hueste o milicia creada para defender el territorio o para atacar al del vecino. El señor feudal, auxiliado por la Iglesia, también se constituía en poder judicial y, en cierta forma, legislativo, pues era él quien tenía la fuerza para establecer las reglas.

Con el transcurso del tiempo, los antiguos centros urbanos fueron recobrando su vigor, mientras ciertos núcleos feudales se transformaron en pequeñas ciudadelas como consecuencia de un fenómeno económico que hundía sus raíces en la tradición romana: en los enormes latifundios de la antigüedad se procuraba una suerte de autarquía. El objetivo era que dentro de la propiedad agrícola también hubiera ganado, tenerías, picapedreros y albañiles, fundiciones para forjar las armas y los aperos de labranza, carpinterías, hornos alfareros, etcétera, con lo cual no decayó el desempeño de los oficios y lentamente se fue creando una clase de comerciantes dedicados a la venta de los productos excedentes.

Esa fue la génesis de la burguesía, habitantes de los burgos o ciudades, un dinámico grupo de ciudadanos lo suficientemente fuertes como para comenzar a retar la autoridad de los reyes que fueron surgiendo de la combinación entre los señores feudales y las tribus germánicas triunfalmente avecindadas dentro de lo que había sido el mapa romano en el occidente de Europa. Estos burgueses, unas veces aliados a los señores feudales frente a los reyes, otras enfrentados a ambos, tenían mucho más peso que los campesinos y comenzaron a exigir ciertos derechos fundamentales y una limitación de la autoridad.

En primer término, se recuperó una suerte de asambleas

representativas dedicadas a asesorar al monarca, pero a las que originalmente sólo pertenecían los nobles y los religiosos. A una escala reducida, eran una reminiscencia del antiguo Senado, pero con pocas atribuciones. Algunas de las más antiguas en toda Europa fueron las convocadas en España en los siglos X y XI durante la monarquía asturiano-leonesa, entonces embarcada en la empresa guerrera de la Reconquista. Pero ya en el siglo XII, Alfonso IX de León amplía el círculo de sus cortesanos –los invitados a formar parte de las Cortes, el parlamento embrionario– reclamando la presencia de representantes de las ciudades y de las villas. Los denostados villanos, pues, alcanzaban su puesto, aunque fuera modesto, en los mecanismos de toma de decisión. En estas primeras Cortes españolas el rey admitió que, en el futuro, tanto para hacer la paz como la guerra, sería necesario el consentimiento de ese cuerpo deliberativo. Luego no se cumplió el compromiso, pero el mero hecho de establecerlo significó la admisión de un límite importante.

No serían las Cortes de los españoles, sin embargo, pese a ser las primeras, las que dejarían una profunda huella en la historia política de Occidente, sino las de Inglaterra. En ese país, a principios del siglo XIII se produjo una especie de rebelión entre los nobles, exasperados por el creciente poder acumulado por el rey Juan sin Tierra, *John Lackland*, así llamado porque sus padres apenas le legaron propiedades inmuebles. Este pintoresco monarca, irresponsable y calavera, hermano de Ricardo Corazón de León, quien lo nombró su sucesor –famoso en su tiempo por el rumor de haber hecho ahorcar a un amante de su esposa sobre la cama del pecado, y por haber perdido en un río su corona de rey mientras huía de sus adversarios–, fue obligado a firmar una Constitución a la que llamaron *Carta Magna* –de la que luego trató de renegar–, compuesta por 63 artículos encaminados a proteger los derechos de los individuos, de manera que nadie pudiera ser privado de sus bienes o encarcelado si no era de acuerdo con ciertas reglas muy claras. Ahí, en ese documento seminal aparece, por ejemplo, el precepto, vigente hasta nuestros días, de que nadie que no esté debidamente representado pueda ser obligado a pagar impuestos. Resultaba muy significativo que el texto hubiera sido redactado en latín, pero tampoco era extraño: de alguna manera el espíritu de ese documento estaba recorrido por el Derecho Romano.

Cuatro eran, pues, los factores de poder que luchaban por alcanzar la hegemonía: los reyezuelos que iban surgiendo como consecuencia de las alianzas entre los señores feudales y la Iglesia –adscritos a cierto territorio, tan débiles o fuertes como fuera su capacidad para cobrar tributos y levantar ejércitos–, la nobleza feudal, el clero, y, por último, la burguesía emergente dedicada al comercio y las finanzas. ¿Cuál era más fuerte? Naturalmente, variaba de región en región y de acuerdo con el paso del tiempo, pero lentamente se fue despejando el camino de las naciones-estados gobernadas por reyes abocados a acumular autoridad en detrimento de los otros factores. En España, por ejemplo, a lo largo de los siglos, como resultado de la resistencia ante la invasión islámica, primero surgió un minúsculo reino en Asturias, autodenominado sucesor de la monarquía goda, y luego la experiencia fue repetida en Navarra, Galicia y León, mientras en el territorio que hoy conocemos por Cataluña, los francos, el más poderoso de los pueblos germánicos, instauraron la "Marca", gobernada por condes y marqueses puestos bajo la autoridad y la protección de la monarquía de los francos.

Curiosamente, Castilla, un condado de creación tardía situado al sur de Vasconia, acabaría unificando bajo su control a varios de los pequeños reinos españoles –Galicia, Asturias, León–, hasta convertirse en el poder hegemónico en España, algo que se consiguió tras cruentas guerras civiles acaudilladas por familias dinásticas que se disputaban el derecho a mandar sobre los súbditos radicados en sus territorios. Este proceso de concentración de poder, logrado siempre a expensas de los otros factores, tuvo un punto de inflexión con el matrimonio de la reina Isabel de Castilla y el rey Fernando de Aragón, territorio que entonces incluía la zona de influencia catalana. En 1492, finalmente, las tropas de Fernando e Isabel derrotaron a los ejércitos islámicos del Reino de Granada, liquidando el último estado moro de la península. No se había logrado, en verdad, la unidad de España, como suele escribirse sin demasiada precisión, pero había una autoridad hegemónica, la monarquía castellana, y, por lo menos oficialmente, en toda la península imperaba un solo credo religioso, el catolicismo, aunque impuesto a sangre y fuego tras la expulsión de los judíos y el control riguroso de los mahometanos. Más aún: en aquellos tiempos de cruzadas religiosas, tanto Isabel como Fernando sentían que la lucha contra los infieles era una responsabilidad asignada por Dios, mesianismo que de alguna manera transmitieron a su nieto, el emperador Carlos I de España y V de Alemania, o al bisnieto Felipe II, ambos persuadidos de ser la espada del Altísimo para preservar el catolicismo en Europa.

El surgimiento de los estados-nación y el fortalecimiento de monarquías absolutas –algo que comenzó a verse tempranamente en Francia, Inglaterra y España, las tres naciones clave del siglo XVI– no fue una buena noticia para los derechos individuales ni para las instituciones democráticas. Al fin y al cabo, el territorio sobre el que ejercía su autoridad era para el soberano una especie de propiedad privada que podía dividir a su antojo, legándola como herencia a sus descendientes, o a la que podía agregarle nuevos territorios como consecuencia de victorias militares o matrimonios convenientemente concertados para estos fines. En esos reinos, prácticamente desaparecieron los mecanismos legislativos independientes, o se convirtieron en meras instituciones decorativas. El rey, por supuesto, contaba con un gobierno a su servicio, pero era una mera correa de transmisión de su augusta y casi irrestricta autoridad.

Las monarquías absolutas y las revoluciones

Es precisamente en este punto de la historia en el que se produce el descubrimiento y posterior colonización de América. Apenas hay contrapeso a los poderes reales. En Aragón, como acabamos de mencionar, gobierna el rey Fernando, personaje que le sirve de modelo al italiano Nicolás Maquiavelo para redactar su obra clave: *El príncipe*. Maquiavelo es un florentino atrapado en las luchas políticas y militares que desangraban a la Italia de su tiempo. La experiencia lo ha hecho pesimista. Cree que los hombres son ambiciosos y crueles, y cree también que la tendencia natural de los pueblos es hacia la anarquía y el desorden. ¿Cómo puede evitarse ese destino caótico? Mediante la acción de un príncipe sereno que no vacile en utilizar la mano dura cuando sea necesario, un gobernante cínicamente experto en la naturaleza sicológica de los seres humanos, de manera que sea capaz de controlarlos mediante la persuasión, la intimidación o el uso de la fuerza si es necesario. El príncipe debe intuir el momento y la forma en que debe actuar. Su mayor virtud no es la compasión sino la prudencia y el instinto para la acción. La bondad tiene menos peso que la astucia. Los medios que se empleen no importan. Lo esencial son los fines que se persiguen, y estos, para Maquiavelo deben escogerse en beneficio de la sociedad, aun cuando no se le pida el consentimiento, pues no sabría elegir lo mejor. Esa es la esencia del maquiavelismo.

Isabel de Castilla murió en 1504. Fernando el Católico, su marido, en 1516. La hija de ambos, Juana, había enloquecido, de manera que le tocó gobernar a un nieto, Carlos, hijo de Juana y de un príncipe austriaco, Felipe I el Hermoso, muerto a los 28 años en 1506, hijo, a su vez, de Maximiliano I, de la casa de Habsburgo, cabeza del Sacro Imperio Romano-Germánico. Así que Carlos era nieto de reyes por vía paterna y materna, pero quien lo convertiría en emperador y le daría un gran peso en Europa sería la rama austriaca. El abuelo Maximiliano aportaba Austria, Hungría y fragmentos del norte de Italia. La abuela materna, María de Borgoña, los Países Bajos –Bélgica y Holanda– y el Franco Condado. Por la otra rama familiar, Carlos recibía las dos coronas, la de Castilla por herencia de su abuela Isabel, y la de Aragón por su abuelo Fernando, pero eso no quería decir que ambos reinos se fundieran en una sola entidad, pues conservaban sus fueros, lenguas, monedas y dignidades. Con la de Castilla recibía la soberanía de Navarra y de las Indias. Con la de Aragón, la del reino de Nápoles, entonces la mitad sur de Italia.

En todo caso, donde peor acogieron al nuevo monarca fue en Castilla. Era un insolente chiquillo de 16 años, que no hablaba español y llegaba rodeado de funcionarios nacidos en los Países Bajos, sitio en el que había nacido y se había criado. Poco después de su llegada a España, murió su abuelo Maximiliano y Carlos se convirtió en aspirante a la corona del Sacro Imperio, pero esa distinción conllevaba un altísimo precio en sobornos, pues debía contarse con los votos de los siete encumbrados electores alemanes encargados de seleccionar al nuevo emperador. El dinero lo aportó el banquero alemán Fugger, pero tan pronto se consiguió el objetivo reclamó su devolución, suma que debía ser extraída de los bolsillos de unos súbditos castellanos, molestos por los nuevos impuestos, indiferentes o cautelosos ante la posibilidad de contar con un emperador que los embarcaría en distantes aventuras bélicas, y profundamente insatisfechos con que los mandase un adolescente extranjero que originalmente ni siquiera había sido proclamado rey por las Cortes locales, sino por las de Bruselas. Prediciblemente, en 1520 ese clima de inconformidad, azuzado por ciertos religiosos, degeneró en un sangriento conflicto armado conocido como "Guerra de las comunidades de Castilla", sofocado por las tropas de Carlos con el auxilio proporcionado por la alta aristocracia cuando esta se percató de que la rebelión popular no sólo iba dirigida contra el joven monarca "extranjero", sino también contra ella.

¿Por qué algunos curas influyentes justificaron la insurrección de los comuneros? En primer término, porque en
el seno de la Iglesia, a partir de los escritos de santo Tomás
de Aquino, se aceptaba que las relaciones de poder entre el
príncipe y sus súbditos debían estar basadas en la noción del
buen gobierno y en el compromiso del monarca de procu-
rar el bien común. El rey no estaba autorizado para actuar
injusta y arbitrariamente, y si lo hacía, y si era patente que
no existía propósito de enmienda, se justificaba la rebelión.
También, porque en la atmósfera ideológica de la época flo-
taban ciertas influencias como las del holandés Erasmo de
Rotterdam, el inglés Tomás Moro o el dominico español
Francisco de Vitoria, quienes defendían valores morales
como la tolerancia y el respeto a la dignidad de los individuos, mientras proponían modelos políticos fundados en el
derecho, la representación y el consentimiento de los gobernados. Después de ellos, otras generaciones de pensadores,
encabezados por los jesuitas Francisco Suárez y Juan de
Mariana insistirían en el asunto: la soberanía residía en el
pueblo, y este la delegaba en los reyes con el compromiso
de ser gobernados con justicia y en procura del bien común.
Mariana llegó a justificar *in extremis* la eliminación de los
tiranos que perjudicaban seriamente el bienestar del pueblo.
Los reyes, por su parte, invocaban los testimonios de las
autoridades para hacer su voluntad. ¿Acaso no eran reyes
"por la gracia de Dios"? ¿Acaso en el *Digesto* el jurista Ulpiano no opinaba que "el deseo del emperador es ley"? En realidad, en toda Europa occidental era patente la tensión entre
la monarquía y los otros estamentos del Estado. Y el fenómeno, en su momento, hasta tuvo una temprana expresión
en el Nuevo Mundo en la insubordinación de los conquistadores españoles de Perú y México contra las autoridades
reales a mediados del XVI, episodio que hasta le costara la
cabeza a algún virrey desdichado.

El encontronazo, pues, era cuestión de tiempo y por fin
sucedió. Fue en la Inglaterra del siglo XVII donde primero

estalló la crisis entre el Parlamento y la monarquía, y el origen, en gran medida, fue de carácter religioso. Casi cien años antes, en 1534, el monarca Enrique VIII había independizado la estructura religiosa nacional del control de Roma, creando la Iglesia Anglicana, pero para los puritanos –sobrios y comedidos, versión inglesa de los calvinistas–, muy numerosos en el parlamento, los obispos y otras autoridades eclesiásticas todavía mantenían formas de comportamiento muy cercanas al papa romano. Los Estuardo, una casa reinante de procedencia escocesa, mostraban demasiadas deferencias con el catolicismo, y Carlos I, el monarca nieto de María Estuardo, la reina de Escocia ejecutada por Isabel I de Inglaterra, un hombre refinado y amante del arte, ignoraba olímpicamente la autoridad del Parlamento, y hasta intentó detener a cinco de sus miembros cuando estos pidieron juzgar a la reina. Así las cosas, el Parlamento reclutó su propio ejército (los *Roundheads* o "cabezas redondas"), se enfrentó con éxito creciente a las fuerzas reales (los *cavaliers*), y, acaudillado por Cromwell, tras una guerra civil de cuatro años, las derrotó. Posteriormente, en 1649, Carlos I sería decapitado en un juicio en el que actuaron 135 jueces, condenándolo por 68 votos en contra y 67 a favor. Tras este episodio, que estremeció a Inglaterra, Cromwell retendría todo el poder dictatorialmente durante algo más de una década, ejerciéndolo sombríamente y con especial crueldad contra los levantiscos católicos irlandeses. Fue durante su gobierno cuando cobró cierto auge un partido político radical, los *diggers* o cavadores, muy cercanos en sus planteamientos a lo que más tarde se identificaría como comunismo.

Sin embargo, este dramático incidente no sería la revolución, sino sólo su prolegómeno. Tras la muerte de Cromwell, Carlos II, el hijo de Carlos I, desterrado en la Francia de Luis XIV, con quien estableció unas relaciones políticas peculiares, regresó a reinar en Inglaterra entre vítores y aplausos. Tras su muerte, le sucedió en el trono su hijo, coronado como James II –nombre traducido como Jaime o

Jacobo– quien a poco de su llegada manifestó su decisión de restaurar el catolicismo. Y ahí fue, entre 1688 y 1689, cuando se desató y triunfó lo que se conoce como la "Revolución Gloriosa", ganada por los rebeldes sin apenas violencia. Los dos grandes partidos del Parlamento, los *tories* conservadores y los *whigs* liberales se pusieron de acuerdo para solicitar secretamente la invasión del holandés Guillermo de Orange, militantemente protestante, yerno del rey, casado con su hija María, una muchacha bella, tonta y puritana. Tras el desembarco del destacamento invasor, las tropas inglesas se le sumaron y al rey Jaime II no le quedó otra opción que admitir su derrota y marchar al exilio francés, del que regresaría a Irlanda, por un breve periodo, en un esfuerzo infructuoso por restablecer su autoridad. Casi inmediatamente, a instancias de los líderes de la revuelta, los nuevos monarcas, Guillermo III y María II suscribieron una Declaración de Derechos que, en la práctica, limitaba sustancialmente los poderes reales y establecía *de facto* la supremacía del Parlamento. Desde entonces, el rey reinaría, pero no gobernaría a su antojo. Y en eso, exactamente, consistió la "Revolución Gloriosa" de los ingleses: en someter a todos los británicos, incluido el monarca, al imperio de la ley, algo que se conoce como "constitucionalismo", y que tendría un teórico muy talentoso, testigo y partícipe de algunos de aquellos hechos cruciales en la historia del desarrollo político de Occidente: John Locke.

Locke fue muchas cosas: audaz cirujano, exiliado, conspirador del entorno de Guillermo de Orange, amigo de Newton, y, por encima de todo, ensayista político de primer orden. Sus dos *Tratados sobre el gobierno civil* –especialmente el segundo–, publicados dos años después del derrocamiento de Jaime II, son textos clásicos del pensamiento liberal. ¿Qué dicen? En esencia, que las relaciones de poder entre gobernantes y gobernados se establecen mediante un pacto que garantiza al gobernado su derecho a la vida, la libertad y la propiedad. Estos son derechos naturales que ningún Estado puede conculcar. Lo que Locke propone resulta muy claro: ponerle límites a la acción del Estado en beneficio de los individuos, y para esos fines resultaba muy conveniente fragmentar la autoridad entre poderes que mantuvieran cierto equilibrio. De alguna manera, Locke le está enmendando la plana a otro famoso tratadista, Thomas Hobbes, quien cuarenta años antes había publicado un influyente libro, *Leviatán*, en el que proponía otro tipo de subordinación a los poderes públicos: como la actividad más frecuente de la especie humana era la guerra, y como el desorden y el caos solían ser el resultado natural de la acción humana, la única forma de proteger la vida y los dones de la civilización era entregarle toda la autoridad a un príncipe omnipotente. Para Hobbes, convencido de que las personas se guiaban, en primer término, por el instinto de conservación, resultaba indispensable sacrificar las libertades a cambio de las garantías para la vida y la propiedad que podía proporcionar un tirano benévolo.

En realidad, Locke estaba más cerca que Hobbes del pensamiento inglés de vanguardia. Una generación antes que él, otros dos ensayistas, John Milton, parlamentario y famoso autor de *El paraíso perdido*, y James Harrington, redactor de una ficción de contenido político, *The commonwealth of Oceana*, se habían acercado al tema de los límites de la autoridad con criterios parecidos a los de Locke. Milton, partidario de Cromwell, había pronunciado un famoso discurso en el Parlamento en defensa de la libertad: *Areopagítica*; sin ella no eran posibles ni la felicidad ni el desarrollo racional. Los poderes públicos no tenían derecho a cercenarla. Harrington, por su parte, había escrito una especie de utopía en la que establecía las pautas del buen gobierno. En esa nación de ensueño, un senado constituido por los mejores ciudadanos –la aristocracia natural– propondría las leyes, una cámara formada por representantes del pueblo las aprobaría, y un poder judicial y ejecutivo administraría las reglas. El texto circuló ampliamente en Inglaterra, pero sucedió

algo que a largo plazo tendría unas tremendas consecuencias para todo el mundo: el libro inspiró las Constituciones
de las colonias americanas creadas por Inglaterra allende el
Atlántico.

Era obvio: la idea del equilibrio y balance de poderes, de
los límites constitucionales a la acción del gobierno, de la
existencia de derechos naturales inalienables, y la convicción
de que la soberanía residía en el pueblo, ya estaba firmemente arraigada en las sociedades de cultura inglesa cuando se
desató el conflicto entre la Corona Británica y las trece colonias americanas. En efecto, en 1776, como consecuencia
de un previo aumento inconsulto e injusto de la carga impo-
sitiva, la clase dirigente americana puso en marcha una revolución que en algunos de sus aspectos recordaba la que los
ingleses habían llevado a cabo un siglo antes. Para los líderes de la revuelta norteamericana –cultos, muchos de ellos
económicamente poderosos–, la metrópoli inglesa había
violado las reglas al ignorar sistemáticamente la voz de las
colonias. No podía haber impuestos que no aprobaran quienes tenían que pagarlos, ni gobierno sin el consentimiento
de los gobernados, y cuando lo había, se llamaba tiranía y
resultaba lícito recurrir al derecho a la rebelión. En gran
medida se trataba de una revolución hecha a favor del espíritu de las leyes, no en contra.

Lo que diferenciaba la revolución inglesa de la norteamericana era el tipo de gobierno a que los dos pueblos aspira-
ban. Para los británicos del siglo XVII el objetivo era someter
al rey a la autoridad del Parlamento. Para los colonos norteamericanos, sin voz significativa en el Parlamento Británico, carecía de sentido intentar algo de ese tipo, así que, tras
grandes y lógicas vacilaciones, optaron por una aventura
institucional nunca antes intentada: reclamarían la Independencia, ejerciendo por primera vez el derecho a la autode-
terminación, y pondrían a la cabeza del nuevo estado a un
ciudadano común y corriente, sin otros atributos que la autoridad concedida por el pueblo. ¿Cómo lo harían? Primero,

con una Declaración de Independencia redactada por la mejor pluma de los revolucionarios: Thomas Jefferson. Ahí se explicarían brevemente las razones que les asistía para reclamar la Independencia. Unos años más tarde, ya con los representantes de cada una de las trece colonias debidamente escogidos, se procedería a escribir la Constitución. Esa tarea la dirigiría un jurista dotado de una extraordinaria capacidad analítica: James Madison. Y Madison sabía exactamente lo que querían sus compatriotas: limitar el poder del gobierno central frente a los individuos y frente a cada una de las colonias, entonces transformadas en estados de una nación federal.

Para proteger los derechos de los individuos se colocaron ciertas cautelas en el documento, luego notablemente ampliadas con lo que se llamó el *Bill of Rights* o "carta de derechos", diez enmiendas inspiradas en el también llamado *Bill of Rights* dictado por los ingleses un siglo antes como colofón a su "Revolución Gloriosa". Pero como el enunciado de principios no garantizaba que las autoridades cumplieran con ellos, se establecieron tres poderes razonablemente delineados: el ejecutivo, formado por el presidente, el legislativo, integrado por los parlamentarios, y el judicial, tal vez el menos democrático en el sentido de que los jueces eran designados y no elegidos, pero acaso el más poderoso, puesto que el sistema estaba montado sobre la premisa de los constitucionalistas: no había nadie por encima de la ley. Sería un gobierno regulado por las leyes y no por el capricho o la voluntad de los hombres. Cuando los jueces hablaban y se terminaban las instancias de apelación de sus decisiones, sólo restaba acatar las sentencias.

Vencer la suspicacia de los estados requirió de cierta ingeniería institucional. Se creó un sistema bicameral inspirado en el que existía en Inglaterra, aunque resuelto de otro modo. En Londres coexistían la Cámara de los Lores, formadas por nobles designados por el monarca, reminiscencia de un pasado que comenzaba a ser remoto, y la más democrá-

tica Cámara de los Comunes, verdadera fuente de la autoridad. El Senado norteamericano no sería elitista, sino territorial, pero mantendría una dignidad especial, pues de sus
deliberaciones se esperaba una cierta dosis de peso y sentido de la responsabilidad. Cada estado, independientemen-
te de su tamaño o población, remitiría dos senadores a la
Cámara Alta, y tendría entre sus funciones –además de las
legislativas– la de aprobar los nombramientos de algunos
funcionarios importantes, mientras que al Congreso o Cámara de Representantes, acudiría un número de congresis-
tas proporcional al número de ciudadanos habitantes de ese
territorio.

Obviamente, el surgimiento de la República no fue nada
sencillo. Al principio parecía muy difícil que las milicias estadounidenses formadas por granjeros con escasa instrucción
militar pudieran derrotar a la nación más hábil y experimen-
tada en el arte de la guerra de cuantas existían en el planeta,
especialmente en esta oportunidad, cuando la auxiliaban
miles de mercenarios alemanes; y, tras el triunfo de las tropas de George Washington, se pensó, durante cierto tiempo, que el experimento republicano de los estadounidenses
acabaría en el caos más absoluto. Pero no fue así: los celos
entre los líderes, las rencillas surgidas al calor de los enfrentamientos, los odios y prejuicios regionales –ya entonces
comenzaban a perfilarse un sur esclavista y un norte más
proclive a la abolición– y la variedad religiosa (puritanos,
cuáqueros, judíos, presbiterianos, anglicanos, unos pocos
católicos) lograron diluirse, o, más bien, fue surgiendo una
sociedad relativamente tolerante, capaz de convivir en paz
con personas diferentes a quienes no era necesario amar:
bastaba con que se les respetase.

El triunfo de la revolución norteamericana fue un alda-
bonazo en la conciencia de dos naciones entonces adversa-
rias de Inglaterra: Francia y España, incluida, por supuesto,
la porción colonial americana controlada por la Corona Española. Tanto Francia como España, guiadas por el simple

y viejo principio estratégico que establece que "el enemigo
de mi enemigo es mi amigo", se aliaron circunstancialmente a los independentistas estadounidenses y les enviaron cantidades importantes de soldados, dinero y ayuda militar, que
acaso fueron decisivos para inclinar la balanza a favor de los
insurrectos, pero tanto en París como en Madrid el favorable
resultado de la contienda se recibió con cierta ambivalencia
en los círculos de las respectivas Coronas.

En Madrid no faltó quien recordara que en las colonias
americanas bajo soberanía española se habían dado varios
peligrosos conatos insurreccionales surgidos, como en el
caso de Estados Unidos, como consecuencia de la presión
fiscal. En 1717 y en 1723, indignados contra el monopolio
del comercio de tabaco impuesto por la Corona, los vegueros
cubanos se habían rebelado, levantamiento que fue reprimi-
do ahorcando públicamente a los cabecillas en los árboles
de una calzada localizada a las afueras de La Habana. También por aquellos mismos años, en Paraguay, un conflicto
originado por los abusivos gravámenes a la cosecha de yer-
ba mate, fue derivando peligrosamente hasta convertirse en
una suerte de guerra civil en la que los "comuneros" alzados
en armas –así llamados en recuerdo de la sublevación de los
comuneros castellanos del XVI contra Carlos V–, dirigidos
por José de Antequera y Castro, un notable jurista nacido
en Panamá, levantaron un ejército popular, derrotaron a las
tropas reales, respaldadas por los jesuitas, y establecieron una
especie de poder local basado en el cabildo. Finalmente, trasladado a Lima para defender su posición ante las autoridades
españolas, Antequera fue asesinado en medio de un motín
popular que en cierto momento pareció incontrolable.

Precisamente por los años en que se consolida la rebelión
estadounidense, en 1780, en Nueva Granada, Colombia,
estalla otra insurrección de "comuneros". ¿Razones? Las de
siempre y muy parecidas a las esgrimidas por los colonos
norteamericanos: un aumento de los impuestos sobre el tabaco, la sal y los jabones. Pero en este caso surge una curiosa

variante: quien la inicia es una mujer, Manuela Beltrán, quien fuerza las puertas del cabildo al frente de una pequeña muchedumbre enfurecida contra las autoridades. Poco después, envalentonados con la parálisis de los aterrados funcionarios, se constituye un ejército popular de unos veinte mil hombres. Dominarlo no le será nada fácil a la Corona Española. De ahí la desconfianza de Madrid ante la república norteamericana que comienza a gestarse en las antiguas colonias británicas. Todo ello coincide con un periodo de agitación política e inconformidad entre los criollos latinoamericanos, a lo que se suman las multitudinarias rebeliones étnicas, liquidadas a sangre y fuego, como las acaudilladas por el maya Jacinto y el inca Tupac Amaru, este último decidido a restaurar el incanato en tierras andinas. En ese ambiente, los sucesos estadounidenses resultaban especialmente peligrosos. Al fin y a la postre, lo que había sucedido era muy grave: por primera vez una monarquía resultaba desplazada por una república democrática. Por primera vez, por lo menos en los tiempos modernos, surgía una opción capaz de disputarle el poder a las testas coronadas tradicionales. Más que una nación, había surgido un modelo de Estado.

Francia también se estremeció con la noticia de la derrota de los ingleses y el surgimiento de la primera república moderna que conocía Occidente, pero hubo dos clases de reacción. Los monárquicos se asomaron al hecho con enorme preocupación; el creciente número de personas insatisfechas con sus reyes, en cambio, con regocijo. Durante casi todo el siglo, especialmente tras la muerte de Luis XIV en 1715 y el advenimiento de Luis XV, arreciaron las críticas contra el sistema social y político imperante en el país. El más visible de estos reformadores sociales fue François Marie Arouet, conocido por el sobrenombre de Voltaire, quien con sus libros *Cándido o el optimismo, Cartas políticas, Cartas inglesas* – fue un anglófilo entusiasta–, y, ya tardíamente, su *Diccionario filosófico*, generalmente escritos en un efectivo tono irónico, panfletario, contribuyó a demoler el prestigio del clero, de la monarquía francesa y de la nobleza. Para Voltaire era imprescindible abolir los insultantes privilegios que exhibía la clase dirigente, establecer un régimen de libertades y permitir la libre expresión del pensamiento.

La obra de Voltaire coincidía en el tiempo con la formidable tarea que se propuso Denis Diderot: compilar en una obra unitaria todo el saber humano relevante que recogiera la visión entonces moderna y científica de la Ilustración. De ahí surgieron los veintiocho volúmenes de la *Enciclopedia*, redactados, entre otros, por D'Alembert, D'Holbach, Buffon y Helvetius, círculo de talento que garantizaba que las mejores cabezas filosóficas de Francia –y algunas de las más radicales– participaban del empeño. ¿Por qué era políticamente importante esta obra singular? Porque de sus páginas, directa e indirectamente se desprendía una descalificación general del discurso del *establishment* francés. Ni la intolerancia religiosa –todavía subsistía la Inquisición–, ni los privilegios de la nobleza, ni los atropellos de la monarquía podían tener cabida en un mundo organizado en torno a la racionalidad y el libre consentimiento de los ciudadanos.

Al menos otros dos escritores galos incidieron notoriamente en el pensamiento francés prerrevolucionario en una dirección parecida a Voltaire: Charles Louis de Secondat, barón de Montesquieu y Jean-Jacques Rousseau. Montesquieu, más moderado que Voltaire, tal vez mejor escritor que Rousseau, tuvo un gran éxito como redactor de una famosas *Cartas persas* en las que dos supuestos viajeros critican ácidamente las polvorientas costumbres de la sociedad francesa, pero la obra que lo sitúa en la reducida lista de los pensadores influyentes de Occidente es *Del espíritu de las leyes*. ¿En qué consiste ese espíritu? En las condiciones especiales en que surgen las leyes dentro de una sociedad dada y determinan el tipo de autoridad que se implanta: clima, fertilidad, dimensiones, etc. Pero aún en los Estados en los que las circunstancias pudieran inclinar al despotismo, una sabia utilización de poderes que se equilibren y sirvan de contrapeso

–ejecutivo, legislativo y judicial–, vagamente inspirados en el modelo inglés –Montesquieu fue también un declarado admirador de Locke–, lograría salvar la convivencia civilizada y el establecimiento de las libertades fundamentales.

Rousseau se distanciaba parcialmente del criterio de sus compañeros enciclopedistas en dos aspectos importantes: primero, parecía más interesado en la igualdad entre los seres humanos que en el establecimiento de un Estado de Derecho; y, en segundo lugar, concedía tanta importancia a las emociones como a la razón, algo que no formaba parte de las actitudes de los ilustrados. Por otra parte, su obra más citada, *El contrato social*, contiene una noción que lo alejaba de la tradición inglesa representada por Locke, a quien juraba admirar: la idea de que el pacto social consiste en el sometimiento a la voluntad mayoritaria. Esto podía conducir a una democracia sin frenos constitucionales en la que todo el derecho sería positivo, es decir, elaborado por los hombres, sin la salvaguarda de unos derechos naturales imprescriptibles e inalienables que pusieran a los individuos a salvo de la tiranía de las mayorías. Rousseau, sin saberlo, se había convertido en el santo patrón de los revolucionarios que vendrían en un futuro próximo.

A Luis XVI le tocó reinar en medio de ese hervidero. Parece haber sido un hombre bueno, pero de inteligencia limitada y escaso carácter. Fue coronado en 1774, poco antes del inicio de la revolución americana, y se encontró, como era habitual, una hacienda pública en estado precario que fue agravándose paulatinamente. Así que en 1787, en la misma época en que los estadounidenses se reunían para redactar su Constitución Republicana, el monarca francés, agobiado por las deudas, llamó a las puertas de las clases ricas, representadas por unas ciento cuarenta personas, fundamentalmente de la aristocracia y la Iglesia, para solicitar más recursos para la Corona, pero no encontró la menor solidaridad para su proyecto. De alguna manera, la aristocracia francesa, bajo la influencia del ejemplo británico, pretendía sujetar al monarca y tenerlo a su servicio, y no al revés, como había sucedido de manera creciente desde la época de Luis XIV.

Puesta la Corona francesa en esta delicada posición, y presionada por los aristócratas remisos a pagar más impuestos o a perder privilegios fiscales, se fue imponiendo la idea de resucitar una especie de Cortes asesoras que no se reunían desde 1614, llamadas Estados Generales, por su constitución en tres tercios o estados: la aristocracia, el clero y los plebeyos. La función de esos Estados Generales, de acuerdo con el plan de los aristócratas, era discutir los problemas económicos que afectaban a la hacienda pública y utilizar el peso abrumador de los dos tercios que ellos controlaban —el de los aristócratas y el del clero— para someter al rey y obligarlo a actuar de acuerdo con sus designios. Cada estado o clase representada en la asamblea debía contar con unas trescientas personas.

La aristocracia francesa abrió la caja de Pandora. Como es frecuente en la historia, a partir de ese punto los acontecimientos ocurrieron de un modo totalmente diferente a lo previsto por quienes habían dado el impulso original: el tercer estado, los plebeyos, cansados de los privilegios feudales que los empobrecían, contrariados por las mil regulaciones que impedían o limitaban el comercio —era la Francia mercantilista diseñada por Colbert un siglo antes, y en la que miles de artesanos y comerciantes fueron ejecutados por violar las minuciosas reglas del comercio—, afectados por un ciclo largo de contracción económica, y, sobre todo, dotados de un marco de referencia ideológico basado en los pensadores ingleses, en el ejemplo de Estados Unidos, en los enciclopedistas, en Voltaire, en Rousseau, súbitamente adquirieron el protagonismo central de la reunión y la encaminaron en la dirección de lo que casi de inmediato se conocería como la Revolución Francesa. La gran ironía es que ese dramático y fulminante proceso, llamado a terminar con la aristocracia, había sido desatado por quienes luego resultarían sus primeras víctimas.

En efecto: en mayo de 1789 se convoca la reunión de los Estados Generales; en junio se insubordina el tercero de esos estados y se declara en Asamblea Constituyente para redactar una Constitución moderna que termine con el "antiguo régimen"; en julio, una masa de parisinos enfervorizados asalta la cárcel de la Bastilla, escasamente protegida, con el propósito de armarse ante el temor de una reacción violenta de los aristócratas. En agosto, la Asamblea proclama la *Declaración de los Derechos del Hombre y del Ciudadano*. Dos años más tarde, en 1791, le toca el turno a una Constitución que desarrolla en forma de leyes lo que la *Declaración* había enunciado como principios: la aristocracia y el clero pierden sus privilegios, pero este último estamento debe, además, subordinarse al Estado francés. La corona ve mermadas casi totalmente sus facultades. Revolotean en Francia los espíritus de las revoluciones inglesa y norteamericana.

Ante esta situación, Luis XVI teme por su vida y por la de su familia. Sabe que las otras monarquías europeas, preocupadas por el ejemplo francés, se preparan para combatir a los revolucionarios. Intenta escapar de incógnito hacia Alemania en un discreto carruaje, pero lo reconocen en el pueblo de Varennes, lo apresan, y lo devuelven a París. Este episodio refuerza la tendencia aún minoritaria de los republicanos, pero la Asamblea, después de amargos debates, decide indultar al asustado monarca. Sigue siendo el rey de los franceses, mas es un rey prisionero. Todavía, al menos nominalmente, los franceses son monárquicos. Pero lo serán mucho menos cuando son asediados por austríacos y prusianos y estos advierten que si el rey y su familia son ejecutados el castigo será arrasar París y no dejar piedra sobre piedra.

Rápidamente, y como consecuencia de una dinámica impuesta por los ataques desde el exterior y por los conflic-

tos internos entre realistas y republicanos, la Asamblea se va
escorando hacia posiciones cada vez más radicales. La pugna esencial es entre dos grupos arbitrariamente denomina-
dos girondinos y jacobinos. *Grosso modo*, los girondinos,
sentados a la derecha en la Asamblea, defienden reformas
institucionales. Los jacobinos, sentados a la izquierda, quieren imponer formas de vida que les parecen igualitarias y
justas, despojando de sus bienes a los aristócratas enemigos
del pueblo para repartirlos entre los desposeídos. Están
imbuidos de una gran carga moral. Han aparecido, con enorme fuerza, los ingenieros humanos, sabedores de qué es lo
que les conviene hacer o poseer a los demás. Son los arque-
tipos de los revolucionarios. Desde entonces, los nombres
de Danton, Saint-Just, Marat o Robespierre pasan a integrar
el santoral político de medio mundo, y muy especialmente
en América Latina.

En 1792 se instaura la República y en 1793, finalmente,
ruedan las cabezas de Luis XVI y de María Antonieta, su
egregia y algo tonta mujer. Los dos marchan a la muerte con
cierta dignidad. Luis es un Borbón. Su mujer, una Habsburgo. Los dos representan la tradición monárquica más
rancia de Europa. Las guillotinas trabajan noche y día. Las
ejecuciones son públicas y se convierten en una curiosa diversión popular. Francia está enferma de vesania en medio
de una verdadera lucha de clases. Los revolucionarios, divididos en varias tendencias, comienzan a entrematarse. A los
años 1793 y 1794 les llaman el Reinado del Terror. En ellos,
desde la Asamblea, impera Maximiliano Robespierre, el In-
corruptible, un hombre frío y de ojos transparentes que no
vacila en ordenar la ejecución de sus antiguos camaradas si
así se lo dicta su revolucionaria conciencia. Primero caen los
más extremistas, la facción de los "hebertistas", acaudillada
por el periodista Jacques-René Hébert, enemigos de la propiedad privada y defensores de un modelo de Estado próximo al comunismo; luego caen los "dantonianos", seguidores
del fogoso abogado Georges-Jacques Danton, acusados de

corruptos, contrarrevolucionarios, de "indulgentes" y de intentar entenderse con el invasor prusiano. Por fin, es el cuello de Robespierre el que prueba el filo de la cuchilla. Fue entonces cuando se acuñó la frase: "la revolución, como Saturno, devora a sus hijos".

Ese baño de sangre termina en julio de 1795, en lo que se conoce como la reacción "thermidoriana". ¿Qué es eso? Thermidor es el nuevo nombre del mes. Los revolucionarios, que quieren cambiar el mundo, no pueden aceptar que un mes lleve el execrable nombre del tirano Julio César, así que llevará el de la calurosa época en que transcurre. A nadie tampoco debe llamársele *Monsieur* o *Madame*. Esos son rasgos de servilismo: todos son "ciudadanos". Thermidor le da paso a la disolución de la Convención y al inicio del gobierno del Directorio. Este sobrevive durante casi cinco años en medio de guerras internacionales libradas con relativo éxito y conspiraciones interiores siempre aplastadas. Hasta que en 1799 apareció Napoléon Bonaparte y lo liquida con el filo de su sable de general victorioso. Era el 18 de Brumario. Brumario era noviembre, el mes de las brumas. La revolución francesa había terminado como proceso político, pero quedaba para siempre en la historia. Francia, para bien o para mal, había cambiado desde la punta del hocico a la del rabo. Era otro país.

América Latina estrena sus repúblicas

Ninguno de estos acontecimientos pasó inadvertido en América Latina. Por el contrario: la sacudieron de un extremo al otro. Entre los criollos había una clara expresión del espítitu de la Ilustración. En cada virreinato, probablemente en cada audiencia, exactamente igual a lo que sucedía en España, pero acaso con menor intensidad, existían admiradores de George Washington y lectores de Voltaire y de los enciclopedistas, de Locke y de Rousseau. El colombiano Antonio Nariño, por ejemplo, traduce al castellano e imprime y distribuye por su cuenta y riesgo la *Declaración de los Derechos del Hombre y del Ciudadano*, y ello le cuesta la cárcel y el destierro. El peruano Juan Pablo Vizcardo, en quien concurren el rencor de los jesuitas contra los Borbones que los expulsaron de América y la fascinación con los experimentos revolucionarios, publica una famosa *Carta a los españoles americanos* en la que pide la separación de los lazos con España. La lista es impresionante por la cantidad y calidad, pero reduzcámosla a tres nombres: el ecuatoriano Francisco Eugenio de Santa Cruz y Espejo, el pintoresco cura mexicano fray Servando Teresa de Mier y el argentino Manuel Moreno. Podrían ser cientos.

Sólo faltaba la chispa para incendiar la pradera, y esta, al fin, se produjo. Como consecuencia del expansionismo revolucionario de los ejércitos napoleónicos, el rey Carlos IV, prisionero del emperador francés, en 1808 abdica su corona a favor de su captor, y este nombra rey de España a su hermano mayor José Bonaparte, un inteligente abogado previamente convertido en rey de Nápoles y Sicilia, víctima de una injusta fama de dipsómano que le acarreara el sobrenombre de "Pepe Botella".

Cuando la noticia llega a España, estalla la guerra, y cuando se sabe en América, ocurre lo mismo. Los españoles no quieren un monarca francés. Quieren a Fernando VII, el hijo de Carlos IV, un personaje siniestro y despótico, pero entonces desconocido. Los latinoamericanos, al inicio de sus revueltas, reproducen los gritos de protesta españoles a favor de Fernando VII, pero enseguida derivan hacia la petición de Independencia. Por una parte, existe el precedente de Haití: en 1803 los esclavos negros de esta colonia habían expulsado a los franceses tras una breve guerra, declarando poco después la constitución de una república. Por otra, cuentan con la estimulante experiencia republicana de los Estados Unidos. Incluso, algunos de los criollos que llaman a la insurrección contra España han peleado en la guerra de

Independencia norteamericana. Ese es el caso del venezolano Francisco de Miranda.

No hay duda: la clase dirigente latinoamericana, la burguesía criolla, que es la que convoca a la insurrección, se
nutre de ideas progresistas europeas, como le sucede a la
clase dirigente española vinculada a la Ilustración. Todos son
afrancesados. Y lo son, entre otras razones, porque hasta la
casa reinante española en algún sentido lo era hasta la mé-
dula. En efecto, los Borbones, llegados a reinar en España
en 1700, tras la muerte sin descendencia del último rey de
los Habsburgos, Carlos II, siempre vieron a Francia, de donde provenían, como el modelo político más idóneo. El primero de esos monarcas, Felipe V, nieto del rey francés Luis
XIV, a su llegada al territorio de la península no hablaba español, y, rodeado de asesores provenientes de su país, no
tardó en comenzar a reformar la administración española de
acuerdo con el modelo de la más rica, centralista y eficiente
Francia.

Los "consejos", órganos de gobierno de los Habsburgos,
fueron sustituidos por un cuerpo de "secretarios" o ministros
directamente dependientes de la voluntad real, cuya composición y facultades llegan hasta nuestros días: Estado (Relaciones Exteriores), Justicia, Hacienda, Indias y Guerra y
Marina. Más adelante, durante el reinado de Carlos III, le
darían mayor relevancia a uno de esos ministros, a José Mo-
ñino, conde de Floridablanca, instruyendo al resto del gabinete para que se reuniera bajo su presidencia una vez a la
semana: de hecho, había surgido una especie de "premie-
rato". La relativa autonomía de las regiones españolas –Valencia, Cataluña– es prácticamente eliminada. No así en
Vascongadas y Navarra, a las que se premia por su apoyo a
los Borbones durante la guerra desatada tras la entroniza-
ción de la dinastía francesa en España.

La Ilustración, pues, desde la perspectiva del gobierno
combina el absolutismo con la aspiración al buen gobierno.

La mano dura, piensan, debe emplearse en beneficio del pueblo. Ello explica la autorización en 1764 a un grupo de vascos notables para que creen la Sociedad de Amigos del País. Son reformadores sociales persuadidos de que lo que España necesita es educación, ciencia, dominio de la técnica y administración honesta. Difunden información sobre asuntos industriales y agrícolas. Organizan concursos de análisis ensayísticos. Proponen cambios burocráticos. Enseguida esa institución salta a América y se multiplica. Su lenguaje es universal. En aquel lado del Atlántico existe una minoría urbana muy receptiva con todo aquello asociable a la modernidad. Sus miembros más destacados –abogados, maestros, médicos, algunos militares, hacendados– han leído a los enciclopedistas franceses y siguen muy atentos los acontecimientos de Estados Unidos, tanto, que el último de los Borbones, Carlos IV, emitirá un decreto prohibiendo a los cubanos estudiar en el país vecino. La contaminación ideológica le parecía peligrosa.

Finalmente, tras las guerras de Independencia, culminadas en torno a 1824, España es derrotada y sin demasiada convicción acepta el fin de su largo dominio sobre tierras americanas. Sólo conservará las islas de Cuba y Puerto Rico durante lo que queda de siglo, oportunidad en que las perderá como consecuencia de su enfrentamiento con Estados Unidos. Es el momento, en la tercera década del XIX, de inaugurar las repúblicas: ¿qué perfil adoptarán? Naturalmente, el del modelo norteamericano. Es cierto que por un tiempo se coquetea con la idea de establecer monarquías –San Martín lo propone en Argentina e Iturbide lo ensaya en México–, pero finalmente vence el modelo republicano constitucionalista. Habrá presidentes y parlamentos electos –generalmente bicamerales–, habrá (por lo menos en teoría) un poder judicial independiente y todos se someterán al imperio de la ley.

En realidad las cosas sucedieron de otro modo. La separación de España fue un doloroso proceso en el que nada estaba preparado. No había tradición de autogobierno, las instituciones democráticas carecían de prestigio, y ni siquiera estaban claras las líneas de ruptura. Los virreinatos se quebraron, generalmente, por las fronteras de las audiencias, y así surgieron una veintena de países dibujados con límites dudosos, casi siempre como resultado de la imposición de jefes militares surgidos al calor de la batalla. Eran héroes y padres de la patria, líderes de fuerzas militares regionales. Eran los caudillos que durante casi todo el siglo, recurriendo a los fusiles y con el apoyo entusiasta de una parte del pueblo, gobernaron América Latina. El modelo ideal de Estado nadie lo discutía: era la República Constitucionalista, pero prevalecía la idea de que ante el caos, el desorden y la falta de seguridad se imponía la necesidad de un dictador que sujetara los demonios sueltos. Generalmente estos espadones fueron caudillos rurales más o menos ignorantes, pero tampoco faltaron militares ilustrados como el venezolano Antonio Guzmán Blanco o el colombiano Rafael Núñez, un notable escritor y jurista.

Los componentes de la República

El establecimiento de las repúblicas latinoamericanas, que también debe verse como el surgimiento de estados-nación como consecuencia del desmembramiento de un imperio, precede a un fenómeno similar ocurrido posteriormente en Europa. En efecto: el siglo XIX es el de la aparición de Alemania, país que, con Bismarck, pone bajo una misma corona, la del *kaiser*, las regiones y principados germánicos independientes; y es el de la creación de una Italia unida por el esfuerzo de revolucionarios como Giuseppe Garibaldi, veterano, por cierto de los violentos conflictos sufridos en las repúblicas de América Latina.

Pero la derrota del antiguo régimen colonial no trajo la inmediata desaparición de las categorías ideológicas prevalecientes durante el dominio español, sino sólo un replanteamiento dentro del marco republicano. *Grosso modo*, las sociedades surgidas de la Independencia se abanderaron tras dos corrientes de pensamiento que serían dominantes a lo largo de la centuria decimonónica: liberales y conservadores. De alguna manera, y generalmente sin que lo advirtieran los propios protagonistas, los liberales encarnaban los ideales del nuevo estado de cosas y los conservadores los del antiguo régimen. Los primeros solían provenir de medios urbanos, eran dirigidos por caudillos ilustrados en los que no faltaba cierto tinte anticatólico y anticlerical, y propendían a buscar la modernización de sus países de acuerdo con los modelos europeos "de avanzada" o Estados Unidos. Para estos, como regla general, la libertad era el valor más importante. Los segundos, de procedencia habitualmente rural, usualmente dirigidos por terratenientes, estaban más cerca de las tradiciones españolas y del catolicismo. Se presentaban como "hombres de orden" y no vacilaban en recurrir a la "mano dura" cuando les parecía necesario. Unos y otros, para poder encauzar las ambiciones de mando y la transmisión de la autoridad, crearon partidos liberales y conservadores, algunos de los cuales, considerados entre los más antiguos del mundo moderno, se mantienen hasta nuestros días, aunque poco tienen que ver con sus orígenes ideológicos: los de Nicaragua, Honduras y Uruguay.

A mediados del XIX, cada vez con mayor vigor, el tema de la propiedad se introduce con creciente vigor en el debate político de Occidente. Durante la Revolución Gloriosa de los ingleses en el siglo XVII –como se ha mencionado– el partido de los *diggers* o cavadores había defendido un modelo económico comunista, y los *hebertistas*, en el XVIII, durante la Revolución francesa, habían hecho planteamientos parecidos, a lo que se sumaba la conspiración comunista capitaneada por François Noel Babeuf, quien se hacía llamar *Cayo Graco Babeuf*. Había ocurrido algo predecible: del lema "libertad, igualdad, fraternidad,", la segunda de las reivindicaciones –"igualdad"– había pasado de expresar el rechazo a los privilegios de clase a ser una aspiración mucho más radical, y era que todas las personas tuvieran un nivel parecido de riquezas y exhibieran modos semejantes de vida. ¿Cómo conseguir ese objetivo? El camino parecía obvio: convirtiendo al Estado en el propietario de los medios de producción y en el gran distribuidor de la riqueza.

En 1848 el joven abogado y filósofo alemán Carlos Marx, entonces en París, publica su *Manifiesto Comunista* y con él advierte la inminente llegada de la revolución planetaria. En aquel año convulso de revoluciones en Suiza, Hungría y Francia ello no parecía un vaticinio fortuito. Marx había refinado los planteamientos de Babeuf, los había mezclado con la Filosofía de la Historia de Hegel y les había añadido las sombrías predicciones de Malthus. De carácter muy arrogante, Marx estaba convencido de que había encontrado un método científico para entender los mecanismos sobre los que descansaba el devenir histórico, el materialismo dialéctico, y había identificado al agente clave en la construcción del futuro: la clase obrera. Ese era el catalizador de los procesos históricos, y a ella, a la clase obrera, le correspondía guiar a la humanidad hacia la felicidad mediante una etapa probablemente amarga pero necesaria: la dictadura del proletariado. Tras ese periodo, ya establecida la sociedad comunista, ni siquiera sería necesaria la existencia del Estado porque los seres humanos, de forma espontánea, se comportarían solidaria y bondadosamente. Lo que los hacía codiciosos y conflictivos eran precisamente la existencia de la propiedad privada y las relaciones de producción, por lo que, una vez cambiadas esas relaciones, cambiaría también y para siempre la naturaleza sicológica y emocional de los seres humanos, dado que esta era la consecuencia del condicionamiento material.

Junto a las ideas de Marx y otros radicales permanentemente enzarzados en agrias polémicas –Joseph Proudhon, Louis Blanc, Mijail Bakunin, Ferdinand Lassalle–, y al calor de la creciente industrialización, fueron surgiendo organizaciones sindicales en alguna medida derivadas de los viejos gremios medievales que, tras cierta evolución, sobrevivían en Europa en la época de la revolución industrial. Las primeras aparecieron en Inglaterra en 1834 (*Consolidated Trade Unions*) y ya en 1868 –no sin la oposición de los conservadores– fue convocado el primer gran congreso nacional de todas las fuerzas obreras británicas. Años más tarde, en 1906, estas agrupaciones sindicales inglesas, moderadas por la tradición democrática del país y por los ideólogos "fabianos" –miembros de la Fabian Society–, tras renunciar a instaurar el socialismo por vías violentas, fundaron el Partido Laborista y fortalecieron la vertiente política conocida como socialdemocracia.

América Latina, naturalmente, no fue ajena a todo este fermento revolucionario sindicalista, aunque sus efectos se vieron más tarde, a fines del XIX en la medida en que las concentraciones obreras se fueron haciendo más densas. Los tabaqueros cubanos comenzaron a gestar en La Habana diversas formas de asociación en la década de los ochenta del siglo XIX; en 1891 los argentinos, seguramente impulsados por la fuerte inmigración italiana, constituyeron la primera federación de sindicatos, y un año más tarde les tocó el turno a los mexicanos. En Chile, no es hasta 1897 que los mineros del cobre constituyen su asociación. Como norma general, estos sindicatos latinoamericanos y las organizaciones en las que luego se federan, exactamente igual a lo que acontecía en España, tienen una fuerte coloración anarquista.

Nadie debe extrañarse, pues, de que en 1910, tras la caída del dictador mexicano Porfirio Díaz, y en medio del infinito desorden provocado por una terrible guerra civil que sacude al país, por primera vez en América se escuchan lemas revolucionarios distintos a los de la tradición liberal. Lo que ahora se reclama es una división más justa de la propiedad agraria. En el grito de "Tierra y libertad" el primero de los componentes parece ser el más atractivo. Lo que los revolucionarios quieren es la posesión o el usufructo de la tierra para terminar con siglos de pobreza y con las enormes diferencias económicas entre las clases sociales. Y para ello habrá que hacer una "reforma agraria". Por fin, en 1917, en el pueblo de Querétaro, se redacta una nueva Constitución, diferente a las que hasta entonces había conocido América Latina. Se trata de un cambio muy radical, pues lo que este texto dispone y asigna es una nueva responsabilidad al Estado. De acuerdo con el espíritu de la nueva "ley de leyes", corresponde al Estado establecer una suerte de justicia social y distribuir la riqueza creada por la nación, algo, por cierto, no muy diferente a lo que por aquellos mismos años defendían los laboristas fabianos en la Inglaterra de principios de siglo. Ha surgido en América Latina el Estado revolucionario-distribuidor, que pronto dará paso al Estado revolucionario-empresario, generalmente dirigido por militares.

En el momento en que se proclama la Constitución de Querétaro el mundo vive la llamada Primera Guerra Mundial (1914-1918) y las naciones europeas, al final con la participación decisiva de Estados Unidos, se enfrentan de manera feroz en algunas de las batallas más largas y sangrientas que registra la historia. Cuando culmina esa atroz carnicería el mundo es otro. Al margen de la derrota de Alemania, se han desintegrado los imperios austrohúngaro y turco, y ha caído la monarquía rusa, destronada por la fatiga de la guerra y la habilidad y el oportunismo de Lenin y sus bolcheviques. Pero lo que entonces acontece tendrá un efecto muy importante en el resto del planeta, aun en las regiones que no participaron en el conflicto: el mundo se polariza entre una derecha fascista y ultra nacionalista, y una izquierda comunista con vastas ramificaciones internacionales. En 1919 muere asesinada en Alemania la líder socialista Rosa Luxemburgo, en medio del fallido levantamiento de los "espartaquistas". En ese mismo año el dirigente marxista Bela Kun intenta repetir en Hungría la experiencia soviética. Fracasa y debe escapar a la URSS. Más tarde Stalin lo hará ejecutar.

En la década de los veinte, estimulados por el *Komitern* fundado en Moscú para sus fines internacionalistas, surgen los partidos comunistas en prácticamente toda América Latina. La figura intelectual más interesante es el peruano José Carlos Mariátegui, un escritor triste y ojeroso, afectado por una mala salud implacable. Pero tal vez el más vistoso es el líder cubano Julio Antonio Mella. El más eficaz, sin embargo, será un sindicalista mexicano: Vicente Lombardo Toledano. Lo que hay que destacar es que en América Latina, aun cuando se admita que se dan ciertos rasgos particulares, se reproduce el mismo esquema europeo, aunque el debate teórico sea de menor rango.

En ese clima de inestabilidad, aguijoneado por la crisis económica que traen los enormes gastos de la guerra y de la desmovilización de las tropas, surge en Italia el fascismo de la mano de Benito Mussolini, periodista de origen ideológico socialista. El movimiento toma su nombre de los *fasces* de la antigua Roma. Mussolini quiere restablecer la perdida grandeza de los césares. Originalmente, en 1919, cuando surge a la luz pública, es un grupo confuso en el que confluyen ingredientes anticatólicos, anticapitalistas, sindicalistas y corporativistas, siempre muy proclive a la utilización de la violencia para intimidar o marginar a sus adversarios. Enseguida forman escuadras para asaltar los locales de los contrincantes y aporrear a las personas que los rechazan. Los fascistas pretenden salvar a Europa del peligro comunista y en esa tarea no tardan en evolucionar hacia un pacto con el gran capital y el abandono del anticlericalismo. A fines de 1922 marchan sobre Roma y el rey Víctor Manuel III, tembloroso, le encarga a Mussolini, entonces diputado, formar gobierno. Las marchas, los himnos, las antorchas y los uniformes forman parte de los signos externos de identidad fascista. Hay toda una estética fascista, grandiosa y teatral. Es el culto a la fuerza, a la violencia y a los valores castrenses, y muchos europeos se rinden ante esto. Lo cierto es que ha sucedido algo terriblemente importante: se han desacredi-

tado las formas democráticas del Estado liberal y una parte
notable de la ciudadanía, alentada por los "camisas negras"
fascistas, defiende sin pudor la necesidad de un estado fuerte que imponga la ley y el orden mediante el rigor de la
policía política. Apalear a los opositores u obligarlos a tomar
purgante en cantidades masivas como una forma de indig-
no castigo se convertirán en algo frecuente. Ocasionalmente
se producen asesinatos de demócratas y de comunistas.
Muchos oposicionistas acaban en las cárceles. Ese estado
tendrá una intromisión profunda en los asuntos económicos y no dejará espacio para la disidencia. Es una de las versiones del Estado totalitario. La otra, por aquellos mismos
años, se está construyendo en la URSS.

En Alemania, donde la experiencia será aún más lamentable, el totalitarismo no se llamará fascismo sino nazismo,
apócope del nombre del partido fundado por Adolfo Hitler
en 1920: Partido Nacionalsocialista Alemán de los Trabajadores. Se parece al fascismo, pero tiene componentes aún
más peligrosos y delirantes: es profundamente racista y
antisemita. Hitler es un convencido de la superioridad de la
raza aria y cree a pie juntillas que las tribus germánicas des-
cienden de unos míticos arios perdidos en la historia, y en
cuya búsqueda hasta organiza una expedición al Tíbet, aunque no participa en ella. Hay extraños elementos esotéricos
entre los cabecillas nazis. Se creen destinados a gobernar el
mundo como representantes de una raza escogida. En 1933,
finalmente, por medio de presiones y alianzas, Hitler consigue hacerse nombrar Canciller, nombre que los alemanes
le daban al Primer Ministro. Es sólo un cabo de limitada
educación, herido durante la Primera Guerra Mundial, deso-
cupado crónico y frustrado pintor de caballete, pero funda
el Tercer Reich y promete que su glorioso experimento político durará mil años. Su paso por la historia sería, sin embargo, mucho más breve de lo previsto: apenas 12 años. En
1945, en uno de los últimos episodios de la Segunda Guerra Mundial, con los ejércitos aliados a pocos metros de su

búnker, se quita la vida. Deja tras de sí el mayor cementerio que ha conocido la humanidad: cuarenta millones de personas fueron sacrificadas por esa locura.

Nada de esto pasa inadvertido en América Latina. En 1930 un golpe militar pone fin a la democracia Argentina. Los militares se proclaman fieramente nacionalistas y manifiestan su cansancio ante la ineficiencia y la corrupción de los gobiernos democráticos. Hay elementos del fascismo en ese movimiento. La ciudadanía reacciona con cierta indiferencia. En casi toda la zona predominan los espadones. La amenaza comunista, supuesta o real, es la excusa para los regímenes de fuerza. En 1932 la dictadura del general salvadoreño Maximiliano Hernández Martínez sostiene un duro enfrentamiento con los sindicatos agrarios de izquierda, muy infiltrados por los comunistas, que se salda con casi 25.000 muertos. En Brasil, en 1934, Getulio Vargas, gobernante de corte netamente fascista, aplasta a sangre y fuego la insurrección comunista de Luis Carlos Prestes. En Guatemala manda Jorge Ubico, en Nicaragua Anastasio Somoza, en República Dominicana Leónidas Trujillo, en Cuba el general Gerardo Machado, luego Fulgencio Batista. Los de Centroamérica y el Caribe no son exactamente regímenes fascistas. Son militares de palo y tentetieso, mas por la propia naturaleza de la época, sus adversarios generalmente tienen una visión socialista de los problemas de la sociedad.

Se declara la Guerra Fría

A veces el fascismo es más evidente. A fines de los años treinta hay un atento agregado militar argentino en la embajada de su país ante el gobierno de Mussolini. Se llama Juan Domingo Perón y, a su regreso a Buenos Aires, tratará de repetir la experiencia fascista, pero en una versión *light* o diluida. Gobernará, la primera vez, acompañado de la carismática Evita, entre 1945 y 1955. Su primer gobierno, de amplia base sindical, exhibirá, además, un rasgo poco común en quienes ocupan el poder en América Latina: el antiamericanismo. Es la época en que ha terminado la Segunda Guerra Mundial e inmediatamente se ha declarado otra: la Guerra Fría, encabezada por la URSS y por Washington. Perón, ex simpatizante del eje nazi-fascista, no oculta su rechazo a Estados Unidos, pero tampoco es procomunista. Quiere inaugurar una "tercera vía"; le disputa el liderazgo a Washington y siente que Argentina posee la riqueza y él la estatura para dirigir ese movimiento internacional. Cuando en 1955 es depuesto por la fuerza, desaparece el peronismo internacional, pero no el argentino. Ha dejado en su país una profunda huella que en el terreno económico se trasluce en dos aspectos: la fuerte presencia del Estado en el aparato productivo y el extraordinario poder de los sindicatos. Luego, mediante elecciones libres, regresará a la Casa Rosada en 1973, tras un largo exilio que cambiará totalmente su percepción ideológica.

Un año antes de la caída de Perón, en 1954, se produce una de las primeras batallas de la Guerra Fría en el continente americano. En ese año, mediante un golpe militar orquestado por la Agencia Central de Inteligencia de Estados Unidos, es derrocado en Guatemala el coronel Jacobo Arbenz, un presidente electo por procedimientos democráticos. Arbenz mostraba simpatías por los comunistas, había afectado intereses económicos norteamericanos y se atrevió a comprar armas al gobierno comunista de Checoslovaquia cuando Estados Unidos no quiso vendérselas. Washington interpretó ese conflicto dentro de los códigos de la Guerra Fría y procuró la liquidación del gobierno enemigo. Para ello buscó el respaldo político de la Organización de Estados Americanos (OEA), fundada en Bogotá en 1948, precisamente como parte de la disputa con la URSS, en ese momento afectada por un espasmo imperial que la había llevado a tragarse media docena de naciones europeas. El apoyo anticomunista de las naciones latinoamericanas se logró por medio de una declaración solemne firmada en Caracas, en la que se establecía el compromiso de darle una respuesta colectiva a cualquier intento de la URSS por asentarse en territorio de las Américas. Era una nueva versión de la Doctrina Monroe proclamada en 1823. Curiosamente, en aquel entonces la joven república norteamericana también estaba nerviosa por el apetito territorial de Rusia, imperio aposentado en Alaska que merodeaba la costa americana del pacífico.

Pero la verdad es que la pomposa Declaración de Caracas no sirvió de mucho. Apenas cinco años después del episodio de Arbenz, en enero de 1959, tras derrocar a Batista, entraba triunfante en La Habana el líder guerrillero Fidel Castro, un joven abogado profundamente antinorteamericano. Dos años más tarde, en abril de 1961, en la víspera de un desembarco de exiliados organizados por la CIA, Castro manifestaba su adhesión al comunismo y revelaba públicamente sus vínculos con la URSS. Por fin Moscú conseguía colocar una cabeza de playa en América, pero el "mérito", en realidad, no era suyo, sino de los comunistas cubanos que habían conseguido, en un primer momento, engañar a la sociedad de la Isla y confundir a Estados Unidos prometiendo establecer un gobierno democrático dispuesto a impartir una alta dosis de justicia social. Casi nadie pensó que lo que Fidel Castro y Ernesto "Che" Guevara tenían planeado era copiar en Cuba el sistema dictatorial comunista desarrollado por Lenin y Stalin en tierras soviéticas. Cuando a mediados de 1960 se hizo evidente ese propósito, ya el carismático líder cubano, sus simpatizantes, y los especialistas del KGB habían conseguido crear un eficiente aparato represivo que hacía imposible una rebelión exitosa en la Isla.

La revolución cubana, debido al aventurerismo de su líder y a la propia dinámica de la Guerra Fría, pronto se convierte en el modelo político ambicionado por los jóvenes comunistas en todo el continente. No tardan en aparecer guerrillas castristas en prácticamente todos los países latinoamericanos. Unas veces se oponen a dictaduras militares como la de Somoza en Nicaragua, pero otras el adversario es socialdemócrata o democristiano. Para los comunistas, por lo menos para los de la cuerda castrista, no hay diferencias. Todos, piensan, son burgueses aliados de Estados Unidos, representantes de los intereses del imperio en sus respectivas naciones, y defienden un modelo económico, el capitalismo, que condena a los pueblos del tercer mundo a la miseria y el subdesarrollo. De acuerdo con la lectura que los comunistas hacen de las relaciones económicas internacionales, los países pobres forman parte de la "periferia" y los ricos del "centro". El centro ordena y manda. El centro determina qué deben producir los países de la periferia, pues su producción ha sido fijada por las necesidades de los países poderosos. Es la llamada Teoría de la dependencia, una especie de *revival* de los escritos de Marx relacionados con los vínculos entre Inglaterra y sus colonias asiáticas. Pero esa teoría, a partir de mediados de los años sesenta, tras el Concilio Vaticano II, sorprendentemente ha sido abrazada por religiosos católicos (y algunos protestantes) que la agregan a la llamada Teología de la Liberación, nombre tomado de un libro escrito por el sacerdote peruano Gustavo Gutiérrez, como se ha señalado antes en esta obra. Para Gutiérrez, la Iglesia debe estar siempre junto a los necesitados –la "opción por los pobres"–, y debe ayudarlos a aliviar sus terribles carencias materiales. Como el imperialismo es el creador de las condiciones que provocan la pobreza, y, de acuerdo con la Teoría de la dependencia, no parece haber salida pacífica a este círculo vicioso, se justifica recurrir a la violencia. En ese punto, como se vio en Centroamérica, especialmente en El Salvador, los teólogos de la liberación y las guerrillas castristas coincidieron en el método, la violencia, y en el objetivo: liquidar el injusto modelo económico de mercado. Naturalmente, no toda la Iglesia Católica pensaba de igual manera. Precisamente en El Salvador, en cierto momento crucial de la Guerra Fría, las guerrillas castristas, alentadas por los teólogos de la liberación, se enfrentaban al gobierno democristiano de José Napoleón Duarte, mientras en

Guatemala el adversario era el también democristiano Vinicio Cerezo, ambos llegados al poder por medios democráticos tras sortear el sangriento periodo de los gobiernos militares.

¿Qué era la Democracia Cristiana? Era, como no podía ser de otro modo, el reflejo latinoamericano de un fenómeno político surgido en Europa. En 1864, en Alemania, monseñor Wilheim Ketteler, alarmado por la influencia creciente de sindicatos marxistas, se dio a la tarea de crear sindicatos cristianos que protegieran los intereses de los trabajadores, y que al mismo tiempo rechazaran los conflictos y buscaran formas de colaboración con el capital. En ese momento la Iglesia se batía en retirada ante la pérdida de su poder temporal, incluida su soberanía sobre los Estados Pontificios. Finalmente, en 1891, el papa León XIII acepta un nuevo rol social para la Iglesia y dicta un renovado mensaje político para Roma mediante la encíclica *Rerum Novarum*. Con este documento la Iglesia da por terminada la defensa del antiguo régimen y se prepara para enfrentarse a un mundo en el que son adversos los liberales, los comunistas y, en gran medida, los nacionalismos. Poco después comenzaron a proliferar organizaciones de laicos católicos, y ya en la Italia de Mussolini se organizan grupos de "acción" orientados por la Iglesia y dirigidos a mujeres, estudiantes, universitarios y obreros. Por último, en 1943, todavía durante la guerra, se inicia de manera clandestina un partido antifascista creado por el sacerdote Rómulo Murri. Terminado el conflicto bélico, ese partido, transformado en Democracia Cristiana, alcanza casi el 50% de los votos en las elecciones de 1948 y se convierte en la fuerza política más importante de Italia, y así se mantendrá durante casi medio siglo, cuando prácticamente desaparece como consecuencia de escándalos relacionados con la corrupción.

En el terreno ideológico, la Democracia Cristiana se sitúa frente a los comunistas y se muestra conservadora en los asuntos morales, especialmente en lo que concierne a los tradicionales valores de la familia, pero su mensaje social no es exactamente de derecha: se propone aunar la ética católica, el sistema capitalista –al que incorpora cierto carácter dirigista–, el modelo democrático y los intereses de los trabajadores. Eso es la democracia cristiana, experiencia que salta casi inmediatamente a América, abanderada por varios líderes políticos dotados de grandes cualidades: en Venezuela es Rafael Caldera quien le da impulso; en Chile, Eduardo Frei Montalva. Hasta en Cuba, casi simultáneamente a la llegada de Castro al poder, dos intelectuales del entorno católico, José Ignacio Rasco y Luis Aguilar León, crean un partido de este signo. Obviamente, enseguida resulta proscrito y sus líderes deben exiliarse.

La otra fuerza latinoamericana considerable en ese momento es la socialdemocracia, llamada a mediados del siglo XX Izquierda Democrática, y sus fundamentos ideológicos también deben rastrearse en Europa. En efecto, en la década de los sesenta del siglo XIX un impetuoso joven alemán de ascendencia francesa, Ferdinand Lassalle –muerto en un duelo originado por razones amorosas antes de cumplir los cuarenta años–, en contraposición a las estrategias propuestas por Marx, crea un partido socialista con base sindical que se propone utilizar las estructuras políticas del estado burgués para hacer reformas que eventualmente conducirían al establecimiento de una sociedad sin clases en la que la propiedad fuera común y no privada. Este partido sería el germen del luego poderoso Partido Socialdemócrata de Alemania, que junto a los laboristas ingleses, los socialistas españoles dirigidos por Pablo Iglesias y los franceses de Jules Guesde, formaría parte de una corriente presente en todos los países de Europa y en Estados Unidos. Esta corriente se articularía en la Segunda Internacional, federación de partidos socialdemócratas creada en 1890 en contraposición a la Primera, inspirada por Marx y decidida a actuar fuera del sistema y en su contra.

Esta historia se repite con bastante fidelidad en América

Latina, aunque, como suele ocurrir en esta parte del planeta, sucede una generación más tarde. Como regla general, jóvenes ex marxistas, desencantados con la experiencia del comunismo real en la URSS, fundan partidos en los que no rechazan el ideal de algún día crear una sociedad similar a la vaticinada por Marx, pero se proponen recorrer ese camino por vías democráticas y sin renunciar al previo desarrollo que traería el capitalismo. En Perú esa tendencia la encarna Víctor Raúl Haya de la Torre, fundador del APRA (Alianza Popular Revolucionaria Americana); en Venezuela, Rómulo Betancourt con Acción Democrática; en Bolivia, Víctor Paz Estenssoro con el Movimiento Nacional Revolucionario. En realidad, en cada país latinoamericano, con mayor o menor fortuna, van surgiendo partidos o grupos de este signo político, pero poco a poco se diluye el ideal marxista original y se sustituye por ciertos compromisos con las organizaciones sindicales de obreros y campesinos y con la idea de que el Estado debe jugar un papel decisivo como creador y distribuidor de riquezas. Esta "desideologización" de la socialdemocracia latinoamericana permitió que otras formaciones políticas procedentes del liberalismo se sintieran atraídas por esa corriente, como sucedió con viejos partidos como el Radical de Argentina y los partidos liberales de Honduras o de Colombia, e incluso con el Partido Revolucionario Institucional de México, el poderoso PRI, dueño de la escena política mexicana durante setenta años, que se encontraba muy a gusto dentro de esta familia política por todo lo que su discurso contenía de nacionalismo, antiimperialismo y anticapitalismo.

A partir de la Segunda Guerra Mundial, dos son las grandes recetas económicas que seducen a los socialdemócratas y a una buena parte de los democristianos. Una proviene del análisis de los economistas vinculados a la CEPAL (Comisión Económica para América Latina) creada por la ONU, y en ella se recomienda una suerte de nacionalismo económico consistente en la sustitución de importaciones mediante un proceso doméstico de industrialización protegido por altos aranceles. Y la segunda proviene del brillante economista británico Lord Maynard Keynes, quien, desde los años treinta, con enorme eco en todo Occidente, predica la utilización del gasto público como un medio para evitar el desempleo y los ciclos económicos recesivos. Ambas proposiciones, finalmente suscritas no sólo por los socialdemócratas y democristianos, sino por prácticamente todo el espectro político de América Latina, incluidos los militares que gobiernan por la fuerza en numerosos países, condujeron al fortalecimiento de estados-empresarios y a un aumento notable de la burocracia y del gasto público, fenómeno que simultáneamente provocó la expansión de la corrupción y el descrédito del sistema de partidos políticos en casi todo el ámbito latinoamericano.

En la década de los setenta del siglo XX comienza a cambiar el diagnóstico sobre los males que aquejan a las economías latinoamericanas y a sus posibles remedios. Por una parte, la subida del precio del petróleo y la casi simultánea desaparición del patrón oro en el mundo, hasta entonces garantía de la estabilidad monetaria, agravó una crisis inflacionaria importante que ya estaba en curso. Por otra, se inició una devaluación de las teorías de Keynes, y el mejor símbolo de ello fue la concesión del Premio Nobel de Economía en 1974 al austriaco Friedrich Hayek, adversario de las teorías del británico, defensor a ultranza de la economía de mercado, del Estado de Derecho que garantiza la propiedad privada y del control del gasto público. Con Hayek, discípulo de Ludwig von Mises, se ponían otra vez sobre el tapete las ideas liberales, pero refinadas tras un siglo de investigaciones y debates.

Poco se discutían estas ideas en las universidades latinoamericanas o en las publicaciones especializadas, pero otros fenómenos más visibles ponían en aprietos la visión entonces prevaleciente sobre el desarrollo: mientras la Teoría de la Dependencia había conquistado la mente de muchos sectores radicales, en otras zonas del llamado Tercer Mundo ciertos pueblos más pobres que los latinoamericanos conseguían despegar e industrializarse, sin que nadie pretendiera evitarlo. ¿Dónde quedaba, pues, la hipótesis de los países del "centro" y de la "periferia"? Ese era el caso de los cuatro "dragones asiáticos", Hong-Kong, Singapur, Taiwan y Corea del Sur. Pero también comenzaba a ser el caso de España, país de emigrantes, precisamente hasta la década de los setenta, que, tras abrir su economía en 1959, quince años después ya alcanzaba el 75 por ciento de la renta media de la Unión Europea y estaba en camino de convertirse en una nación rica y estable.

Los ochenta –luego llamados "la década perdida"– ratificarían el pesimista diagnóstico de quienes veían un agotamiento del modelo de desarrollo económico latinoamericano basado en el pensamiento cepalino y en el keynesianismo. A fines de esta década es cuando comienzan a llegar al poder gobiernos reformistas que intentan frenar las viejas tendencias estatistas latinoamericanas. No son exactamente liberales en el sentido hayekiano del término, pero son políticos pragmáticos que han aprendido de la experiencia pasada. Algunos nombres ilustran bien esta etapa: el colombiano César Gaviria, el argentino Carlos Saúl Menem, el uruguayo Luis Alberto Lacalle, el mexicano Carlos Salinas de Gortari. Es la etapa de las privatizaciones en Argentina y México, y es cuando se restaura, al menos parcialmente, la confianza en el mercado como mecanismo asignador de recursos, y cuando se critica abiertamente el uso del gasto público como modo de acelerar el crecimiento económico, proponiéndose, en cambio, la austeridad y el equilibrio fiscal. Por fin, en 1989, tras la caída del Muro de Berlín y el desplome de las dictaduras comunistas en Europa, también quedaba sin propuesta viable la opción comunista, lo que explica la derrota electoral de los sandinistas en Nicaragua y la pacificación de El Salvador y Guatemala mediante un agotador proceso de paz. Sólo Colombia, donde el narcotráfico añadía un elemento total de distorsión, parecía mantenerse al margen de cuanto ocurría en el resto de Occidente, mientras la Cuba de Fidel Castro continuaba anclada en el modelo de la desaparecida URSS.

Iniciado el siglo XXI, sin embargo, América Latina dista mucho de ofrecer un consenso político semejante al que pudiera hallarse en Europa o en Estados Unidos. El crecimiento significativo de los movimientos "antiglobalización", la elección del coronel Hugo Chávez en Venezuela y la creación del Foro de Sao Paulo –una federación de partidos radicales– dan fe de que la vieja mentalidad anticapitalista, nacionalista y, en gran medida, antidemocrática, trasunto del marxismo, del populismo y del fascismo, con su dosis de mesianismo –la creencia en que un caudillo iluminado vendrá a salvarnos– están todavía muy vivas en la conciencia política latinoamericana.

II | *Arte*
e Imaginación

La República de las letras

EN MÉXICO, hasta poco antes de su muerte, ocurrida en 1998, el escritor Octavio Paz, un refinado poeta y ensayista, Premio Nobel de Literatura en 1990, hacía comentarios culturales y políticos en un canal televisivo de gran difusión, mientras ejercía el notable papel de conciencia moral independiente de los mexicanos frente a los grandes conflictos nacionales e internacionales. No era una excepción: en Caracas, Arturo Uslar Pietri –el equivalente venezolano de Paz–, desaparecido dos años más tarde, también comparecía ante las cámaras o en los diarios de gran tirada para fines parecidos.

En efecto, una de las más curiosas paradojas del mundo cultural latinoamericano es la relación de la sociedad con sus intelectuales. Por una parte, es notorio que, salvo excepciones, los libros suelen venderse en cantidades muy reducidas, y el índice de lectura de diarios es de los más bajos de Occidente. Pero, por la otra, el peso de los intelectuales en la opinión pública y su presencia como árbitros de situaciones extremas, o como legitimadores o acusadores en el terreno político, es mayor que en naciones en las que se lee con mucha más atención: Estados Unidos, Inglaterra, Alemania o los países escandinavos, por ejemplo.

Repasemos brevemente la nómina y veremos que es una clara tendencia cultural. Ernesto Sábato encarna en Argentina el rol de árbitro ético en las disputas que desgarran a la sociedad. Fue a él, por petición espontánea de todo el país, a quien le tocó la dolorosa responsabilidad de presidir la comisión que investigó los atropellos cometidos por las fuerzas armadas, la policía y –también– por la oposición violenta durante la guerra civil larvada e irregular que se desarrolló

en Argentina a lo largo de los setenta y ochenta. Mario Vargas
Llosa, el novelista peruano, junto a su hijo Álvaro, también
escritor, se convirtieron en el azote del gobierno autoritario
de Alberto Fujimori hasta que el dictador, enfrentado a las
pruebas fílmicas de la corrupción, tomadas por sus propios
servicios de inteligencia, huyó a Japón y allí solicitó asilo
político. Más tarde, el mismo Álvaro Vargas Llosa y Jaime
Bayly –otro escritor meritorio– enfilaron sus críticas hacia
Alejandro Toledo, hasta hacer tambalear su candidatura a la
presidencia del Perú. En Colombia, el narrador y periodista
Plinio Apuleyo Mendoza de alguna manera encabeza a todo
un sector de la opinión pública que ve con terror el progresivo desmembramiento del país. Su compatriota –y compadre– Gabriel García Márquez, con otros puntos de vista
totalmente divergentes, también es un factor político de
primer orden, aunque sólo sea por su influencia en quienes
ocupan la presidencia de la nación. Han sido los escritores
cubanos Carlos Franqui, Guillermo Cabrera Infante, Reinaldo Arenas y Zoé Valdés quienes más incisiva y eficazmen-
te han denunciado los excesos totalitarios del castrismo. En
México, el gran debate político pasa por los escritos de Enrique Krauze, de Carlos Monsiváis, de Héctor Aguilar Camín.
En Nicaragua, no hay voces más prestigiosas que la del poeta
Pablo Antonio Cuadra o la de los ensayistas y educadores
Humberto Belli y Arturo Cruz. En Chile, ese papel lo de-
sempeñan narradores como Jorge Edwards, Arturo Fontaine
y, últimamente, Roberto Ampuero y Roberto Bolaños.

La lista podía ser interminable. Muchos de los más conocidos escritores de hoy fueron impulsados por lo que en la
década de los sesenta del siglo XX se llamó el *boom* literario;
pero el fenómeno es anterior, de la segunda mitad del siglo
XIX, cuando intelectuales de la talla de Domingo Faustino
Sarmiento, Bartolomé Mitre y Juan Bautista Alberdi en Argentina, José Martí en Cuba (más bien en el exilio), el puertorriqueño Eugenio María de Hostos, el ecuatoriano Juan
Montalvo, el mexicano Justo Sierra o el peruano Manuel

González Prada se convirtieron en los ejes del debate nacional, aunque no ocuparan la casa de gobierno.

¿De dónde viene este impacto social que han adquirido los escritores latinoamericanos? No parece ser una influencia española, donde, con la excepción de Ortega y Gasset, y en alguna medida de Benito Pérez Galdós –el caso del ministro y dramaturgo José Echegaray, Premio Nobel de Literatura en 1904, es diferente–, el peso de la opinión de los intelectuales en la vida pública ha sido de menor entidad, aunque algunas voces como las de Julián Marías, Jorge Semprún, Fernando Savater y Fernando Arrabal hayan conseguido ser escuchadas con cierto interés por el gran público.

Probablemente el origen de este fenómeno –como luego veremos– sea francés y tenga sus mejores modelos en personajes como Voltaire y Diderot, primero, y luego en Jules Michelet, y, muy especialmente, en Víctor Hugo, cuyo magisterio estético y ético fue totalmente hegemónico no sólo en Francia (o exiliado de ella), donde se le tenía como una referencia constante e inevitable, sino en América Latina, tan impregnada de influencias francesas a partir del Romanticismo.

Las letras llegan a América

Cuando los europeos arribaron a América, se produjo, como tantas veces se ha dicho, un choque de civilizaciones, y triunfó la más fuertemente cohesionada y con mejores armas y tácticas guerreras, aunque sobrevivieron diversas manifestaciones de la cultura de los pueblos vencidos. No desaparecieron las lenguas más importantes –el maya-quiché, el quechua, el guaraní, el aymará, el náhuatl–, ciertos alimentos y la forma de cocinarlos, incluso numerosos elementos de las religiones indígenas, aunque mezclados con el cristianismo impuesto por los vencedores. Lo que resultó arrancada de cuajo fue la literatura. Y la había, claro que la había. La hubo entre los aztecas, cuya lengua era el náhuatl, y la dedicaban, como en el viejo mundo de los griegos, a cantarle a los dioses, a celebrar las cosechas y a lamentarse del dolor de vivir y a la acechante pena de la muerte. Hasta conservamos el nombre de un poeta chichimeca, Nezahualcóyotl, y fragmentos de lo que sin duda fueron textos para la recitación dramática y la liturgia religiosa.

De los mayas nos han quedado varias muestras. Las dos más importantes son el llamado *Popol-Vuh*, una especie de biblia o libro sagrado indígena, en el que se explica, muy poéticamente, el origen del mundo y de la especie humana, y el *Libro de los libros de Chilam Balam*, que reúne diversos textos, todos rescatados, como el *Popol-Vuh*, por copistas de la época colonial que transcribieron al alfabeto latino las tradiciones orales y, tal vez, códices escritos en los jeroglíficos con que los nativos redactaban. Perduran, además, hasta nuestros días, dos narraciones coreografiadas o ballets: el divertido *Güegüence* que los nicaragüenses continúan escenificando, y el *Rabinal Achí*, mezcla de baile y drama en el que se cuenta el enfrentamiento mortal entre dos guerreros mayas.

De los incas, que no desarrollaron ninguna forma de escritura –los *quipus*, o cuerdas anudadas eran más bien un recurso mnemotécnico–, se conocen algunos cantos religiosos y ciertos lamentos poéticos que se entonaban acompasados por pequeños instrumentos musicales de viento. Pero, al decir del Inca Garcilaso –a quien pronto nos referiremos–, sí poseían unas formas elaboradas de teatro, aunque nada nos ha quedado de esa literatura, salvo una dudosa muestra: el drama quechua *Ollantay*. Y digo dudosa, porque el anónimo manuscrito, acaso pergeñado en el siglo XVII y descubierto doscientos años más tarde, es posible que se tratara de la transcripción de una vieja pieza teatral incaica mantenida por la tradición oral. En ella se narran los amores contrariados del guerrero Ollanta y la princesa Kusi Qóyllur, a la postre unidos por la benevolencia de Túpac Yupanqui, final feliz clásico en cualquier obra de teatro dirigida al corazón de una audiencia emocionada.

La literatura de los cronistas

En realidad, esta literatura indígena sólo provocó la curiosidad antropológica de algunos sacerdotes eruditos, pero sin dejar la menor huella en la cultura de los conquistadores o en el posterior desarrollo de la literatura latinoamericana. En las huestes que cruzaron el Atlántico predominaron, lógicamente, los aventureros, soldados y buscadores de fortuna, y no los escritores. Y los pocos intelectuales que viajaron en las primeras oleadas no eran especialmente importantes o conocidos en la península. A pesar de ello, es posible afirmar que aun dentro del tipo de gobierno absolutista de las monarquías europeas del siglo XVI, cuando se produjo la Conquista, los primeros escritores que conoció Hispanoamérica consiguieron un grado notable de influencia entre las clases dirigentes. El tema a debate, naturalmente, era el mundo al que se enfrentaban. España y sus focos de tensión estaban demasiado distantes para despertar su entusiasmo. Les quedaba muy lejos la disputa entre reformistas y contrarreformistas, entre erasmistas, luteranos y católicos ortodoxos, que durante casi toda la centuria dividió y ensangrentó a Europa al tiempo que alimentaba un complejo diálogo filosófico y teológico.

Ese denso bagaje intelectual viajó poco a América. ¿Qué podía significar la pugna entre erasmistas y antierasmistas frente a los torrentes del Orinoco o el asombro que producían Tenochtitlan y sus canales, o la jerarquía emplumada que imperaba sobre ese mundo fascinante? La tarea de descubrir, subyugar e imponerle una civilización a ese inmenso universo acaparaba la atención de los escritores e imponía un tema único: la América plural y extraña que se desplegaba ante los ojos de los conquistadores. Y aun cuando el propósito del relato era contar los avatares de la Conquista, el gesto con que se aproximaban a los hechos incorporaba otras dos valiosas perspectivas: la descriptiva, generalmente teñida por la sorpresa que les despertaba el paisaje que iban descubriendo y las civilizaciones que encontraban a su paso, y la cuestión moral, que los obligaba a examinar la justicia de aquel brutal ejercicio de dominio imperial al que sometían a las sociedades indígenas.

El primer cronista del Nuevo Mundo fue Cristóbal Colón, quien dejó dos documentos esenciales para entender el choque entre la cultura europea y la de los aborígenes. El más conocido es el *Diario* o cuaderno de navegación, pero igual interés poseen sus *Cartas del Descubrimiento*, remitidas a los Reyes Católicos con un propósito obvio, aunque no declarado explícitamente: persuadir a los monarcas de lo sabia que había sido la decisión de respaldar las expediciones encabezadas por él. De ahí, entre otras razones, la reiterada descripción idílica del mundo al que se asomaba ("las tierras más hermosas que ojos humanos vieron"), como si intuyera que resultaba vital mantener el interés de los reyes en una aventura distante e incierta, de menor urgencia para Castilla y Aragón que los pleitos con Inglaterra o la constante hostilidad de los moros y turcos en el reñidero del Mediterráneo.

El segundo gran cronista fue el extremeño Hernán Cortés, un astuto aventurero, con cierta formación académica en latín y Derecho obtenida en la Universidad de Salamanca, de la que nunca llegaría a graduarse. Su mejor aporte literario, sin duda, son las *Relaciones*, también llamadas *Cartas de Relación*, documentos enviados a Carlos V, emperador para cuya soberanía conquistó México. En estas *Relaciones*, Cortés narra la historia de sus aventuras en México, y lo hace con tanta habilidad que, no sin cierta exageración, han sido comparadas con *Los comentarios sobre la guerra de las Galias* de Julio César. En todo caso, ante ellas cualquier lector moderno agradece el lenguaje directo, sin artificios, y un notable instinto para dotar el relato de una atractiva construcción dramática.

La fama de Cortés –el más eficaz de los conquistadores y el que mayor garra política tuvo–, sin embargo, no se forjó sobre sus propios relatos, sino sobre otras dos obras en alguna medida contrapuestas: la *Historia verdadera de la conquista de la Nueva España* escrita por Bernal Díaz del Castillo, soldado reclutado dentro de las huestes de Cortés, protagonista de los hechos que narra; y la *Historia general de las Indias y conquista de México*, cuyo autor, Francisco López de Gómara, se limitó a indagar en otras fuentes y a ordenar los testimonios e informaciones que le brindaron los conquistadores, especialmente el propio Cortés, a quien solía confesar, y quien acabó sus días en España rumiando cierta melancolía por las glorias pasadas, probablemente incómodo por el relativo menosprecio a que lo sometía la Corona pese a las asombrosas hazañas que realizó en su juventud.

Mucho más culto que Cortés, pero menos dichoso como guerrero, fue Gonzalo Jiménez de Quesada, el autor de *Epítome de la conquista del Nuevo Reino de Granada*, ilusionado buscador de "El Dorado", fundador de Santa Fe de Bogotá en territorio de los chibchas, en la meseta de Cundinamarca. Jiménez contó con tan poca suerte que, a los pocos días de realizar su proeza, otras dos expediciones militares que coincidieron en el tiempo y en el espacio –una casualidad increíble–, le disputaban sus derechos de conquista: la de Nicolás de Federmán, un aventurero alemán al servicio del emperador Carlos V y de sus banqueros, y la de Sebastián de Belalcázar, uno de los conquistadores más duros y audaces de su época. Este acabó condenado a muerte tras un sonado "juicio de residencia", sentencia que no se pudo llevar a cabo porque una súbita enfermedad lo liquidó cuando esperaba un barco en Cartagena de Indias para zarpar rumbo a España con el objeto de apelar la decisión de los jueces.

En todo caso, si hubo algo semejante a un "cronista oficial", este fue Gonzalo Fernández de Oviedo, un escritor extraordinariamente observador, dotado de cierto instinto para estar en el lugar correcto en el momento apropiado. Capacidad que comenzó a comprobar a los 14 años de edad, en 1492, cuando tuvo que contemplar la rendición de Granada a los Reyes Católicos. Ya de adulto, tras servir brevemente como funcionario del Consejo de la Inquisición, recorrió extensamente América, primero por instrucciones de Fernando el Católico, más tarde siguiendo órdenes de Carlos V. Fernández de Oviedo, aprovechó estos viajes para tomar las notas con las que escribiría dos obras que marcaron tal vez para siempre la visión de los españoles a propósito de América y de sus habitantes. La más breve se llamó *Sumario de la natural historia de las Indias*, especie de introducción a los cincuenta volúmenes de *Historia natural y general de las Indias*, proeza de información sobre hechos, costumbres, plantas, animales y geografía, a la que la falta de método no le resta importancia científica. Mas no se crea, sin embargo, que se trataba de un erudito abstraído en sus notas y observaciones. Por el contrario: vivió con intensidad las riñas intelectuales de su época y polemizó acremente con el padre Las Casas –a quien nos acercaremos enseguida–, abogando sin ambages por los "títulos justos" que legitimaban las acciones de España en América, dada la degradación moral que les atribuía a sus habitantes originales.

Pero tal vez el más influyente de los cronistas de la Conquista no fue un cantor de aquellas grandes aventuras, ni un escritor dotado para la descripción científica minuciosa, sino quien con mayor rigor y pasión sometió esos hechos a un amargo juicio moral: Fray Bartolomé de las Casas. Este sevillano, hijo y sobrino de conquistadores, conquistador y encomendero él mismo en la primera etapa de su vida, en 1552 dio a la luz pública un ardiente alegato en favor de los indios y una denuncia de los horrores cometidos contra ellos por sus compatriotas españoles deseosos de enriquecerse a toda costa, sin importarles el inmenso daño que se infligía a las poblaciones indígenas.

El ensayo –un estremecedor relato de las atrocidades de los conquistadores en el que no falta una cierta dosis de exageración– se tituló *Brevísima relación de la destrucción de las Indias*, y fue utilizado para explicar a una junta de notables convocados en Valladolid por el Emperador y su hijo Felipe,

la sangrante injusticia en que incurrían los conquistadores
en el Nuevo Mundo. Y, muy especialmente, para desmontar los argumentos de Fray Ginés de Sepúlveda, finísimo
teólogo e ideólogo, también andaluz, preceptor de Felipe II,
quien en un libro previo, *Democrates secundus*, defendiera el
derecho a someter a los indios, dado que el atraso cultural
que exhibían los convertía en "esclavos por naturaleza", de
acuerdo con una laxa utilización de los argumentos con que
Aristóteles justificaba la esclavitud.

No tardaron mucho en aparecer los primeros escritores
americanos, y lo hicieron, naturalmente, tras la huella y bajo
la influencia de los cronistas de la Conquista. El más notable
de ellos fue un mestizo de vida, en cierta forma, trágica: Garcilaso de la Vega, conocido como "el Inca", nacido a mediados del siglo XVI, casi cuarenta años después del poeta
toledano de nombre similar. El Inca Garcilaso fue hijo de
una princesa india, Chimpu Ocllo, y de un conquistador español de noble linaje que jamás lo reconoció oficialmente,
aunque esa circunstancia no privó al peruano de adquirir una
notable formación humanista. Como buen representante del
ideal renacentista, el Inca se movió entre la espada y la pluma: fue capitán de milicias y dominó el latín, el español, el
italiano y el quechua. Esta última lengua la aprendió en el
seno de su familia materna, donde le contaron numerosas
historias y leyendas. Muchos años más tarde, radicado en España, septuagenario y ordenado como sacerdote, las rescata-
ría para siempre en dos de sus obras más notables, idealizadas
y embellecidas por la nostalgia: los *Comentarios Reales*, texto
espléndidamente escrito en el que se adivina la tristeza por
un mundo perdido como consecuencia de una injusticia histórica, e *Historia general del Perú*, continuación de los *Comentarios*.

El Inca no fue, obviamente, el único cronista americano
que agregó una visión no exactamente española a la Conquista de Perú: sus compatriotas Huamán Poma de Ayala,
Blas Varela y Juan de Santa Cruz Pachacuti, mestizos racial

y culturalmente, hicieron también notables aportes. Algo similar a lo sucedido en México con relación a la cultura azteca, territorio que contó con las crónicas de Hernando de Alvarado Tezozómoc y Fernando de Alva Ixtlixochitl, quienes en la combinación que muestran sus apellidos ya indican la mezcla cultural que aparecerá en sus escritos. No obstante, acaso el más intenso esfuerzo por colocar en un mismo plano la cultura de los indígenas y la que traían los europeos, no vino de esta primera generación de escritores americanos, sino de un español algo más viejo, fray Bernardino de Sahagún, quien publicó los doce libros de su monumental *Historia general de las cosas de la Nueva España* en una insólita versión trilingüe: náhuatl, castellano y latín.

La épica

Al margen de la literatura de los cronistas hubo otra forma más elaborada, y, si se quiere, literaria, de contar la historia de la Conquista: los grandes poemas épicos. Hechos, por supuesto, como casi toda la literatura española del XVI, bajo la poderosa influencia de las letras italianas, entonces en plena eclosión renacentista que convertía los nombres de Petrarca, Ariosto, Bembo, Castiglione o Torcuato Tasso en los modelos por los que dócilmente se guiaban los escritores castellanos, tanto en España como en las tierras recién descubiertas.

El más reputado de estos poemas épicos –que también entroncaba con la vieja literatura española de los romances y del *Poema de Mio Cid*– fue *La Araucana* del madrileño Alonso de Ercilla, paje del príncipe Felipe –luego rey–, a quien Lope de Vega, su admirador, llamó nada menos que "Colón de las Indias del Parnaso". En su poema, Ercilla, combatiente en Chile él mismo en la feroz guerra contra los araucanos, cuenta, lleno de admiración, el valor de los *toquis* o caudillos indígenas Lautaro, Colocolo, Galvarino –a quien le cortan las manos–, y, muy notablemente, Caupolicán, quien, hecho prisionero y a punto de morir en medio de suplicios espantosos, inverosímilmente abraza el cristianismo para salvar su alma.

El largo poema –treinta y siete cantos–, en el que con obvia arbitrariedad se insertan visiones de las batallas de San Quintín y Lepanto, se reeditó varias veces y tuvo continuadores críticos, como Pedro de Oña, quien escribió *El Arauco domado*, entre otras razones, para enmendarle la plana a Ercilla por su silencio en torno a la figura del general García Hurtado de Mendoza, jefe militar de aquella gesta. Ninguneo perfectamente comprensible si se sabe que este condenara a muerte a Ercilla como consecuencia de un duelo con otro caballero, pena luego conmutada por la del destierro. La omisión no había sido fruto del olvido sino de una secreta venganza literaria. Ercilla intuía que de aquella notable aventura sólo quedaría para la posteridad su valioso testimonio rimado. Él se vengaría de Hurtado de Mendoza infligiéndole la muerte histórica privándolo para siempre de la gloria, durísimo castigo para aquellos infatigables buscadores de honor.

Si *La Araucana* cuenta con un indudable valor literario –Voltaire lo elogiaba con entusiasmo–, otro poema épico-descriptivo, *Elegías de varones ilustres de Indias*, escrito por Juan de Castellanos, destaca por su apabullante desmesura: nada menos que ciento cincuenta mil versos, probablemente el mayor ejemplo –no el mejor, por supuesto– de poesía narrativa de toda la literatura europea. Un monstruo rimado en octavas y endecasílabos, versos en los que pesadamente su autor va dando cuenta de numerosos episodios concernientes al Descubrimiento y Conquista de América, pero especialmente de Nueva Granada, hoy Colombia, en una de cuyas regiones –Tunja– Castellanos ejerció como sacerdote. Curiosamente, el Consejo de Indias prohibió durante mucho tiempo la divulgación del fragmento dedicado "al capitán Francisco Drake", corsario inglés, verdadera bestia negra de los colonizadores españoles del XVI en el Nuevo

Mundo, y personaje recreado por Lope de Vega en *La Dragontea*. Este poema épico está muy probablemente inspirado en el de Castellanos, aunque bastante mejor escrito, como era de esperar de uno de los más notables poetas del Siglo de Oro.

El teatro misionero

Mientras en la poesía épica existe un claro elemento de exaltación de las grandes hazañas nacionales, el género propagandístico y doctrinario más socorrido fue el teatro, dato que no debe sorprendernos pues forma parte de una vieja tradición medieval. En efecto, como en el resto de Europa se recurría en las iglesias a una suerte de representación dramática encaminada a estimular la piedad de los fieles en fechas muy señaladas: el nacimiento a la muerte de Jesús, la aparición del Ángel Gabriel a María u otros pasajes de la Biblia propios para estos ejercicios literarios. Esto parece que surgió simultáneamente a la aparición del castellano en la península, aproximadamente en el siglo X, y quizás antes. No obstante, la primera manifestación de este teatro litúrgico de que se tiene noticia documental es un fragmento del *Auto de los Reyes Magos*, pieza en la que se escenifica el episodio del nacimiento de Jesús. Esta pieza data del siglo XII, aproximadamente en la misma época en que se escribía la más antigua versión que ha llegado a nosotros del *Poema de Mio Cid*.

Cuando los frailes que acompañaban a los conquistadores comenzaron su labor de evangelización, enseguida advirtieron que los indígenas que formaban parte de civilizaciones complejas, especialmente en Mesoamérica y en la región andina, tenían una especial predilección por la escenografía religiosa. Las pirámides truncas –altares que eran, en realidad, escenarios para la representación de ritos–, los sacrificios humanos, el truculento papel que desempeñaban los sacerdotes: todo apuntaba a sociedades que valoraban tremendamente la comunicación por medio de historias dramatizadas. Así que una de las formas más eficaces de adoctrinar a los nativos en la nueva religión pareció ser la representación teatral de los elementos básicos de las historias del Viejo y del Nuevo Testamento. Sólo que eso tenía un inconveniente: para lograr una mínima eficacia había que apelar a las lenguas indígenas. Bastante difícil era, por ejemplo, comunicar la idea de la concepción sin pecado original de María, para añadirle, además, el inconveniente de tratar de explicarlo en castellano a unas personas que no entendían la lengua. Pero ese problema no sería eterno. Diez años después de la conquista se habría comenzado a solucionar. Para entonces ya algunos sacerdotes dominaban las principales lenguas nativas y comenzaron lo que se conoce como "teatro misionero".

La primera representación de que se tiene noticia, recuerda el dramaturgo y especialista puertorriqueño José Luis Ramos Escobar, a quien sigo de cerca en este epígrafe, tuvo lugar en 1531 y se tituló *El juicio final*. Fue escrita en náhuatl por el fraile Pedro de Gante, pero no se exhibió a los indígenas como una muestra del arte español, sino se insertó dentro de una ceremonia autóctona, conservando lo esencial de la forma precolombina. El propósito era adoctrinar; era transmitir el mensaje religioso católico por un medio que resultara familiar a los indios, y ninguno mejor que los areitos, unas fiestas de bailes y danzas en las que tampoco faltaban elementos de la religión indígena.

Tras asimilar los areitos como vehículos para llevar la nueva religión a los indios, el próximo paso fue eliminarlos y sustituir todo ese componente entre lúdico y pagano por una manifestación del teatro litúrgico católico más cercana a los cánones ortodoxos. De acuerdo con el relato de Fray Toribio de Benavente, el famoso *Motolinía* ("pobrecito" en náhuatl), los franciscanos montaron una versión indígena del *Auto de Adán y Eva*, con el objeto de enseñar la noción de culpa y la correspondencia entre la desobediencia a los mandatos de Dios y el castigo divino.

No es difícil imaginar el miedo que padecían los indígenas ante los conquistadores y los sacerdotes –las armas, los
caballos, los perros feroces, las armaduras, el estruendo de
los cañones, las historias de un Dios severo y omnipotente–.
Muy probablemente la actitud con que asistían a estas representaciones teatrales estaba teñida por el pánico. Miedo
que debieron advertir los jesuitas del Perú en 1559, cuando, para fortalecer ese elemento de terror, exhibieron las
obras *La historia alegórica del Anticristo y el juicio final*, de
acuerdo con el texto de Othón Arroniz. Este es citado por
Ramos: "hicieron extraer de las sepulturas gentílicas (...) muchas osamentas y aún cadáveres de indígenas, enteros y secos,
lo cual fue del consiguiente espanto en quienes se hallaron
presentes a dicho paso escénico".

Pero quizás más sorprendente aún que la truculenta
necrofilia de los jesuitas, fue la utilización práctica de la propia representación para proceder a bautizar a los indios en
una ceremonia en la que la literatura, la realidad y la religión se mezclaban sorprendentemente ante los ojos de los
asustados indígenas. En la obra llamada *La toma de Jerusalén*,
los indios que hacían el papel de los turcos, una vez derrotados por los cristianos en la batalla simulada sobre el esce-
nario, eran *realmente* bautizados, tal y como establecía el
texto de la obra. Y para resaltar todavía más la confusión
entre la verdad y la ficción, tras el fin de la representación,
tanto la obra como el bautizo de los nuevos y sorprendidos
cristianos se celebraba por medio de un generoso banquete
en el que abundaba la comida. Este detalle lo calificaría un
sicólogo moderno de "refuerzo positivo". Es inquietante tratar de imaginar qué pasaría por el cerebro de aquellos indios
obligados en pocas horas a transitar por la fugaz experiencia de haber sido falsos turcos islamizados antes de volverse
cristianos reales mediante un bautizo colectivo. En este, el
agua bendita era súbitamente asperjada sobre sus cabezas por
otro "actor" que era, en verdad, un cura disfrazado de cura.

Pero el teatro misionero fracasó. Tras muchos intentos

y esfuerzos, los frailes fueron descubriendo la verdad: no resultaba un método muy eficaz de enseñar la doctrina cristiana. La juerga era más poderosa que la teología. Las costumbres, los mitos y las tradiciones autóctonas acababan por permear los textos católicos, y, en cierta forma, revitalizaban la cultura pagana. Pronto la jerarquía tomó cartas en el asunto y el controversial franciscano Juan de Zumárraga, culto obispo e implacable perseguidor de herejías, prohibió el teatro misionero. No era de extrañar en quien, como inquisidor, en 1535, había mandado quemar al Señor de Texcoco y había destruido numerosas expresiones de la cultura indígena. Lo notable, en este caso, es que la literatura que comenzó a arder no fue la pagana sino la cristiana. Le correspondió al fraile Francisco de Burga la ingrata tarea de recorrer los pueblos para requisar los textos del teatro misionero con el objeto de incinerarlos. Parece que su piadoso talante lo convirtió en un eficacísimo pirómano.

La literatura española en América

Pasado el pasmo del Descubrimiento, la Conquista, y encaminada la Colonización, los españoles instalados en América, o los criollos por ellos educados, fueran blancos o mestizos, retomaron modestamente el mismo camino literario que se seguía en la península. En el Viejo Mundo comenzaban a imperar las formas del Barroco, así que la literatura desovada en el Nuevo no estaría muy lejos de esas coordenadas estéticas. Esto es importante subrayarlo: más o menos iniciado el siglo XVII, ya domeñada América y subyugados los pobladores originales, fundadas las principales ciudades del Nuevo Mundo, los miembros de la *intelligentsia* criolla –cualquiera que fuese el color de su piel–, se constituían en una parte excéntrica de la cultura europea. Construían sus casas y pueblos, pintaban sus cuadros, edificaban sus iglesias, componían música o escribían sus textos literarios dentro de los cánones europeos, a los que añadían como acento, naturalmente, cierto substrato artístico tomado de la tradición indígena.

El Barroco literario español

Esto coincide en el tiempo, más o menos, con lo que los manuales de preceptiva literaria llaman el periodo barroco, palabra de origen incierto (y concepto más incierto aún) que de inicio tuvo una connotación peyorativa: era lo extravagante, lo raro, lo que buscaba la notoriedad en el artificio excesivo. Y ese periodo, además, es el del mayor esplendor de España como nación y como foco cultural europeo. ¿Cuánto abarca? El nacimiento, con la arbitrariedad con que siempre se establecen estas fechas, puede fijarse con el de Cervantes en 1547, y el de su muerte, con la desaparición de Calderón en 1680. Es, pues, un período largo, de más de 130 años, en el que España se convierte en la primera potencia del planeta, pero sólo para comenzar un rápido descenso hacia posiciones secundarias, arrastrada por guerras que no pudo ganar y por revoluciones técnicas y científicas a las que no supo sumarse.

En todo caso, como suele ocurrir en las naciones que en algún momento se han alzado con el cetro de la civilización, ese chispazo de esplendor fue lo suficientemente luminoso como para generar por primera vez una literatura original que no tomaba del extranjero los modelos, sino que reflejaba la propia fuerza creativa autóctona. Italia, hasta entonces referencia obligada como fuente de inspiración artística, perdió gran parte de su influjo. Cervantes lo dice muy claramente: "Yo soy el primero que he novelado en lengua castellana; que las muchas novelas que en ella andan impresas, todas son traducidas de lenguas extranjeras y estas son mías propias, ni imitadas ni hurtadas". Y era verdad: lo que se ha llamado el Siglo de Oro de la literatura española fue un asombroso espasmo de creatividad original en donde comparecieron, además del autor del *Quijote*, otras figuras del ta-

maño de Lope de Vega, Francisco de Quevedo, Tirso de
Molina, Luis de Góngora, Calderón de la Barca, Baltasar
Gracián y –pronto volveremos a él– el mexicano Juan Ruiz
de Alarcón.

¿Qué fue el barroquismo literario? Ante todo y en su
expresión más radical, fue la subordinación del contenido a
la forma con que se expresaba ese contenido. La palabra y
la sintaxis dejaron de estar al servicio de la transmisión del
pensamiento para construir con ellas un laberinto en el que
el talento creativo se mostraba obstaculizando la comunicación, mientras el goce estético del lector se obtenía vencien-
do esos obstáculos, como en un juego inteligente, como en
un inmenso crucigrama literario sólo al alcance de quienes
fueran capaces –por ejemplo– de descifrar la *Fábula de Poli-
femo y Galatea* escrita por Góngora. Le llamaron Culteranis-
mo a esta corriente, llena de palabras rebuscadas, articuladas
en oraciones torcidas, donde la gracia estaba en alejar verbo
y sujeto hasta casi hacerles perder la coherencia, y en la que
los temas frecuentemente empleados para acercarse a las
emociones recurrían a símiles sacados de la mitología. Pero
hubo otra escuela, u otra vertiente de la estética barroca, más
sobria en la expresión, basada en el ingenio y en la relación
novedosa de ideas y palabras: fue –así le llamaron los críticos
posteriormente– el Conceptismo. Y tuvo dos cumbres espectaculares: Quevedo y Gracián.

El Barroco literario americano

La expresión americana de este fenómeno literario tendrá, lógicamente, menos cultivadores, pero, en cambio, durará bastante más: hasta fines del siglo XVIII, lo que acaso
ilustra la lenta digestión colonial en materia cultural. Con-
centrémonos en las figuras básicas.

Los pioneros, como solía ocurrir, fueron dos curas nacidos en España, pero instalados y formados en las cabezas
virreinales. Bernardo de Balbuena, avecindado en México y

Diego de Hojeda, en Perú. El primero de ellos, además de estudiar teología en México, llegó a ser abad mayor en Jamaica y obispo en Puerto Rico, donde murió. Pero su espacio en la historia literaria americana poco tiene que ver con las disquisiciones religiosas. Se debe, fundamentalmente, a dos obras en verso que en su momento recibieron el aprecio de la crítica: la *Grandeza mexicana*, un poema descriptivo de los usos y costumbres de su tiempo, y *El Bernardo o victoria de Roncesvalles*, un larguísimo texto épico sobre la derrota de Orlando Furioso –cuarenta mil versos repartidos en cinco mil octavas–, personaje antes visitado por Ludovico Ariosto en su abigarrada historia sobre los enfrentamientos de Carlomagno y los moros. El segundo, Hojeda, es el autor de *La Cristiada*, obra también en octavas en la que recrea la pasión y muerte de Jesús, y en la que no faltan piadosas referencias a los santos.

Sor Juana Inés de la Cruz, bautizada como Juana de Asbaje y Ramírez, es un caso aparte. Fue una niña prodigio, capaz a los ocho años de escribir notables poesías. Su familia formaba parte de la clase dirigente del virreinato mexicano –pese al origen ilegítimo de Juana–, así que se codeó con la Corte durante su precoz adolescencia, hasta que decidió vestir los hábitos de las carmelitas, más tarde reemplazados por los de las jerónimas. No había cumplido los 20 años cuando tomó la decisión de ordenarse, y es probable que ello fuera la consecuencia de dos frustraciones: por una parte, amores torcidos –se trataba de una mujer razonablemente bella y su obra rezuma femineidad y un cierto oscuro erotismo–, y de la otra, la imposibilidad de llevar una vida intelectualmente densa y demandante en una sociedad que le vedaba a las mujeres el acceso a los estudios universitarios. Para leer, meditar y escribir, era preferible, pues, la soledad de una celda conventual en la que pudiera encerrarse con los cuatro mil volúmenes de su biblioteca, tal vez la mejor de México en la segunda mitad del siglo XVII.

Su obra, no muy extensa, exhibe con toda claridad la influencia del mejor Barroco español. En *Primero sueño*, un largo y oscuro poema místico-filosófico, sigue de cerca las *Soledades* de Góngora en los aspectos formales. Pero en la obra en prosa *Respuesta a Sor Filotea de la Cruz*, en la que da cuenta de elementos autobiográficos que revelan su inconformidad con la discriminación que sufrían las mujeres –tema que también explorará en su poesía–, se aproxima a Saavedra Fajardo; mientras que su teatro –escribió dos comedias y tres autos sacramentales– se inscribe en una línea de corte claramente calderoniano. Finalmente, las autoridades de su orden religiosa le pidieron que se alejara de la literatura profana, tan próxima siempre al pecado, y permaneciera en el ámbito de su fe. Por estas amonestaciones, o quizás por el pesimismo tan típico del Barroco, fue alejándose cada vez más de las glorias mundanas hasta desprenderse de sus libros y dedicarse con ahinco a ayudar a los enfermos. Murió antes de cumplir los cincuenta años, pero lo que dejó escrito fue suficiente para que la llamaran la *Décima Musa*.

Contemporáneo de Sor Juana, pero radicado en Lima desde muy joven –nació en España–, fue Juan del Valle y Caviedes, a quien su admiración por Quevedo, su instinto para el humor y su desprecio por los peores aspectos de la sociedad de su tiempo lo convirtieron en el poeta más respetado del siglo XVII peruano. Y si Del Valle Caviedes fue un quevediano confeso, otro peruano de su generación, llevó su gongorismo al extremo de escribir el ensayo *"Apologético en favor de Luis de Góngora, príncipe de los poetas de España contra Manuel de Faria y Souza, caballero portugués*. Este fue Juan de Espinosa Medrano, cura y mestizo, orador sagrado de verbo incontenible, por lo que le llamaban Doctor Sublime, también conocido como El Lunarejo por su cara manchada. Apasionada defensa realmente extemporánea, dado que la polémica del lusitano con el autor de *Soledades* había ocurrido un cuarto de siglo antes. Curiosamente, y como muestra artística del mestizaje americano acaso más extremo, El Lunarejo llegó a escribir obras en quechua de

tema mitológico clásico y lenguaje gongorino. El nombre
basta para explicar este extremo: *Auto sacramental del rapto
de Proserpina y sueño de Endimión*.

Si para Del Valle Caviedes el gongorismo fue una afini-
dad elegida, para el jesuita mexicano Carlos de Sigüenza y
Góngora resultaba perfectamente natural, casi inevitable,
dado que don Luis era nada menos que su tío. Sigüenza, en
realidad, más que un escritor, fue un sabio de su época –matemático, astrónomo, filósofo, latinista–, lo que explica su
amistad con Sor Juana Inés de la Cruz, siempre necesitada
de relaciones estimulantes. Y aunque no tuvo un talento
poético desbordante, si lo poseyó, en cambio, para la prosa,
como demuestra en el relato, muy famoso en su tiempo,
Infortunios de Alonso Ramírez, un personaje nacido en Puerto Rico al que le suceden diversas aventuras en distintas
partes del mundo, ideal para encarnar al protagonista de lo
que acaso sea la primera novela picaresca escrita en el Nuevo
Mundo. Libro que pudiera considerarse el más entretenido
del Barroco americano si en 1859 no se hubiese publicado
un fascinante cronicón, hasta entonces inédito, conocido
como *El Carnero*, obra del colombiano Juan Rodríguez
Freyle, quien vivió a caballo de los siglos XVI y XVII, y quien
con sus anécdotas, historias increíbles y retorcidas intrigas
se anticipó varios siglos al realismo mágico de su compatriota
Gabriel García Márquez.

Otro mexicano, Juan Ruiz de Alarcón, trasladado a la
península a los 19 años, entraría de lleno en el Siglo de Oro
de la literatura española, situado junto a los más grandes
dramaturgos de su tiempo, Tirso, Lope y Calderón. Pero
con una particularidad que lo distingue: ninguno de los otros
tuvo el instinto literario para dibujar personajes dotados de
la profundidad sicológica de los que se encuentran en comedias como *La verdad sospechosa* y *Las paredes oyen*, las dos piezas más famosas de las apenas veintitrés que escribió el
mexicano. ¿Por qué ese penetrante ojo para la naturaleza
humana, por qué esa voluntad de examinar la dignidad de

las personas por encima de todas las cosas? El poeta y crítico Pedro Shimose lo atribuye, entre otras razones, al lamentable aspecto físico de Ruiz de Alarcón: pequeño y corcovado
de pecho y espalda, lo que lo convirtió en blanco de las
peores invectivas de sus colegas, y muy especialmente del
despiadado Quevedo. Desde llamarlo "hombre entre paréntesis", hasta decirle que cuando se desplazaba "no sé si te
corcovás/ni sé si te corcovienes", todo tuvo que oírlo o leerlo
el melancólico mexicano. Finalmente, abandonó la literatura
y se convirtió en un funcionario de la Corona más o menos
encumbrado. La fama le llegaría después de muerto y de la
mano de los franceses, con cuya más sobria mentalidad encajaría perfectamente.

El Neoclasicismo en España

Cuando se asoma el siglo XVIII España da muestras de
una evidente desvitalización. Es toda una metáfora del país
que en 1700 el último de los Habsburgo, Carlos II, muera
enclenque, insignificante y sin descendencia. España, como
su rey, era una sombra de lo que había sido ciento cincuenta
años antes, cuando Carlos V mandaba sobre media Europa.
Sin embargo todavía mantenía ciertos signos externos de
gran potencia. Y esa debilidad estimula el apetito imperial
de los poderes vecinos: Inglaterra, Austria y Francia batallan
por la Corona. Es una guerra larga y feroz, librada en medio
planeta, que deja más de un millón de muertos en los campos de batalla. Finalmente, triunfa Francia, y un nieto del
rey francés Luis XIV será el Felipe V de los españoles, primer monarca de la dinastía de los Borbones.

Pero lo que llega es mucho más que un rey extranjero.
Como se describe en capítulos anteriores, con Felipe V, España comienza un intenso proceso de afrancesamiento. Es
como si la nación –o los retazos que la componen, para ser
más exactos–, súbitamente dejaran de confiar en su propia
savia creativa. De pronto, lo español comenzó a ser sinóni

mo de castizo y atrasado. Todo lo valioso venía de Francia.
Lope de Vega y Calderón dejan de ser las referencias y le
ceden el paso a Molière y a Racine. Los ensayistas españoles –entre ellos Cadalso, el más agudo– miran a Montaigne,
se deslumbran con su pesimismo, con su elegante escepticismo, y se olvidan, por ejemplo, de Saavedra Fajardo. Los
poetas que cultivarán la fábula –Iriarte, Samaniego– busca-
rán en La Fontaine el modelo ideal. A la gran literatura española, en suma, le ocurre lo que al conjunto del Estado: se
subordina a la potencia del momento en busca de pautas y
nuevos cánones. Hasta vestir a la española merece cierto
desdén. Es la hora de Francia.

El propio monarca, Felipe V, apenas hablaba español y
se rodea de asesores y funcionarios venidos de su tierra gala.
Con ellos traen un modo más eficiente de organizar el Estado, pero más centralista y despótico que el que habían
dejado los Habsburgos. Traen también una mayor pasión
por el progreso y la ciencia: es el espíritu de la Ilustración.
Fundan, pues, en medio de la guerra, la Academia de la
Lengua y la Biblioteca Nacional. Luego vendrán otras instituciones del mismo corte: la Academia de la Historia y el
Jardín Botánico son dos buenos ejemplos.

El cambio, naturalmente, no sucedió en un instante. Por
un tiempo la literatura española siguió la vieja estética barroca profundamente nacional. Pero sólo por un tiempo: en
1737, Ignacio de Luzán, un culto diplomático zaragozano,
previamente destacado en París y en Italia, publica un libro
singularmente importante en la historia de las letras peninsulares. Se trata de la *Poética*. ¿Qué es? Un ensayo de preceptiva literaria. Explica y prescribe lo que es de buen gusto;
censura lo que cae fuera de sus cánones. Se refiere, esencialmente, a la poesía, pero eso era casi todo en una época en la
que el teatro, el género rey de aquellos años, se escribía en
versos.

Luzán tiene un modelo clarísimo en mente cuando escribe su *Poética*. Se trata de *L'art poétique* del francés Nicolás Boileau. Más de medio siglo antes, en 1674, el parisino había llegado a las mismas conclusiones: los excesos del Barroco, la imaginación delirante y la sintaxis retorcida habían dañado la literatura. Había que volver al orden, a la simetría, a la claridad. Las reglas literarias propuestas por Aristóteles retomaban su vigencia: las obras debían someterse a las unidades de acción, tiempo y lugar. Y ni siquiera era una propuesta novedosa la de Boileau que Luzán retomaba: en París, desde medio siglo antes, la Academia Francesa recomendaba vivamente que los autores se atuvieran a estos cánones. El propio cardenal Richelieu asesoraba a la Sociedad de Autores con temas, ideas y planteamientos estéticos eminentemente clásicos. La función de la literatura era reproducir la vida, copiarla amablemente, dotarla de un mensaje moral y nunca desfigurarla. La razón es la nueva diosa a la que se rinde pleitesía.

Si Luzán sigue de cerca la obra de Boileau, Leandro Fernández de Moratín intentaría ser el Molière español, autor del que tradujo, rendido de admiración, un par de comedias: *El médico a palos* y *La escuela de los maridos*. Las suyas propias son menos meritorias que las del maestro francés, pero gustan: *La comedia nueva* y *El sí de las niñas* son las dos mejores. La primera de ellas es una especie de manifiesto literario en el que recurre al viejo truco del teatro dentro del teatro para manifestar su desdén por las viejas formas dramáticas. La segunda posee un simpático componente feminista. Triunfa el amor y la niña no tiene que casarse con el anciano que le habían asignado como marido. Es un drama humano, pequeñito y amable, con cierto análisis sicológico, que hubiera podido firmar Molière. Sólo que a los efectos de este libro, el teatro es poco importante. En América, en esta época, hay representaciones de viejas obras españolas, o de autores que imitan a los españoles, mas se trata de un género escasamente visitado. La poesía española, también ya bastante afrancesada, realmente alimenta cierta poesía latinoamericana en la que se advierten notables valores estéticos de la escuela neoclásica.

De los españoles, tres son los poetas que se leen y, sobre todo, declaman con admiración allende el Atlántico. Uno es Nicolás Fernández de Moratín, padre de Leandro, el otro es Juan Meléndez Valdés, pero el que más influye, sin duda, es el tercero: Manuel José Quintana. ¿Por qué? Por sus odas patrióticas, altisonantes, abocinadas, escritas contra los franceses invasores de la era napoleónica, pero en un tono universal de himno de guerra que luego utilizarán los latinoamericanos para denostar a los españoles y exaltar a los patriotas independentistas.

El Neoclasicismo latinoamericano

Como era de rigor, la polémica literaria –Barroco contra Neoclasicismo– llega a los virreinatos americanos al ritmo lento de la navegación a vela. La densidad intelectual es escasa y todavía se mantiene fuertemente sujeta al peso directo de la literatura española, que es una suerte de filtro de la influencia francesa, pero nadie parece advertirlo. Los medios de comunicación latinoamericanos son raquíticos, y es hasta finales del siglo XVIII que comienzan a proliferar las publicaciones periódicas, los ateneos, los casinos de pueblo y los cafés, sitios en donde se cocinan las tertulias literarias, tan importantes para impulsar las nuevas tendencias. Algunos espíritus, sin embargo, encarnan perfectamente en el arquetipo del hombre de la Ilustración. Tres de ellos son venezolanos. El dato es curioso, pues hasta esta época Caracas apenas había tenido protagonismo en el terreno de la cultura latinoamericana, y, de pronto, se presenta este pelotón de vanguardia.

El más notable de estos venezolanos ilustrados es Francisco de Miranda, calificado como El Precursor, quien fue como una especie de síntesis entre Washington, Jefferson y

Casanova. Del primero tuvo las dotes del gran militar, demostradas al servicio del ejército español en la lucha por la Independencia estadounidense, y luego durante la Revolución francesa, donde obtuvo el grado de general, cubriéndose de gloria en la toma de Amberes. Del segundo, como prueban los diez tomazos de sus obras completas, poseyó la curiosidad científica, la pasión por conocer y desentrañar los misterios de la naturaleza, y todo ello fue capaz de expresarlo en una prosa limpia, bien trenzada, como mandaban los cánones neoclásicos. Del tercero, de Casanova, tuvo la fama en amores, y entre ellos –se dijo–, el de la zarina Catalina la Grande, quien lo madó buscar para asesorar al ejército ruso y parece que acabó encargándole otros menesteres más agradables. Miranda murió preso en Cádiz, tras fracasar en dos intentos de derrotar a los españoles en Venezuela.

Andrés Bello es otro de los grandes ilustrados venezolanos. Él se tuvo por un notable poeta –y sus coetáneos así lo percibieron–, pero su poema cumbre, la silva "A la agricultura de la zona tórrida", descriptivo, de perfecta rima, queda muy lejos de nuestros gustos literarios actuales. Exactamente igual les sucede a las odas filosóficas de los modelos españoles de Bello, y muy concretamente al Juan Meléndez Valdés de *La prosperidad aparente de los malos* o el admonitorio *El invierno es tiempo de meditación*. No fue, pues, la poesía lo que marca la importancia tremenda de Bello, sino su labor como lingüista en la muy notable *Gramática de la lengua castellana destinada al uso de los americanos*, su código civil escrito para Chile, país en el que desarrolló una ingente labor como pedagogo y jurista, cuyas benéficas consecuencias –especialmente en el terreno educativo– se advierten hasta en nuestros días.

El tercero es Simón Bolívar. Siempre se le recuerda, y es lógico que así sea, con la espada en alto, y se le inmortaliza en bronces a caballo, pero fue, además, un excelente escritor. Sin embargo, su vida convulsa y relativamente corta –apenas cuarenta y siete años– sólo le dejó tiempo para una copiosa correspondencia y unos cuantos escritos fragmentarios:

Carta de Jamaica, Mi delirio sobre el Chimborazo o el prólogo
a la muy discutible *Constitución de Angostura*.

Dos son los poetas latinoamericanos del neoclásico que
merecen recordación, y en ambos ya se aprecian elementos
del romanticismo que después vendría: el ecuatoriano José
Joaquín Olmedo y el cubano José María Heredia. Los dos
fueron fuertemente marcados por la lucha política en sus
respectivos países, pero de manera más notable el ecuatoriano, quien llegó a la vicepresidencia de la república. Heredia,
más desdichado, tuvo que marchar al exilio, y allí, en México, murió presa de la nostalgia con apenas 36 años.

Para conocer qué fue la poesía de Olmedo basta acercarse
al más famoso de sus poemas, "La victoria de Junín", de
franca filiación "quintanista", y leer, en voz alta –son versos
para declamar– el fragmento siguiente:

> El trueno horrendo que en fragor revienta
> Y sordo retumbando se dilata
> Por la inflamada esfera,
> al Dios anuncia que en el cielo impera.
> Y el rayo que en Junín rompe y ahuyenta
> La hispana muchedumbre
> que, más feroz que nunca, amenazaba,
> la sangre y fuego, que eterna servidumbre,
> y el canto de victoria
> que en ecos mil discurre, ensordeciendo
> el hondo valle y enriscada cumbre,
> proclaman a Bolívar en la tierra
> árbitro de la paz y de la guerra.

Bolívar fue declarado árbitro de la paz y de la guerra por
Olmedo, pero eso no le impidió al Libertador ser tremendamente crítico cuando el poeta le pidió opinión sobre sus
versos: "Usted debió haber borrado muchos versos que yo
encuentro prosaicos y vulgares (...) son renglones oratorios

(...) Usted debió haber dejado este canto reposar (...) La precipitación es un gran delito en un poeta".

José María Heredia fue un niño genio. A los 12 años traducía del latín con soltura, y con el tiempo llegó a dominar el francés, el inglés y el italiano, idiomas en los que no sólo leía textos creativos, sino también jurídicos, dada su condición de abogado, de buen abogado. Fue un notable crítico, pero su lugar destacado en la literatura neoclásica se lo procuró la poesía y el reconocimiento posterior de Marcelino Menéndez Pelayo, prior de la crítica literaria española en la segunda mitad del siglo XIX. Últimamente, el investigador Alejandro González Alonso le ha adjudicado a Heredia la autoría de la novela histórica *Jiconténcal*, la primera en lengua española, publicada en Filadelfia en 1826 de forma anónima.

Dos son los poemas de Heredia que la posteridad recuerda y en ambos la crítica más solvente advierte elementos que anticipan el Romanticismo. Uno de ellos es "El Teocalli de Cholula", una especie de meditación rimada sobre la grandeza de la civilización azteca y la violencia de sus ritos religiosos. El otro es la oda "Niágara", escrito al pie de las cataratas, supuestamente de un inspirado tirón, en el que se mezclan la impresión emocional del espectáculo, la intuición de Dios que ello provoca y la permanente alusión a su condición de desterrado. Como en Olmedo, la utilización de vocablos altisonantes alude al estruendo de la caída de las aguas:

> Corres sereno y majestuoso, y luego
> En ásperos peñascos quebrantado,
> Te abalanzas violento, arrebatado,
> Como el destino irresistible y ciego.

¿Hay buena ficción en el neoclásico latinoamericano? Por supuesto. Al mexicano José Joaquín Fernández de Lizardi se debe la primera novela publicada en el siglo XIX en aquellos parajes: *El Periquillo Sarniento*. Sin embargo, tiene poco, es verdad, de neoclásica. Pertenece al género de la picaresca, como *El lazarillo de Tormes*, pero le incorpora disquisiciones filosóficas, comentarios morales y juicios de valor, como hiciera su compatriota Mateo Alemán, dos siglos antes, en el *Guzmán de Alfarache*. Además de *El Periquillo*, Fernández de Lizardi escribió otras novelas: *Noches tristes, El día alegre, La Quijotita y su prima*, y *Don Catrín de la Fachenda*, esta última publicada después de su muerte.

Emancipación y Romanticismo

En América Latina la Independencia latinoamericana y el Romanticismo llegaron de la mano, se cocieron juntos, en la misma olla, lo que dará origen a un previsible fenómeno: la independencia no sólo será política. En el terreno cultural existirá la misma voluntad separatista. España no volverá a ser nunca más la gran referencia cultural en las ex colonias. Los grandes románticos latinoamericanos, además, casi siempre fueron, simultáneamente, luchadores por la independencia, lo que explicará la intensidad del rechazo. Para los separatistas latinoamericanos España era el enemigo político y un modelo cultural inservible. El foco deslumbrante e imitable era otro: Francia. Y nada nuevo había en ello: desde hacía más de un siglo la cultura española se había afrancesado progresivamente. Lo que ocurriría a partir de la independencia es que la influencia francesa, y la inglesa, llegarían a América directamente, sin antes pasar por la aduana de la Metrópoli.

¿Qué era el Romanticismo? En realidad, nada tremendamente novedoso: como en un movimiento pendular, bastante frecuente en la historia estética de los seres humanos, las emociones, la espiritualidad y la fantasía desbordada adquirieron de nuevo el aprecio de las elites y la sociedad. El neoclasicismo ordenado y racional quedó devaluado. De alguna manera se le relacionaba con el antiguo régimen demolido por la revolución de los franceses. De sus ruinas

emergía el culto por el yo, expresado por medio de un individualismo rabioso, y la selección de unos nuevos temas exóticos y distantes, enmarcados en la Edad Media o en el
Oriente.

La formulación teórica del Romanticismo no había sido
hecha por los franceses sino por los alemanes, concretamente,
en una obra del poeta Friedrich von Hardenberg, conocido
como *Novalis*, y en las propuestas teóricas de los hermanos
Schlegel –August Wilhen y Friedrich–, poetas, filósofos y
grandes animadores de la cultura germana a fines del siglo
XVIII y principios del XIX. Pero no fue por esa vía por la que
los latinoamericanos recibieron la nueva literatura, sino por
medio de la influencia francesa y, en menor medida, inglesa.

El primer romántico francés que los latinoamericanos
leen con fruición es el vizconde de Chateaubriand –diplomático, político, pero escritor por encima de todo–. Lo que
los deslumbra es una novela, *Atala*, de tema precisamente
americano, cargada con toda la pasión y el exotismo que se
espera de la nueva literatura, mezclados en este caso con
asuntos teológicos a los que Chateaubriand era especialmente adicto. Atala es el nombre de la protagonista, una india
cristiana de la tribu muscogulgas, situada en la Louisiana,
que se enamora de Chactas, de la tribu de los natchez, un
indio prisionero al que van a ejecutar. Atala le facilita la
huida, pero luego se suicida para no sacrificar su virginidad
en el matrimonio cristiano que Chactas le propone.

A sir Walter Scott los latinoamericanos lo leyeron e imitaron por razones parecidas: la fascinación por la fantasía,
la truculencia y la historia, todo ello trenzado con amores
imposibles, una buena dosis de violencia, y, en su caso, una
incómoda pizca de antisemitismo. Este escritor británico,
nacido en Edimburgo, autor de varias novelas, y, entre ellas,
de un bicentenario *best-seller: Ivanhoe*, que continúa reeditán-
dose año tras año. Con este relato, ambientado en el siglo
XII, prácticamente revive el género medieval de la novela de
caballería, con personajes históricos como Ricardo Corazón

de León, disfrazado de incógnito caballero negro, con da-
mas indefensas que son secuestradas, y con personajes heroicos como el propio príncipe Wifredo de Ivanhoe, quien
finalmente logra –cómo no– el amor de la bella Rowena.

Otro inglés, algo menor que Scott, será por mucho tiempo el fulgurante arquetipo del escritor maldito, admirado e
imitado, probablemente más por su leyenda personal de
seductor sin límites que por su obra: George Noel Gordon
Byron, Lord Byron a secas para la posteridad. Noble de
cuna, con asiento en la cámara alta, que ocupó junto a los
liberales, víctima de una madre extremadamente rigurosa.
Lord Byron, poeta famoso en su tiempo, acabó entregado a
una vida de aventuras y sensualidad en la que ningún límite
estaba exento de transgresión, incluido el de los amores
incestuosos con su hermanastra Augusta Leigh. ¿Qué obra
especial dejó? Una al menos, *Don Juan*, un exuberante poema narrativo, agitado y amoral, inspirado en la leyenda española del conquistador de mujeres, trufada en su versión
por aventuras violentas, adulterios, naufragios en tierras extrañas, piratas, eunucos, secuestros, rescates prodigiosos, y
hasta cierto historicismo en el que realidad y ficción se mezclan, pues el infatigable amante consigue acompañar en su
lecho a Catalina, la zarina de todas las Rusias. También presenta escenas semipedófilias: el galán ya no es un adolescente
talludo cuando la no tan casta Julia lo inicia en el sexo; y
travestis: Don Juan pasa por un serrallo turco disfrazado de
odalisca. ¿Buen poema? Tal vez en su época y en su idioma.
Pero, con razón o sin ella, se leía en clave de biografía. Lord
Byron era Don Juan y viceversa. Antes de ponerle punto
final, su autor se embarcó en una goleta llamada, por cierto,
Bolívar a auxiliar a los griegos en su lucha contra los turcos.
No murió en combate, como correspondía a la leyenda romántica, sino enfermo de fiebres y diarreas. Su fantasma literario continuó revoloteando mucho tiempo.

Si la literatura decimonónica, especialmente la romántica,
tuvo un papá, ese fue el francés Víctor Hugo, y no sólo por

su obra, sino por su vida larga y agitada, en la que defendió causas populares como la democracia, el progreso, las condiciones de vida del proletariado y la independencia de los pueblos que buscaban su libertad, algo que estimulaba el patriotismo de los latinoamericanos. Estuviera en París o en el exilio –dos décadas vivió desterrado–, Hugo fue para los latinoamericanos una especie de dios literario continuamente reverenciado. ¿Qué leían de él? No su drama histórico *Cromwell,* en cuyo prólogo anota su manifiesto romántico, o el *Hernani,* con el que liquida las reglas del teatro neoclásico vigentes en Francia desde el siglo XVII. Leen, básicamente, sus escritos políticos, su poesía filosófica, dedicada a los grandes temas del espíritu, y sus novelas folletinescas, especialmente, *Nuestra señora de París,* con la historia de la desdichada gitana Esmeralda y el contrahecho campanero Quasimodo, feo, bueno y perdidamente enamorado. También *Los miserables,* obra ya de madurez, donde los personajes tienen unos perfiles sicológicos capaces de hacer creíble la fatigosa peripecia a que Hugo los somete: Jean Valjean, víctima de mil injusticias y de un larguísimo periodo tras la reja que no llegan a emponzoñarle el alma; el beatífico obispo Myriel; la dulce Cosette; y, naturalmente, el inolvidable inspector Javert, implacable en la persecución, hasta que su enemigo, a fuerza de bondad, lo coloca en una disonancia moral de la que sólo el suicidio puede rescatarlo. En suma: un melodrama que logra resistir el paso del tiempo como pocas obras literarias, y que periódicamente resucita como teatro, cine o musical.

¿Por qué los latinoamericanos, capaces de crear repúblicas independientes, se mantenían bajo la influencia literaria de Europa, y muy ostensiblemente de Francia? ¿Por qué no se producía una eclosión literaria autóctona? Por varias razones, algunas de carácter cultural: eran sociedades acostumbradas a someterse al liderazgo intelectual extranjero, sin demasiada confianza en la creación propia. Otras puramente materiales: había pocos lectores, un puñado de librerías, contadas bibliotecas, no existía nada parecido a una industria editorial, y los periódicos, casi siempre escuálidos y sometidos a la censura del tirano de turno, apenas podían albergar folletines y páginas literarias, como sucedía en Europa. Y ese pobrísimo ambiente tuvo otra consecuencia: resultaba prácticamente imposible que surgiera el hombre de letras puro, el intelectual que vivía de su pluma.

En efecto, en Inglaterra, a partir de Scott y de Byron, hasta llegar a los impresionantes éxitos de Dickens, para algunos triunfadores fue posible recibir cantidades notables de dinero como recompensa por lo que escribían. En Alemania y, sobre todo, en Francia, sucedía lo mismo. Entre el periodismo literario –los folletines, los artículos bien pagados– y la aparición de los libros de bolsillo y en rústica, se pudo aumentar las tiradas, abaratar las obras y pagarle razonablemente bien a ciertos escritores. Este fue el caso de Hugo, de Honorato de Balzac, de Alejandro Dumas, de Eugene Sue, cuyo *El judío errante* vendió en pocos días más de cincuenta mil ejemplares en el París de mediados del XIX, una cifra espectacular para la época.

Los románticos latinoamericanos

La crítica convencional, invocando válidas razones cronológicas, suele designar al argentino Esteban Echeverría como el primer romántico latinoamericano. Y así fue: en 1832, un año antes de que el Duque de Rivas publicara *El moro expósito* en España –punto de partida del Romanticismo español–, Echeverría dio a conocer su poemario *Elvira o la novia del Plata* en Buenos Aires. Sin embargo, no serían esos versos sino "La cautiva", un segmento recogido en su libro *Rimas* cinco años más tarde, el que lo señalaría como un excelente poeta. A pesar de ello, lo que mantiene una total vigencia dentro del conjunto de su obra es el relato realista *El matadero*, escrito desde el exilio en Montevideo, cuando se enfrentaba a la larga tiranía de Rosas. Allí, en la ribera opuesta a Buenos Aires, también redactó un largo poema titulado "El ángel caído", en el que se advierte claramente la huella del *Don Juan* de Byron.

No era excepcional esa influencia. José Mármol, también argentino, también exiliado, romántico y antirrosista, se inspiró en *Childe Harold* de Lord Byron para redactar su *Cantos del peregrino*, mas, como en el caso de Echeverría, la memoria larga y generosa de los lectores no se debería a sus versos arrebatados, sino a una novela política, como tantas de la época, con nombre de mujer: *Amalia*. Su argumento: el amor en medio de la lucha contra la tiranía, el sacrificio por la patria, la muerte heroica de los amantes a manos de los malvados rosistas.

Pero no es *Amalia*, sino *María*, del colombiano Jorge Isaacs, la que se tiene como la más notable novela romántica latinoamericana, aunque ambas compartan el sello fatal de esas narraciones: la muerte de la bondadosa heroína, los amores fallidos con el egoísta Efraín, como si el final feliz estuviera proscrito de la prosa del romanticismo. María, sin embargo, no sucumbe por causa de la opresión política sino por razones naturales: la liquida la epilepsia, fatalmente heredada de su madre. También es un tema romántico. En *La Dama de las Camelias* de Alejandro Dumas será la tuberculosis la enfermedad que matará a Margarita Gautier. El romanticismo es así: muy desgraciado, calamitoso, tosedor y con fiebres.

Dado que los escritores latinoamericanos no tienen un nebuloso pasado medieval, como el del británico Walter Scott, apelan al tema étnico para sus narraciones más exóticas. Es lo que hace el ecuatoriano Juan León Mera en *Cumandá o un drama entre salvajes*, narración obviamente vinculada a la *Atala* de Chateaubriand. Cumandá es una india de rasgos sospechosamente bellos. Los salvajes son sus paisanos los jíbaros, unos feroces indios que se interponen entre ella y su improbable enamorado Carlos Orozco, porque a ella la ama el cacique Yahuarmaqui. La trama es muy alambicada, pero el final resulta totalmente predecible: Cumandá muere a manos de su tribu. Carlos perece de tristeza. Todo el mundo sufre muchísimo, pero algunos encuentran consuelo en la religión.

Como en Cuba los indios fueron prontamente exterminados, los escritores románticos de esa isla buscaron sus asuntos étnicos en el drama de la esclavitud. Y dos se destacaron muy especialmente: Cirilo Villaverde, exiliado en Estados Unidos por su oposición a la dominación española en Cuba, con su *Cecilia Valdés o la Loma del Ángel*, y Gertrudis Gómez de Avellaneda con *Sab*. Cecilia Valdés es el nombre de una bellísima mulata que desconoce quiénes son sus padres, pues ha sido criada por las monjas. A ella la ama, sin ser correspondido, el mulato José Dolores Pimienta. Leonardo Gamboa es un apuesto criollo blanco. Cecilia y Leonardo se enamoran. Ambos ignoran que son hijos del mismo padre. Es un incesto ciego. Algo así no puede acabar bien. En efecto, despechada, cuando sabe que su amante se casará con otra, Cecilia le pide a José Dolores que impida la boda, eliminando a la novia. El que muere es Leonardo. Mientras tanto, y a lo largo de toda la novela, Villaverde va haciendo una magistral descripción de La Habana colonial y de las injustas relaciones interraciales. La novela es romántica, pero con tintes de crítica social, más cerca de Balzac que de Hugo.

Sab es la mejor novela de la Avellaneda, cubana que también figura en la historia literaria española, pues vivió en España buena parte de su vida adulta. Sab es el nombre de un esclavo mulato secretamente enamorado de su ama Carlota. Es una laberíntica historia de amores contrariados, pero el pretexto resulta perfecto para formular un alegato contra la esclavitud, y, en menor medida, contra las parejas convencionales que no se sostienen por la tensión pasional. Tula, como le gustaba a la Avellaneda que la llamaran, mujer ella de volcánicas relaciones, muy poco propias de su época pacata, prefirió no reeditar esta novela para evitar cierta alarma social. Era, además de romántica, y muy dentro de la

influencia de George Sand –seudónimo de otra mujer de
vanguardia–, demasiado feminista para su época.

Cierta prosa romántica

Dentro de la dilatada época romántica –casi tres cuartos
de siglo– varios escritores muy notables escapan a cualquier
clasificación académica. Uno de ellos es el liberal Juan Bautista Alberdi, ensayista de prosa clara, muy influenciado por
los ingleses, por Locke y por Adam Smith. Con *Bases para
la organización política de la Confederación Argentina* se convirtió en el padre intelectual de la Argentina moderna surgida
tras el derrocamiento de Rosas. Otro, de mayor trascendencia literaria, es Domingo Faustino Sarmiento, escritor prolífico, dueño de una sintaxis transparente, poderosa; exiliado
político, luego presidente del país, cuya obra cumbre, *Facundo*, constituye el mejor ejemplo de ambigüedad literaria que
pueda imaginarse. ¿Se trata de una novela, de una biografía, de un ensayo sociológico, histórico, o de un alegato político? Es todo eso a la vez. La obra vacila hasta en el título.
La primera edición aparece como *Civilización y barbarie. Vida
de Juan Facundo Quiroga y aspecto físico, costumbres y hábitos de
la República Argentina.* ¿Alguien en sus cabales titularía así
una novela? La tercera edición ya sufre un cambio: *Facundo.
Civilización y barbarie en las pampas argentinas.* ¿Qué pretendía Sarmiento con este libro? En cierta forma, tomar de
coartada la vida de Facundo Quiroga, un feroz caudillo rural, para presentar los infinitos problemas que se erguían
frente a los argentinos. Los toma no como una lucha entre
adversarios políticos o ideológicos, sino como el choque entre el mundo urbano, ilustrado y tolerante, inclinado al progreso –al que Sarmiento se sentía adscrito– y el rural, bronco
y terrible, refractario a la modernidad, siempre dispuesto a
la "montonera" salvaje.

El peruano Ricardo Palma no buscó en su presente, como
Sarmiento, los temas con los que construyó su literatura. Se

fue al pasado incaico, a la conquista, al mundo colonial, a
las leyendas, a los chismes de alcoba y sacristía conservados
por la más pícara tradición oral. Y lo contó todo en sus de-
liciosas *Tradiciones peruanas*, en un tono entre festivo y so-
carrón, sin la ampulosidad habitual de los costumbristas. Era
su versión de lo que luego Unamuno llamaría intrahistoria:
el relato de anécdotas muchas veces picantes, contadas con
elegancia, pero sin ahorrar detalles que entonces eran inen-
contrables en la literatura habitual. Palma fue muy imitado.
Tanto, que Thornton Wilder, el novelista norteamericano,
tomó de él su episodio sobre La Perricholi, la amante del
virrey Amat, para escribir su novela *El puente de San Luis Rey*,
por la que recibió un bien merecido Pulitzer.

Narraciones poéticas

Si *Facundo* es la novela-ensayística –o viceversa– más notable del siglo XIX latinoamericano, el poema que más
impacto tuvo fue *El gaucho Martín Fierro*, obra de José Hernández. ¿En qué consiste? Es un larguísimo poema épico escrito en la lengua rústica de los gauchos, o, si se quiere, una
novela costumbrista autobiográfica, versificada, narrada en
primera persona por el protagonista, Martín Fierro. En ella
se cuentan las aventuras, casi todas desdichadas, de este campesino argentino, bravucón y peleador, expuesto a las arbitrariedades del gobierno, a los peligros del mundo rural, a
la crueldad de los indios, y a la pobreza de la pampa remota. Mientras cuenta lo que le ocurre, Martín Fierro da consejos, hace afirmaciones astutas y se queja de las injusticias de
la vida. Algunos personajes, muy pocos, logran adquirir cierto perfil, como su amigo Cruz, quien morirá secuestrado por
los indios. Fue tal el éxito de *El gaucho Martín Fierro* –el
primer *best-seller* de Argentina– que su autor, a los siete años
de la primera edición publicó *La vuelta de Martín Fierro*, y a
partir de ese momento los dos textos se publican juntos. ¿Por
qué esa gran acogida? Tal vez porque Argentina, en el últi-

mo tercio del XIX marchaba hacia la civilización preconiza-
da por Sarmiento –presidente del país cuando apareció la
obra de Hernández–, y acaso existía cierta nostalgia por un
mundo rural que desaparecía: la barbarie también tenía sus
partidarios.

Totalmente diferente es el caso de *Tabaré*, del uruguayo
Juan Zorrilla de San Martín. Sólo una coincidencia con el
Martín Fierro: Tabaré es también, a su manera, la epopeya
nacional de un pueblo. Zorrilla no recurre al lenguaje popular, sino a una versificación sonora, culta, que recuerda las
leyendas de otro Zorrilla, el español. En el poema se narra
el desencuentro amoroso de Tabaré, un indio mestizo cha-
rrúa, enamorado de la hija de un conquistador español.
Como invariablemente sucede en la literatura romántica que
trata este tema, el protagonista muere como consecuencia
de una gran injusticia.

La hora del positivismo y del cientificismo

En la época en la que todavía persisten los rasgos de la
literatura romántica, en el campo de la ensayística comparece una escuela cuya principal fuente nutricia es de índole
filosófica: el positivismo. Y dos son fundamentalmente los
autores que los latinoamericanos "devoran" con un extraordinario interés: el francés Auguste Comte y el inglés Herbert
Spencer.

Comte en su juventud fue secretario del conde Henri de
Saint-Simon, un socialista utópico en el que se mezclaban
un pensador y un reformador social. Cuando riñeron, años
más tarde, Comte sería ambas cosas y habría formulado
mejor que su maestro lo que se conoce como la ley de los
tres estados. La humanidad ha pasado por tres etapas históricas que Comte cree haber descubierto: la teológica, dominada por las supersticiones; la metafísica, en la que el hombre
es capaz de entender racionalmente; y la positivista, la que
comenzaba a surgir en época del filósofo, en la que el poder

moral debía estar en manos de sabios y el temporal o político en las de los capitanes de industria. El pueblo, como tal, cuenta poco: son las elites bien dotadas a las que les corresponde dirigir ordenadamente a la sociedad hacia un destino glorioso y progresista. En esta etapa, la religión convencional será sustituida por la religión humanitaria, con "santos" sacados de la mejor estirpe humana. En síntesis, Comte supone haber encontrado los principios del buen gobierno y del avance de las ciencias, y así lo expresa en sus dos obras básicas: *Curso de filosofía positiva* y *Sistema de política positiva*. Algunos latinoamericanos, que padecían un desastroso siglo XIX, plagado de horribles guerras civiles, creyeron que habían dado con la panacea.

Herbert Spencer, de una generación posterior a Comte, no partió de la filosofía para comprender los problemas de la sociedad, sino de la biología evolucionista darwiniana. La humanidad, en efecto, avanzaba en cierta dirección, pero no exactamente como consecuencia de un refinamiento progresivo de las reflexiones metafísicas o de la percepción de la realidad, como postulaba Comte, sino por la selección natural descubierta por Charles Darwin. Triunfaban los mejores, los más aptos. Y eso parecía confirmarlo el triunfo sin precedentes de la Inglaterra victoriana, patria de Spencer: no era la voluntad imperial sino el determinismo biológico. Inglaterra era la más apta de todas las naciones. En todo caso, si Spencer y Comte diferían notablemente en la identificación de las causas que movilizaban a la sociedad, coincidían, no obstante, en algo muy importante: la sociedad era algo vivo que tal vez se podía orientar en la dirección correcta. Pero, por otra parte, los separaba un elemento crucial: las ideas de Comte conducían a la presencia opresiva de un estado benefactor; las de Spencer, por el contrario, reforzaban el individualismo y rechazaban el control del gobierno. El Estado comtiano, de acuerdo con las ideas de Spencer, sólo podía entorpecer la natural evolución de la sociedad. Esto se deduce claramente tanto de su obra *La estática social* como del muy conocido *El individuo contra el Estado*. Spencer encarnaba, pues, la corriente liberal del positivismo. La de Comte conducía directamente a la dictadura.

Cuatro positivistas latinoamericanos

Las elucubraciones de Comte –muy especialmente– y las propuestas de Spencer tuvieron mayor eco en América Latina que en ningún otro espacio cultural y político del planeta. Al extremo de que a fines del siglo XIX tres países intentaron conformar sus gobiernos apoyándose en estos postulados: México, Brasil y Venezuela.

Tal vez el primero y más ardiente de los positivistas latinoamericanos fue el chileno José Victoriano Lastarria, discípulo de Sarmiento, huella que le aportaba una formación liberal que lo colocaba más cerca de Spencer que de Comte. Publicó relatos y ejerció intensamente el periodismo, pero sus reflexiones de orientación positivista las volcó en un libro de madurez titulado *Lecciones de política positiva*.

Al peruano Manuel González Prada, dueño de una prosa rápida y eficaz, como de cuchillo, defensor de los indios y de los pobres, enemigo de las tiranías, flagelo de la oligarquía, pese a provenir él mismo de la aristocracia limeña, se le tiene como el positivista más notable de su país. Pero lo era de una manera muy particular, entreverando las ideas de Comte con las de Bakunin, de donde muy lógicamente dedujo una militante actitud anticatólica muy influida por su paso por un seminario en el que su familia lo internó cuando apenas era un jovenzuelo. Sus mejores ideas, expresadas en artículos periodísticos y conferencias, fueron recogidas en *Páginas libres* y *Horas de lucha*. EL APRA, partido político fundado por Víctor Raúl Haya de la Torre, en alguna medida se reconocía deudor del pensamiento de González Prada.

El puertorriqueño Eugenio María de Hostos fue el gran aporte de su isla a la cultura latinoamericana del XIX. Pudo trascender y convertirse en una figura continental por su condición de exiliado y su temperamento apostólico. Estudió leyes en España, donde se familiarizó con las ideas krausistas que marcaron para siempre su faceta de pedagogo. Vivió en Chile, en Perú, en New York y en Santo Domingo, donde creó la Escuela Normal de Maestros. Dedicó buena parte de su inmensa energía a auxiliar a los insurrectos cubanos en sus afanes independentistas y a tratar de unificar a las Antillas en una patria común. Su visión positivista la dejó escrita en dos libros: *Moral social* y *Sociología*, palabra acuñada por Comte y luego nombre de la disciplina.

Justo Sierra Méndez, mexicano, discípulo de Gabino Barreda, fue, de cuantos intelectuales acariciaron las ideas positivistas, quien más pudo hacer por ponerlas en práctica. En efecto, se convirtió en el más lúcido de los ideólogos de la larga dictadura de Porfirio Díaz, quien, con su gobierno de científicos –una especie de tecnocracia militarizada–, intentó desarrollar aceleradamente a México tras las experiencias traumáticas de las guerras con Estados Unidos y el espasmo imperial franco-austriaco que, con el auxilio de España, intentó entronizar a Maximiliano como emperador de los mexicanos. Para la generación de Sierra resultaba obvio que México tenía que colocarse a la par de las potencias europeas, y el camino para lograrlo estaba en el recetario de Comte. Sierra expuso su pensamiento en muchos escritos, pero acaso *México social y político* es donde mejor lo expresa. En 1910, el año en que cae Díaz y se inicia la revolución mexicana, es el mismo en el que Sierra funda la Universidad Nacional.

El Modernismo

De manera un tanto imprevisible, en 1888 un joven y desconocido poeta nicaragüense publica en Chile un libro de versos titulado *Azul*, que dará paso a una de las corrientes estéticas más poderosas de la literatura latinoamericana: el Modernismo. ¿En qué consiste? En esencia, es una explícita renuncia a los cánones románticos. Más que la expresión del yo íntimo y sufriente, lo que prima es el arte puro. Y este lo conciben próximo a las fuentes clásicas de la cultura y muy lejos del criollismo. El modernismo busca su perfección en la elegancia de la forma, en el vocabulario exquisito, sembrado de galicismos –se les critica, además, por el galicismo mental que exhiben sin recato– y en los temas refinados de mitos y leyendas: es la torre de marfil en la que deben habitar los escritores. Nada de compromiso con la realidad basta y odiosa. La literatura es una campana pneumática en la que se refugian los escritores rodeados de musas a vivir sus ensoñaciones.

Como era habitual en la cultura latinoamericana, la inspiración, a veces de fuentes contradictorias, venía fundamentalmente de Francia, de los parnasianos, de los simbolistas –enseguida los visitaremos–, pero con un italiano y un alemán colocados en un alero: D'Annunzio y Nietzsche. Asimismo, comparecen las dos primeras influencias estadounidenses, prueba de la evidente pujanza norteamericana. Tan pronto como Estados Unidos comenzó a competir en el mismo plano con las potencias europeas –fenómeno que se inició tras la guerra civil norteamericana– sus voces literarias más destacadas empezaron a hacerse oír en el concierto internacional. Al Modernismo latinoamericano dos de esas voces llegaron con total claridad: la de Edgar Allan Poe y la de Walt Whitman.

En 1866 un muy conocido poeta francés, Charles–Marie René, que se hacía llamar Leconte de Lisle, hizo publicar en París una antología titulada *Le premier Parnasse contemporain.* Ahí surgió el parnasianismo. Sus adherentes postulaban cierto decadente pesimismo, pero lo que los cohesionaba era la firme creencia en que la poesía sólo debía estar al servicio de sí misma, de su forma expresiva. Al menos dos de los poetas parnasianos alcanzaron un notable prestigio: Sully Prudhomme, quien en 1901 recibió el primer Premio Nobel de literatura otorgado por los suecos, y José María de Heredia, político parisino y poeta, pariente no muy lejano del romántico cubano de igual nombre. Fue tal la fascinación de los parnasianos por la palabra exacta, que del Heredia francés se cuenta un detalle pasmoso: no terminó su poemario *Trofeos* hasta dar con el adjetivo preciso para uno de sus poemas. La búsqueda le tomó diez años. Desgraciadamente, no tuvo la cortesía de explicar cuál fue esa mágica y elusiva palabra.

En el mismo año en que los parnasianos se presentaban a los lectores franceses, pero tomando el sentido opuesto, el poeta y crítico J. Moréas publicaba en *Le Figaro* un manifiesto literario en defensa del simbolismo tras del que se agruparán tres de los poetas franceses más influyentes de los tiempos modernos: Verlaine, Rimbaud, y Mallarmé. El Simbolismo, vocablo tomado en su nuevo sentido de un soneto de Baudelaire, ampliaba el campo semántico de las palabras. Lo importante eran las evocaciones que las palabras suscitaban, no el rigor gramatical o la exactitud del léxico. La siquis podía mezclar palabras con diversas sensaciones auditivas, gustativas, olfativas: era la sinestesia, y ahí radicaba el corazón del poema. La función de la poesía simbolista era encontrar y tejer esas sensaciones hasta expresar lo inasible, lo que la lógica formal del lenguaje habitual no era capaz de decir.

Si hay que asignarle un padre a la poesía moderna, probablemente el más indicado es el parisino Charles Baudelaire. Poeta maldito –adjetivo que más tarde acuñará Verlaine con una nueva significación–, además de excelente crítico, admirado como ninguno por los escritores jóvenes de su época –mediados del XIX–. Con el poemario *Las flores del mal*, epató a la burguesía de su tiempo, llegó al extremo de ser condenado junto con su editor a una fuerte multa por atentar contra la moral y las buenas costumbres, pero esa sanción sólo consiguió estimular el apetito de los lectores y la curiosidad de la sociedad. ¿Qué había de escandaloso? En esencia, las alusiones al sexo y a las relaciones íntimas, en su caso inspi-

radas por sus amores con la actriz mulata Jeanne Duval. Lo
importante, sin embargo, no eran los poemas tabú –apenas
media docena en toda la obra–, sino el novedoso tratamiento
general del lenguaje, lleno de sinestesias, y el uso de una so-
berbia imaginación para las metáforas. Eso no lo vio la Francia encorsetada. Vio sólo su permanente obsesión: el sexo.
Pero es probable que el *establishment* francés tuviera, además, otras cuentas pendientes: Baudelaire, durante la violenta comuna de 1848, fue un revolucionario decidido. Eso
no se olvidaba fácilmente. En cualquier caso, era un personaje excéntrico, capaz de hacer la apología del consumo de
alucinógenos en libros como *Los paraísos artificiales,* cuyo
elogio del hachís inspiró a José Martí, décadas más tarde,
para escribir un poema de corte parecido. Baudelaire, además, en su condición de crítico consagró a dos personajes
que la vanguardia haría suyos: Edgar Allan Poe y Richard
Wagner.

Paul Verlaine donó a la literatura modernista latinoamericana un poemario que resultaría muy admirado por Darío:
Fiestas Galantes, en el que la estética rococó y el ambiente
de la comedia del arte, bello y afectado, serían los temas más
inspiradores. Asimismo, en *Art Poetique* subrayó la correspondencia total que encontraba entre la poesía y la música,
pero tal vez la literatura de Verlaine no fue tan influyente
como su propia vida agitada y decadente, en la que el bise-
xualismo jugó un papel destacado. Se separó de su mujer, la
sufrida Mathilde Mautet, para unirse al muy joven poeta
Arthur Rimbaud, romance que acabaría en un hospital y en
un juzgado de guardia, tras los disparos que le efectuó a su
joven amante tras una riña pasional. De esta aventura –que
le costó dos años de cárcel– renació un Verlaine más reflexivo
y trascendente, cuasi religioso, que deja constancia de su
transformación en *Sagesse.* Dos años más tarde, en 1884,
aparece *Los poetas malditos,* un libro de ensayos. La verdad
es que Verlaine fue el primero de ellos, uno de los mejores
y uno de los más tristes.

Arthur Rimbaud fue un joven prodigio, bello, rubio y ostentosamente afeminado. El óleo de H. Fantin-Latour, exhibido en el Louvre, lo muestra con la mano bajo el mentón en una pose ambiguamente coqueta que debe haber sacado de sus casillas a Verlaine. Sólo tenía dieciséis años cuando en 1871 llegó a París con un puñado de versos en su bolsillo. Se refería a ellos, de manera general, como "mis iluminaciones", y bajo ese nombre los publicaría cierto tiempo después, como su segunda obra. Lo usual es que los escritores comiencen de manera vacilante hasta que encuentran su voz propia, algo que generalmente sucede en la madurez. Este no fue el caso de Rimbaud. Todo su gran legado a la literatura lo pergeñó antes de los veinte años en un libro de poemas en prosa, herméticos y deslumbrantes, titulado *Una temporada en el infierno*. Publicado en Bruselas –sitio en el que vivió y rompió con Verlaine tras recibir dos impactos de bala en la muñeca–, en una edición de pocos centenares de ejemplares en el que no pocos surrealistas –luego lo veremos– insisten en encontrar sus mejores raíces. Agotado tras esta proeza literaria, o fatigado de los ambientes intelectuales, cambió su vida de *enfant terrible* por la de soldado en el ejército holandés, y luego negrero en Abisinia, donde parece que algo tuvo que ver con operaciones de venta de marfil y comercio de esclavos. Murió antes de cumplir los cuarenta años. Es difícil dar más volteretas en una existencia tan corta.

La vida de Stéphane Mallarmé fue menos interesante que la de Rimbaud, pero en algo coinciden: la vocación por estirar el significado de las palabras hasta el límite de lo inteligible; el gusto por la hipérbole excesiva; la convicción de que la poesía no era el territorio de la razón discursiva, sino de las emociones y las sensaciones oscuras. Pero Mallarmé hace algo más: utiliza juegos tipográficos para subrayar significados escondidos. Es un poeta exquisito y culto. Domina la lengua y la literatura inglesas. Incluso las enseña, pero se aburre de ello. J.K. Huysmans lo retrata en su novela *Al revés*, escrita en clave simbolista. Verlaine lo incluye entre sus poetas malditos. No lo era por su vida más bien reposada. Los modernistas latinoamericanos leerán con mucho cuidado un par de sus libros: *La siesta del fauno* y *Un lanzamiento de dados jamás abolirá el azar*. Lo que pudiera ser su poética fue formulado en un libro titulado *Divagaciones*.

En 1844 el periódico *Evening Mirror* publicó un poema que haría historia: "The raven", ("El cuervo") de un escritor de treinta y cinco años que comenzaba a ser reconocido en Estados Unidos. Se llamaba Edgar Allan Poe, había nacido en Boston, pero una buena parte de su infancia y juventud habían transcurrido en Inglaterra, a donde lo había llevado su padre adoptivo. ¿Qué lo haría famoso? Sus cuentos terroríficos y el ambiente macabro en que se mueven sus personajes. Era un enamorado de la muerte. Con él surge la narrativa gótica norteamericana, y acaso llega a su máxima expresión. Cuentos como "El escarabajo de oro" o "Doble asesinato en la calle Morgue" sientan las bases del relato policiaco. Son sus "Historias extraordinarias". Así le llama a su más notable libro de relatos. Y en efecto, eso son "La caída de la casa de Usher", "El barril de amontillado" y tantos otros cuentos inmortalizados por la crítica y las mil traducciones. A la literatura modernista latinoamericana, sin embargo, llegó de la mano de Baudelaire, quien vió en el americano un reflejo de sí mismo cuando escribió: "un ilustre desgraciado, demasiado rico en poesía y en pasión, que, como tantos otros, vino a este mundo para hacer la dolorosa peregrinación del genio entre los espíritus inferiores". Poe murió poco después de cumplir cuarenta años, muy pobre y alcoholizado hasta el *delirium tremens*, víctima de unos temores aún más intensos que los que dejaba en sus lectores. Es posible que se haya suicidado. Su cadáver apareció en la calle, con síntomas de haber pasado por una monumental borrachera. En uno de sus relatos más enigmáticos, "Eureka", Poe, muy seriamente, postula toda una teoría de Dios y de la creación. ¿Era un arreglo de cuentas con el más allá? Ya estaba totalmente orate.

Cuando Estados Unidos se convirtió en una potencia planetaria, a lo largo del siglo XIX, pero especialmente en su segunda mitad, tuvo un poeta que cantaría su gloria, su progreso, su democracia: se llamó Walt Whitman, quien, prácticamente, sólo escribió un libro, *Hojas de hierba*. Esta obra tuvo proféticamente la cualidad vegetal de ir creciendo edición tras edición, en la medida en que el autor le sembraba nuevos poemas. Curiosamente la crítica norteamericana, al menos al principio, no fue muy generosa ni con el libro ni con el poeta, tal vez por el lenguaje un tanto optimista y ampuloso, prosaico a veces, tal vez por la sensualidad de algunos cantos en los que se adivinaban las tendencias homosexuales de Whitman, a quien acusaron de obsceno. Pero esto –los temas, el lenguaje audaz, distinto, caudaloso– que asustaba a la muy cristiana sociedad norteamericana fue, precisamente, lo que despertó la admiración de los poetas malditos europeos, y luego, en cascada, de los modernistas latinoamericanos. José Martí escribiría una bella semblanza del Whitman viejo, con su cabeza de profeta y su hermosa barba blanca. Tenía aspecto de príncipe, mas, en realidad, había sido un hombre pobre que pasó por oficios humildes. Fue mensajero, tipógrafo, enfermero y periodista. Pero esos sólo eran modos coyunturales de ganarse la vida. En realidad no fue otra cosa que un inmenso poeta que ha resistido muy bien el paso del tiempo. El "Canto a mí mismo" y "¡Oh capitán, mi capitán!" se leen hoy con la misma emoción que hace cien años.

Gabriele D´Annunzio es una influencia paralela en el Modernismo latinoamericano. Es cuestión de fechas: el italiano nace en 1863 y Rubén Darío en 1867. Son contemporáneos. Darío publica *Azul* (1888) cuatro años antes de que apareciera *Poema paradisíaco* (1891) de D´Annunzio, muestra del mejor decadentismo. Pero, así y todo, el italiano se convierte en una referencia constante para los modernistas, y, en general, para todos los escritores de su época. ¿Por qué? Una explicación podía estar en la brillantez de sus versos y de su prosa siempre poética, especialmente la de su teatro; pero probablemente se trate de un fenómeno antropológico de otra índole: D´Annunzio tenía una personalidad arrolladora, tremendamente pintoresca, y con la leyenda de sus amores y de sus heroicas acciones de guerra inauguró un estilo de vida que luego, con menos fulgor, intentarían Ernest Hemingway y André Malraux.

¿Qué podían tener en común los modernistas, reivindicadores de la torre de marfil, con este inquieto personaje, amante de bellas artistas y princesas, rico de cuna, voluntario en la Primera Guerra Mundial, en la que perdió un ojo, exhibicionista sin límites? Un par de cosas: los temas elegidos y el exquisito tratamiento verbal. Pero otra todavía más importante: el culto por el superhombre nietzscheano, más allá de la moral convencional, o del bien y del mal, defendido por el alemán en un título con ese nombre *Más allá del bien y del mal* y en *Así hablaba Zaratustra*. Quizá por eso D'Annunzio no tuvo inconvenientes éticos que le impidieran abrazar a Mussolini. Creía en la fuerza y era patológicamente nacionalista. Nadie puede extrañarse de que muriera en los brazos del fascismo poco antes de comenzar la Segunda Guerra Mundial. El fascismo era esto mismo: la reverencia al líder providencial y un amor homicida y excluyente al suelo patrio.

Los latinoamericanos

Es inútil tratar de establecer en qué momento surgió el Modernismo latinoamericano. Una escuela literaria no es un invento al que se le puede poner fecha exacta, como la bombilla o la telegrafía sin hilos. Tampoco es posible establecer el inventario completo de los autores vinculados a esa corriente estética. Hay cien escritores modernistas latinoamericanos que merecen mencionarse, pero no es posible. Limitémonos a una decena.

Convencionalmente se ha establecido que el bautismo de

esta corriente estética fue la publicación de *Azul* en 1888, libro que recoge una veintena de historias breves y seis poemas, escrito por un joven nicaragüense llamado Félix Rubén García Sarmiento, cuyo seudónimo era Rubén Darío. El primer misterio consiste en descifrar cómo un niño educado en un alejado pueblo nicaragüense pudo convertirse, años más tarde, en el primer escritor de lengua castellana en su tiempo. Fue una combinación entre el talento natural –un genio precoz– y el azar de haber comenzado a trabajar como auxiliar en una biblioteca antes de cumplir los 13 años. Allí leyó todo lo que había, y lo que había eran buenos clásicos españoles que le adaptaron el oído a la mejor prosa y verso de la metrópoli. Por eso sus primeros libros, escritos en la postadolescencia, *Abrojos* y *Rimas*, se escriben bajo la inspiración de Campoamor y de Bécquer. Todavía no está presente el galicismo mental que le reprocharía el crítico Juan Valera. Esto llegaría después, con *Azul*, título que es un homenaje a Mallarmé, y del que Darío, con toda franqueza, declara lo siguiente: "*Azul* es un libro parnasiano, y, por tanto, francés. En él aparece por primera vez en nuestra lengua el cuento parisiense, la adjetivación francesa, el giro galo injertado en el párrafo clásico castellano". Pero es el tema y estilo de "Sonatina" de *Prosas profanas*, tal vez el más famoso poema que dejará el modernismo, un cuento rimado al que pertenece esta estrofa edulcorada:

> El jardín puebla el triunfo de los pavos reales.
> Parlanchina, la dueña dice cosas banales,
> y, vestido de rojo piruetea el bufón.
> la princesa no ríe, la princesa no siente;
> la princesa persigue por el cielo de Oriente
> la libélula vaga de una vaga ilusión.

En medio de una vida agitada, dividida entre el periodismo, la diplomacia, la tertulia, el alcohol –el ajenjo que le desolló el hígado–, y algunos amores más o menos apasionados, Darío tuvo tiempo para escribir varios libros medulares. Entre ellos el citado *Prosas profanas*, profundamente modernista, cosmopolita, afrancesado, con sus cisnes y sus palacios, con su vocabulario rebuscado al servicio de escenarios exquisitos, que es el que más expresa la estética que lo hará famoso. También *Cantos de vida y esperanza*, el más aplaudido, tal vez por triste y melancólico, dotado de cierta hondura, tras el que vinieron *El canto errante, Poemas del otoño y Canto a la Argentina*. Fue, además, un excelente prosista, como se desprende, entre otros, de *Los raros y Tierras solares*. En España –donde residió por largos períodos– dejó familia extramatrimonial y, sobre todo, discípulos. Fue el primer latinoamericano que influyó decisivamente en la literatura española. Los Machado –Antonio y Manuel– tuvieron su etapa modernista tras la huella de Darío; Valle Inclán, en sus *Sonatas* y en *La pipa de Kif*, también; el Juan Ramón Jiménez de los primeros años, lo mismo.

Darío no había cumplido el medio siglo cuando murió golpeado por la cirrosis. Tras su muerte ocurrió un suceso digno de una truculenta narración de Poe: se le extirpó el cerebro para estudiar ese prodigio. Pero luego unos desaprensivos se robaron el órgano del laboratorio forense. Más tarde fue devuelto. Se trató de un episodio curioso: en vida, el pobre Darío, en medio de sus peores delirios etílicos veía cómo su cabeza rodaba de mano en mano. Resultó toda una premonición.

Cuando Darío conoció al cubano José Martí, en un mitin político organizado por el exiliado en New York, se le aproximó afectuoso y le dijo: "¡maestro!". Puede haber sido un gesto de cortesía, pero el nicaragüense admiraba la prosa de Martí, de quien había leído varios artículos espléndidos publicados en *La Nación* de Buenos Aires. En realidad, la obra de Martí sólo tenía vestigios del modernismo, como demuestran sus *Versos libres, Ismaelillo*, o los populares *Versos sencillos*, letra, mucho después, de la famosa canción *Guantanamera*. El cubano había leído a simbolistas y parnasianos, conocía

a Whitman y a Poe, tenía poemas escritos dentro de esos códigos estéticos, pero su actitud vital, ascética, inclinada al
sacrificio, y casi toda su prosa, siempre comprometida con
causas que le parecían moralmente justificadas, lo alejaban
totalmente de cualquier expresión de decadentismo.

Martí escribió copiosamente, casi siempre artículos llenos de observaciones inteligentes y severos juicios éticos,
pero su objetivo no era labrarse un nombre literario sino
liberar a Cuba de las manos españolas. Organizó para ello
un partido político y en 1895 convocó a la guerra. Desem-
barcó en Cuba en una chalupa y bajo las palmas escribió su
mejor obra: un nervioso *Diario de campaña* en el que da cuenta de sus impresiones de la tierra y de la gente que va descubriendo. Murió en el primer combate, como había soñado,
"de cara al sol". Apenas tenía 42 años. Los cubanos no tardaron en comenzar a llamarlo apóstol.

José Asunción Silva, colombiano, fue un espíritu romántico y desgraciado. No escribió demasiado, y, para mayor
desgracia, perdió parte de sus manuscritos en un naufragio
en el que coincidió, por cierto, con otro escritor modernista,
el guatemalteco Enrique Gómez Carrillo. Este, tan militante
en el dandismo, mientras Silva, desesperado, buscaba un
salvavidas, le llamaba la atención sobre las "tornasoladas
aguas ambarinas". Los dos se salvaron, pero Silva no por
mucho tiempo. A los pocos meses del incidente, y cuando
sólo contaba con 31 años de edad, se disparó un balazo en
el corazón. La leyenda cuenta que vivía muy triste por la
muerte de su hermana Elvira, con quien aparentemente tuvo
amores incestuosos, y a la que le dedicara el famosísimo
"Nocturno III", elegía triste y de rara musicalidad y métri-
ca, que se desplaza en un *crescendo* fúnebre: "Una noche/ una
noche toda llena de murmullos, de perfumes y de música de
alas/ [...] contra mí ceñida toda/ muda y pálida/ como si un
presentimiento de amarguras infinitas/ hasta el más secreto
fondo de las fibras te agitara..." Sus poemas completos, los

que se salvaron, prologados por Unamuno, fueron recogidos póstumamente, en 1908, y desde entonces no hay estudiante colombiano que no memorice algunas de las composiciones más musicales.

Leopoldo Lugones, argentino, abogado, tremendamente culto y brillante, fue el otro gran suicida del Modernismo latinoamericano, pero al menos tuvo la paciencia de esperar hasta los sesenta y cuatro años. ¿Por qué lo hizo? Se sentía viejo, enfermo y amargado. Pero no por falta de éxito: desde muy joven estuvo en el centro de la vida intelectual de su país, aunque siempre en medio de una fuerte polémica por las posturas políticas extremas a las que se afiliaba. Comenzó como un anarquista, y en la medida en que el siglo XX avanzaba, se fue escorando hacia el nacionalismo fascistoide. De alguna manera fue el teórico tras el golpe militar que en 1930 derrocó a Hipólito Yrigoyen, dando con ello comienzo al largo ciclo del militarismo argentino. Amigo y colaborador de Darío, escribió varios libros de filiación claramente modernista, pero el más notable y creativo se tituló *Lunario sentimental*. Al final de su vida escribió otros dos libros: *Roca*, sobre el eficaz presidente argentino Julio Roca, y *Romances del Río Seco*, que se publicaron póstumamente.

Amado Nervo, mexicano, colaborador de la *Revista Azul*, fundada por su compatriota Manuel Gutiérrez Nájera en defensa de la nueva estética modernista, no emula al Darío cosmopolita y deslumbrante de *Prosas profanas* sino al poeta meditabundo de *Cantos de vida y esperanza*. Nervo milita en esas filas: las del modernismo íntimo, casi místico, con elementos claros de religiosidad, en su caso reforzados tras la muerte de su mujer. Los títulos de algunos de sus libros revelan esta veta espiritual: *Místicas, Los jardines interiores, Serenidad, Elevación, Plenitud*. Fue diplomático en Madrid y vivió frente a los jardines del Campo del Moro, junto al Palacio Real. Le gustaba pasear solitario por la calle Bailén, con las manos anudadas a la espalda, mientras musitaba sus poemas. Su último libro se tituló *El estanque de los lotos*. Murió en Uruguay, en donde fue destacado como embajador.

Y en Uruguay surgió, por cierto, una de las voces más originales del modernismo: Julio Herrera y Reissig, hijo de presidente, lo que no lo inclinó hacia la tribuna sino hacia la bohemia. Su buhardilla en Montevideo fue el corazón de una tertulia literaria a la que llamaba la torre de los panoramas. Brevemente exiliado en Argentina, conoció a Lugones y a Darío, y coqueteó con la estética parnasiana. Pero fue más allá: tenía un temperamento irónico que le podía llevar por los caminos más sorprendentes. Para asomarnos a ese mundo curioso, en el que ya se anuncia el surrealismo, basta recordar una de la estrofas más curiosas de "Desolación absurda":

> (Es media noche). Las ranas
> torturan en su acordeón
> un "piano" de Mendelsohn
> que es un gemido de ranas;
> habla de cosas lejanas
> un clamoreo sutil:
> y con aire acrobatil
> bajo la inquieta laguna,
> hace piruetas la Luna
> sobre una red de marfil.

Murió muy joven, a los 35 años. Desde niño había padecido una grave afección cardiaca que contribuyó a aislarlo del mundo. Tuvo tiempo de dar unos cuantos libros valiosos a la imprenta: *Wagnerianas, Los maitines de la noche, Los éxtasis de la montaña, La torre de las esfinges*. En el mismo año de su muerte, en 1910, apareció *Berceuse blanca*.

El mexicano Enrique González Martínez es una rareza: se trata de un modernista antidariaco. Escribió un soneto, mil veces citado, que tituló "Tuércele el cuello al cisne",

incluido en su libro *La muerte del cisne*, publicado en 1915,
un año antes de la desaparición de Darío. Su ave emblemática no es el elegante cisne de Rubén, sino el búho sabio
y reflexivo, como comenta en su autobiografía *El hombre del
búho*. ¿Por qué esa actitud? Tal vez porque su condición de
médico, siempre tan próxima a las miserias humanas, lo alejaba sustancialmente de las ensoñaciones modernistas. Quizá
porque le tocó vivir la degollina revolucionaria mexicana
muy de cerca, y en esa atmósfera, francamente, no parecía
demasiado razonable evocar princesas orientales y palacios
fantásticos. González Martínez –siempre exigía que lo llamaran por los dos apellidos– escribió varios libros meritorios, y entre ellos la crítica suele recordar: *Preludios, Los
senderos ocultos, y Ausencia y canto*. Su último poemario apareció en el año de su muerte, en 1952, cuando el poeta pasaba de los ochenta. Se tituló *El nuevo Narciso*.

Guillermo Valencia fue dos cosas en Colombia: un poeta muy reconocido, pese a haber sido autor de un solo libro,
Ritos, publicado a los veinticinco años, y una figura pública
de primer rango dentro del partido conservador que lo pos-
tuló dos veces sin éxito a la primera magistratura del país.
Se le tenía por el otro modernista –Silva fue el primero–, y
trajo a la poesía temas religiosos ("San Antonio y el centau-
ro") mitológicos, y vagamente filosóficos, como el que alude
en "Los camellos" y su cansino paso por el desierto. Muchos
años después de su muerte (1943), en la década de los sesenta del siglo XX, su hijo Guillermo León Valencia llegó a
la presidencia y en la toma de posesión afirmó algo muy
curioso: su programa de gobierno se inspiraría en los poemas de su padre. Sin darse cuenta había pronunciado un
discurso surrealista que tomó a todo el mundo por sorpresa.

La vida del peruano José Santos Chocano hay que con-
tarla. Es como la de Benvenuto Cellini: una aventura permanente, en la que nada falta, incluidos los hechos de sangre.
Lo más notable de este limeño era su personalidad exuberante, narcisista, en la que concurría la total certeza de ser

el poeta de América, el que mejor y con mayor énfasis había contado la epopeya del continente. Participó en la revolución mexicana junto a Pancho Villa, lo que lo hizo simpático a los ojos de la opinión pública. Más tarde sirvió a Estrada Cabrera, el sombrío tirano guatemalteco de *El señor presidente*, la novela de Miguel Ángel Asturias, y esa colaboración fue universalmente censurada, aunque no impidió que se movilizara un buen número de intelectuales cuando resultó condenado a muerte tras la caída del dictador. Salvado y de regreso en Perú, mató a un escritor de un balazo. Era un tipo colérico y pendenciero. Tras pasar brevemente por la cárcel se radicó en Chile. Ahí murió de una puñalada, a bordo de un tranvía, en medio de una absurda reyerta. En cierto modo fue su manera natural de morir. Haberlo hecho en una cama y tras una penosa enfermedad, como suelen decir las esquelas, hubiera sido una traición a su propio mito.

Su poesía era una prolongación de su personalidad: sonora, exhibicionista, triunfal. El hombre Santos Chocano siempre llevaba sobre sus hombros al poeta Santos Chocano. Le fascinaban las grandes hazañas y los hitos históricos. Si el colombiano Valencia observaba a los camellos para reflexionar sobre el dolor de vivir, Chocano se acercaba a los caballos de los conquistadores para cantar sus atléticas proezas. Sus mejores libros se titularon: *Iras santas, Los cantos del Pacífico* y *Alma América*. Dos de sus obras fueron publicadas póstumamente: un poemario, *Poemas del amor doliente*, y sus memorias. Estas llevaron un título obvio: *Las mil y una aventuras*.

José Enrique Rodó, uruguayo, es el gran ensayista del modernismo. En 1900 publicó el primer *best-seller* continental: *Ariel*. Hasta ese momento los grandes éxitos de los escritores latinoamericanos habían sido locales. *Ariel* se vende desde Argentina hasta México. Es un texto elegante, escrito con la refinada prosa de los modernistas, pero no es el estilo lo que suscita la admiración de los intelectuales latinoamericanos, sino la tesis que sustenta: hay una pugna entre dos culturas, la latino-mediterránea, vinculada a los valores del espíritu, representada por la figura de Ariel, y la materialista, utilitarista y pragmática, reflejada en la cultura anglo-sajona, que encarna en Calibán. América Latina es Ariel. Estados Unidos es Calibán. Los símbolos venían de un drama de Shakeaspeare, *La tempestad,* recreado por el francés Ernest Renan en su drama filosófico *Calibán.* A su manera, Rodó estaba lanzando una advertencia antiimperialista. ¿Por qué en ese momento? Porque en 1898 España y Estados Unidos se habían enfrentado en Cuba, Puerto Rico y Filipinas para gloria de las armas norteamericanas. Rodó reivindicaba la filiación hispana de las repúblicas y el nexo latino que las unía a la madre patria.

Además de esta obra, todavía en permanente reedición, Rodó publica *Motivos de Proteo* y *El mirador de Próspero.* Fue diputado un par de veces y dirigió la Biblioteca Nacional. Murió en Italia, víctima de un accidente de tránsito. Su poético ensayo "La pampa de granito", publicado en *Motivos de Proteo,* muy pronto pasó a formar parte de las antologías escolares de casi toda América Latina. Pocos escritores latinoamericanos han tenido el impacto de este escritor en la historia de las ideas. Cien años después de publicado *Ariel,* el libro continúa leyéndose.

Cuatro mujeres postmodernistas

Es curioso, pero hasta la primera mitad del siglo XX la crítica y los lectores latinoamericanos no reconocen la calidad literaria de las mujeres. Es verdad que en el XVII los mexicanos tuvieron a sor Juana Inés de la Cruz, y en el XIX cubanos y españoles compartieron la devoción por Gertrudis Gómez de Avellaneda, pero fueron casos realmente excepcionales. En el XX, sin embargo, esta marginación comenzó a desaparecer con cuatro mujeres brillantes y apasionadas surgidas en el cono sur del continente: Delmira Agustini,

Gabriela Mistral, Alfonsina Storni y Juana de Ibarbourou. Las cuatro formaron parte de lo que los especialistas suelen llamar postmodernismo. ¿Qué quieren decir con esa palabra? Una poesía más íntima y personal, centrada en las emociones y en el erotismo, muy lejos del fantasioso oropel de los cisnes y las princesas.

Delmira Agustini, uruguaya, vivió muy poco: apenas veintiocho años, y su muerte estremeció a la sociedad de Montevideo. La mató su ex marido –y luego se suicidó–, un hombre celoso y posesivo que no soportaba el temperamento cálido de la poetisa. El mismo año en que la asesinaron (1914), Agustini publicó su obra más lograda y atrevida: *El rosario de Eros*. Poco antes había dado a la imprenta otro poemario importante: *Los cálices vacíos*.

Gabriela Mistral, chilena, maestra de profesión y vocación, cuyo verdadero nombre fue Lucila Godoy Alcayaga, es la única mujer latinoamericana que ha obtenido el Premio Nobel de literatura (1945). Se lo dieron por su obra lírica, tersa y sencilla, casi siempre triste, pero en la que no falta una dosis notable de ternura. ¿Por qué eligió para su poesía ese tono como de adagio? Acaso por dos tragedias que la acosaron a lo largo de toda su vida adulta: el suicidio de su novio y la maternidad frustrada. Amaba a los niños y no tuvo ninguno. Dejó escritos varios libros de poemas realmente importantes: *Sonetos de la muerte*, *Desolación*, *Tala*, *Ternura*. Los poetas de su tiempo no le perdonaban la sencillez de las formas ni los dulces temas elegidos. Tampoco el Nobel, mas esas suelen ser las inevitables mezquindades del oficio.

Alfonsina Storni nació en la Suiza italiana, pero, como muchos de sus compatriotas, a fines del siglo XIX emigró a Argentina. Su poesía, intensa y "afiebrada" –adjetivo exacto con que la califica el poeta Armando Álvarez Bravo– se resume perfectamente en un verso: "Quiero un amor feroz de garra y diente/ que me asalte a traición en pleno día". Entre sus libros de poemas más notables están *La inquietud del rosal, Irremediablemente, Ocre, Mundo de siete pozos* y *Mascarilla de trébol.* El contraste entre su apasionado gusto por la vida y su oscura realidad de enfermedades y pesares económicos debe haberla hecho sufrir extraordinariamente. Se suicidó de una forma poco usual: llenó su ropa de piedras y se lanzó al mar. Es posible que el suicidio de Lugones, ocurrido poco antes, le haya parecido una iniciativa emulable. Muchos años después, su muerte inspiraría una bellísima canción.

A la uruguaya Juana Fernández –probablemente con razón– le pareció que su nombre no era el más eufónico para alcanzar la gloria literaria y se lo cambió por el de Juana de Ibarbourou. Tuvo razón: con el tiempo fue llamada Juana de América. Lo mereció por libros como *Lenguas de diamante, Raíz salvaje, La rosa de los vientos* y *Azor.* Mezcló sensualidad y erotismo en una dosis tal que el crítico venezolano Rufino Blanco Fombona creó un adjetivo para elogiar sus cálidos poemas: clitóricos. Juana de América había tocado el punto más sensible de la poesía femenina. Bella y realizada en amores y reconocimientos, Juana de Ibarbourou vivió ochenta y cuatro años. Una hazaña casi insólita entre tantos poetas atormentados.

Vanguardia y surrealismo

El camino desbrozado por los simbolistas franceses en la segunda mitad del XIX, empeñados en ampliar el campo semántico de las palabras hasta conseguir evocar nuevas sensaciones, condujo de manera casi natural hacía una nueva estética literaria aún más radical: el surrealismo surgido en el primer tercio del XIX. La palabra se desligaba de cualquier vestigio de racionalidad y buscaba su propio significado indagando en el subconsciente. Freud y el sicoanálisis habían entrado de contrabando en la literatura, llevados de la mano por Tristán Tzara, Guillaume Apollinaire y, sobre todo, por André Breton. En definitiva, se trataba de un rechazo al

realismo y a la formalidad. Era como si la racionalidad, lo
comprensible, el discurso concebido mediante códigos des-
cifrables, se hubieran convertido en trastos viejos. Había que
crear o descubrir otra realidad mediante la puesta en contacto de entidades inverosímiles. ¿Qué es el surrealismo?,
preguntaban inquietos los curiosos. Es el encuentro de un
paraguas y una máquina de escribir en un quirófano, les res-
pondían. Y es también el fluir de conciencia, ese torrente
automático de palabras que brota a borbotones, como de una
herida, de la imaginación sin límite de los poetas y artistas
plásticos.

Tristán Tzara fue el seudónimo de Samy Rosentstock, un
poeta francés nacido en Rumania, padre del dadaísmo. ¿Qué
era el Dadá? Según el fundador de la secta, nada, apenas un
juego vacío de contenido. Según otros adeptos, era la primera palabra pronunciada por los niños: da-da. En todo
caso, era un ruido. La literatura era eso: ruido, palabras que
no tienen que ser las de siempre. Pueden crearse sin que
tengan la menor relación con los objetos o las ideas, pues
no representan otra cosa que a ellas mismas. Debía renun-
ciarse a toda escuela y a toda expresión literaria organizada.
Con una revista –*Dada*– y un libro de versos bajo el brazo
–*Veinticinco poemas*–, ilustrado por Arp, Tzara se instaló en
París y trabó contacto con los escritores rebeldes de su tiempo. Uno de ellos, el más importante, fue André Breton.

Los libros y manifiestos literarios de André Breton, su
asociación permanente con grandes pintores, sus viajes por
América y su radical posición política cercana a Trotski –a
quien conoció en México–, lo convirtieron en una figura literaria muy admirada e imitada en América Latina y en toda
la literatura del Occidente latino. Breton fue el padre del
Surrealismo, aunque no de la palabra que designó al movimiento. Esta fue tomada de un texto de Guillaume Apollinaire titulado *Las tetas de Tiresias*, pero subtitulado drama
surrealista. La surrealidad era la verdad oscura y difusa escondida bajo la aparente realidad. Para Breton, la tarea del

poeta consistía en hurgar en el subconsciente y en los sueños hasta hallar una realidad nueva y cognoscible. Había
estudiado Medicina durante algunos años, y durante la Primera Guerra Mundial lo destinaron a un hospital siquiátrico.
De la misma manera que Freud pretende dar con la pista de
las angustias mediante la libre asociación de ideas de sus
pacientes, Breton se propone utilizar el automatismo síquico para expresar la belleza literaria escondida. A veces, incluso, el automatismo síquico puede utilizarse en juegos de
creación colectiva. Cada poeta participante aporta una palabra sin conocer la previa ni la que vendrá posteriormente.
El resultado siempre será una frase sorprendente. Por ejemplo: cadáveres exquisitos, nombre que recibiría este ejercicio literario consagrado a lo que Breton llamará escritura
automática. En todo caso, Breton fue más importante como
animador de la cultura que como escritor. Ningún francés
del siglo XX, hasta la aparición de Jean Paul Sartre, tuvo el
peso en Occidente que él alcanzó.

La otra gran influencia internacional que recibieron los
poetas vanguardistas latinoamericanos fue Thomas Estearns
Eliot. T.S. Eliot, escritor de lengua inglesa, nacido en Estados Unidos pero radicado en Gran Bretaña. Eliot, premio
Nobel de Literatura en 1948, escribió una poesía cerebral y
culta, al contrario que Breton, con abundantes referencias
históricas, en la que frecuentemente recurrió a una especie
de monólogo dramático, como sucede en el más famoso de
todos sus poemas: "La canción de amor de J. Alfred Prufrock",
texto central del libro *Prufrock y otras observaciones*. Su otro
gran libro de poemas, *La tierra baldía*, tuvo una enorme difusión y aprecio entre los poetas de habla hispana.

La vanguardia latinoamericana

El chileno Vicente Huidobro, muy empapado de la vanguardia francesa, amigo de Tzara y de Apollinaire, llamó a
su poesía: creacionista. La función del poeta era crear, crear

y crear. Crear una realidad distinta desde la nada. Su fórmula
es relativamente sencilla y la describe en su poema "Basta":

> Basta, señora de las bellas imágenes (...)
> Otra cosa otra cosa buscamos
> Sabemos posar un beso como una mirada
> Plantar miradas como árboles
> Enjaular árboles como pájaros
> Regar pájaros como heliotropos
> Tocar un heliotropo como una música
> Vaciar una música como un saco
> Degollar un saco como un pingüino (...)

El poema, bastante más largo, termina con otra metáfora: *Crucificar auroras como profetas*. Cada palabra, pues, va
encadenándose de manera insólita con la siguiente, dando
lugar a sorprendentes asociaciones, totalmente arbitrarias,
en las que se renuncia a cualquier forma de racionalidad.
Huidobro, bilingüe, publicó libros en francés y español. En
castellano escribió, entre otros, *Vientos contrarios* y *Altazor o
el viaje en paracaídas*, este último el poemario que mayor difusión y eco obtuvo. Alcanzó una notable influencia en España, país en el que residió esporádicamente, y en el que el
creacionismo adoptó el nombre de ultraísmo. Cuando se
desató la Guerra Civil, Huidobro acudió como corresponsal en la zona republicana. Al final de su vida, mediados del
siglo XX, publicó *Últimos poemas*.

Tal vez el más interesante de los poetas latinoamericanos
del siglo XX fue el peruano César Vallejo. Un hombre triste, apesadumbrado, para el que la vida fue siempre una amarga empresa cuesta arriba. Muy joven, a los 21 años, tras la
muerte de su madre, publicó en 1919 *Los heraldos negros*,
todavía cercano a la estética modernista, pero en el que ya
están presentes algunas rupturas audaces y lo que sería el
sello espiritual de su poesía: la melancolía. De ese libro, y
del poema que le da nombre, son los versos, mil veces repe-

tidos: "Hay golpes en la vida tan fuertes... Yo no sé./Golpes
como del odio de Dios". Después vino *Trilce*, escrito en la
cárcel, en donde lo internaron durante varios meses a consecuencias de un pleito político, libro en el que ya aparece-
ría el Vallejo realmente innovador, dueño de una poesía
huraña, cortante: "El verano echa nudo a tus años/que,
encintados de cárdenas cintas, a todo/ sollozo".

Marchó a París y allí vivió el resto de su vida, muy pobremente, de sus artículos periodísticos y colaboraciones en
revistas. En esa ciudad escribió otro libro importante: *Poemas humanos*. Parece haber sido un hombre taciturno y de
no muy fácil trato. Se convirtió al comunismo, pero siempre desde una distancia crítica. Su ideología la vertió en la
narrativa. A esto se debe la novela proletaria *Tungsteno*. Apo-
yó a la República Española durante la Guerra Civil, y en su
defensa escribió *España, aparta de mí este cáliz*. En un conocido soneto, "Piedra negra sobre una piedra blanca", vaticinó
que moriría en París una tarde lluviosa. Acertó en el sitio,
pero no en el clima. Ese Viernes santo de 1938 el sol se mantuvo tercamente radiante. Picasso, que detestaba a Vallejo
—le molestaba su carácter quejumbroso—, siempre tan opor-
tuno como oportunista, corrió a hacerle el retrato a plumi-
lla que recogen todas las enciclopedias. Nos dejó el perfil de
un poeta ojeroso y fatal. Así fue.

Ricardo Eliecer Neftalí Reyes Basoalto tuvo la feliz ocu-
rrencia de cambiarse el nombre por el de Pablo Neruda.
Chileno, alcanzó el Premio Nobel en 1971, y tuvo una vida
diametralmente opuesta a la de Vallejo. Enrique Labrador
Ruiz, un buen narrador cubano que fue su íntimo amigo, lo
recuerda como sensual, capaz de disfrutar del buen vino y
de la mejor mesa, generalmente amado por las mujeres,
amistoso, con sentido del humor, locuaz, y de trato cálido.
O sea: una personalidad encaminada al éxito. Esto lo com-
probó Neruda desde muy joven. Casi inmediatamente, tras
la publicación de su segundo libro de versos, *Veinte poemas
de amor y una canción desesperada*, prácticamente en la posta-

dolescencia, recibió el aplauso unánime de sus compatriotas, que no tardaron en memorizar el vigésimo de ellos:
"Puedo escribir los versos más tristes esta noche (...)" etcétera. Todavía se mantenía dentro de las coordenadas modernistas, pero ya había en él una clara vocación de originalidad.

Fue tal el reconocimiento obtenido por Neruda que
abandonó sus estudios para dedicarse enteramente a la poesía. Poco a poco, a partir de *El habitante y su esperanza*, sus
textos fueron haciéndose más herméticos. En *Residencia en
la tierra* ya se asoma claramente al Surrealismo. A partir de
ese punto es ese el credo estético que abraza. Pero no el
único: en *Canto general* hace una especie de poesía mural
grandiosa y realista. Si el mexicano Diego Rivera contaba
la historia de América con sus grandes frescos, una historia
maniquea de explotadores y explotados, de víctimas y ver-
dugos, Neruda lo haría con sus palabras escritas y habladas,
pues grabó sus versos en una curiosa cadencia de predica-
dor cansado, grave y gangoso, como si la voz no le pertene-
ciera. Y haría sus versos con la misma perspectiva con que
el pintor azteca dibujaba sus figuras: desde la izquierda marxista que abrazó en su juventud, y por la que en 1953 la URSS
de Stalin, a quien mucho elogió el poeta chileno, le concedió el Premio Lenin de la Paz.

Su vida política corrió pareja con su ideología. Fue diplomático, senador, partidario de la República española, exiliado
y activista, siempre dentro de la disciplina comunista. En
1971 declinó la postulación a la presidencia en beneficio de
Salvador Allende. Escribió mucho, y casi siempre bien. Algunos de sus libros son extraordinarios: *Memorial de Isla
Negra* y *Barcarola*, por ejemplo. Sus temas favoritos fueron
el amor, la naturaleza y los de orientación social. Vivió lo
suficiente como para ver, entristecido, el golpe fascistoide
del general Augusto Pinochet contra Allende. Dejó escritas
una preciosas memorias, *Confieso que he vivido*, publicadas
poco después de su muerte. A principios del siglo XXI, felizmente los chilenos de todas las tendencias han olvidado las

querellas políticas que suscitó el Neruda comprometido para
dedicarse a honrar al Neruda poeta.

León de Greiff fue un excepcional poeta colombiano. Tal
vez el mejor de su país tras José Asunción Silva, algo muy
audaz de sostener en el país de Eduardo Carranza y del genial pillete Porfirio Barba Jacob. Culto, irónico, León de
Greiff, muy bien formado e informado, hijo de todas las
vanguardias, amasó en sus versos el Surrealismo, el Dadaísmo, y los juegos tipográficos descubiertos por Mallarmé,
explorados hasta la saciedad por Apollinaire y por Marinetti,
y a partir de ese punto utilizados por decenas de creadores
que buscaban imprimirle a la palabra una intensidad diferente. Sus libros más notables fueron *Tergiversaciones*, *Variaciones alrededor de la nada* y *Farsa de los pingüinos peripatéticos*.
Los versos de su conocido "Relato de Sergio Stepanski"
("Cambio mi vida por una baraja.../de todos modos la llevo
perdida...)" fueron justamente memorizados por generaciones de poetas y estudiantes.

José Gorostiza, mexicano, fue también deudor de la poesía francesa, de simbolistas y surrealistas, pero tamizada por
medio de Paul Valery, francés, autor del muy influyente "El
cementerio marino", sombría meditación incluida en su obra
Charmes, que incubaba en las letras españolas lo que se llamó poesía pura. Es decir, una poesía sin afeites, directa, compleja y cerebral, que en España cultivaron, entre otros, Juan
Ramón Jiménez, Gerardo Diego y Jorge Guillén. A Gorostiza se deben *Canciones para cantar en las barcas* y la antología
Poesía. Su poema más conocido, "Muerte sin fin", comienza
con un par de versos felices que, de alguna manera, revelan
las claves de su poética: "Lleno de mí, sitiado en mi epider-
mis/por un dios inasible que me ahoga..." Como suele ser
frecuente, Gorostiza formó parte de un estimable grupo de
escritores unidos en torno a una revista: *Contemporáneos*.
Xavier Villaurrutia, Salvador Novo y Carlos Pellicer lo
acompañaban en esa aventura.

Oliverio Girondo es el representante más obvio de la

vanguardia argentina, pero su compatriota Ricardo Molinari, que vivió prácticamente todo el siglo XX, es el más hondo y el que dejó una huella más profunda y trascendente en la poesía de su país. Los dos, aunque Girondo con más entusiasmo, se vincularon a la revista *Martín Fierro*, que tuvo entre sus colaboradores a algunos de los escritores argentinos luego destacados en el terreno de la narrativa: Ricardo Güiraldes, Jorge Luis Borges, y Leopoldo Marechal. Los libros más respetados –y lamentablemente poco leídos– de Molinari son *Hostería de la rosa y el clavel*, *Esta rosa oscura del aire* y *La hoguera transparente*. Sus mejores poesías, que suelen describir un mundo de desgarro interior, fueron recogidas por el mismo autor en *Un día, el tiempo, las nubes*. Una estrofa de "Poema como el desierto" ilustra claramente su angustiado tono personal:

> Cuando nazca la sombra como una piedra sobre laureles
> cuando el viento cierre toda una noche
> sin doblar su cara de sangre de pescado
> cuando las islas lloren el espacio del amor, el destino,
> cuando haya una desdicha igual a la mía:
> una vida perdida
> que vuelva a su desierto a llorar
> su voz de ángel sordo, su cielo lleno de cascadas.
> Cuando esto suceda, qué lengua, qué viento de río
> melancólico
> moverá el polvo, la raíz, el jugo del olvido.

Octavio Paz, mexicano, recibió, como Neruda, el fuerte impacto de la vanguardia francesa, especialmente del Surrealismo. Fue diplomático, militó en la izquierda marxista, respaldó a la República española, fundó importantes revistas –*Taller*, *Vuelta*, *Plural*–, recibió el Premio Nobel de Literatura (1990), y se mantuvo en el centro de la polémica política y cultural de su país. Al contrario del chileno, evolucionó hacia posiciones democráticas, y a partir de los años sesenta se enfrentó con vehemencia al totalitarismo soviético y a sus satélites, posición nada cómoda para un intelectual en América Latina durante los años de la Guerra Fría.

¿Por qué el inmenso magisterio intelectual de Octavio Paz en México y en toda América Latina? Porque poseía una rara combinación de talento, formación exquisita, y ese curioso don, totalmente inefable, al que han dado en llamar carisma. Hizo escuela y formó discípulos. Fue un prosista elegante y profundo en libros de ensayo como *El laberinto de la soledad* y *El arco y la lira*. Fue polémico en *El ogro filantrópico*. Fue didáctico en *Conjunciones y disyunciones*. Pero si notable resultó como ensayista y pensador, más peso aún tuvo el poeta de *Piedra de Sol* y de *La estación violenta*. Su extensa obra poética ha sido recogida en tres grandes antologías: *Libertad bajo palabra*, *Salamandra*, y *Ladera Este*. Pedro Shimose, excelente poeta boliviano y crítico literario, lo ha calificado como "el escritor más representativo de su época" en el ámbito latinoamericano. Probablemente es cierto.

José Lezama Lima es un caso distinto al de Paz o al de Neruda. No tuvo vocación por la polémica política o el debate social. Fue un literato puro, dedicado a leer y a escribir vorazmente, dotado de una memoria prodigiosa y nada interesado en viajar fuera de Cuba: ni siquiera de La Habana. Gordo y blando como una figura de Botero, asmático, conversador genial sin fronteras ni horarios, estudió Derecho por inercia social, limitándose luego a ejercer como un oscuro burócrata adscrito al Ministerio de Justicia, pero sólo durante el tiempo necesario para subsidiar su pasión por los libros. En realidad vivía para la literatura. ¿Qué literatura? En esencia, la poesía. Una poesía para iniciados, hermética, intensamente barroca, llena de alusiones culteranas –de ahí su veneración por Góngora–, que ha necesitado para su cabal comprensión la exégesis de lezamistas destacados como Armando Álvarez Bravo, Iván González Cruz o Rita Molinero.

Fundó dos revistas básicas para entender la cultura cubana de mediados del siglo XX: *Verbum* y *Orígenes*, y en ese

entorno se dieron a conocer poetas de gran peso como
Gastón Baquero y Eliseo Diego. Entre los libros de Lezama
más valorados se encuentran *Enemigo rumor* y *La fijeza*. Fue
también un notable ensayista –*Analecta del reloj, Algunos tratados en La Habana, La cantidad hechizada*–, pero la fama continental le vino, curiosamente, por la única novela que
terminó y publicó: *Paradiso*. Algo sorprendente, porque la
sintaxis densa, de respiración proustiana, y la trama alambicada de la novela no auguraban el éxito que luego alcanzó.
¿A qué se debió? Por una parte, a que Lezama fue un escri-
tor-para-escritores. Es decir, lo encomiaron intelectuales de
la talla de Mario Vargas Llosa y Julio Cortázar. Y por la otra
–tal vez– porque en *Paradiso* hay un capítulo explícito de
asunto homosexual que disparó la homofobia del régimen
cubano –entonces, en 1966, muy aguda– y la correspondien-
te curiosidad de los lectores.

En las antípodas estéticas de Lezama, pero en su mismo
vecindario antillano, surgió lo que podía calificarse como
literatura étnica: la poesía negrista que en Cuba cultivó,
entre otros, Nicolás Guillén (*Sóngoro cosongo, Motivos de son*),
en Puerto Rico Luis Palés Matos (*Tuntún de pasa y grifería*)
y en República Dominicana Manuel del Cabral (*Trópico negro)*. Poco antes de ellos, dicho sea de paso, el asturiano Alfonso Camín incursionó en esos pagos, pero si se quieren
rastrear los orígenes más remotos habría que revisar a Góngora, a Lope de Vega y a Sor Juana Inés de la Cruz, pues el
Siglo de Oro no fue ajeno a tomar el habla peculiar de los
esclavos negros como inspiración literaria, casi siempre desde el ángulo onomatopéyico.

No faltaron objeciones éticas a esta poesía. El argumento central era obvio: daba una imagen primitiva y ridícula
de los negros. Cuando Palés Matos escribe: "Calabó y bambú./ Bambú y calabó./ El Gran Cocoroco dice: tu-cu-tú./ La
Gran Cocoroca dice: to-co-tó (...)" podía resultar muy eufónico y hasta simpático, pero más que un hallazgo poético los
versos parecían una incursión en la antropología. ¿Por qué

el verso blanco de los antillanos podía parecerse a los de Filippo Marinetti o a los de Valery; y el verso negro tenía que ser un eco folclórico de algo asociado a los tambores africanos?

¿Algo más que agregar? Otros tres nombres chilenos imprescindibles si se quiere conocer y disfrutar la poesía latinoamericana del siglo XX: Nicanor Parra, con sus antipoemas, Humberto Díaz Casanueva, con su profundidad filosófica, y Alberto Baeza Flores, universal en sus temas, culto y abarcador como pocos escritores. También hay que consignar una limitación: faltan decenas de nombres meritorios en este epígrafe. En una lástima que no puedan estar todos los que son.

La narrativa moderna y el Realismo

Exceptuado Honorato de Balzac, la gran novela moderna comenzó en el XIX con Gustave Flaubert. En 1857, cuando Baudelaire publica *Las flores del mal* y liquida totalmente la poesía romántica, aparece *Madame Bovary*, la brillante narración de un pequeño pleito conyugal ocurrido en provincias, cuando una mujer aburrida y soñadora mantiene una relación adúltera con la esperanza de escapar de su pastosa existencia. ¿Qué había de novedoso en el relato? Básicamente, la objetiva distancia tomada por el autor. No quiere moralizar. Quiere entender. Quiere contar lo que ocurre desde los vericuetos sicológicos de los personajes. Ni siquiera tiene simpatías o antipatías. El realismo es dejar fuera la subjetividad, cancelar el juicio ético y pintar al natural. Stehdhal, el gran novelista de la generación anterior, lo había definido con sencillez: el buen narrador debe "pasear su inventiva, como un espejo, a lo largo del camino". Flaubert afirma ser Emma Bovary, pero también es Charles, su marido tontorrón, el farmacéutico Homais, y Léon Dupois, el amante tímido y egoísta. Naturalmente, la pacata sociedad de la época acusa a Flaubert y a su novela de inmoral. No lo era. Poco a poco todo Occidente se fue rindiendo a su magisterio literario. En América Latina, siempre tan pendiente de Francia, eso comenzó a ocurrir prontamente.

Un discípulo directo de Flaubert fue otra de las grandes influencias que recibieron los narradores latinoamericanos postrománticos: Guy de Maupassant. Su maestro lo convenció de que abandonara la carrera de Derecho y se dedicara a la literatura. Al fin y al cabo, Flaubert también había estudiado leyes inútilmente. Buenos abogados había montones. Buenos escritores, muy pocos. Maupassant le hizo caso. Pronto su cuento "Bola de sebo" se convirtió en una lectura obligatoria allende el Atlántico. Pero los lectores no tardaron en encontrar cierta diferencia entre maestro y discípulo: Maupassant iba más allá. Se regodeaba en la descripción de caracteres retorcidos. Había cierto deleite en los aspectos grotescos: era el naturalismo. O sea, un paso más allá en el camino del Realismo. Maupassant murió loco tras un frustrado intento de suicidio. También es posible que los trastornos sicológicos afectaran su literatura.

Esto último muy bien pudiera haberlo suscrito Émile Zola, el maestro del Naturalismo, y, además, figura señera del periodismo francés, autor del más célebre artículo de todos los tiempos: "Yo acuso". Fue en su época cuando historiadores y fisiólogos llegaron a la conclusión de que la conducta era el resultado del clima, la etnia y los aspectos materiales. El autor de *Naná* –novela integrada en una saga de veinte títulos en los que cinco generaciones de seres son marcados por la fatalidad biológica que representa la locura de la tía Dide–, era un convencido de que la fisiología determinaba la sicología y esta, a su vez, se convertía en la materia prima del arte. Es lo que Zola había escrito en *La novela experimental*, su estética literaria, explícitamente deducida de *Introducción al estudio de la medicina experimental*, tratado redactado por Claude Bernard. Narrar es deducir de un hecho dado todas sus consecuencias con perfecta veracidad. Es hurgar en las vidas de gentes torturadas, en sus pecados y dolores, rico filón literario. Él mismo había sido pobre y el hambre no le resultaba desconocida. No había que rehuir la alcantarilla. Pero había que introducirse en ella con método científico. Había que recorrerla sin temores para encontrar la verdad profunda, aunque fuera pestilente. Y en el caso de Zola esto no era una metáfora, sino una íntima obsesión que lo acompañó a lo largo de toda su vida y que aparece en forma de imagen en varios de sus libros.

Zola llegó a Latinoamérica de la mano de dos insignes escritores españoles que emprendieron su traducción con entusiasmo: Emilia Pardo Bazán y Leopoldo Alas, Clarín. Pero este último pagó cierto precio por su admiración por el francés. Sin razones claras, fue acusado de plagio y hasta retado a duelo por un apasionado periodista puertorriqueño, Luis Bonafoux, amante sin frenos de la obra de Zola. Cuando Alas murió, Bonafoux, que entonces publicaba un periódico en Madrid, anunció su deceso con un titular que haría historia: "Se murió Clarín: me alegro". Y luego seguía "el plagiario Clarín... etc. "

Marcel Proust es el otro gran maestro francés de la novela latinoamericana moderna. Judío –dato importante en el París antisemita de principios del siglo XX–, de familia burguesa, asmático, refinado hasta rozar el dandismo, homosexual, hipocondriaco, depresivo, gran observador, desvitalizado, construyó con todos esos elementos una obra larga y melodiosa, en gran medida autobiográfica, escrita en tres partes, llamada *En busca del tiempo perdido*. No encontró editor para el primer volumen, *Por el camino de Swam*, y pagó la publicación de su bolsillo. Con el segundo, *A la sombra de las muchachas en flor*, sucedió lo contrario: recibió el Premio Goncourt y la crítica se rindió a sus pies. El tercero, *El mundo de los Guermantes*, ya tenía abierto el camino del éxito, pero Proust murió a los pocos meses de su aparición. ¿Qué aportó esta obra a la literatura? Sin duda, una forma bellamente perezosa de narrar, un *tempo* lento, sin ninguna prisa, con profusión de detalles, en el que la peri-

pecia exterior es desplazada por el análisis del estado anímico
de los protagonistas. Es novela sicológica, sí, pero va más
allá: cuenta y describe minuciosamente lo que ocurre en la
conciencia de sus personajes. Proust, gran narcisista, escu-
chaba los latidos de su corazón, observaba, y luego narraba
parsimoniosamente lo que había percibido.

Tras los maestros franceses llegaron los de lengua inglesa. Entre los primeros estuvo el irlandés James Joyce. Fue
un hombre tímido y observador que trajo a la novela la experimentación con el lenguaje y la curiosidad con el psicoa-
nálisis, paralelas a lo que se podía observar en la poesía de
los surrealistas. Joyce abandonó Irlanda muy joven y se instaló en Europa continental: Suiza, Italia, y, finalmente, Francia, en cuya capital encontraría la comprensión intelectual
que requería su muy riesgosa apuesta vanguardista. Empezó, como casi todo el mundo, escribiendo poemas que pasaron sin pena ni gloria: *Música de cámara*. A lo que siguió
una colección de cuentos, *Dublineses*, una obra de teatro justamente ignorada, *Exiliados*, y una novela corta autobiográfica, *Retrato del artista adolescente*. En esta, su *alter ego* es
Stephen Dedalus, y Joyce ensaya el *stream-of-consciouness*, o
fluir de conciencia, complejos monólogos interiores que
intentan reproducir el proceso automático e incontrolable-
mente trenzado de pensar racionalmente y sentir emocionalmente. Pero lo que finalmente le trajo la fama y el es
cándalo fue una novela extraña, *Ulises*, publicada en inglés,
en París, por "Shakespeare and Company", una librería re-
gentada por Sylvia Beach, centro de una curiosa vanguardia de angloamericanos transterrados, e inmediatamente
tachada como inmoral por la censura de ingleses y norteamericanos. *Ulises* ha sido calificada de epopeya cómica, y
en ella se cuenta un día en la vida de Stephen Dedalus y Leo-
pold Bloom, un pobre agente publicitario. La historia termina con un larguísimo monólogo interior que ha pasado a
la historia literaria como el gran legado joyceano a la literatura experimental.

William Faulkner, norteamericano sureño, construyó un mundo literario complejo, barroco, confinado en dos lugares imaginarios: el condado de Yorknapatawpha y la pequeña ciudad de Jefferson, sitios en los que instaló a numerosos personajes y a sus peripecias. De esta técnica veremos luego reminiscencias en el universo macondiano de García Márquez. Al menos cuatro de las novelas de Faulkner tuvieron un impacto decisivo en la narrativa latinoamericana: *El sonido y la furia, Mientras agonizo, Luz de agosto,* y *¡Absalom, Absalom!* ¿Qué elementos de ellas deslumbraron a los escritores latinoamericanos? En esencia: el uso del tiempo y la estructura narrativa. Faulkner, tras la huella de Joyce, recurrió al fluir de conciencia, pero lo verdaderamente novedoso era el uso del tiempo, distinto en la conciencia de los personajes al de la trama, el recurso del *flash-back*, o historia retrospectiva, muy utilizado en el cine –Faulkner fue guionista–, y la estructura múltiple que desembocaba en una historia común, como luego desarrollaría Mario Vargas Llosa con un éxito inmenso. En *Mientras agonizo*, por ejemplo, en lugar de recurrir a los capítulos convencionales, Faulkner usa como secciones las voces de 15 personajes que intervienen 59 veces para contar, desde la perspectiva de cada uno, la truculenta historia del entierro de la obesa Anse Bundren. Muy merecidamente, Faulkner recibió el Premio Nobel de Literatura en 1949.

Ernest Hemingway tomó un camino literario totalmente distinto al de su compatriota Faulkner. Optó por una forma de realismo impresionista, en la que la tarea de imaginar los estados anímicos de los personajes correspondía a la sensibilidad del lector. Nada de complicados monólogos interiores ni de excursiones al subconsciente. Su arte estaba en una prosa directa y creativa, dotada de cierta adjetivación novedosa ("invictos ojos azules"), salpicada por unos diálogos cortados a navaja, generalmente al servicio de una historia ocurrida en algún lugar exótico para el lector norteamericano. Era un narrador, pero su prosa tenía la impronta urgente del periodismo. No había tiempo para grandes rodeos, era muy importante la trama en sí misma, se apelaba a las emociones básicas –la valentía, la lealtad, el amor a la libertad–, y solía haber caracteres masculinos fuertes y decididos, como el dinamitero Robert Jordan, mezcla de intelectual y hombre acción, personaje central de *Por quién doblan las campanas*, una novela ambientada en la Guerra Civil Española, conflicto al que Hemingway acudió en calidad de corresponsal de guerra.

Esos caracteres, por otra parte, correspondían al arquetipo de escritor-macho que Hemingway había construido con su propia biografía de cazador de leones en África, pescador de agujas en el Caribe, amante de las corridas de toro en España, voluntario en la Primera Guerra Mundial y periodista que portaba ametralladora en la Segunda. Sus libros más leídos, además del mencionado, fueron *Adiós a las armas*, *Muerte en la tarde* y *Las nieves del Kilimanjaro*. En 1952 publicó una novela breve, *El viejo y el mar*, en el que la anécdota –un pescador frustrado porque no captura ningún pez importante, logra, al fin, hacerse con una gran pieza, pero los tiburones devoran su presa– esconde una historia de entereza frente a la adversidad y de lucha por el honor. Dos años después de publicado el libro, los suecos le otorgaron el Premio Nobel. Hemingway regaló la medalla que acompañaba al galardón –no así la recompensa en metálico– al santuario de la Caridad del Cobre, patrona de Cuba, isla en la que el novelista vivió entre 1940 y 1959. En 1961, acosado por la impotencia sexual y por ciertos delirios paranoicos, Hemingway introdujo una de sus escopetas de caza en la boca y se voló la cabeza. Curiosa (y sospechosamente) tras su muerte aparecieron otros cuatro libros: *París era una fiesta*, *Islas en el Golfo*, *Un verano peligroso* y *El jardín del Edén*. Ninguno de estos se convirtió en *best-seller*.

Narradores modernos latinoamericanos

Tal vez el primer narrador realmente moderno de América Latina es el uruguayo Horacio Quiroga, discípulo o, al menos, lector muy atento de Maupassant y de Poe. A principios del siglo XX escribió cuentos y alguna que otra noveleta, pero donde mejor se muestra su maestría es en los relatos breves, como los recogidos en *Cuentos de amor, de locura y de muerte*, en *Cuentos de la selva* y en *Anaconda*. En estas historias, tocadas por una macabra fatalidad muy a lo Poe, Quiroga consigue transmitir al lector un ambiente de terror opresivo absolutamente eficaz desde el punto de vista literario. Seguramente no fue ajena a su literatura sombría y desgarrada la propia vida del autor, signada por la muerte voluntaria: la de su padrastro, la de su esposa, y la suya propia, cuando se cansó de sufrir.

El colombiano José Eustasio Rivera, abogado, diplomático, aventurero, sólo publicó una novela, *La vorágine*, pero acertó: fue una obra maestra. Como Quiroga, se fascinó con la selva latinoamericana, un universo asfixiante, sin más ley que la fuerza, en el que desaparecen las convenciones de la civilización y los personajes acaban entregados al azar y a sus instintos. La historia comienza como una aventura amorosa entre Arturo Corva y Alicia. Se fugan para evitar el matrimonio de ella con un hombre mucho mayor al que no quiere. Y ahí se inicia una cruel peripecia de raptos y violencia, de brutalidad y sevicia, en la que comparecen villanos terribles, como Barrera, un forajido, que acabará secuestrando a Alicia, a la que embaraza, y a quien Arturo consigue eliminar en una pelea en la que el malvado cae el río y es devorado por las pirañas.

El telón de fondo de la trama es la selva, la selva cauchera, con peones semiesclavizados, embrutecidos por el alcohol, que tienen que sangrar los árboles para obtener la resina, mientras los mosquitos, las niguas y otros mil parásitos los sangran a ellos hasta matarlos: "En el desamparo de las vegas y estradas —escribe Rivera— muchos sucumben de calentura, abrazados al árbol que mana leche, pegando a sus cortezas sus ávidas bocas para calmar, a falta de agua, la sed de la fiebre con caucho líquido, y allí se pudren como las hojas, roídos por ratas y hormigas, únicos millones que les llegan al morir". Finalmente, los protagonistas principales –Arturo, Alicia, Niña Griselda, Fidel Franco– se internan aún más en la selva, con la esperanza de poder crear un rancho en el cual protegerse. Pero las autoridades colombianas, que intentan dar con ellos, tienen que admitir lo que parece inexorable: se los tragó la selva en su vorágine.

Con Mariano Azuela comenzó el ciclo novelístico de la Revolución Mexicana, luego seguido, entre otros, por Martín Luis Guzmán y, en forma de parodia, por Jorge Ibargüengoitia. Médico y aventurero, soldado primero de Madero y luego de Pancho Villa, revolucionario y exiliado, Azuela se convirtió en un testigo de primera mano, inteligente y observador, de lo que fue el inmenso matadero en que se transformó México tras el derrocamiento de Porfirio Díaz en 1910. Su principal novela se tituló *Los de abajo*, y en ella contó la historia de Demetrio Macías, un campesino que es víctima de los abusos del ejército contra su familia, lo que lo precipita a incorporarse a las partidas de revolucionarios rebeldes.

No obstante ser el protagonista principal de *Los de abajo*, Macías dista mucho de ser un héroe, y a veces se comporta con la primitiva violencia de sus enemigos. Autoascendido a general, tras regresar de su pueblo, a donde ha ido a visitar a su mujer e hijo, Macías es fusilado por los soldados federales. En todo caso, la historia triste de este campesino presenta con lenguaje directo, sin afectaciones literarias, una especie de pintura mural de aquel largo y sangriento proceso mil veces cantado en los corridos y unas cuantas recogido en el cine. Azuela, que, considerando los trajines en los que anduvo, vivió una larga vida, fue también autor de *Los caciques*, *Las moscas*, *Las tribulaciones de una familia decente* y

otra docena de libros meritorios. En 1949 obtuvo el Premio
Nacional de Literatura.

Rómulo Gallegos, venezolano, es el otro notable escritor latinoamericano que alcanzó la presidencia. El primero
fue Sarmiento, y, como el argentino, Gallegos fue maestro.
Pero ahí no acaban las coincidencias: la novela más famosa
de Gallegos fue *Doña Bárbara*, una historia cuyo tema de
fondo es la lucha de la civilización contra la barbarie. Doña
Bárbara es una hacendada despiadada y manipuladora, víctima en su infancia y juventud de mil humillaciones y desgra-
cias, devoradora de hombres y de tierras en su etapa adulta,
capaz de llegar al crimen para lograr sus objetivos. Ella se
enfrenta al joven abogado Santos Luzardo, quien regresa a
su propiedad en los llanos decidido a restaurar el esplendor
perdido por una larga época de abandono. Para complicar
las cosas –de eso se tratan las novelas–, Santos Luzardo se
enamora de Marisela, una hija de Doña Bárbara, abandonada
por esta cuando era una niña. Finalmente, Doña Bárbara,
humillada y derrotada, se marcha. Han triunfado la civilización, el amor y la decencia. Un final perfecto para alguien
como don Rómulo, quien tenía una visión pedagógica de la
vida. Y si *Doña Bárbara* fue la obra más exitosa de Gallegos,
la de mayor influencia literaria fue *Canaima*, en la que ya se
adivinan rasgos de lo que luego se llamará realismo mágico, con lluvias de mariposas, aguaceros infinitos y ambientes misteriosos. Como en *La vorágine* de Rivera, Marcos
Vargas también se interna en la selva, pero con mejor suerte: encuentra el amor de la india Aymara. La obra, escrita
en clave realista, pero con un ligero toque poético, también
sirve como tribuna para denunciar la explotación inicua de
los indios.

En total, nueve fueron las novelas de Gallegos –entre las
grandes debe mencionarse *Cantaclaro*–, y acaso una de ambiente cubano, *La brizna de paja en el viento*, en la que, curiosa e impensadamente, el escritor venezolano elige como

modelo de gángster juvenil a un inquieto estudiante a quien
conoció a fines de los años cuarenta: el estudiante Fidel
Castro. Si Gallegos tuvo la gloria como novelista, no gozó
de igual suerte como político: pocos meses después de ser
electo presidente por una inmensa mayoría, fue depuesto por
un golpe militar. Vivió exiliado en Cuba y en México. Regresó a Venezuela tras la restauración de la democracia y fue
enterrado, muy anciano, con los honores del Estado y el
respeto del pueblo.

El guatemalteco Miguel Ángel Asturias fue un hombre
culto, abogado e hijo de abogado, educado en París, donde,
irónicamente, estudió los entresijos de la cultura maya y tradujo el *Popol Vuh* del francés. Ya sexagenario, recibió dos
premios importantes: en 1966 el Lenin por sus méritos intelectuales y su militancia procomunista, y al año siguiente
el Nobel de Literatura. Los suecos premiaban, especialmente, al autor de *El señor Presidente*, una novela sobre la siniestra dictadura de Estrada Cabrera, y al de *Hombres de maíz*,
complejo relato en el que se le hacía justicia a los oprimidos
mayas, etnia a la que genética (no culturalmente) pertenecía el propio Asturias, como revelan los rasgos de su rostro
de perfecto ídolo de piedra.

Los suecos, que no siempre aciertan, en esta oportunidad hicieron blanco. Asturias fue un excelente escritor y *El
señor Presidente* una amarga y magnífica novela que consigue
transmitir el ambiente de horror, adulación y miedo en el
que vive una sociedad sometida a los caprichos y aberraciones de un tirano rodeado de matones y sicarios autorizados
para actuar sin otras limitaciones que las que marcaban sus
más bajos deseos. Quien ha leído el libro, no puede olvidar
durante cierto tiempo a Miguel Cara de Ángel, un malvado
redimido por el amor, y víctima, finalmente, de sus sentimientos; a la desdichada Camila, su mujer, hija del general
Canales, uno de los ejes de la historia; y, sobre todo, al sombrío señor presidente, que recorre todo el libro como un
fantasma brutal e implacable.

Como en América Latina este tipo de satrapía no era una excepción, sino casi la regla, Asturias inauguraba con su relato un género: la novela de dictadura, que ha tenido expresiones tan logradas como *Yo, el supremo* del paraguayo Roa Bastos, *El otoño del patriarca* de García Márquez o *La fiesta del chivo* –la mejor de todas– del peruano Mario Vargas Llosa. Es obligado mencionar también a un ilustre precedente muy leído en América Latina: *Tirano Banderas* del español Ramón María del Valle-Inclán. Entre los libros importantes que Asturias dejó escritos deben citarse: *Leyendas guatemaltecas*, *Viento fuerte*, *Mulata de tal* y *Week-end en Guatemala*, sobre el derrocamiento de Jacobo Arbenz por un complot manejado desde Washington. Fue también poeta y dramaturgo, pero casi de forma inadvertida.

El ecuatoriano Jorge Icaza antes de cumplir los treinta años publicó una de las obras maestras de la novela indigenista: *Huasipungo*, palabra india que designa el pedazo de tierra cedido por los gamonales a los indios a cambio de su virtual esclavitud. En su novela, el inmenso drama de los indios, explotados, humillados y ofendidos por los terratenientes, encarna en la figura de Andrés Chiliquinga, mientras el propietario abusador lo será Alfonso Pereira. Dentro de esa misma línea de vigorosa denuncia social, con énfasis en los conflictos raciales, Icaza –un escritor eficaz, pero monocorde–, escribió, entre otros libros: *En las calles*, *Cholos*, *Huairapamushcas*, y la que se considera su segunda mejor novela, *El chulla Romero y Flores*.

También en la región andina, donde lo que llaman el problema indio es una sangrante tragedia, surgió otro exitosísimo narrador dentro de la novela indigenista: el peruano Ciro Alegría. Pero a diferencia de Icaza, Alegría añade a sus relatos un lenguaje más rico, mayor profundidad, y, en definitiva, un mejor instinto literario. Su obra más leída es, sin duda, *El mundo es ancho y ajeno*, y en ella vuelve al eterno problema de la posesión de la tierra. Los indios, en esta historia, como tantas veces ha sucedido en la vida real, son

despojados por la violencia de las tierras comunales. Alegría
lo cuenta con total realismo, pero le agrega cierta dosis poética que ennoblece el relato. Y lo notable es que Alegría no
procedía del seno de una familia pobre rural, justamente re-
sentida. Por el contrario, su conocimiento del tema le viene
por la otra punta: sus padres eran acomodados terratenientes. Esto no le impidió a Alegría militar en el APRA y sufrir
exilios y persecuciones por ponerse junto a los humildes.
Otros meritorios libros suyos fueron *La serpiente de oro* y *Los
perros hambrientos*.

Jorge Luis Borges, argentino, porteño, antiperonista, liberal a ultranza, muestra una cara de la literatura latinoamericana totalmente diferente al indigenismo o a la novela
de dictaduras. Es el narrador urbano, cosmopolita, muy seguro de sus raíces europeas. Cuando Asturias lo fue a ver y
le dijo, para epatarlo, "Borges, yo soy un indio", el argentino le contestó "pues entonces renuncie al alfabeto de los
europeos y en lugar de escribir anude *quipus*". Borges era así:
decía cosas ingeniosamente terribles, *boutades* que lo colocaban en el vértice de la polémica constantemente.

Vivió muy joven en Europa –en Suiza, en Francia– y llegó a tener un notable dominio del inglés y del francés.
"¿También del sánscrito, maestro?", le preguntaron. "Bueno, el sánscrito que hablan todos", contestó con modestia.
En Europa entró en contacto con las vanguardias –el Ultraísmo, el Surrealismo– y regresó a Buenos Aires dispuesto a
sacudir la literatura argentina. Pero pronto se dio cuenta de
que el Ultraísmo podía ser repetitivo y perdió todo interés
en la experimentación semántica. "¿Por qué abandonó el
Ultraísmo", le pregunté yo mismo en Madrid una tarde de
1980. "Porque estaba basado en la sorpresa, eran asociaciones sorpresivas de palabras, y ya se sabe que la sopresa es la
más efímera de las emociones", me contestó.

Compuso poemas notables, dio conferencias magistrales
en medio mundo, redactó ensayos inteligentes y escribió
cuentos insuperables. Pero fue en este último género don-

de se alzó con la monarquía literaria latinoamericana. A la pregunta clásica: ¿escritor favorito?, casi todos los intelectuales de su tiempo optaban por Borges. ¿Por qué? Básicamente, por el lenguaje terso, enormemente creativo, por el tono finamente irónico, beneficiado por una adjetivación original, y por la atmósfera seductora en que envolvía sus narraciones, siempre trufadas de cultas referencias literarias y filosóficas. *Historia universal de la infamia, El jardín de senderos que se bifurcan, El Aleph, El Hacedor, El informe de Brodie, El libro de arena*, contienen algunas de las mejores narraciones escritas en lengua española. En 1980 obtuvo el Premio Cervantes, compartido con Gerardo Diego, su amigo español de la juventud y de la poesía. Tuvo una larga vida, levemente afortunada en amores, y se fue a morir a Suiza, de donde tal vez nunca se marchó del todo.

Alejo Carpentier fue un refinado novelista cubano, seducido por la música y la arquitectura, que pasó parte de su juventud en París, experiencia que le dejó una "r" velar y un corazón medio francés. De regreso a Cuba, trabajó como periodista y participó en varios empeños culturales. A mediados de siglo marchó a Venezuela y se ganó la vida como redactor en una agencia de publicidad que tenía, entre otras tareas, la de defender la imagen del dictador Pérez Jiménez. Su obra maestra es *El siglo de las luces*, una novela histórica que se desarrolla en Guadalupe, colonia francesa situada en el Caribe, en la que Víctor Hugues, durante la Revolución francesa, reproduce en su isla el terror que se sufre en Francia.

La otra gran novela de Carpentier es *El reino de este mundo*, ambientada en Haití, donde desarrolla su visión de cierta literatura inspirada en ese embrujado rincón del planeta: lo real maravilloso. Es decir, una zona en la que la fantasía y la realidad se mezclan hasta confundirse. Al servicio de esa extraña dimensión del tiempo y del espacio, Carpentier se regodea en una prosa barroca, cultamente alambicada, sin prisa alguna para contar la peripecia de sus personajes, en la que están presentes numerosos términos de la música, la arquitectura, y, a ratos, de las actividades náuticas. Con cierta ayuda de un musicólogo (y escritor) cubano de enorme sabiduría, Natalio Galán, Carpentier dio a la imprenta un buen ensayo histórico sobre la música cubana. La última de sus novelas, *El recurso del Método*, fue una incursión en el tema del dictador latinoamericano. Como por esa época –mediados los setenta– era diplomático del gobierno de Castro, se apresuró a aclarar que se inspiraba en otros tiranos: Gerardo Machado, Guzmán Blanco, Porfirio Díaz, etcétera. En 1977 recibió el Premio Cervantes.

El otro gran afrancesado de la narrativa latinoamericana de los sesenta fue el argentino Julio Cortázar. No sólo compartía con Carpentier el dominio de la lengua y la cultura galas: también los unía la dulce pronunciación nasofaríngea tomada del francés. Nacido en Bruselas, pero criado y educado en Argentina, pasados los treinta años Cortázar se radicó en París, y en esta ciudad se convirtió en traductor de la UNESCO. Como casi todos los escritores, comenzó por la poesía, pero fue en el cuento donde encontró su voz mejor y más original. Sus libros de cuento *Final de juego*, *Las armas secretas* e *Historias de cronopios y de famas* se convirtieron en literatura obligada de la época. Luego siguieron, con igual éxito, *Todos los fuegos el fuego* y *Alguien que anda por ahí y otros relatos*. ¿Qué había en estos cuentos de especialmente atractivo? En esencia, historias bien construidas y personajes felices. No había, como en Borges, una prosa deslumbrante ni profundidades filosóficas. También existían unos curiosos códigos juveniles que se compadecían con la apariencia eternamente adolescente de Cortázar. Fue, sin proponérselo, un escritor para jóvenes.

Como novelista, Cortázar publicó un largo, atractivo y descoyuntado relato, *Rayuela*, cuya falta de trama y estructura formales se presentó como una búsqueda experimental que rompiese con la vieja forma de contar historias. La obra se trenzaba en torno a una anécdota muy conocida para

Cortázar: la de los emigrantes argentinos en París, con sus amores, rupturas y fracasos. De ese libro extraordinario –que se lee con admiración y se relee con alguna dificultad–, queda en la memoria un singular personaje femenino, La Maga. Otras dos novelas tuvieron una notable difusión durante la vida de Cortázar, pero sin añadir nada significativo a su prestigio: *Los premios* y *Libro de Manuel*. Lo que queda en pie, en pie muy firme, es el cuentista.

El mexicano Juan Rulfo tiene un extraño mérito en la literatura latinoamericana: nadie ha recibido más aplausos y galardones por menos obra. Si se estableciera una relación entre número de palabras impresas y reconocimiento público, a Rulfo le correspondería el cetro: sólo escribió dos breves libros. Eso sí, dos obras maestras: el libro de cuentos *El llano en llamas* y la novela corta *Pedro Páramo*. Esta última es la que le trajo la merecida fama que acompañó a su autor hasta la muerte.

¿Qué cuenta *Pedro Páramo*? La historia es simple: Juan Preciado, espoleado por su madre moribunda, viaja a un pueblo extraño y desolado, Comala, en busca de su padre, llamado Pedro Páramo. Pero si el punto de partida es sencillo, lo que sigue es de una extrema complejidad narrativa. Hay diversas voces, múltiples perspectivas, y una circunstancia atroz: todos los habitantes de Comala han muerto. Lo que oímos son murmullos de ultratumba que se superponen y amontonan sin tiempo ni espacio. Es la realidad vista por los muertos, o, lo que a los críticos les gusta denominar realismo mágico, esa cuarta dimensión donde todo es posible. Rulfo, un hombre tímido y nada dado a la exuberancia narcisista de algunos autores, alcanzó, sin buscarlos, algunos galardones importantes: el Premio Nacional de las Letras en México y el Príncipe de Asturias que otorgan los españoles. En las ceremonias en que los recibió siempre se le vio muy incómodo. Como si esa realidad de pompas y fanfarrias fueran otra clase de fantasmagoría, una Comala de terciopelo, y él un muerto entre los vivos. O al revés.

El argentino Ernesto Sábato, además de ser un extraordinario narrador, se convirtió en el árbitro moral de su país en el momento más dramático de las últimas décadas: cuando en los años ochenta terminó la dictadura militar y se inició el doloroso balance de desaparecidos y torturados. ¿Por qué los argentinos lo eligieron para presidir esa delicada tarea? Porque la obra y la vida de Sábato están claramente presididas por una fuerte vocación ética. Desde su primer libro de ensayos *Uno y el Universo*, hasta *La robotización del hombre y otras páginas*, pasando por *Hombres y engranajes* y *Heterodoxia*, cuanto ha escrito Sábato rebela una fibra moral y una preocupación por la especie humana muy poco común.

La obra novelística de Sábato es más intensa que extensa. A mediados del siglo XX publicó *El túnel*, un obsesivo relato policiaco, y una década más tarde *Sobre héroes y tumbas*, luego aparecerá *Abaddón el exterminador*. ¿Qué une a estas tres obras? El escepticismo, la necesidad de justicia para los seres humanos atrapados en un sistema esencialmente injusto. Sábato, físico y matemático –lo que de alguna manera le aporta una visión peculiar de la realidad–, en su juventud fue un lector acucioso de Unamuno. Esa influencia le dejó huella.

El chileno Jorge Edwards es la víctima y el beneficiario de una peculiar virtud que luego domina su literatura y, de alguna manera, condiciona su vida: la capacidad de observación. Ve como la gente actúa, como habla, lo que ambiciona y lo que desprecia. Le interesan las personas, sus dramas, sus matices. Especialmente la burguesía, que es el grupo social al que pertenecen él y su familia. Es un *voyeur* inteligente y culto, con una inmensa formación literaria, dotado de un temperamento moderado. Esto es lo que sobresale de sus cuentos *Gente de la ciudad* y, sobre todo, en su primera novela importante: *El peso de la noche*. Y esto fue lo que lo llevó a escribir un singular libro de memorias: *Persona non grata*. A poco de llegar a Cuba como titular de un cargo diplomático al que ha sido designado por Salvador Allende, y pese a sus iniciales simpatías por la revolución, comienza a ver hechos y situaciones que lo inquietan porque debajo de los desfiles y las consignas está el acoso policiaco, la persecución a los intelectuales, un clima opresivo. Finalmente, choca con las autoridades cubanas y debe abandonar el país. Se ha convertido en lo que en la jerga diplomática llaman *persona non grata*.

La cubana no fue la única dictadura a la que Edwards acabó enfrentado. Tras su experiencia en la Isla sobrevino el golpe de Pinochet y la instauración de una larga dictadura fascista en su país. Durante ese periodo Edwards tendrá que exiliarse, o, cuando regrese a Chile, deberá vivir bajo la estrecha vigilancia de la policía. Es un demócrata sin una sola incoherencia. De esta época son *Los convidados de piedra, El museo de cera, La mujer imaginaria*. Años después de la muerte de Neruda, a quien sirvió como una especie de secretario en París, escribió *Adiós, poeta...* En 1999 recibió el Premio Cervantes.

Gabriel García Márquez, Premio Nobel en 1982, no sólo es el escritor latinoamericano de más éxito en toda la historia, sino es el primero que resulta profusamente leído e imitado en Estados Unidos, Francia o Italia, mientras se le traduce a todas las lenguas cultas del planeta. Destino realmente excepcional para un colombiano nacido pobre, en medio de una familia numerosa instalada en el polvoriento poblado de Aracataca, un caserío rodeado de ciénagas, bocado delicioso para enjambres de mosquitos, muy cerca de la costa caribeña, y al que un crítico muy notable, Guillermo de Torre, le devolvió uno de sus primeros manuscritos –*La mala hora*– junto con un demoledor comentario: "dedíquese a otra cosa".

Afortunadamente, no le hizo caso. ¿Qué trajo a la literatura García Márquez? Trajo unos ambientes exóticos, una historias fabulosas, unos personajes entrañables, y una prosa directa y fresca, afilada en el periodismo, interrumpida por diálogos breves como chispazos, y sacudida a trechos por ramalazos poéticos, lo suficientemente sutiles como para agradar, pero lo suficientemente intensos como para estremecer al lector. García Márquez no tenía una sólida formación académica –dejó los estudios universitarios a medias–, pero leyó como un prisionero, poseía instinto para la literatura y una curiosidad infatigable por las historias ajenas. Especialmente para las que le contaban los viejos de la familia, gente aparentemente muy bien dotada para memorizar las infinitas leyendas de una zona rural y remota de Colombia, en la que la verdad y la mentira se entremezclaban con muy pocas concesiones a la realidad, como le contó a su compadre Plinio Apuleyo Mendoza –también novelista excepcional– en un libro delicioso: *El olor de la guayaba*.

Casi todas las obras de García Márquez están vivas en las lenguas en que se han publicado. Eso quiere decir que los siguientes títulos se reeditan incesantemente: *El coronel no tiene quien le escriba*, *La hojarasca*, *La mala hora*, *Los funerales de la Mamá Grande*, *Cien años de soledad*, *El otoño del patriarca*, *La increíble y triste historia de la cándida Eréndira y de su abuela desalmada*, *Crónica de una muerte anunciada*, *El amor en los tiempos del cólera*, *El general en su laberinto* y *La historia de un secuestro*. De todos ellos el que más fama le trajo, y el que queda como un clásico que se leerá dentro de ciento cincuenta años, como todavía hoy nosotros leemos *Los miserables* de Víctor Hugo o *Guerra y paz* de Tolstoi, es *Cien años de soledad*. Esta es la historia de José Arcadio Buendía, su prima Isabel y toda su enredada descendencia, fundadores en Macondo de una patria selvática y fantástica en la que todo era posible. Pero si esa es la novela de la inmortalidad literaria, la mejor acaso sea otra, *El amor en los tiempos del cólera*, la romántica y a veces cómica historia de Florentino Ariza, un hombre dominado por una pasión indomable que no cede con el paso de los años. Como buen escritor latinoamericano, García Márquez también echó al ruedo su libro-sobre-dictadores: *El otoño del patriarca*, hecho de retazos de media docena de tiranos de carne y hueso.

El otro novelista universal latinoamericano es el peruano Mario Vargas Llosa. Incluso un gran periódico inglés,
Financial Times, se llegó a preguntar si *La fiesta del chivo*, una
extraordinaria novela sobre la ejecución del dictador dominicano Rafael Leonidas Trujillo, podía ser considerada la
mejor narración del siglo XX. Claro que todas esas clasifica-
ciones son arbitrarias, pero en este caso no hay duda de que
estamos ante un escritor de la talla y el aliento de Dickens,
de Balzac o de Dostoievski, pero con un par de elementos
añadidos: la preocupación por el lenguaje que tuvo Flaubert
y el dominio de la carpintería literaria que exhibió Faulkner.

Desde su primer libro de cuentos, *Los jefes*, premiado en
España, Vargas Llosa fue advertido por la prensa; pero cuando apareció *La ciudad y los perros*, en 1962, y recibió por ella
el premio Biblioteca Breve y el de la Crítica –algo totalmente
inusual para una primera novela–, resultaba obvio que había surgido uno de los grandes escritores de la lengua. La
historia de los cadetes de la escuela militar "Leoncio Prado", de sus miserias, luchas y violencias por implantar su
propio yo –una historia en gran medida autobiográfica–, era
un relato deslumbrante en el que se podía admirar tanto la
profundidad en el análisis de la sicología de los personajes
como el interés por la trama. Pocos años después vinieron
La casa verde, *Conversación en la catedral* –una novela política
centrada en la dictadura de Odría–, *Pantaleón y las visitadoras*
y *La tía Julia y el escribidor*, estas muy hábilmente teñidas por el
humor. Por fin, en 1981 apareció *La guerra del fin del mundo*,
la asombrosa historia de una extraña guerra religiosa acae-
cida en un remoto rincón del Brasil del siglo XIX. Más tarde siguieron: *¿Quién mató a Palomino Molero?*, *Lituma en los
Andes*, *Elogio de la madrastra*, y *Los cuadernos de Don Rigoberto*.
Estas dos últimas y breves novelas exploran inteligentemente
algunas zonas de la sexualidad generalmente consideradas
como impropias. Fue en el 2000 cuando apareció la mencionada *La fiesta del chivo*.

Al margen de su condición de escritor, Vargas Llosa ha

desempeñado en América Latina un papel de ideólogo parecido al de Albert Camus en Francia. Esto especialmente tras su ruptura con los comunistas, algo que comenzó a suceder a principios de la década de los setenta, cuando el poeta Heberto Padilla fue encarcelado en La Habana por la policía política tras la aparición de *Fuera del juego*, un excelente y provocador poemario. Desde entonces, y de forma creciente, Vargas Llosa, junto a Octavio Paz, asumió el liderazgo en las condenas a las dictaduras dentro del ámbito de la *intelligentsia*, fueran estas de corte marxista o simples satrapías militares. Asimismo, se convirtió en abanderado de las ideas liberales en el terreno económico, lo que lo enfrentó duramente al gobierno del aprista Alan García (1985-1990) cuando este intentó nacionalizar la banca privada. Como consecuencia de aquellos hechos, Vargas Llosa fue candidato a la presidencia del Perú, pero resultó derrotado por el ingeniero Alberto Fujimori, quien diez años más tarde acabaría exiliado en Japón, a resultas de las arbitrariedades, los crímenes y la corrupción de su gobierno. Mario Vargas Llosa ha recibido casi todos los premios literarios importantes de cuantos se dispensan en Occidente. Todos los del ámbito de la lengua española le han sido justamente otorgados.

El aspecto más curioso de la presentación del libro de relatos *Los días enmascarados* del mexicano Carlos Fuentes –su primera obra– fue que en la ceremonia participó la más famosa rumbera de mediados del siglo XX: Tongolele. Pero poco a poco este autor culto y correcto, hijo de diplomático, y diplomático él mismo en cierto momento de su vida, fue abriéndose paso, primero con *La región más transparente*, *Las buenas conciencias* y enseguida con la que sería su mejor novela: *La muerte de Artemio Cruz*. Esta es una inteligente meditación sobre la Revolución Mexicana, o, mejor aún, sobre su fracaso y desvío. Una vez descubierto por la crítica, y tras escribir *Cambio de piel* –una novela experimental de difícil lectura– recibió el premio Biblioteca Breve (1967) otorgado por Seix-Barral de Barcelona, dato importante, porque en torno a esa editorial se había ido gestando lo que la crítica calificó como *boom* literario latinoamericano. Además de su justamente popular noveleta *Aura*, cuyo nombre ya indicaba su filiación esotérica, Fuentes ha publicado otras narraciones complejas y enjundiosas que han suscitado un distante respeto por parte del público lector: *Terra nostra*, *La cabeza de la hidra* y *Cristóbal Nonato*. Ha recibido el Premio Nacional de Literatura de México (1984), el Cervantes (1987) y el Príncipe de Asturias (1994). Ha escrito numerosos artículos y ensayos. Encarna, junto a Héctor Aguilar Camín –un narrador de enorme poderío en *La guerra de Galio*– lo más representativo de la novela mexicana actual.

Varias extraordinarias narradoras también han conseguido abrirse paso hasta las listas de *best-sellers* en varias lenguas occidentales: la cubana Zoé Valdés y la mexicana Ángeles Mastretta son dos buenos ejemplos. Pero Isabel Allende, chilena, familiar del presidente de igual apellido, exiliada en Venezuela, donde trabajó en el mundo de la publicidad, es la mujer que más éxito ha tenido en la historia de la literatura latinoamericana, tanto en el ámbito de la lengua castellana como en el internacional. ¿Por qué? Inicialmente, porque reiteró con mucho talento la fórmula literaria de García Márquez: un lenguaje parecido, unas historias inquietantes construidas con los planos del realismo mágico, una atmósfera como de ensueño. Ese es el tono de *La casa de los espíritus*. Pero luego siguieron otros libros en los que el acento personal era cada vez más patente: *De amor y de sombra*, *Eva Luna*, *Cuentos de Eva Luna*. Un libro muy triste, *Paula*, dedicado a la muerte de su joven hija, le trajo la paradójica satisfacción de convertirse en un *best-seller*. Y luego siguió una bella novela, *Hijas de la fortuna*, ambientada en California, estado norteamericano en el que reside la escritora desde hace unos años.

El teatro latinoamericano

Si el teatro contemporáneo tiene un padre, ese es el noruego Henrik Ibsen, cuya vida profesional cubre las dos terceras y últimas partes del siglo XIX y transcurre, casi toda, entre Italia y Alemania como consecuencia de una generosa beca otorgada por su país de origen. Ibsen consiguió hacer representar varias de sus obras en casi toda Europa, obteniendo con ellas un enorme reconocimiento, lo que explica la curiosidad que despertaron en América Latina. Por aquellos años, fines del XIX, triunfar en París era abrir la puerta del mundo, y en París tuvo un éxito tremendo *Casa de muñecas*, un drama social de corte feminista en el que Nora Helmer –un poco como la Madame Bovary de Flaubert– descubre que es la prisionera de lujo en un mundo dominado por los hombres –de ahí el título de *Casa de muñecas*–, se atreve a romper con todos los convencionalismos y abandona a su marido y a sus hijos en busca de su propia realización personal. ¿Por qué tuvo una repercusión tan extraordinaria este drama de Ibsen? Por la profundidad sicológica de los personajes y porque los derechos de las mujeres eran parte del debate diario, especialmente impulsado por las sufragistas. Otras obras de Ibsen merecieron también el aplauso de la crítica: *Peer Gynt*, *Hedda Gabler*, y, muy destacadamente, *Un enemigo del pueblo*. Con esta última obra Ibsen insistía en los conflictos sociales, pero desde un ángulo más general: el choque entre los intereses económicos y los principios morales. Su principal discípulo, por cierto, aunque con un perfil creativo tremendamente original, sería otro notable escandinavo: el sueco August Strindberg.

Eugene O'Neill, el mayor de los dramaturgos norteamericanos –y el primero que influye a escala planetaria– pertenecería a esta escuela ibseniana. Tres de sus principales obras muy pronto serán presentadas en los teatros más destacados de Occidente: *Más allá del horizonte*, *Extraño interludio*, *Deseo bajo los olmos*. O'Neill, quien viviría cierto tiempo en Buenos Aires, casi enseguida fue tomado como una referencia obligada por los teatristas latinoamericanos. Pero probablemente la obra suya que más impacto tuvo fue *Largo viaje del día hacia la noche*, un complejo drama familiar, semi freudiano, seguramente autobiográfico, en el que el desamor y las frustraciones generan una profunda sensación de tristeza y angustia personal. En 1936 le concedieron el Premio Nobel. Es fácil distinguir su enorme peso en los otros dos grandes dramaturgos norteamericanos que le sucedieron: Tennessee Williams y Arthur Miller.

El italiano Luigi Pirandello fue un culto y prolífico escritor, esencialmente de narraciones, pero cuya impronta literaria más firme la dejará en el teatro, especialmente con una obra que deslumbrará en todo Occidente a partir de su puesta en escena en 1921: *Seis personajes en busca de autor*. Ahí ocurre lo hasta entonces inconcebible: los caracteres creados por el dramaturgo toman vida propia y explican sus tristezas y frustraciones. Se ha roto la línea de la realidad y la fantasía. El autor y sus rebelados personajes discuten amargamente sobre la vida. Por una punta, los temas encajan en una atmósfera existencial muy propia del debate filosófico de la época. Por la otra, ha surgido el teatro del absurdo. Cuando en 1934 los suecos le otorgan el Premio Nobel de Literatura, dejan en claro la razón: Pirandello renovó el arte escénico profundamente. Lo dotó de una magia y una poesía hasta entonces muy poco frecuentes.

De esa cantera absurdo-existencial, prefigurada en *Ubu rey* del francés Alfred Jarry, surgirá un extraño gigante del teatro contemporáneo, Samuel Beckett, y otros excelentes dramaturgos como Eugène Ionesco, Jean Genet o Fernando Arrabal. Arrabal, Premio Nacional de Teatro en España, había creado junto a Jodorowsky y Topor lo que llamaron el Teatro Pánico. Su definición la dejó escrita el propio Arrabal: "El pánico es la crítica de la razón pura, es la pandilla sin leyes y sin mando, es la explosión del 'pan' (todo), es el respeto irrespetuoso al dios Pan, es el himno al talento loco; es el antimovimiento, es el rechazo a la seriedad, es el canto a la falta de ambigüedad. Es el arte de vivir (que tiene en cuenta la confusión y el azar); es el principio de indeterminación con la memoria de por medio. Y es todo lo contrario".

Entre las obras de Beckett, las más representadas en América Latina –y probablemente en todo el mundo– son *Final de partida* y *Esperando a Godot*. Esta última encierra mejor que ninguna otra la gramática con que se ha escrito el teatro del absurdo: en primer término, no hay vestigios de una trama coherente dotada de principio, conflicto y desenlace. La obra, como la vida, no ofrece explicaciones sino situaciones. El lenguaje no transmite un discurso racional. Vladimir y Estragon, dos estrafalarios personajes, esperan sentados en un banco, en medio de un camino desolado, bajo un árbol raquítico y sin hojas, la llegada de Godot. Pero quienes llegan son otros dos extraños personajes, Pozzo y su maltratado criado Lucky. Hablan, discuten, se insultan, aluden a complejos temas bíblicos, repiten frases. No se sabe en qué tiempo ni en qué lugar transcurre la obra. No hace falta aclararlo. El propósito de Beckett no es contar una historia sino aportar una angustiosa mirada a la existencia humana, carente de sentido y de trascendencia. Godot tal vez sea Dios. Y ese Dios nunca llega. Beckett, ex secretario de Joyce, también irlandés, se mudó a París y allí residió una buena parte de su vida adulta. Lo mejor de su obra fue escrito en francés. En 1969 recibió el Premio Nobel. Fue, como sus personajes, un hombre extraño e inmensamente recatado a quien no lo tentaban ni la fama ni el dinero que con ella venía.

Dramaturgos latinoamericanos

De todos los géneros literarios contemporáneos, el más pobre y desasistido suele ser el teatro. Esto es verdad en todas las latitudes, pero es doblemente cierto en América Latina. ¿Por qué? Porque un poeta o un narrador sólo necesita unas hojas de papel y una pluma para expresar su imaginación. Es verdad que luego deberá buscar un editor, pero esto ni siquiera es un requisito inflexible: siempre queda el recurso de contratar directamente a la imprenta, algo muy frecuente en la historia literaria: Poe, Whitman o José Martí pagaron por ver sus obras impresas. El dramaturgo, en cambio, requiere la presencia de actores, la complicidad de empresarios, y hasta la asistencia del público, porque no es lo mismo un libro sin lectores que una obra de teatro sin auditorio, a lo que se suma la ausencia de tradición y la situación general del país. La regla es muy clara: existe una relación evidente entre los niveles de desarrollo económico y complejidad social, de una parte, y por la otra el vigor de los movimientos teatrales. Economías frágiles, con burguesías escasamente refinadas y poco extendidas clases medias, no es la mejor atmósfera para el desarrollo del teatro.

Con el uruguayo Florencio Sánchez, de acuerdo con la tradición literaria, suele comenzar la historia del teatro contemporáneo latinoamericano. Muy joven, a fines del siglo XIX, se trasladó a la Argentina, y allí se enfrentó a un problema social que tenía una doble vertiente: el gran país sudamericano pasaba de ser una tierra de campesinos analfabetos a ser un pueblo predominantemente urbano y educado, al tiempo que un verdadero aluvión de inmigrantes, la mayor parte procedente de Italia, cambiaba el tejido social del país. Sánchez se ocupa del primer conflicto en su obra más conocida, *M'hijo el dotor*, y del segundo en dos dramas: *La gringa* y *Barranca abajo*, trágica historia esta última que se salda con el suicidio del criollo fracasado. Sánchez todavía escribe dentro de las coordenadas estéticas que proporciona el costumbrismo.

Más claramente ibseniano en la concepción de sus obras, alejado del costumbrismo y dispuesto a penetrar en la sicología de sus personajes con la profundidad que uno pudiera esperar de Strindberg, el argentino Samuel Eichelbaum se convierte en una figura literaria de primer orden con *La mala sed*. Ya Buenos Aires es una ciudad refinada, y el teatro que se representa quiere tener el tono y la calidad de las grandes capitales europeas. Él mismo es un culto diplomático que ha visto mundo. Tras este primer éxito vendrán *El camino del fuego, Soledad es tu nombre, Un tal Servando Gómez* y otras piezas notables. Un año antes de morir, en 1966, se montó *Un cuervo sobre el imperio*.

Tal vez el más reputado de los dramaturgos latinoamericanos es el mexicano Rodolfo Usigli, autor de obras muy exitosas de crítica social, como *El gesticulador* y *¡Buenos días, señor presidente!*, o de contenido histórico: *Corona de sombra, Corona de luz* y *Corona de fuego*. Mediado el siglo XX, su obra *Jano es una muchacha* levantó una cierta polémica en la prensa de su país. Usigli, además de autor teatral, escribió páginas notables sobre la historia y la naturaleza del teatro mexicano, así como del oficio de dramaturgo. Algunos críticos han querido ver en él una especie de Bernard Shaw mexicano.

Entre los venezolanos, el dramaturgo que alcanzó mayor reconocimiento fue César Rengifo, autor de varias docenas de obras dramáticas, basadas, como en la obra de Usigli, en un examen de la historia de su país y en los problemas sociales y políticos que lo aquejan. Sus textos más notables: *Mural de la guerra federal, Lo que dejó la tempestad, Vendaval amarillo, Las torres y el viento*. Rengifo, en definitiva, fue la figura central de un movimiento teatral de cierta calidad que incluyó a otros tres valiosos autores venezolanos: Isaac Chocrón, Román Chalbaud e Ignacio Cabrujas. Este último, además, cultivó con mucho éxito el popularísimo género de la telenovela.

El cubano Virgilio Piñera anduvo muy cerca de los postulados del teatro del absurdo, muy popular en La Habana de los años cincuenta del siglo XX, cuando el director Francisco Morín, siempre en la vanguardia, estrenó *La cantante calva* de Ionesco. Piñera mezcló el humor y la irreverencia con la desesperación y la angustia. Como se trataba de un homosexual evidente, y la revolución de Castro no era nada tolerante con esas preferencias, sufrió por ello persecución

y censuras. Escribió *Electra Garrigó* (antes de que Sartre diera
a conocer *Las moscas*), *Falsa alarma* (antes de *La cantante calva* de Ionesco), *Jesús, La boda, El flaco y el gordo, Siempre se
olvida algo* y *Dos viejos pánicos*. Pero tal vez su obra más exitosa
no sea exactamente una pieza del absurdo –aunque a trechos
lo roza–, sino un drama social con ribetes tragicómicos, *Aire
frío*, triunfalmente representado en Cuba y fuera de ella por
la espléndida actriz Teresa María Rojas.

Para el puertorriqueño René Marqués, el mayor de los
dramaturgos de su isla, el tema esencial tenía que ser la identidad nacional. Invadido Puerto Rico en 1898, y desde entonces vinculado a Estados Unidos, los puertorriqueños han
tenido una tensa relación con el vecino poderoso, destino,
por otra parte, de casi la mitad de la población. Y ese, precisamente, es el tema de la obra más conocida de Marqués:
La carreta. Ahí está el choque entre las dos culturas y la in-
adaptación que se produce en las personas sometidas a este
tipo de conflictos. Otras obras notables de Marqués son *Los
soles truncos, Un niño azul para esta sombra, Carnaval adentro,
carnaval afuera*, y un libro de ensayos titulado *El puertorriqueño dócil*.

El ensayo latinoamericano

El ensayo contemporáneo latinoamericano, género débil en la medida en que no ha habido corrientes de pensamiento originadas en esta parte del mundo, ha tenido, en
esencia, dos influencias totalmente distintas: el alemán Karl
Marx y el español José Ortega y Gasset. Una, comunista, la
otra, liberal, situada en las antípodas del autor de *El Capital*. ¿Por qué se puede centrar en estas dos figuras el debate
intelectual latinoamericano? Porque los dos grandes temas
intensamente discutidos a lo largo del siglo XX se han trenzado, de una parte, en torno al desarrollo y subdesarrollo
económico de estas sociedades (Marx y sus teorías sobre el
papel de las colonias y las metrópolis), y, de la otra, en rela-

ción a la identidad profunda de los pueblos surgidos de la
raíz iberoamericana, de ahí el interés en Ortega y en sus
meditaciones recogidas en *España invertebrada*. Naturalmente, los latinoamericanos del siglo XX interesados en el universo de las ideas han leído a Henri Bergson, a Miguel de
Unamuno, a Jean-Paul Sartre y Albert Camus –y muy especialmente las polémicas que sostuvieron–, a John Dewey,
a Michel Foucault, a Raymond Aron y al centenar largo de
pensadores que le han dado sentido y forma a nuestra época, pero el grueso del conflicto ideológico de una u otra
manera se ha colocado bajo la advocación de Marx y de
Ortega.

A mediados del siglo XIX, y con especial énfasis en las
relaciones entre la India e Inglaterra, Marx llegó a la conclusión –y así lo expresó en varias cartas y artículos– de que
las colonias eran necesarias para la buena salud económica
de los poderes imperiales. Las colonias suministraban ma-
terias primas, mano de obra barata y un espacio perfecto para
la exportación de capitales que irían en busca de oportunidades más rentables para explotar a los trabajadores. Asimismo, a los capitalistas les resultaba conveniente ocupar cuanto
antes los territorios colonizados con el objeto de evitar que
otras potencias imperialistas se apoderaran de ellos.

Este análisis fue prontamente aceptado por políticos e
intelectuales en América Latina, entre otras razones, porque suministraba una excusa perfecta para explicar el atraso
relativo de la región cuando se contrastaba con Europa o con
Estados Unidos y Canadá: América Latina era pobre porque las naciones poderosas la saqueaban. Incluso, no era
necesario ser comunista para suscribir este punto de vista.
Desde la derecha fascista –el argentino Juan Domingo
Perón, el brasilero Getulio Vargas–, también desde el social-
cristianismo de líderes democráticos como el chileno Frei
Montalva, o desde la socialdemocracia de políticos como el
peruano Alan García, se repetían razonamientos parecidos
que desembocaban en nacionalismos militantes y, casi ine-

vitablemente, en Estados fuertes y centralizados dedicados a dirigir la economía. Marx, pues, estaba al servicio de todos, incluidos algunos de sus adversarios. Por lo menos esa porción mínima y poco elaborada de la extensa y brillante obra del pensador alemán.

De ese ovillo marxista, poco a poco, a partir de los años cincuenta del siglo XX fue tejiéndose la Teoría de la Dependencia, primero en los escritos de Paul Baran (*The Political Economy of Growth*) y luego en los de André Gunder Frank (*Capitalism and Underdevelopment in Latin America*). Lo que proponían estos pensadores era muy simple y, de alguna manera, siniestro: había dos géneros de países, los del centro del sistema capitalista –las grandes naciones imperiales– y los de la periferia, esto es, las naciones económicamente débiles y, por lo tanto, financiera e industrialmente colonizadas. El centro, además, no permitía que la periferia se desarrollara, porque con su poderío económico y, a veces, con presiones políticas o el uso descarnado de la fuerza, definía lo que la periferia tenía que producir en beneficio del Primer Mundo: esa era la dependencia.

Ensayistas latinoamericanos

Los dos primeros pensadores contemporáneos de esa vertiente antiimperialista, que en América Latina siempre ha sido antinorteamericana, fueron Manuel Ugarte y José Ingenieros. El primero fue un activista que, desde principios de siglo, recorrió el continente dando conferencias y publicando centenares de artículos, luego recogidos en libros como *El porvenir de América Latina, La patria grande* y *El destino de un continente*. Tenía, sin duda, una buena prosa periodística. El segundo fue un médico siquiatra, provocador y brillante, seducido por las ideas marxistas, que disfrutaba escandalizando a la burguesía argentina con su paraguas rojo y sus posiciones excéntricas de *dandy* intelectual. En el primer cuarto de siglo fue el más leído de los pensadores latinoamericanos. Sus obras *El hombre mediocre*, *Hacia una moral sin dogmas* y *Las fuerzas morales* tuvieron una amplia repercusión dentro y fuera de Argentina.

En la generación siguiente dos peruanos, José Carlos Mariátegui y Víctor Raúl Haya de la Torre recogieron el testigo antiimperialista. Mariátegui, de vida triste y atormentada por las enfermedades, escribió *Siete ensayos de interpretación de la realidad peruana*, mientras Haya, fundador del partido aprista, intentó mezclar a Marx y a Einstein en una curiosa teoría a la que llamaba espacio-tiempo-historia. Para Mariátegui, más cerca de la ortodoxia, el papel del proletariado era hacer la revolución de acuerdo con la receta brindada por el socialismo revolucionario. Para Haya de la Torre, brillante y refractario a los métodos antidemocráticos, que le había enmendado la plana a Lenin, en América Latina no era verdad que el imperialismo fuera la última etapa del capitalismo. Por el contrario, la región debía aprovecharse de la penetración imperial, desarrollar un modelo capitalista, y luego poner en marcha la revolución liberadora propuesta por Marx.

Obviamente, la cantera de la izquierda anticapitalista/antiyanqui ha sido y es muy abundante hasta nuestros días, como refleja el éxito de libros del cariz de *Dependencia y desarrollo en América Latina* de Fernando Henrique Cardoso y de Enzo Faletto, *Los conceptos elementales del materialismo histórico*, escrito por la chilena Marta Harnecker, o el muy popular pero menos serio *Las venas abiertas de América Latina*, redactado por el uruguayo Eduardo Galeano. El ensayo de más impacto y enjundia de esta corriente, sin embargo, ha sido el publicado por un austero sacerdote peruano, Gustavo Gutiérrez, quien con su *Teología de la liberación*, aparecido al calor del Concilio Vaticano II, como ya recordamos en el capítulo de este libro dedicado a la religión, establece una especie de peligroso silogismo: la Iglesia –supone– debe hacer su opción por los pobres. Eso es lo que Gutiérrez y otros teólogos deducen de los Evangelios. El

cristianismo debe comprometerse con los desposeídos, pero
sin limitarse a ofrecerles la recompensa tras la muerte, en la
vida eterna concebida para los buenos, sino aquí mismo, en
la tierra, aunque sea en una modesta medida. Pero como la
Teoría de la Dependencia –suscrita por los teólogos de la liberación– supuestamente ha demostrado que los pobres están condenados a la miseria dado el perverso diseño de la
economía internacional, no queda otro remedio que recurrir a la violencia para cambiar ese miserable destino impuesto desde fuera. La teología de la liberación, acepta, pues, que
los cristianos tomen el camino de las armas, fenómeno que
se vio en las guerrillas de toda América Latina.

Frente a esta visión fatalista del desarrollo, a mediados
de la década de los setenta comenzaron a aparecer libros que
contradecían el análisis marxista y desmentían la teoría de
la dependencia. El que mejor acogida tuvo, aunque en medio de una feroz polémica, fue el del venezolano Carlos
Rangel, titulado *Del buen salvaje al buen revolucionario*, precedido por un prólogo de Jean-François Revel, libro en el
que metódicamente se desmontaban todos los argumentos
de los adversarios. Si el centro condenaba a la periferia a la
miseria, ¿cómo era que ciertos pueblos de la periferia comenzaban a desarrollarse espectacularmente y competían
con éxito con los países desarrollados? Ese era el caso de
Hong Kong, Corea, Taiwan, Singapur y, en alguna medida,
hasta de la propia España. Para Rangel resultaba obvio que,
como supuso Max Weber, el desarrollo o el subdesarrollo
eran la consecuencia de las informaciones, valores, actitudes
y comportamientos prevalecientes en el conjunto de la sociedad. El pobre desempeño económico latinoamericano era
el resultado de la peculiar cultura latinoamericana, y no del
malvado designio de lejanos poderes imperiales. Rangel era
un culturalista.

Otros pensadores importantes de América Latina se
movieron en la misma dirección de Rangel. En Argentina
comenzaron a oírse las voces de ensayistas de la talla de Al-

berto Benegas Lynch, Martin Krause y Armando Ribas. Mariano Grondona publicó su extraordinario libro *Las condiciones culturales del desarrollo económico*. En Venezuela, Carlos Raúl Hernández (*El regreso de los dinosaurios*, *Déspotas bienhechores y estados malhechores*) y Américo Martín (*El gran viraje*, *América y Fidel Castro*), ambos vinculados a CEDICE –un *think-tank* liderado por Emeterio Gómez y por Carlos Sabino–, los dos procedentes de la izquierda, les ajustaron las cuentas al Estado abarcador y dirigista, ese ogro filantrópico, y, de paso, con una honradez intelectual admirable, a su propio pasado. En Perú, junto a los artículos y conferencias de Mario Vargas Llosa, en los que abogaba permanentemente por la libertad política y económica, aparecía *El otro sendero*, escrito por Hernando de Soto y Enrique Ghersi, en defensa de los trabajadores informales, ahogados por la corrupción y la burocracia. En México, las revistas *Vuelta* y *Plural*, dirigidas por Octavio Paz, y en las que de inmediato comenzó a destacarse Enrique Krauze, un brillante historiador que asumía sin ambages un punto de vista liberal, luchaban contra la cultura estatista auspiciada por el PRI, fuertemente enquistada en el *establishment* académico dominado por la izquierda. En Guatemala, ese papel pro mercado, enérgicamente hostil al mercantilismo –la colusión entre los gobiernos y los empresarios cazadores de subsidios– le correspondía a la Universidad Francisco Marroquín, fundada por el ingeniero Francisco Ayau, donde un notable pensador, Armando de la Torre, ex jesuita nacido en Cuba y educado en medio planeta, con sus clases y conferencias contribuía a cambiar la atmósfera intelectual del país. En Colombia, Plinio Apuleyo Mendoza, coautor junto a Álvaro Vargas Llosa y a quien esto escribe del *Manual del perfecto idiota latinoamericano* y de *Fabricantes de miseria*, dos *best-sellers* de carácter político que defendían los puntos de vista liberales, hacía lo mismo a riesgo de su vida, pues la guerrilla intentó matarlo con un libro bomba que, para su fortuna, estalló en el carro de reparto, poco antes de llegar a sus

manos. ¿De qué lo acusaban? De ser el defensor de las ideas
liberales en Colombia, que es algo así como condenar a
muerte a una persona por ser culturalista. Lo cual era cierto,
pero no era el único culturalista colombiano. Había muchos,
y entre ellos el economista Hernán Echavarría y el jurista
Fernando Londoño Hoyos, también explicaban apasionada-
mente las causas de la pobreza colombiana por una vía que
no era, precisamente, la Teoría de la Dependencia y el rechazo a la libertad de empresa esgrimidas por la guerrilla
como justificación teórica de la violencia.

El otro gran tema de la ensayística latinoamericana, como
queda dicho, era el de la identidad. ¿Qué era ser latinoamericano? O, más regionalmente, ¿en qué consistía ser mexicano,
cubano, dominicano, puertorriqueño, peruano o argentino?
Pero, ¿tenía sentido formular esta pregunta? Tal vez se trataba de una obsesión española. Al fin y al cabo, José Ortega
y Gasset, en *España invertebrada*, intentaba encontrar la respuesta a una pregunta dolorosa: cuál era el hecho diferen-
ciador que determinaba la mediocridad de su país cuando
se contrastaban sus logros con los de naciones europeas
como Inglaterra, Francia y Alemania. El pensador español
le asignaba esa deficiencia a la ausencia de minorías selectas
capaces de dirigir acertadamente al conjunto del pueblo
hacia la excelencia –reflexión que encajaba perfectamente
con su otro libro seminal, *La rebelión de las masas*–, y asegu-
raba que esta debilidad esencial de la civilización ibérica
provenía directamente del comienzo de la Edad Media, tras
la desaparición del dominio romano, época en la que un
pueblo intelectualmente desvitalizado, los visigodos, se apo-
deraron de la península.

Para los latinoamericanos, la reflexión sobre la propia
identidad resultaba aún más compleja. Por una parte, las
guerras de Independencia habían provocado una especie de
rechazo visceral a todo el pasado colonial español, por la
otra, a la comunidad blanca o mestiza –la mayor parte del
censo– le resultaba casi imposible identificarse con un pa-

sado precolombino que sólo tenía sentido para las etnias que aún hablaban en quechua, aymará o náhuatl. Fenómeno que se repetía entre la población negra y mulata, totalmente alejada de África en los aspectos culturales, aunque desarrolló ritos sincréticos de carácter religioso en los que mezclaba rasgos de las tradiciones africanas con el cristianismo. Era verdad que América Latina, casi toda, hablaba una lengua europea, y nadie podía dudar que la estructura del Estado y las instituciones que lo sustentaban, o el diseño urbano y arquitectónico que exhibían las naciones, eran de raíz europea, pero la pregunta mantenía su vigencia ¿qué eran los pueblos latinoamericanos dentro del conjunto de Occidente? ¿Qué rasgos sicológicos peculiares exhibían?

A esos temas, entre otras decenas de notables escritores, se enfrentaron los argentinos Ricardo Rojas en *La argentinidad*, obra peligrosamente nacionalista, y Ezequiel Martínez Estrada en *Radiografía de la pampa*; los cubanos Jorge Mañach en *Indagación del choteo* y en *La crisis de la cultura en Cuba* y Fernando Ortiz en numerosos ensayos sobre la etnia afrocubana; los mexicanos José Vasconcelos en *La raza cósmica* y en *Indología* y Octavio Paz en *El laberinto de la soledad*; el puertorriqueño Antonio Pedreira en *Insularismo*; el dominicano Federico Henríquez Gratereaux en *Un ciclón en una botella*; el venezolano Mariano Picón Salas en *De la conquista a la independencia*; el peruano Alfredo Barnechea en el muy sutil y tersamente escrito ensayo *La república embrujada*. ¿Y para qué seguir con una lista que pudiera hacerse interminable y, por ello mismo, perfectamente inútil? Lo importante es subrayar el carácter obsesivo del inquietante tema: qué es América Latina, qué son los latinoamericanos. Desentrañar ese misterio ha sido la tarea inacabada de los ensayistas de esta región del mundo.

A todo color

A PRINCIPIOS DEL SIGLO XXI, si América Latina tiene un rostro en el mundo, ese probablemente es el de la pintora mexicana Frida Kahlo, con su imponente seriedad, sus cejas juntas y espesas, su bozo duramente perfilado sobre los labios sin sonrisa. Hay *posters*, exhibiciones, y se estrenan películas de Hollywood sobre esta singularísima y sufrida mujer. Hasta puede hablarse de fridomanía. Por otra parte, como en el caso de los escritores, el peso de los artistas plásticos en la cultura latinoamericana, incluidas las batallas políticas, suele ser mucho mayor que el que se observa en otras latitudes. Los muralistas mexicanos Diego Rivera –marido de Frida– y David Alfaro Siqueiros son buenos ejemplos. Se les conoce –o conoció en su día– no sólo por la obra, sino también por la apasionada militancia ideológica, generalmente muy cerca o dentro de la órbita comunista.

¿Está de moda el arte latinoamericano en el campo internacional? Hasta cierto punto. Al llegar a Madrid, en el mismo aeropuerto, al viajero lo sorprenden dos muestras notables: un mural del ecuatoriano Oswaldo Guayasamín y una escultura del colombiano Fernando Botero. Y no es para extrañarse. Es cierto que los grandes artistas plásticos latinoamericanos no han encontrado el mismo reconocimiento internacional que algunos de sus mejores escritores –Borges, García Márquez, Vargas Llosa–, pero tampoco hay duda del creciente prestigio adquirido por unas cuantas docenas de pintores y escultores nacidos al sur del Río Grande. Ese es el caso de los chilenos Roberto Matta y Claudio Bravo, del peruano Fernando de Szyszlo, de los cubanos Wifredo Lam y Amelia Peláez, de los mexicanos Rufino Tamayo y José Luis Cuevas. Fenómeno que explica que casas como Cristhie's anualmente subasten en el mercado internacional cientos de obras de arte latinoamericano que a veces, individualmente, sobrepasan el millón de dólares, pero, en conjunto, han llegado a alcanzar los cincuenta.

Este dato económico posee alguna importancia. La influencia de los escritores tiene una clara medida –la tirada de los libros, el tipo de lector, el número de traducciones a otras lenguas, la valoración de la crítica–, pero ello no necesariamente implica éxito pecuniario. Borges, Lezama Lima o Juan Carlos Onetti alcanzaron un inmenso prestigio dentro del mundo literario, pero los beneficios económicos personales que les trajeron sus obras fueron muy limitados. A los artistas plásticos, en cambio, se les mide, fundamentalmente, por el valor que su obra adquiere en el mercado y por la calidad de las instituciones que la exhiben o las galerías que la negocian. Puede ocurrir, como le sucedió a Vincent van Gogh, quien jamás consiguió vender un cuadro, excluido el que le compró su hermano Theo, que la fama y el éxito económico lleguen muy tarde, o, incluso, tras la muerte del artista, pero la regla general impone esa servidumbre: el prestigio se refleja en el precio. Y viceversa.

En efecto, si bien es cierto que los escritores latinoamericanos han alcanzado una penetración internacional mayor que la de los artistas plásticos, la curiosa compensación de este fenómeno les suele llegar tras la muerte: mientras la fama y el éxito de los escritores casi siempre se circunscribe a la época en que les tocó vivir, a los pintores y escultores no tiene que sucederles de igual modo. Los editores de autores como Cortázar, Borges o Carpentier, muy leídos mientras vivieron, inmediatamente observan cómo declina el interés en su obra a poco de producirse la desaparición del escritor. Sin embargo, a pintores como el uruguayo Joaquín Torres García o a la mencionada Frida Kahlo les ha sucedido exactamente lo opuesto: la curiosidad y el aprecio por su obra ha aumentado muy notoriamente tras la muerte, fenómeno que muy rara vez sucede en el caso de los escritores.

El recuento y las reflexiones que siguen se centran más en la pintura que en la escultura sólo porque la difusión y el conocimiento de la primera son mucho mayores que los de la segunda. Pero eso no nos impide mencionar al menos los nombres de una docena de escultores latinoamericanos de calidad internacional: el argentino Pablo Curatella-Manes, diseñador y fundidor a principios del siglo XX de unos valiosos bronces, y sus compatriotas Lygia Clark, cuyos Bichos de metal, medio siglo después, despiertan la admiración de la crítica, y Marta Minujin, creadora de unas notables instalaciones ceñidas a la vanguardia más atrevida; los mexicanos Mathías Goeritz y Luis Barragán –autores de las impresionantes "Cinco torres" situadas a la entrada de la Ciudad Satélite–, los colombianos Edgard Negret, Eduardo Ramírez Villamizar y Carlos Rojas; los cubanos Agustín Cárdenas, Gay García, Tomás Oliva y Rolando López Dirube. Hagamos ahora, rápidamente, la necesaria reseña histórica.

Arte plástico precolombino

Antes de la llegada de los españoles al Nuevo Mundo las tres grandes culturas precolombinas –azteca, maya e inca– contaban con notables artistas plásticos. Sin embargo no conocemos el nombre de ninguno de ellos, dato que acaso indique la escasa valoración que se le concedía a estas actividades –apenas eran considerados como simples artesanos–, o tal vez al hecho de que la mayor parte de las obras se llevaban a cabo dentro de un contexto religioso que excluía cualquier clase de individualismo. Al fin y al cabo, tampoco conocemos los nombres de la mayor parte de los constructores de las catedrales medievales europeas.

Entre los olmecas –la cultura madre de toltecas, chichimecas y aztecas–, como entre los pueblos a los que dictaron su magisterio e impusieron su influencia, el arte dominante era la arquitectura, y a ella y a la religión se subordinaban el resto de los elementos plásticos: tanto la escultura como la pintura. Para esos fines –adornar o completar los imponentes conjuntos de edificios–, esculpían en piedra las llamadas cabezas colosales, esas imponentes moles en las que los dioses, con labios gruesos, boca entreabierta y mirada siniestra muestran un gesto agresivo, como si quisieran asustar al pobre mortal; o máscaras de jaguar, animal lleno de símbolos para ellos, luego repetidos por los toltecas en unos bellos libros pintados sobre piel que, desgraciadamente, desaparecieron durante la Conquista.

Los aztecas, continuadores de la cultura olmeca, perfeccionaron muchos de los aspectos artísticos, probablemente porque contaban con un sistema educativo rigurosamente estructurado –las *calmecac*– en el que la enseñanza de ingeniería civil y de disciplinas en las que se fundían la teología y la cosmología seguramente incluía clases de dibujo y escultura. Ello explica, por ejemplo, la abigarrada belleza de la famosa "Piedra del Sol", un calendario tallado en piedra de casi cuatro metros de diámetro, y en el que se consignan con toda precisión los años de 20 meses o los siglos venideros. Asimismo, los frescos pintados en los Altares de Tiazatlán o los que adornaban los palacios y altares construidos en los aledaños de las pirámides. Pero quizás el arte azteca más próximo a la pintura se da en el dibujo y coloreado de los códices que recogían las tradiciones y conocimientos, expresión artística comparable a la belleza de los grandes manuscritos ilustrados en Europa por los copistas medievales.

No obstante, la más destacada muestra de pintura precolombina llegada a nuestra época es la que la cultura maya desplegó en Bonampak, en Chiapas, en el corazón de Centroamérica –hoy perteneciente a México–, murales que han sido justamente llamados la Capilla Sixtina de las culturas amerindias. Descubiertos en 1946, fueron pintados en los muros y en las características bóvedas angulares mayas de uno de los palacios del Señor Chan-Muan en el 790 d.C. Se trata de una impresionante historia pintada en fuertes colores ocres, rojos y azules, en la que los personajes importantes de la época, dibujados de perfil, y vestidos con sus mejores atavíos, dejan constancia de una particular hazaña guerrera. Los frescos aparecen en tres salas contiguas. En la primera comparecen el Rey y la Corte; en la segunda, se consigna una batalla en la selva, con sus cautivos y víctimas torturadas que piden clemencia, tal vez inútilmente, pues la compasión tras la victoria militar no parece haber sido la virtud favorita de los guerreros mayas; en la tercera, se da noticia de las fiestas y ceremonias con que se celebró la victoria. En suma: una obra de arte de valor universal, concebida para la búsqueda de la inmortalidad de gentes principales, fenómeno presente en todas las grandes civilizaciones, desde Egipto y Mesopotamia hasta nuestros días.

Entre los incas sudamericanos, grandes urbanistas, constructores de impresionantes palacios, fortalezas y caminos, no hay muestras de pintura de la calidad de los murales mayas de Bonampak. No obstante los finos dibujos estampados en su sobria cerámica o en sus telas, con esos hermosos y esquemáticos pájaros reproducidos en ellas, y el sentido del color que presentan, apuntan a una civilización provista de una gran sensibilidad plástica. Quedan, asimismo, como una extraña muestra de arte probablemente religioso, los colosales geoglifos preincaicos grabados en el desierto de Nazca, con enormes figuras de contorno geométrico, tan grandes que sólo pueden contemplarse en toda su plenitud desde un avión. Este dato que subraya las dificultades que tuvieron que vencer los anónimos autores de esta obra de arte pictórica, tal vez la mayor de cuantas existen en el planeta.

Llega la pintura española

Como sucedía en el ámbito de la literatura, el modelo plástico que seduce a los pintores españoles de la época del descubrimiento y colonización de América radica en la fabulosa Italia del Renacimiento. Esta influencia italiana llega a España por tres vías: le presencia española en Nápoles, en el sur de Italia; el frecuente trasiego de artistas trashumantes, y –sobre todo– por el perfeccionamiento en el siglo XV de los grabados en cobre. Por esa última vía, económica y múltiple, la obra de los grandes maestros italianos comenzó a circular profusamente por los talleres de pintura de toda Europa y estimuló las peregrinaciones de los artistas a Roma, a Florencia y a Venecia en busca del contacto directo con los grandes genios renacentistas italianos.

Afortunadamente, se conoce muy bien el desarrollo de la pintura italiana del Renacimiento como consecuencia de la publicación por Giorgio Vasari, a mediados del siglo XVI, de un libro que traza muy pedagógicamente la génesis y posterior evolución de esta explosión de creatividad. Todo comenzó a principios del siglo XIV con los frescos de Giotto di Bondone, el Giotto, un pintor florentino que rompió con las reglas clásicas de la iconografía religiosa. Hasta su aparición, la norma era que las figuras tuvieran el tamaño y la disposición que su jerarquía teológica imponía. Asimismo, el fondo de los cuadros solía ser dorado para realzar la magnificencia de los personajes. Giotto adoptó una mirada mucho más realista, colocó a las figuras representadas en la perspectiva con que las vería un observador colocado en cierto ángulo, y sustituyó el dorado por unos paisajes más o menos idealizados. En cierto modo, con su pintura el arte religioso dejaba de ser, en primer lugar, una lección de historia sagrada para convertirse en una obra de arte *per se*. Tan seguro estaba Giotto de este tránsito que, muy orgullosamente, se atrevió a firmar sus cuadros. Fue el primer pintor que lo hizo.

La experiencia de Giotto tuvo su verificación académica un siglo más tarde. En 1435 León Battista Alberti –a quien ya vimos en el capítulo "Un aire de familia"– publica su *Tratado sobre la pintura* y explica, recurriendo a las matemáticas, lo que llama punto de fuga, las líneas imaginarias que convergen en el centro del cuadro y ordenan las figuras de mayor a menor, y de delante hacia atrás, tal y como las ve el ojo en la perspectiva correcta. La teoría era acertada, pero los artistas habían llegado a la misma conclusión sin necesidad de grandes formulaciones conceptuales. Ocho años antes, en 1427, Tommaso di Ser Giovanni, conocido por Masaccio, había asombrado a sus contemporáneos con unas pinturas realistas dotadas de tanta profundidad, que estos solían tocarlas para ver si se había practicado un agujero en la pared de la Iglesia y la capilla que estaban contemplando era real.

En torno a 1500 –veinticinco años antes o después– cuatro grandes artistas italianos dominan el panorama pictórico: Leonardo da Vinci, Miguel Ángel Buonarroti, Rafael Sanzio y el veneciano Tiziano Vecellio. Es el paso del *Quattrocento* al *Cinquecento*. Todos arrastran influencias anteriores. El dulce Fra Angélico los acompaña en la distancia. En los difuminados o *sfumatos* de Leonardo está la veladura que Piero della Francesca ha tomado de los maestros holandeses. Las perspectivas que Miguel Ángel emplea para darle dramatismo a sus frescos de la Capilla Sixtina, algo debe al impresionante y musculoso *Cristo muerto* pintado de forma atrevida por Andrea Mantegna hacía dos décadas. A nadie antes que a Mantegna se le había ocurrido colocar al espectador a los pies de una losa en la que yace el cadáver de Jesús. Es una composición que está más cerca de la anatomía forense que de la piedad religiosa. La sensualidad con que Sandro Botticelli hace nacer a Venus desde el fondo de una concha recuerda a la que luego pintó Tiziano reclinada sobre unos almohadones, ambas con la mano izquierda colocada sobre el pubis y las piernas ligeramente dobladas. La pintura ha llegado a su máxima expresión. Los artistas toman en cuenta el dibujo, la perspectiva, la composición, la luz y los colores. Las tres dimensiones que guían nuestra forma de percibir la realidad han sido fundidas en estas cinco categorías dentro de la pintura renacentista. A partir de ese momento, pintar será alejarse o acercarse a los cánones desarrollados por estos grandes maestros.

La pintura es la última de las preocupaciones de los con-

quistadores españoles del XVI, pero no así de los frailes que
los acompañan. Existe el compromiso expreso de expandir
la fe católica y para ello hay pocos recursos más prácticos
que la decoración de los templos que enseguida comienzan
a proliferar. Hay que explicar quién es Cristo, quién es
María, en qué consisten el cielo y el infierno. El temario es
enorme: abarca el Antiguo, el Nuevo testamento y el copioso
santoral posterior. Con frecuencia se insiste en el pecado y
en el castigo. La idea es que la pintura mural subraye el mensaje moralizante de los sermones. Hay que salvar las almas
de los indios paganos. Los que sugieren temas y personajes
son los agustinos, dominicos y franciscanos que regulan la
construcción de los edificios religiosos. A veces hay frailes
que también ejercen como pintores y como maestros de los
artistas indios. Se conoce un nombre: fray Andrés de Mata.

Los indios son buenos estudiantes. Los maestros españoles repiten las figuras que traen de la lejana Castilla y los
pupilos indios son capaces de reproducirlas fielmente. Quienes podían decorar bellamente los códices aztecas podían
fácilmente aprender a pintar del modo europeo. Pero con
las nuevas técnicas y los nuevos motivos terminó casi totalmente la estética precolombina. Los colonizadores destruyen muchos de los viejos templos y catalogan como salvajes
y despreciables las manifestaciones plásticas de los indios.
Las asimilan al paganismo. Se acabaron las serpientes emplu-
madas, los jaguares y las calaveras. Se acabaron las tallas de
jade y comenzó la orfebrería cristiana, trabajada, eso sí, con
la increíble pericia de los artesanos indígenas. Así y todo, los
artistas indios reciclados dentro de la nueva cultura española
a veces rescatan su historia y la insertan dentro de la nueva
iconografía. En Itzmiquilpan (Hidalgo) –cuenta la historia-
dora del arte María de la Concepción García Sáiz– la guerra chichimeca sirve para explicar el eterno combate entre
el bien y el mal, entre Dios y el demonio. No hay duda de
que los pinceles los manejó un artista indígena. ¿Quién era?
Nadie lo sabe. De aquellos primeros pintores educados por

los frailes y por los artistas españoles que pasaron a América, sólo queda el nombre cristianizado de Juan Gerson, oscuro autor de algunas pinturas en la Iglesia mexicana de Tecamachalco. Tal vez él se consideraba un artista. Sus tutores, en cambio, lo veían como el practicante de un modesto oficio encaminado a difundir la teología cristiana.

Con los años, la pompa de los virreinatos fue en aumento, la complejidad social de las ciudades latinoamericanas se fue haciendo más densa, y con ella vino un notable incremento de la calidad plástica de la producción americana. La expresión más original y estimable se dio en torno al Cuzco, la capital sagrada de los Incas, en la que, por lo tanto, existía un mayor número de artesanos calificados capaces de absorber las nuevas expresiones artísticas. Surge ahí la llamada Escuela Cuzqueña, en la que se mezclan el Renacimiento europeo, la influencia flamenca y, entre otros, un tema hermoso y singular: los ángeles arcabuceros, generalmente efebos rubios y bellos, sexualmente ambiguos, ataviados con ropas bordadas en oro, alados, como corresponde a los seres celestiales, pero armados, como solían ir los conquistadores. De esa escuela quedan los nombres de varios notables artistas indios. El más reconocido es Diego Quispe Tito Inca, pero en ninguno se observa el toque del genio. ¿Por qué? Tal vez porque los pintores y maestros que hicieron la América no estuvieron entre los grandes y no podían enseñar lo que no sabían. Ningún pintor europeo de fama se atrevió a cruzar el Atlántico. Era mejor tratar de buscar el mecenazgo de los reyes que de los virreyes. La nobleza española, vieja, y, a veces, rica, podía encargar más retratos o decorar más capillas que la emergente y todavía débil nobleza americana. También era preferible trabajar para la Iglesia peninsular que para la más pobre iglesia americana. Acaso eso explique por qué en el Nuevo Mundo no haya habido velázquez o murillos.

Manierismo y Barroco

A mediados del XVI el Manierismo llega a América. Se atribuye el inicio de esta corriente a Miguel Ángel. Algunos críticos –otros lo niegan rotundamente– colocan ahí a El Greco, Doménico Theotocopuli, un pintor nacido en Creta, entonces bajo dominio veneciano, pasado por Italia, donde mezcló la influencia bizantina que traía con lo mejor del Renacimiento italiano. El Greco llega a España decidido a servir a Felipe II en los decorados de El Escorial. Tiene treinta y tantos años y está persuadido de que es mejor pintor que Miguel Ángel. Algunos de sus cuadros, no todos, tienen ese halo fantasmal en el que los personajes adquieren una irreal consistencia de sueño, de pesadilla. El Manierismo es como un preludio lateral del Barroco. Las figuras se alargan y ondulan. Cuellos, brazos, manos, se estiran buscando el cielo. La realidad no es el objetivo del pintor, sino el estado emocional de la persona pintada en un momento de arrebato místico. La luz busca unos dramáticos claroscuros. Su gran cuadro, su obra magna, es *El entierro del conde de Orgaz*. Pero ni El Greco ni su obra tuvieron la acogida merecida. Incluso, debió enfrentar algunos problemas con la censura religiosa por la realista desnudez de uno de sus Cristos. Se sabe poco de su vida, pero parece haber sido taciturno y neurótico.

Se ha dicho, y con razón, que la expresión artística latinoamericana más estimable se da dentro del Barroco. En el mundo de la pintura esto nos vuelve a remitir de inmediato a la Italia de inicios del siglo XVII y a un artista insigne y despreciable ciudadano: Michelangelo Merisi o Amerighi, conocido como Caravaggio por el pueblo en que nació, situado en Lombardía, al norte de la península itálica. Caravaggio, pese a los escasos 37 años de su turbulenta vida, llena de cuchilladas taberneras, homicidios, fugas y persecuciones, pudo llevar a cabo algunas de las más extraordinarias obras de arte de su época. Tenebrista, como lo calificó la crítica, enmarcaba sus dramáticas figuras en la oscuridad, y las dotaba de los rasgos duros del mundo hamponesco en el que solía moverse con soltura. El modelo de María, la madre de Jesús, podía ser el cadáver de una prostituta encontrado en el Tíber. El de san Pedro, mientras era crucificado de cabeza, lo obtenía de un vagabundo loco que daba gritos en la noche romana. Sus modelos se alejaban de la rubia belleza renacentista, luminosa y risueña. Eran tahúres, golfos y asesinos. La Orden de Malta, que lo hace caballero, no tarda en expulsarlo por ser "pútrido y fétido". Pero es el modelo preferido de los pintores barrocos.

El Caravaggio español, nacido en Játiva, Valencia, se llamó José Ribera, y dado que era pequeñito y vivió gran parte de su vida en Nápoles, le dieron el sobrenombre de *Il Spagnoletto*. Como su admirado modelo italiano, Ribera cultivó el tenebrismo, buscó, si era necesario, el lado feo e ingrato de la realidad, y fue también pendenciero y bohemio pobre en Roma, cuyas cárceles visitó al menos una vez. Huyó por un lío con la justicia y se afincó en Nápoles, entonces bajo soberanía española, y allí se tranquilizó, tuvo una extensa y amada familia, pintó mucho y obtuvo reconocimiento. Quizás este periodo feliz de su vida explica la evolución de su pintura: poco a poco los cuadros comenzaron a hacerse luminosos y los modelos más bellos y convencionales. Sin embargo, nunca desapareció del todo la predilección por los rostros contraídos por el dolor del sufrimiento. Y quizás donde mejor se observa esta pasión sadomasoquista es en la representación de la muerte de Marsias, con el rostro desfigurado por un terrible grito de dolor, mientras Apolo, con una expresión plácida e indiferente le arranca la piel parsimoniosamente.

Diego Rodríguez de Silva y Velázquez, sevillano, triunfó joven y pronto. Se formó en el taller de Francisco Pacheco, quien le dio instrucción y algo más: una hija que, todavía adolescente, casó con el aventajado aprendiz. A los 22 años Velázquez se convirtió en pintor de la casa real. Una carta de recomendación del Conde-Duque de Olivares –a quien más tarde pintaría sobre un caballito demasiado pequeño para la corpulencia del famoso valido– le abrió las puertas del Alcázar. ¿En qué consistía su trabajo? Fundamentalmente, en dar testimonio gráfico del rey Felipe IV –le hizo 34 retratos–, de su familia y de su entorno. La suya era una pintura notarial, historiográfica, contratada para dejar constancia del paso del monarca y su circulo íntimo por este valle de lágrimas. Por eso en sus cuadros comparecen enanos, bobos, bufones o damitas de compañía que aliviaban el tedio infinito de las infantas. Hasta el perro figura en sus cuadros. Esa fauna, un poco triste, vivía o recorría palacio. Velázquez inventariaba a estos personajes sin hacer concesiones. Ni los embellecía ni los ridiculizaba. Si eran idiotas y se les notaba, así aparecían en los cuadros. Pero conforta saber que el más grande de los pintores españoles –y uno de los mayores de toda la historia de este arte– ponía el mismo esmero en retratar al rey, al papa, a los escritores Góngora y Quevedo, o a su criado, el mulato Juan de Pareja. Tal vez ese rasgo revela cierto elemento de humildad presente en su sicología. Cuando conoció a Pedro Pablo Rubens se deslumbró. El gran pintor flamenco, diplomático en Madrid varias veces, hombre de mundo, dueño de mil intrigas y amantes de mujeres jóvenes bellamente obesas, como entonces era la moda, veintidós años mayor que Velázquez, le dio un consejo clave: "vaya a Italia". No se podía pintar sin conocer a los venecianos, a los romanos, a los florentinos. Italia era la pintura. Velázquez lo escuchó arrobado. Se sabía bueno, pero no tenía conciencia de su verdadera estatura. Tenía algo de provinciano. Y fue a Italia a ver pintura y a comprar las mejores para la Corte española. Muchos años después hizo un segundo viaje a Italia y fue entonces cuando retrató al papa Inocencio X, a quien inmortaliza con un gesto agrio de pocos amigos. Allí lo hacen miembro de la Academia de San Lucas. Es el mayor reconocimiento que puede esperar un pintor. En ese sitio sólo están los grandes. El rey español lo manda buscar. Dos años de periplo italiano es mucho tiempo. Tanto, que hasta le alcanza para dejar un hijo por aquellos parajes. Regresa a España y continúa su obra. Dos de sus últimos cuadros llevan el dominio técnico hasta unos niveles asombrosos: *Las hilanderas* y *Las meninas*. En el primero hay fragmentos que ya preludian el impresionismo. En el segundo se agotan las posibilidades de la pintura realista.

Francisco de Zurbarán, extremeño de nacimiento y sevillano por adopción, llega a ser tan conocido y apreciado en España que desde América le solicitan numerosas obras. Hay pedidos de Nueva España –México–, de Perú, incluso desde la casi despoblada Buenos Aires del siglo XVII. Es un excelente pintor religioso, pero también se esmera en los más humildes bodegones o naturalezas muertas. Uno de sus discípulos indirectos, Bartolomé Esteban Murillo, sevillano de la generación siguiente, tendrá un desempeño parecido y algunas de sus muchas obras –cuatro centenares de cuadros– irán a parar a América. Es tanto su éxito que, un siglo más tarde, Carlos III prohibirá que se sigan exportando sus pinturas. Las favoritas son las dulces y piadosas vírgenes en pleno ascenso celestial. Para algunos críticos Murillo tenía un pincel tan amable que llegaba a ser empalagoso. Pero en las iglesias adoraban sus obras. Sus "Inmaculadas" serán pronto las Marías que con más tenacidad reproducirán los hábiles copistas latinoamericanos. Son las que demanda el mercado. Tanto Murillo como Zurbarán se beneficiaron de la amistad de otro andaluz universal: Diego Velázquez y Silva. Los tres dejaron su huella en la buena pintura virreinal, firmemente atada a los cánones españoles. Algunos nombres, entre varios centenares de discípulos, tienen suficiente calidad como para figurar en cualquier historia del arte: Melchor Pérez de Holguín (boliviano), José Campeche (puertorriqueño), Cristóbal de Villalpando (mexicano), Cristóbal Lozano (peruano), Manuel Samaniego (ecuatoriano). Cada ciudad colonial cuenta con varios artistas. Los hay de todos los colores y fenotipos que permiten las casi infinitas variedades del mes-

tizaje. Un cuadro religioso del puertorriqueño Campeche
será subastado a fines del siglo XX en doscientos cincuenta
mil dólares. Tal vez la mayor cantidad pagada por una obra
de esta época de pintor americano alguno.

Costumbrismo, retratos, la historia

Si el Barroco, cuya figura central en el terreno pictórico
español es Velázquez, suele acudir en busca de temas a las
historias bíblicas, a las vidas de santos o a los retratos de las
figuras regias o de la aristocracia, a partir del Rococó –una
corriente estética francesa del XVIII que se deriva del Barroco– se ven con mayor frecuencia personajes de la burguesía,
ambientes menos suntuosos y escenas populares relacionadas con fiestas. Es un fenómeno perfectamente coherente
con lo que está sucediendo en el plano de las ideas políticas.
La Ilustración, por aquellas mismas fechas, comienza a cues-
tionar la autoridad de la monarquía y los privilegios de la
clase aristocrática. Entran a jugar otros factores de poder.
La burguesía es uno de ellos. El pueblo llano también. Eso
crea el espacio para otros sujetos pictóricos y para otros temas. Lentamente, se va abriendo paso el costumbrismo.

Francisco de Goya y Lucientes, aragonés, hijo de un ar-
tesano, cultivó el Costumbrismo en los cartones pintados
como guías para la "Real fábrica de tapices". Son escenas
bucólicas, cacerías, fiestas, romerías, verbenas y distintos
aspectos de la vida rural cotidiana. Es su cuñado, otro pintor, Francisco Bayeu, quien lo introduce en ese mundo. Los
dos intentan escapar del Clasicismo. Al principio, Bayeu
domina mejor la técnica. Pronto Goya lo superará. Cierto
tiempo después la clase dirigente española lo descubre y
aprecia. Es un gran retratista, como demuestra su interpretación del conde de Floridablanca y la del rey Carlos III,
flaco, narizón, mas con aspecto bondadoso, en indumenta-
ria de cazador, actividad que apasionaba al monarca Borbón.
El año en que retrata al rey, 1786, será nombrado pintor

oficial de la casa real. Es el mismo cargo que ocupó Velázquez, a quien tanto admiraba el aragonés. A esta circunstancia se debe uno de sus mejores retratos, *La familia de Carlos
IV*, tal vez inspirada en *Las meninas* velazqueña. Pero otros
dos retratos serán los más famosos universalmente: los conocidos como *La maja desnuda* y *La maja vestida*. Es la misma mujer, voluptuosa y sensual, acostada en un diván, con
ropa y sin ella, armada con una sonrisa picaresca. Parece
haber sido la Duquesa de Alba, amiga íntima del pintor, y,
según las habladurías de la época, en el segundo retrato el
pintor la vistió apresuradamente ante la próxima llegada del
marido.

Sin embargo, el Goya que pasará a la posteridad como uno
de los gigantes de la plástica española será otro: el atormentado dibujante y grabador de los *Caprichos*, con sus prostitutas, brujas y curas, o en *Los desastres de la guerra*, a propósito
de los conflictos con la Francia revolucionaria de Napoleón,
con la crueldad de las torturas y las ejecuciones y el sufrimiento de las poblaciones devastadas. Es el Goya de *Los fusilamientos del 3 de mayo*, que se anticipa al expresionismo en
las caras aterrorizadas de los personajes y al impresionismo
en la pincelada suelta, hecha para sugerir y no para imitar.
No quiere hacer cuadros bellos: pretende reflejar el horror.
Hay en ese Goya una voluntad feísta. El mundo en el que
vive, la España a caballo entre los siglos XVIII y XIX, es extremadamente cruel y no tiene sentido ocultarlo. Si la dulce armonía de los tapices reflejaba una España meliflua,
cortesana, la que vino después se convirtió en una pesadilla.
Muy triste y muy viejo, Goya moriría exiliado en Burdeos.
Huía de la represión brutal que entonces se ejerció contra
los afrancesados enemigos del absolutismo.

El francés Jacques-Louis David, contemporáneo de Goya
y partícipe él mismo de la revolución francesa –fue un parlamentario radical, amigo de Robespierre, que votó por el
ajusticiamiento de los reyes–, tuvo un impacto notable como
pintor de la historia de su tiempo. Impacto que se hizo sen-

tir en todo el ámbito de la cultura iberoamericana. Su *La muerte de Marat*, con el cadáver del revolucionario acuchillado en la bañera, provocaría, años más tarde, el retrato de Carlota Corday, su asesina, camino de la horca, debido al venezolano Arturo Michelena. Su *Coronación de Napoleón I*, a su vez, inspiró numerosos cuadros concebidos para dejar constancia de los grandes acontecimientos políticos de la época. Se le atribuye, además, un peso tan grande en la estética de fines del XVIII que se dice que fue por él que los franceses abandonaron las pelucas y los polvos blancos que transmitían a los rostros una apariencia fantasmal. Como Goya, David murió en el exilio. Lo perseguían por sus ideas republicanas y, sobre todo, por sus vínculos con Napoleón.

En 1744, dos años antes del nacimiento de Goya, había surgido en Madrid la Academia de Bellas Artes de San Fernando. Era una derivación de la que casi cien años antes, en 1648, fiel a su tendencia centralista, el Ministro Jean-Baptiste Colbert, apóstol del estatismo centralista, había creado en París para regular el arte y el buen gusto, institución que luego sería imitada por casi todas las naciones importantes de Europa. Naturalmente, las academias existían desde hacía siglos, pero lo que la influencia francesa aportaba era el carácter oficial y rígido de la enseñanza, decretando los cánones que determinaban el juicio estético, poniendo fin a la tradición artesanal de los estudios artísticos. Ya no sería en el taller del pintor o del escultor donde los grandes artistas se formarían, primero como aprendices y luego como maestros, sino en las instituciones educativas reguladas por el Estado. Se perdía espontaneidad y creatividad, pero, tal vez, se ganaba oficio.

La Academia y América Latina

Las primeras academias latinoamericanas creadas bajo el molde de la de San Fernando de Madrid fueron la San Carlos en la capital de México en 1785, y la de San Alejandro, en

La Habana, en 1818. En 1849 el presidente chileno Manuel Bulnes inauguró en Santiago la Escuela de Pintura. Ecuador lo hizo en 1861, Venezuela en 1874, Buenos Aires en 1876, Colombia en 1882, Uruguay en 1886. En estas instituciones, naturalmente, se cultivaba la imitación y el realismo a la manera europea más conservadora. Con frecuencia, se contrataba profesores del Viejo Continente que, a su vez, acreditaban su destreza por haberse formado en las academias de Madrid, París, Roma o Florencia. Los estudios podían durar muchos años consagrados a la tarea tediosa de copiar cuadros clásicos o reproducir una y otra vez estatuas o fragmentos de estatuas a los que se les atribuía unas perfectas proporciones.

Costumbrismo y Paisajismo latinoamericanos

Mientras la pintura académica establecía los paradigmas del Clasicismo, una corriente popular mucho más suelta se expresaba en lo que se conoce como Costumbrismo. De pronto la mirada de los artistas se fijó en los gauchos, los guajiros, los llaneros, los indígenas de mil tribus diferentes que todavía se veían en el continente americano. Dos antecedentes de esta pintura antropológica fueron, primero, los lienzos con los que se intentaba describir las características raciales de las diversas combinaciones de mestizaje –tercerones, cuarterones, quinterones, etc.–, preocupación permanente en una cultura obsesionada por la limpieza de sangre; y, segundo, los notables dibujos científicos con los que los naturalistas describían la flora y fauna del mundo americano, como los que ordenó el sabio hispano colombiano Celestino Mutis. En todo caso, dentro del costumbrismo existía una curiosidad muy grande por conocer cómo eran los nativos de América Latina y los mestizos y criollos que convivían con ellos. Cómo eran sus casas y costumbres, sus atavíos folclóricos, sus modos de cazar y pescar, sus ceremonias: bodas, velorios, bailes y mercados. Y esta curiosidad –potenciada por la creación de repúblicas independientes que querían alejarse de la metrópoli española– no sólo era de los latinoamericanos hacia ellos mismos, sino también de los viajeros extranjeros que llegaban al Nuevo Mundo y de los intelectuales que permanecían en Europa convencidos de que al otro lado del Atlántico radicaban unos "buenos salvajes", primitivos y nobles, no contaminados por la vileza y la codicia de la vieja civilización que los había descubierto.

La difusión de los grabados costumbristas latinoamericanos fue potenciada por una feliz conjunción entre el desarrollo de la litografía y la aparición de las empresas exportadoras de azúcar y tabaco. Las cajas de azúcar –entonces no se exportaba en sacos– solían llevar reproducciones de tipos populares –el calesero, la peinadora, el gallero–, mientras las de puros se revestían con bellas vistas de paisajes o de monumentos. Pronto los puros o tabacos comenzaron a ser anillados con unas hermosas reproducciones a color, impresas en costosas máquinas de cromolitografía, que tenían como objeto acreditar marcas específicas y garantizar la calidad del tabaco que se había puesto a la venta. Era relativamente fácil tratar de vender otra clase de tabaco en lugar de los habanos de Vuelta Abajo –los de mayor fama–, pero esto se podía evitar si el puro llevaba la garantía de un anillo primorosamente impreso a cuatro colores. Más que amor al arte, la vitola tenía por objeto evitar la falsificación de los puros habanos.

Paralela a la explosión del costumbrismo en América Latina, el romanticismo trajo una revalorización del paisaje. Ocurrió en la literatura y, por supuesto, con más razón, en la pintura. No era sorprendente: ya se conocía y admiraba la obra de los paisajistas británicos John Constable y William Turner, pues los franceses los habían descubierto desde 1824, cuando Constable exhibió *El carro de heno* en París con gran éxito. Una generación más tarde, varios pintores franceses, encabezados por Jean-Baptiste Camille Corot, a los que luego se agregaría Jean-Francois Millet, se trasladaron a las afueras de París, al pueblo de Barbizon, para cultivar lo que comenzó a llamarse la pintura al aire libre, algo que pudo suceder gracias a la invención de los tubos de pintura y al abandono del complicado y artesanal modo de fabricar los pigmentos, lejos de la atmósfera cerrada de los estudios y buhardillas. La pintura al aire libre –luego adscrita a la llamada Escuela de Barbizon– quedó marcada por su muy atenta reproducción de la luz natural y los mil matices que producían el paso de las horas y de las estaciones.

Esa pintura al aire libre tuvo notables seguidores en América Latina. En general, sus cultivadores expresaban una visión grandiosa de la naturaleza americana, de sus inmensos ríos y montañas, de sus valles y de su exuberante vegetación. Entre los maestros del Paisajismo latinoamericano, los nombres del ecuatoriano Rafael Troya y del mexicano José María Velasco merecen una mención especial –a Velasco se le tiene como el mejor de todos–, así como los pertenecientes a la escuela cubana de los hermanos Esteban, Philippe y Augusto Chartrand, en su apogeo en la segunda mitad del XIX, grupo redescubierto por el especialista Ramón Cernuda en un libro realmente interesante: *Cien años del paisaje cubano*. Philippe Chartrand llegó a ocupar la cátedra de Paisaje y Perspectiva en San Alejandro. Curiosamente, los tonos rojizos y ocres de su pintura recuerdan más los colores del otoño inglés de Constable que el permanente verdor de los valles y palmares cubanos que le sirvieron de modelo.

La rigurosa formación académica permitió el desarrollo de una doble corriente pictórica muy valiosa: el retratismo y la pintura histórica. En general, los retratos se dedicaban a las figuras principales en el campo político. De Bolívar, por ejemplo, hay decenas, muchos recogidas en el valioso libro *El rostro de Bolívar* de Alfredo Boulton, y algunos son realmente notables, como los que realizaron el peruano José Gil de Castro y el colombiano José María Espinosa. El venezolano Martín Tovar y Tovar dejó unas representaciones ex-

traordinarias de los generales Rafael Urdaneta, José María
Zamora y Antonio Guzmán Blanco. Es muy bueno, por ejemplo, el retrato que le hace Luis Cadena al presidente Gabriel
García Moreno, pero mejor todavía el de Francisco de Miranda prisionero en Cádiz, tirado sobre un camastro y con
el rostro triste y aburrido sostenido por su mano derecha colocada bajo la barbilla, como se imaginó el pintor venezolano
Arturo Michelena que el Precursor había pasado sus últimos
días de cautiverio.

El uruguayo Juan Manuel Blanes, uno de los mejores
pintores realistas del XIX latinoamericano, cultivó el Costumbrismo, el retrato –los hizo tan bueno como los mejores
maestros europeos de la época– y la pintura histórica. Su
gobierno, consciente de la calidad de su obra, y como una
forma de ratificación de la identidad nacional, le encargó una
pintura mural que describiera *El juramento de los treinta y tres
orientales*. Ahí había nacido la patria uruguaya y era importante dejar constancia gráfica de ese ilustre momento. En
Venezuela sucedió de forma parecida: nada era más importante que la gesta independentista, y de esta convicción surgió el inmenso óleo mural (13 por 26 metros) de Tovar y
Tovar consagrado a la victoria de Carabobo.

Una variante temática de la pintura histórica, generalmente concebida dentro de los cánones formales del Neoclasicismo, fue la dedicada a enaltecer el pasado indígena,
especialmente en aquellos países de América Latina que
contaron con grandes culturas prehispánicas. La ambienta-
ción solía ser la de las instituciones grecorromanas, y las
figuras, en general, adoptaban gestos patricios, pero la in-
dumentaria recordaba que se trataba de nativos de América
Latina. *El senado de Tlaxcala* del mexicano Rodrigo Gutiérrez
y *El descubrimiento del pulque* de su compatriota José Obregón
son dos buenos ejemplos. También *Los funerales de Atahualpa*
del peruano Luis Montero. América Latina había superado
la etapa de rechazo a sus antecedentes indígenas y se forta-

lecía una especie de idealización de las culturas desplazadas por la colonización española.

A mediados del siglo XIX, tras la revolución europea de 1848 y el auge de los partidos políticos socialistas que denunciaban las condiciones de vida de los obreros, en el Viejo Continente se hizo presente un tipo de pintura realista que tenía como tema las condiciones de vida de los trabajadores. Los que la practicaban casi siempre militaban en el bando revolucionario, como sucedió con dos de los mayores exponentes del realismo: los franceses Honoré Daumier y Gustave Courbet. Daumier fue un gran caricaturista y sus dibujos tuvieron los rasgos típicos del género: la sátira y la crítica política, lo que le llevó a la cárcel por delito de lesa majestad cuando zahirió al rey Luis Felipe. Como fue muy popular en el periodismo de París, a él se deben miles de grabados con los que puede componerse un inmenso fresco de la convulsa y pujante Francia posterior al paso fulgurante de Napoleón por la historia. En esa grandiosa descripción –equivalente gráfico a lo que Balzac hizo en literatura con su centenar largo de novelas– se destacarían los rostros desencajados de los obreros, los vagones de transporte público llenos de personas demacradas y mal vestidas, las fábricas destartaladas y mal iluminadas en las que los trabajadores pasaban incontables horas, las covachas en las que a duras penas sobrevivían. Courbet, por su parte, fue un excelente pintor y también un revolucionario militante, amigo de Proudhon. Él no vaciló en sumarse a la Comuna de París de 1870, y, en medio de ese fenomenal desorden, participar en la destrucción de un monumento napoleónico que le resultaba estéticamente desagradable. Este hecho le trajo la ruina, pues la Tercera República, tras encarcelarlo durante varios meses, lo multó con una suma impagable, situación que lo precipitó al exilio, donde murió totalmente empobrecido. Sus cuadros, sin embargo, aunque rechazados en los salones oficiales por sus temas conflictivos, con el tiempo adquirieron un inmenso valor. Uno de ellos, *Los picaprederos* –un albañil y su joven ayudante que reparan un camino– acabó convertido en algo así como el emblema de ese realismo teñido de reivindicaciones sociales.

Naturalmente, como no había una sola manifestación pictórica europea que poco después no tuviera su expresión latinoamericana, el realismo de denuncia no tardó en comparecer en la pintura latinoamericana. El mexicano José Guadalupe Posada, aunque no dominó el dibujo con la maestría de Daumier, sin renunciar a las calaveras y a los esqueletos jocosos, tan abundantes en su obra, también se sirvió de los grabados publicados en la prensa para dar numerosas muestras de los conflictos políticos y sociales de su país durante la larga dictadura de Porfirio Díaz y los infinitos desórdenes que luego se produjeron. No obstante, fue en Argentina donde estos temas alcanzaron una mayor calidad y difusión. En 1884 los alemanes premiaban el lienzo *La sopa de los pobres* del porteño Reinaldo Giudici, cuadro de buen tamaño en el que se ve a una familia que se alimenta en plena calle de lo que parece ser la obra de caridad de un establecimiento contiguo, mientras su coetáneo y compatriota Ernesto de la Cárcova denunciaba la situación de los desempleados en un cuadro de título significativo, *Sin pan y sin trabajo*, que recoge la tristeza de una familia menesterosa. Era una espléndida versión latinoamericana de Daumier y de Courbet.

La gran ruptura

La Revolución Francesa y la liquidación del viejo orden monárquico y aristocrático tuvieron una inmensa repercusión en la pintura. A fin de cuentas, la Academia también era una expresión del antiguo régimen. Todas las academias oficiales habían sido fundadas por funcionarios al servicio del absolutismo y había en ellas un afán de normar y controlar las manifestaciones de la cultura y de la *intelligentsia*. Las academias de pintura y bellas artes no eran una excepción a este fenómeno. Insistían en definir lo que era bello y de buen gusto, y lo que era feo o chabacano. Precisaban lo que era moral y edificante, o lo que resultaba lo contrario. Se arrogaban la facultad de decidir los cuadros o estatuas patrióticos o los que traicionaban el espíritu nacional. ¿Cómo lo lograban? Generalmente, mediante la exclusión de los artistas heterodoxos que se atrevían a retar los cánones oficiales. Y esto se hacía no sólo recurriendo a críticas (o a silencios, que es una forma aviesa de la crítica), sino vedándoles a estos creadores el acceso a los salones oficiales de exhibición.

Es curioso, pero la primera gran ruptura de la pintura posterior al Neoclasicismo no fue exactamente el Romanticismo sino los nuevos realistas de mediados del XIX, imbuidos de preocupaciones sociales y muy escépticos frente a la belleza cromática de pintores como Eugéne Delacroix y de Ingres. La vida no era así, preciosa y espectacular. La historia no debía ser interpretada. Cuando Delacroix compone su famoso cuadro *La libertad guiando al pueblo*, con una joven de pecho descubierto y gorro frigio, con rifle y bandera en las manos, situada al frente de la batalla, el tema es revolucionario y romántico, pero la esencia sigue siendo neoclásica. Los jóvenes admiran a Delacroix, pero no lo imitan. Los pintores tenían la misión de reflejar los personajes y los acontecimientos de su tiempo. Era el Naturalismo. Y no es una casualidad que por aquel entonces apareciera un artefacto asombroso: la máquina de hacer fotografías. Al realismo implacable de los daguerrotipos había que oponer el realismo de una pintura menos idealizada y condescendiente. Estos eran los temas de discusión en la tertulia parisina del restaurante "Andler Keller", sede de los artistas contestatarios. Se sentían los adversarios naturales de la Academia, y la Academia se vengó excluyéndolos de sus predios. En 1855 el Director de los Museos Imperiales, el altivo conde de Nieuwerkerke prohibió que Courbet y sus amigos figuraran en la gran Exposición Universal. Estos contraatacaron montando un Salon des Refusés, una exhibición de rechazados que sería la que atraería el aprecio de la crítica. Charles Baudelaire, entonces un joven poeta que coincidía con los pintores de vanguardia en el desprecio a los cánones oficiales, los aplaudiría con entusiasmo. Años más tarde, cuando publique su poemario *Las flores del mal*, él también sería un rechazado.

El próximo salto estético lo darían los impresionistas, miembros de una generación posterior. La crítica comenzó a llamarlos de esa forma como una especie de burla. En 1874, en una exposición organizada en el estudio de un fotógrafo parisino, el joven pintor Claude Monet, quien dio sus primeros pasos como caricaturista, exhibió un pequeño óleo, una marina, titulada *Impresión, amanecer, el Havre*, en el que aparecían unos veleros y un bote de remos. Los contornos de las figuras no eran precisos y la imagen resultaba confusa entre los reflejos del mar y las brumas del cielo. ¿Qué pretendía el pintor? Luego lo explicaría: no se trataba de reflejar la realidad, sino lo que el ojo realmente percibía. El ojo ve unas rayas, unas masas, unos puntos, y luego el cerebro construye una imagen. El ojo era esclavo de la luz, de la posición en que se encontraba y de la distancia que lo separaba del objeto. Esos veleros y ese mar eran una cosa a las seis de la mañana y otra muy diferente a las tres de la tarde. Y también eran distintos en verano y en invierno, o si se les pintaba desde un promontorio o al mismo nivel. Y si el pintor pretendía reproducir la vida, acaso la manera más legítima de intentarlo era partir de la experiencia del ojo. Esta regla lo obligó, en un cuadro de más envergadura, *Mujeres en el jardín*, a mover el lienzo con una polea para no modificar el punto desde el que, inmóvil, miraba y pintaba. Lo importante era brindarle al espectador, por medio de manchas, de rayas, de masas, los imprecisos contornos, para que este construyera la imagen en su cerebro. Pero su gramática no convenció a mucha gente. Uno de los críticos, en tono de chanza, tomó el título del cuadro y describió la nueva corriente estética como Impresionismo, asegurando que un espectador, tras contemplar la obra de Monet, enloqueció sin remedio.

Algo mayor que Monet, Edouard Manet había llegado a conclusiones parecidas, aunque nunca se mezcló con los impresionistas ni exhibió sus cuadros junto a ellos. Sí, lo hizo, en cambio, en el Salón des Refusés en 1863, en el que colgó un sorprendente óleo: *La merienda campestre*, cuadro en el que una joven totalmente desnuda mira al espectador con total inocencia, mientras participa de un *picnic* junto a dos amigos. En el fondo, otra dama indiferente recoge florecillas. No hay malicia en los gestos ni la menor sensualidad. La luz y la sombra, sin embargo, están distribuidas de una forma peculiar. Era como si Manet quisiera subrayar que lo importante de su cuadro no era esa desinhibida señora, sino la técnica empleada por el pintor. Más adelante pintaría otros cuadros que tendrán larga vida en la historia del arte: *Ejecución del emperador Maximiliano de México*. De este acontecimiento dejaría cuatro versiones parecidas y una litografía, todas ellas sin duda alguna fundamentadas en *Los fusilamientos del 3 de mayo* del español Goya, y *Un bar en Folies-Bergère*. En este último las figuras reunidas en el café, reflejadas en el espejo del fondo, están dadas con las pinceladas rápidas y a veces borrosas de los impresionistas. Su magnífico retrato de Emile Zola quedaría como la imagen definitiva del escritor, quien, a su vez inmortalizaría a los impresionistas en una de sus obras.

Pierre-Auguste Renoir venía de una familia pobre y comenzó a trabajar en la adolescencia. Inició su vida artística como decorador de bellas porcelanas; luego pintó abanicos. Es posible que esta experiencia estética le haya marcado. El caso es que, dentro del Impresionismo, ningún pintor estuvo tan comprometido con el tema amable, con la imagen decorativa, con la claridad de los tonos pasteles de un artista que no gustaba del negro y rechazaba los tonos sombríos en su obra. Lo que había que llevar al lienzo era el lado bello de la vida, la luz, la felicidad. Eso quizás explica la permanente preferencia del público por su obra. Las fiestas divertidas de *Moulin de la Galette*, un baile multitudinario en una plaza de Montmartre, es quizás la imagen perfecta de su mejor pintura. Renoir acaso lo presentía, pues dejó dos versiones casi idénticas, pero de diferente tamaño. Amaba los bailes. Eran la excusa adecuada para algunos de sus cuadros más logrados: *Baile en Bougival*, *Baile en el campo*, *Baile en el pueblo*. Y amaba la vida: los banquetes, los paseos por el campo o junto al mar. En *El almuerzo de los remeros* pinta, en un rincón, a una muchacha bonita. Luego se casará con ella. Era un excelente retratista, y fue un retrato, el de Marguerite Charpentier, el que volcaría en su beneficio, y en el de sus amigos impresionistas, la enorme influencia del marido de su modelo, el editor Georges Charpentier. Pero poco a poco Renoir fue alejándose de la estética impresionista. Se le hacía demasiado estrecha. En su vejez, entre el reuma y la pérdida de vista vio como se reducía su facultad de pintar. Su hijo, el cineasta Jean Renoir, dejaría escrita una buena biografía del padre admirado.

Edgar Degas no estaba en las antípodas de Renoir, pero casi. Era un aristócrata que gozó de una buena posición económica toda su vida, excluidos los últimos y penosos años. Tuvo un carácter altivo, desdeñoso, que le apartó del grupo, aunque convivió armoniosamente con otro pintor de noble cuna: el enano Henri de Toulouse-Lautrec, hijo de un conde, luego famoso pintor del cabaret "Moulin Rouge" y de su alegre ambiente de prostitutas y coristas. En general, sus ideas fueron más conservadoras que las del resto. Ignoró casi siempre la pintura al aire libre y prefirió la atmósfera cerrada del estudio. Le interesó mucho más el movimiento que la luz, y se sirvió de la fotografía para captar los distintos momentos en los que un gesto o un paso de baile desembocan en una postura. Por eso le fascinaron el ballet y las bailarinas. Le llamaron "el pintor de las bailarinas". Él, notablemente vanidoso, no creía que la finalidad del arte de aquellas mujeres era bailar, sino servirle de inspiración para cuadros inmortales. Fue un excelente dibujante y un retratista genial, pero obsesionado con la naturalidad. La pareja de alcohólicos que miran melancólicos sus vasos de ajenjo son esos pobres borrachos que uno siempre encuentra en cualquier bar. En sus desnudos no hay sensualidad sino espontaneidad. Las mujeres que se lavan no lo hacen pensando en quien las contempla, sino para asearse, momento en que las sorprende el pintor como si fuera un fotógrafo que capta una escena casualmente. Le interesó mucho experimentar con los pigmentos, con los lienzos y con los papeles. Ello le permitió dar con texturas y matices hasta entonces desconocidos. Al final de su vida tuvo serios apremios económicos.

Entreverado con el Impresionismo, se desarrollaría otra corriente pictórica post romántica, antinaturalista, que tuvo gran influencia en todo Occidente, incluida América Latina. Se le llamó Prerrafaelismo porque sus mejores teóricos –entre ellos Dante Gabriel Rossetti– querían volver a la ingenua simplicidad y belleza de la pintura del *Quattrocento*, antes de que Rafael le diera su sello personal al realismo renacentista. Lo importante para ellos no era la realidad sino la fantasía onírica. Era una realidad inventada, misteriosa, soñada, que dibujaba mundos interiores. El Prerrafaelismo entroncaría, pues, con la filosofía idealista, el sicoanálisis, el simbolismo y el universo encantado del modernismo literario y pictórico. ¿Dónde encontrarían Rubén Darío y los modernistas una mejor referencia plástica para decorar su torre de marfil que en la escuela prerrafaelista?

La disolución del Realismo ante las propuestas de naturalistas, prerrafaelistas e impresionistas dio lugar a una aceleración casi vertiginosa de nuevas vías artísticas. Desacreditados los cánones clásicos, todo era posible. Así que entre los propios impresionistas no tardaron en aparecer voces que pedían una rectificación del rumbo trazado por Monet, Manet o Renoir. De todas esas voces la más importante y decisiva fue la de Paul Cézanne, un acaudalado heredero criado en

el sur de Francia, en la hermosa ciudad de Aix-en-Provence.
Inicialmente, como todos, hizo causa común con el Impresionismo, sin llegar a destacarse especialmente. Sus propios
compañeros impresionistas rechazaban sus cuadros por falta
de calidad. Su amigo Emile Zola, compañero de estudios en
su infancia, en su novela sobre los impresionistas *L'Oeuvre*,
describe a un artista incomprendido que termina por qui-
tarse la vida. Cézanne lo toma como una ofensa personal y
le retira la palabra. Poco a poco el pintor va encontrando su
propia voz en el color y en la simplificación de las formas.
Le interesan el contorno fuerte y el color. Le importan menos la luz y el aire, las dos preocupaciones fundamentales
de los impresionistas. Su amigo Pissarro lo anima a seguir
por el camino que explora. Sin embargo, pasan los años y
apenas obtiene reconocimiento del gran público. Puede vivir
gracias al subsidio de su padre. Cuando este muere, el pintor
hereda, pero pronto tiene que comenzar a deshacerse de sus
propiedades. Lo hace sin remordimiento. Sólo le interesa
pintar. Y lo hace muy lentamente. Su aparente simplicidad
esconde un trabajo fatigoso. Se obsesiona con el Monte
Sainte-Victoire y lo pinta decenas de veces. Pero no lo hace,
como los impresionistas, para matizar el paso de las horas o
de las estaciones, sino para jugar con volúmenes y colores.
La fugacidad del tiempo no es un elemento clave en su pintura. A otra escala, es lo mismo que hace con los bodegones.
Coloca frutas y manteles arrugados sobre una mesa y pinta
sin tomar en cuenta los detalles. Es una pintura estudiada-
mente descuidada. En sus *Bañistas* aparecen unas mujeres
desnudas casi sugeridas y en posiciones inverosímiles. Por
una punta se asoma el Cubismo. Por la otra, el Expresionismo. Incluso, los abstractos lo reivindican, junto al paisajista
británico Turner, como un precursor. Ya viejo, poco antes
de morir, recibe el aplauso de la crítica y del público. Se le
tiene por el padre de la pintura moderna del siglo XX.

Su amigo Paul Gauguin tuvo una biografía curiosa que
ha inspirado a más de un novelista. Somerset Maugham fue

uno de ellos. Mario Vargas Llosa, otro. Y es natural. No suele ser frecuente que un francés corredor de Bolsa –la más burguesa de las profesiones– derive en un artista errabundo y aventurero. Gauguin era un pintor aficionado y coleccionista de obras impresionistas. Estaba casado con una aristócrata danesa y por la vía materna descendía de una familia peruana. De niño vivió en Perú, y tal vez esa exótica experiencia infantil marcó secretamente al pintor. No se desesperó cuando una mala racha afectó sus finanzas. Por el contrario: lo vio como la oportunidad de cambiar totalmente de vida. Vendió algunos de los cuadros comprados en la época de mayor abundancia. Dejó a su mujer y a su familia. Un sicólogo moderno diría que sufrió un *mid-life-crisis*. Vaya usted a saber. Lo que resulta indudable es que se sentía profundamente infeliz en París, vestido con chaleco y bombín. Y lo cierto es que primero en Francia, luego en el Caribe, finalmente en el Pacífico sur, anduvo a la búsqueda de experiencias vitales puras e incontaminadas por la civilización europea. En esa peregrinación, todavía dentro de Francia, convivió durante dos meses con su admirado Vincent van Gogh, un sicópata genial que dejaría una profunda huella en él y en muchos pintores. Pero las relaciones entre los dos artistas no fueron exactamente buenas. Una noche, incluso, el holandés lo persiguió con un cuchillo. Gauguin había osado jugar con los pinceles de su amigo. Horas más tarde Van Gogh se cortó una oreja para obsequiársela a una prostituta. En uno de sus múltiples autorretratos dejará constancia de esa mutilación. Al día siguiente Gauguin huyó despavorido de la casa que compartían.

Gauguin hará su mejor obra en el Pacífico. Allí, en medio de una sociedad primitiva, simple, sin pecados, o con otros pecados incomprensibles para la ética occidental, rodeado de nativos que poseían una actitud distinta hacia la vida y hacia el sexo, Gauguin pintará cuerpos desnudos y paisajes benevolentes, nada agrestes, tranquilos, como si la brisa marina hubiera llenado el lienzo de calma. Son cua-

dros primitivos, tan ingenuos como los modelos que utiliza
y como la vida a la que aspira. Tahití es su paraíso. Pero hay
un momento en que le comunican que existen islas todavía
más primitivas en el grupo de las Marquesas. Y allá se va el
pintor, ya muy enfermo, en busca de su utopía. No quiere
la fama sino la libertad total. Probablemente no la encuentra, pero halla la muerte, lo que no deja de ser una forma
absoluta de liberación de todos los convencionalismos. El
obispo de las islas Marquesas, al que le notifican la muerte
de Gauguin, no parece lamentarlo demasiado. Lo tiene por
un pervertido que acosa a las muchachas del lugar. El religioso deja escrito que ha desaparecido un enemigo de Dios
y de todo lo que es honesto. Destruyen parte de su obra y
subastan algunos lienzos. Uno de ellos se vende por el equivalente actual de cinco dólares. Luego valdrá millones. La
posteridad le depararía el prestigio que el pintor no buscaba. Poco a poco su pintura y su historia personal se adueña-
ron de la imaginación de Occidente.

Uno de los cuadros que mayor precio ha alcanzado en la
historia de la pintura es *Los girasoles* de Vincent van Gogh.
Lo pintó el holandés para, precisamente, decorar la habitación de su amigo Gauguin en la casa que compartieron durante varias semanas. Quería que fuera alegre y eligió un
amarillo fuerte, chillón, para destacar su estado de ánimo.
Es una cruel ironía, porque Van Gogh fue un gran fracasado en todos los órdenes de la vida. Sólo un comprador se
interesó, una sola vez, por un cuadro suyo: *La vid roja*. Su
vida religiosa fue un intento agónico de encontrar y servir a
Dios, pero los severos metodistas lo rechazaron como pre-
dicador. No pudo ganarse la vida como profesor de francés
y de alemán. Tampoco como marchante de arte. Era demasiado intenso, demasiado excéntrico. En realidad, estaba
loco, pero entonces esos diagnósticos eran muy imprecisos
y los sicópatas se quedaban asignados al ámbito de la excentricidad. Tal vez era un esquizofrénico, o una personalidad
bipolar que oscilaba entre la euforia y la aplastante depre-

sión. No sabemos. O sabemos algunos detalles por su correspondencia con su hermano Theo. Mas es obvio que sufría mucho, que sus amores siempre naufragaron en medio del desencuentro o de la sordidez. Pero quizás todo este dolor, como les ocurre a ciertos poetas, le dio una fuerza y una originalidad a su pintura que nunca hubiera alcanzado de poseer una personalidad equilibrada y plácida. Esos colores fuertes –azules, amarillos, rojos–, esos trazos sólidos, como de rabia, esas gruesas rayas en círculo, como de torbellino, son la expresión de su dolor, y en toda su obra –más de cuatrocientos cuadros– nada lo revela con más claridad que el óleo sobre lienzo *Noche estrellada*, o *El café de noche*. En 1890 Van Gogh se dio un tiro en el pecho. Sólo tenía 37 años, pero uno de sus autorretratos, pintado pocos meses antes, por debajo de su cabello y barba rojizos, más allá de su endurecida mirada azul, muestra a un hombre mucho más viejo. Ya estaba destrozado por dentro. Al año siguiente murió Theo, varios años más joven. Murió también loco, por cierto.

La ruptura en América Latina

A América Latina la ruptura con el arte académico le llegó fundamentalmente de la mano de Francia, pero también de España. Uno de los primeros y más valiosos impresionistas latinoamericanos fue el puertorriqueño Francisco Oller y Cesteros. Residente en París durante un tiempo, amigo de Manet, de Cézanne y de Pissarro, cuando España estrenó la fugaz monarquía de la casa Saboya, con Amadeo I, Oller fue nombrado pintor real. Entonces se le tenía por uno de los grandes. En el Louvre cuelga una de sus obras más valiosas: *El estudiante*. En Puerto Rico poseen un extraordinario *El velorio*, en el que combina elementos de la técnica impresionista con un tema francamente costumbrista. A Oller y a los artistas mencionados en el anterior epígrafe habría que añadir pintores como el valenciano Joaquín

Sorolla, el vasco Ignacio Zuloaga –sobre todo a Sorolla, con su inmensa obra de más de dos millares de cuadros–, Ramón Casas y Julio Romero de Torres, quienes fueron vistos y admirados por sus colegas al otro lado del Atlántico, aunque no siempre con la aprobación de todos los pintores. En 1910, por ejemplo, algunos artistas mexicanos, con el Dr. Atl (Gerardo Murillo) a la cabeza, objetaron la exhibición de pintores españoles en la capital de México con motivo del primer centenario de la Independencia del país.

Pero si la influencia de la pintura europea en América Latina tenía fuentes diversas, lo más curioso acaso sea la superposición y coincidencia en el tiempo de distintas escuelas estéticas que en Europa se iban perfilando sucesivamente. En América Latina, a fines del siglo XIX y comienzos del XX coincidieron simbolistas e impresionistas con postimpresionistas. No hubo fronteras nítidas. ¿Por qué? Tal vez porque dependía de factores fortuitos, como el momento en que el pintor latinoamericano viajara a París, a Madrid o (menos) a Londres y Berlín, o del tipo de publicación que llegaba a sus manos. Lo que no ofrecía duda alguna era que la voluntad de ruptura con la tradición académica que se observaba en el arte europeo se manifestaba con igual fuerza, aunque más tardíamente, al otro lado del Atlántico.

El mexicano Julio Ruelas es acaso el más interesante de los simbolistas latinoamericanos. No vivió demasiado –sólo 37 años, como Van Gogh–, pero algunos de sus cuadros fueron notables por los temas y por la impecable ejecución. Su conocido *Entrada de don Jesús Luján a la 'Revista Moderna'* –un mecenas que llegó a salvar la publicación que Ruelas ilustraba–, con sus centauros, con sus personajes mitad pájaros, mitad hombres –sus compañeros de redacción–, es una alegoría llena de la fantasía simbolista, pero con un toque de humor que se adelantaba en cierto modo al surrealismo. Incluso en este tema risueño, Ruela, obsesionado por la muerte y por los cadáveres, indudablemente fascinado con el lado macabro de la vida, se pinta a sí mismo como un sátiro ahorcado en un árbol. Tres años más tarde muere en París. Tal vez lo presentía. Lo que no pudo imaginarse es que otro pintor mexicano, Francisco Goitía, de una generación posterior, lo superaría en su gusto por el horror. Goitía, que se sumó a la columna de Pancho Villa en calidad de artista –circunstancia que es difícil de imaginar– tomó como motivo pictórico a un general enemigo ahorcado de un árbol, totalmente desnudo. Pero, como debía ausentarse por un tiempo, se tomó el trabajo de proteger a su modelo de la labor carroñera de los zopilotes. El cuadro se llama, simplemente, *Paisaje de Zacatecas*. Con esos antecedentes no resulta inverosímil el rumor de que Goitía, en la etapa final de su vida, plagada de miseria, durmiese en uno de los ataúdes que fabricaba y vendía para sobrevivir.

Saturnino Herrán, también mexicano, pintó indios y mestizos como los españoles Romero de Torres y Zuloaga tomaban de modelo a personajes de la península. La belleza y el colorido de los cuadros de Herrán no reflejaban la marginación de los protagonistas. Por eso el gobierno le encargaba cuadros y murales. El propósito no era protestar contra situaciones injustas, sino plasmar tipos nacionales. Consagrarlos para la posteridad y demostrar con ello la condición mestiza del país. Se trataba del Indigenismo, un movimiento que se expresaba tanto en el terreno literario como en el plástico. Era una época de fortalecimiento de la identidad nacional. Y lo era también en Perú, donde José Sabogal hacía otro tanto; era el Ecuador de Camilo Egas, la Bolivia de Cecilio Guzmán de Rojas o la Argentina en que Cesáreo Bernaldo de Quirós pintaba a sus gauchos dotados de látigo y pantalones inmensos. Por aquellos años, una riada de inmigrantes europeos y asiáticos llegaban a América Latina en busca de mejores destinos. Esa pintura etnográfica, además de una exaltación de lo propio, sin duda era también una secreta línea defensiva.

El mexicano Joaquín Clausell pintó algunos excelentes cuadros que Monet hubiera firmado gustosamente. Fue un paisajista convencido de las virtudes del Impresionismo. Pintó ríos, lagos, montañas. Buscaba lugares hermosos y dejaba constancia de su hallazgo, como si pintara un infinito almanaque. Le interesó mucho el tema de la luz y la transparencia del aire. Simultáneamente, fue un activo abogado en ejercicio. Su amigo y compatriota, diez años más joven, Gerardo Murillo, quien se hacía llamar Dr. Atl –agua en náhuatl– también cultivó el Impresionismo. Por lo menos en sus años mozos, pues a lo largo de su extensa vida –89 años– visitó casi todos los estilos y casi todas las escuelas, demostrando una curiosidad y vitalidad intelectual realmente admirables que lo pasearon gloriosamente por la primera mitad del siglo XX. Vulcanólogo, pintó volcanes quietos y en erupción, para lo que a veces corrió grandes riesgos. Recogió en sus paisajes bellos rincones del campo mexicano y también se acercó al muralismo.

La formación como pintor del argentino Fernando Fader fue alemana. Su padre era alemán y su madre francesa. Él estudió arte en Munich, y cuando regresó a Buenos Aires, a principios de siglo, traía con él la influencia de los impresionistas y una curiosidad insaciable por los tipos, paisajes y costumbres de su tiempo. Muy a la europea, animó la creación de un grupo de pintores. Le llamó "Nexus", y los unía el afán por la vanguardia, algo que colocaban en la vecindad del Impresionismo. Por ciero periodo, Fader se dedicó a la docencia, pero muy pronto, como Cézanne, prefirió alejarse de la bulliciosa capital para hacer su gran obra pictórica en provincia. En general, se trataba de cuadros luminosos y llenos de colorido. Una de sus obras más celebrados, *Los mantones de Manila*, junto a la técnica impresionista, tiene un curioso aire oriental, pese a que las cuatro mujeres son criollas.

Los colombianos de su tiempo no supieron apreciar el inmenso talento de Andrés de Santamaría, pintor criado y educado en Europa por franceses –Academia de Bellas Artes de París– y españoles –Ignacio Zuloaga, Santiago Rusiñol. Cuando regresó a Bogotá conocían su fama y formación en el Viejo Mundo, pero no supieron valorarlo. Le concedieron, eso sí, una cátedra de pintura, pero ante sus cuadros postimpresionistas, o expresionistas-modernistas, (porque fue un gran ecléctico) se produjo un rechazo generalizado. Hoy el Museo Nacional de Bogotá exhibe con orgullo el óleo sobre tela *Anunciación*, pero en 1922 lo tuvieron por una escandalosa herejía. ¿Cómo y por qué pintar a la Virgen como una señora elegante con ropas a la moda? ¿Qué extraño ángel era ese con alas negras? ¿Por qué ese fondo rojo y no un azul celestial? Santamaría empacó sus bártulos y regresó a Europa. Ahí vivió el resto de su larga vida: ochenta y cinco fecundos años. Finalmente, los colombianos se reconciliaron con esta extraordinaria figura y organizaron exposiciones retrospectivas varios años después de su muerte, ocurrida en 1945.

El uruguayo Pedro Figari tuvo mejor suerte, pese a que no pudo considerársele un pintor profesional hasta los sesenta años de edad, cuando dejó de lado su intensa vida de escritor, hombre público –fue diputado– y abogado, para poner el acento en su carrera de artista plástico dentro de las coordenadas estéticas del postimpresionismo. ¿Cuál sería el equivalente europeo de Figari? Probablemente una combinación entre las pinceladas gruesas de Van Gogh, el colorido sin tiempo de Cézanne, los motivos lúdicos de Renoir y el escaso interés por los rasgos de las personas y las cosas en algunos de los cuadros compuestos con manchas por Alfred Sisley. Todo eso puesto al servicio de escenas de la vida cotidiana de Montevideo, pero no copiadas del natural, sino tal y como las recordaba el pintor. Figari pinta negros caleseros, pinta divertidas fiestas afrouruguayas –motivo algo arbitrario dada la escasa presencia negra en su país– y paisajes resueltos con brochazos rápidos en los que no se tiene en cuenta la luz pues, como el diablo, carecen de sombra. Como empezó su gran obra en el umbral de la vejez, pintó furiosamente hasta el final de su larga vida.

Si hubo un Gauguin en América Latina, ese fue el venezolano Armando Reverón. Estudió formalmente en Caracas, Madrid, Barcelona y París, pero a poco de regresar a Venezuela se refugió en la costa, en Macuto, alejado de casi todo, sólo acompañado por Juanita, una india leal y obediente que le prestaba toda clase de servicios –modelo, cocina, intendencia–, incluidos los conyugales. Reverón, como Gauguin, llegó a la conclusión de que a la obra de arte había que abordarla con la serenidad que confiere una vida sencilla. Sencilla, pero excéntrica, poblada de fantasías sexuales y de una que otra práctica sadomasoquista, como herirse los brazos o como atarse fuertemente a la cintura una especie de silicio encaminado a independizar el tronco de la mitad inferior del cuerpo. Pero esto era anecdótico: a Reverón le bastaba una cabaña o bohío para vivir y otro semejante para pintar. Mas cuando se pintaba en el trópico –pensaba–, bajo el fogonazo del sol caribeño, el color carecía de sentido. Esto lo distanciaba de Gauguin. Su gran obra está hecha en tonalidades del blanco, como quien pinta cegado por un chorro de luz que le dilata e inunda las pupilas. Sólo una vez, ya muy mayor, Reverón tuvo una buena exposición en Caracas. La posteridad ha sido generosa con su obra.

Al cubano Víctor Manuel García sus compatriotas lo conocen como Víctor Manuel a secas. En la década de los veinte fue a París y regresó a La Habana convencido de que era importante romper con la tradición académica impuesta por San Alejandro, la institución creada por la metrópoli española en 1817 y todavía viva un siglo más tarde. Como a tantos pintores, le fascinaron Cézanne y Gauguin, y muy especialmente el segundo. En esa vena, comenzó a pintar el rostro ovalado y con ojos de almendra de una supuesta campesina. La llamó *Gitana tropical* e hizo decenas o tal vez centenares de versiones. En realidad, la modelo era una muchacha burguesa de la ciudad de Matanzas. Pronto Víctor

Manuel alcanzó la fama, pero nunca el dinero. En aquellos tiempos la juventud cubana estaba deseosa de conocer expresiones artísticas de vanguardia, pero la situación económica no era la mejor para el arte. Víctor Manuel evolucionó poco a lo largo de su vida artística, pero su ejemplo fue importante. Muy pronto una generación rebelde de artistas plásticos comenzaría a explorar nuevas formas y colores. Algunos alcanzaron gran prestigio: Eduardo Abela, Carlos Enríquez, René Portocarrero, Amelia Peláez. Uno de ellos llegaría a estar entre los mayores pintores de América Latina: Wifredo Lam.

El muralismo mexicano

Si algo poseía una fuerte tradición en América Latina era la pintura mural con propósitos didácticos. Eso habían sido, en esencia, los frescos pintados en todas las iglesias construidas durante la Colonia, y aún los que adornaban los templos erigidos en el periodo republicano. El objetivo de esta pintura, como ya se ha señalado en este mismo capítulo, era educar, enseñar mediante imágenes la esencia del cristianismo, su historia básica, sus figuras principales. De manera que mediada la segunda década del siglo XX, cuando la Revolución Mexicana comenzaba a institucionalizarse, no es extraño que los ideólogos de aquel proceso retomaran la vieja idea pedagógica de los propagandistas cristianos: utilizar las imágenes para transmitir el discurso revolucionario. ¿Qué era esto? Básicamente, la exaltación nacionalista, una mezcla de amor por el progreso y la industrialización, la reverencia al campesino y el aplauso a la reforma agraria, una condena a los atropellos de la colonización, el rechazo al capitalismo imperialista, especialmente el norteamericano, una reivindicación del pasado indígena, la consagración del mestizaje y el culto por los héroes que habían protagonizado la lucha armada tras el derrocamiento de Porfirio Díaz en 1910. Un intelectual, José Vasconcelos, ensayista y Ministro de Educa-

ción –luego fallido candidato a la presidencia– sería el principal impulsor del muralismo.

Los propósitos del muralismo definían necesariamente el
estilo pictórico que sus principales cultivadores debían seguir. No tenía sentido, por ejemplo, acudir a los primores
del Impresionismo. El Impresionismo era una reflexión sobre la naturaleza de la pintura, sobre la luz y el movimiento. Servía lo mismo para pintar la catedral de Ruán, un baile
o a un grupo de bañistas. Lo de menos era el tema. Lo importante era la técnica. Poco después, cuando los cubistas
–a quienes nos acercaremos en el próximo epígrafe– descom-
pusieron la figura en rasgos geométricos, renunciaron totalmente a la propuesta de los impresionistas y se decantaron
por un sendero que ya anunció Cézanne. Pero a los cubistas
no les interesaba conquistar el corazón del espectador sino
despertar en él una fría admiración profundamente cerebral.
Los muralistas, en cambio, tenían que contar una historia y
estremecer a quien la viera. Una historia que tenía un mensaje ideológico y una interpretación socioeconómica de la
realidad. Así que era obvio que había que moverse dentro
de los límites del realismo. Un realismo idealizado, musculoso, con ángeles y villanos. Un realismo que no era virtuoso
y sutil a la manera de Rubens o Velázquez, sino esquemático
y obvio como un panfleto, y que recurría a una manifestación estética que entonces cobraba fuerza: El Expresionismo.
Esto es: una forma de realismo que ponía el acento en un
gesto extremado, en una mueca de dolor, en un rasgo deliberadamente deformado para provocar el horror, la simpatía o el rechazo. Un realismo dinámico que no intentaba
captar para siempre un momento de la historia, sino que
pretendía contar toda una teología, más o menos con la
misma intención con que Miguel Ángel pintó la Creación
en los techos de la Capilla Sixtina.

Los tres mayores muralistas mexicanos –hubo otros, naturalmente, incluso no mexicanos– fueron Diego Rivera,
José Clemente Orozco y David Alfaro Siqueiros. Rivera

comenzó con la formación académica clásica que ofrecía la Academia San Carlos; luego marchó a Madrid y a París becado por la dictadura de Porfirio Díaz. Pasó por diversas etapas de búsqueda –incluido el Postimpresionismo y el Cubismo– hasta convencerse, tras su regreso a México, de que, si pretendía llevar a cabo una obra realmente social, comprometida con su visión marxista, debía permanecer dentro de los límites de una suerte de realismo expresionista, lleno de vigor y colorido, no muy alejado del realismo socialista que comenzaban a recetar en la URSS como expresión suprema del arte realmente comprometido con la revolución. Su mural más destacado, por el lugar en que se encuentra –aunque no sea necesariamente el mejor– es el del Palacio Nacional. Otros que vale la pena destacar son los que pintó en la Escuela Nacional de Agricultura, en la Secretaría de Educación Pública, en el Palacio de Gobierno de Cuernavaca y el famoso *El hombre controlador del universo* en el Instituto Nacional de Bellas Artes.

Su militancia comunista no le impidió a Rivera desarrollar parte de su labor en Estados Unidos, incluso bajo el mecenazgo de la Fundación Ford, institución que en Detroit, corazón de la industria automotriz, bajo el título genérico de "El hombre y la máquina", le comisionara varias docenas de paneles dedicados a homenajear el proceso de industrialización y la fabricación de los automóviles. El mural del Rockefeller Center de New York, sin embargo, tuvo menos éxito, aunque tal vez más publicidad: la famosa familia millonaria se negó a exhibir una pintura que incluía el retrato de Lenin, rostro que Rivera se resistía a eliminar, de manera que, tras pagarle la suma convenida, procedió a destruir el valioso fresco. Rivera, que tuvo una vida sentimental compleja, entre sus numerosas amantes convivió con una mujer muy peculiar y talentosa: Frida Khalo. Varios de sus excelentes autorretratos, más allá de su notable obesidad, revelan el rostro de un hombre inteligente y sensual. El crítico peruano Felipe Cossío del Pomar, que lo conoció con cier-

ta intimidad, y lo admiró profundamente, dio cuenta de una
persona notablemente egoísta y de trato muy difícil.

Un accidente fue lo que decidió el destino artístico de
José Clemente Orozco: una explosión le destrozó la mano
izquierda. En esas condiciones su vocación de pintor, a la que
se oponía su familia, prevaleció de manera definitiva. Dejaría los estudios de agricultura y se dedicaría a pintar, aunque, al principio, sin más formación académica que la que
le habían dejado las prácticas de agrimensura y topografía,
ejercicios de dibujo que le fueron muy útiles en su primer
trabajo como caricaturista. Pero su condición de autodidacta
no lo afectó decisivamente: una buena parte del mérito de
Orozco está en su autenticidad. Nunca tuvo la escuela de
Rivera, y no viajó a Europa hasta los 50 años de edad, pero
su pintura posee una fuerza y originalidad extraordinarias.
En Estados Unidos, Orozco dejó murales de gran calidad
en tres instituciones prestigiosas educativas: Pomona
College en California, en New School for Social Research
de New York y en Darmouth College de New Hampshire.
En México tal vez sus más valiosos murales son los del Hos-
picio Cabañas, teñidos por el anticlericalismo de la época,
irónicamente pintados en su Guadalajara natal en un edificio fabricado para la Iglesia en tiempos del virreinato.

David Alfaro Siqueiros tuvo, como Rivera, una buena
formación académica. Muy joven, viajó a Europa y adquirió
la pasión por la vanguardia y una militancia estalinista tan
estrecha que lo llevó a la cárcel más de una vez, a la Guerra
Civil española con las Brigadas Internacionales, y a intentar asesinar a León Trotsky en connivencia con los servicios
secretos soviéticos. Por todo esto –una vida intensamente
dedicada a la política, al activismo sindical y a la violencia
revolucionaria– su obra no es tan extensa como pudiera es-
perarse. Pero de los tres grandes muralistas mexicanos es
quizás el más innovador y creativo. Utilizó cámaras de fotografía y brochas de aire, experimentó con pigmentos y
fijadores novísimos. Se le tiene por ser el creador de la pin-

tura acrílica. Jugó con la perspectiva y la composición hasta encontrar un lenguaje distinto, a veces muy abigarrado y efectista, pero siempre notable. Su *El eco del llanto* –una cabeza monstruosa de niño, de la que sale otro niño llorando, todo en medio de un paisaje desolador de ruinas y miseria– es quizás la pintura expresionista figurativa más conocida del arte latinoamericano. Son memorables su mural *Retrato de la burguesía*, un descarnado ataque al capitalismo y al fascismo, pintado en la oficina de un sindicato; y el Poliforum Cultural Siqueiros, suma y resumen de su obra.

La influencia del muralismo mexicano fue muy notable en toda América Latina, pero es quizás en Ecuador donde deja su impronta más notable en la obra de dos valiosos pintores: Eduardo Kingman y Oswaldo Guayasamín. En los dos son patentes la pasión indigenista, la denuncia social y la corriente estética expresionista al servicio de la causa revolucionaria. Pintan un mundo sobrecogido por el terror y la violencia en el que son frecuentes los rostros contraídos por el dolor y las manos sarmentosas de los trabajadores de la tierra. Es una pintura denuncia al servicio de los pobres que, curiosamente –sobre todo las debidas a Guayasamín–, alcanza un altísimo valor en las exclusivas galerías de Nueva York y París. Con el paso del tiempo, Guayasamín, sin abandonar el Expresionismo, recurrió a cierto esquematismo cubista que le dio una personalidad muy fuerte a su pintura. Se convirtió, con todo derecho, en el pintor nacional de Ecuador.

Cubismo, Constructivismo, Surrealismo

Mientras el Impresionismo, el Postimpresionismo y el Expresionismo –este último mezclado con el muralismo de los mexicanos– agrupaban a la mayor parte de los artistas latinoamericanos del primer cuarto del siglo XX, otras corrientes pictóricas que luego cruzarían el Atlántico iban desarrollándose en Europa.

En 1907 un joven pintor español de 26 años, recién ins-

talado en París –había llegado, para quedarse, en 1904–, exhibe un óleo de buen tamaño titulado *Las señoritas de Aviñón*.
Se llama Pablo Ruiz Picasso y llegaba precedido por la fama
de haber sido un niño prodigio. El lienzo recoge a unas jóvenes prostitutas desnudas del barrio gótico de Barcelona en
la calle d'Avinyo, tal y como las recordaba el artista, que vivió en ese vecindario, pero no es el tema lo que sorprende a
la crítica, sino las formas. Hay en los contornos una clara
predilección por los trazos rectos, geométricos, y por los
óvalos, muy cercana a la proposición de Cézanne de prefe-
rir siempre la simplicidad de este tipo de línea. Hay también
reminiscencias de las máscaras africanas talladas en madera. Las ha visto en un museo etnográfico y lo han impactado.
Mas lo importante es que Picasso hace una propuesta estética distinta: el pintor debe desmontar la realidad, descoyun-
tarla, como si fuera un rompecabezas, en sus partes básicas,
y luego recomponerla caprichosamente sobre la tela. Los
ojos no tienen que estar instalados sobre un eje simétrico.
Pueden divergir en tamaño y colocación. Los pies pueden
ser enormes y desproporcionados. Eso no importa. La excelencia se alcanza imaginando esas estructuras íntimas y
secretas de que se compone la realidad: ha nacido el Cubismo. Muy pronto, dos amigos de Picasso, Georges Braque y
Juan Gris, comenzarán a cultivarlo. También Marcel Duchamp y Fernand Léger. Con el tiempo, los cubistas serán
una verdadera legión. La escuela se bifurca en tendencias y
se enriquece con curiosas adiciones. Incorporan a los cuadros otro tipo de objetos. Les pegan papeles de periódico o
imágenes sacadas de otras ilustraciones: es el *collage*. La crítica, al principio, no es muy generosa con el Cubismo. Ocurre
siempre. Afortunadamente, tienen un defensor apasionado:
Guillaume Apollinaire, que escribe un libro titulado los *Pintores cubistas*, subtitulado *Meditaciones estéticas*. La vanguardia se rinde ante los cubistas. Picasso luego se convertirá en
el artista más importante del siglo XX. También, probablemente, en el más prolífico: más de 15 000 cuadros y litogra-

fías, a lo que habría que agregar miles de esculturas y cerámicas.

Sólo hay un artista ruso entre los creadores esenciales de la pintura contemporánea occidental. Se llamó Vasily Kandinsy y en su juventud nada apuntaba a que llegaría a ser un gran pintor. Rico de cuna, estudió Derecho y Economía. Hasta casi los 40 años fue un abogado notable. Pero tenía una especial sensibilidad estética y una curiosidad científica que acabaron por desatar en él no sólo al artista sino al teórico del arte. Muy culto, políglota, abandona la abogacía y se va a Alemania a estudiar arte. Tres años después de la aparición de *Las señoritas de Aviñón*, Kandisky propone algo aún más audaz que el planteamiento de Picasso: el objeto pintado no tiene que reflejar ni sugerir una realidad convencional. No tiene que recordar una fruta, o una mujer o un paisaje. Al fin y al cabo, la realidad que vemos se compone de una estructura invisible de moléculas o de átomos que giran. Incluso hasta el átomo –se especulaba entonces– podía dividirse en unidades más diminutas e insospechadas. Un punto, una mancha, una raya junto a un círculo, reflejan la realidad tan genuinamente como una escena campestre o una sala de fiesta, solo que es otra realidad. Kandinsky exhibe sus primeras acuarelas no figurativas. Algunos críticos recuerdan que Claude Monet se había acercado antes que él a ese camino, pero lo había hecho reproduciendo fragmentos de un pajar o de la superficie del agua. Otros apuntan a la obsesión de Cézanne con Mount Sainte-Victoire, a veces reducido a unas manchas poco reconocibles. Puede ser, pero es Kandinsky quien primero recorre ese sendero práctica y teóricamente. De él –y del cubismo– se derivan inmediatamente dos corrientes paralelas: el constructivismo y el arte abstracto. Tras la revolución rusa de 1917, Kandisnky es recibido en Moscú por los bolcheviques con un enorme entusiasmo. Ven en su vanguardia un fenómeno hermano de la nueva URSS que surge de los escombros de la dinastía zarista. Pero la mutua atracción dura muy poco. En 1921 el

pintor parte a Alemania para formar parte de la Bauhaus
organizada por Walter Gropius. Murió en 1944, casi olvidado, en el París ocupado por los nazis. No obstante, influyó
como pocos en el arte de todos. El gran pintor catalán Joan
Miró, por ejemplo, no se explica sin Kandinsky. Tampoco
Piet Mondrian.

La otra gran corriente de la pintura contemporánea será
el Surrealismo. Exactamente cuando Kandinsky exhibe sus
acuarelas abstractas –1910–, el médico vienés Sigmund
Freud crea la Asociación Psicoanalítica Internacional y publica un estudio de una obra de Leonardo, *La Virgen, el Niño
y Santa Ana*, en el que explica la imagen del cuadro dentro
de su conocida hipótesis de la sexualidad infantil y los deseos incestuosos reprimidos. Freud escribe persuasivamente
y tiene una imaginación portentosa que esconde tras un em-
paque científico. De inmediato revive personajes y mitos
clásicos y los pone en circulación con una nueva significación: Edipo, Electra, Eros y Tánatos. Sus propuestas cap-
tan el interés de escritores y artistas plásticos. Se atreve a
interpretar los sueños y hasta escribe un código para facilitar la tarea. La idea de que estamos dominados por oscuros
instintos es muy seductora y sirve para aliviar el peso de la
culpa. Incluso, la necesidad de crear obras de arte es el resultado de la sublimación de los impulsos eróticos más enérgicos. La lucha de los seres humanos es por entender y, si se
puede, sujetar la libido.

Los antecedentes pictóricos del surrealismo son tan antiguos como El Bosco y su magnífico *El jardín de las delicias*,
pintado en torno a 1500. Y hay cuadros de Goya (*Saturno
devorando a sus hijos*) que tienen mucho de pesadilla freudiana.
Pero el primer surrealista del siglo xx probablemente haya
sido Giorgio di Chirico, pintor culto y cerebral, nacido en
Grecia, de padres italianos, formado artísticamente en Alemania y residente en París, donde desarrolló una buena parte
de su larguísima carrera artística. Lo impresionante de sus
obras es la soledad nocturna de edificios sin gentes, a veces

poblados por estatuas u objetos imposibles, envueltos en una atmósfera de misterio y silencio que revelan el carácter onírico de la imagen. Le llamaba "pintura metafísica" y de alguna manera vinculaba su obra a Schoppenhauer, a Nietzsche y a otros filósofos alemanes. Tras la huella de Di Chirico vinieron los otros surrealistas, algunos de ellos extraordinariamente importantes: el belga René Magritte, el germano Max Ernst, el ruso Marc Chagall y los españoles Salvador Dalí y Joan Miró.

El *Manifiesto surrealista* de André Breton (1924) también sirvió para aglutinar a los artistas plásticos y para darles una cierta sensación de espíritu de cuerpo. El arte debía ocuparse no sólo de lo obvio y aparente, sino de lo que yacía bajo la realidad. Eso era el Surrealismo o Superrealismo. Generalmente la técnica empleada era totalmente realista, pero no las imágenes. Salvador Dalí derrite relojes sobre un extraño desierto. René Magritte mirará el mundo desde una ventana por la que se observan paisajes imposibles, o hará arder en un lienzo, inexplicablemente, unos papeles, una silla y un trombón. En los cuadros de Marc Chagall no sólo vuelan los ángeles: también las vacas logran una mágica ingravidez. Max Ernst combina un elefante verde, con cabeza de toro y una rara trompa (¿o cuello?), guiado por el maniquí sin cabeza de una mujer desnuda. Joan Miró hace un bello y difícil surrealismo infantil vinculado a la tradición folclórica catalana. A veces los surrealistas pintan automáticamente, como si el pincel lo dirigiera una fuerza ciega que no está sujeta a ninguna atadura moral o estética. Con el tiempo, una generación más tarde, Jackson Pollock lanzará el *action painting*. Hará gotear la pintura sobre un lienzo tendido en el suelo hasta que surja una forma caprichosamente hermosa creada por la casualidad y el movimiento de la mano. Pollock ha mezclado el arte abstracto con el automatismo de los surrealistas.

La expresión latinoamericana de estas tendencias

Tal vez el artista latinoamericano más decididamente integrado al arte occidental de su tiempo haya sido el uruguayo Joaquín Torres-García. Contemporáneo de Picasso, se trasladó muy niño a Barcelona, donde recibió una buena formación artística. Allí, a principios del siglo XX, conoció a Gaudí y colaboró en algunos de los proyectos de este genial y excéntrico arquitecto. Pintó murales en un par de iglesias barcelonesas. Comenzó a decorar el Salón de Sant Jordi del Palacio de la Generalitat, pero su obra no le gustó al Presidente de Gobierno, que lo acusó de paganismo. Entonces Torres-García era un noucentista dulce y figurativo. Molesto, muy ofendido, se fue a París y trabó relaciones con la efervescente vanguardia que entonces proponía el Cubismo y el Constructivismo. Vivió en Nueva York. Años más tarde, de regreso en Montevideo, explicó con claridad su gramática plástica: el arte no debía ser nacional o estar al servicio de ideologías, como sucedía con la pintura indigenista o con el muralismo practicado por los mexicanos, sino participar de un lenguaje universal trenzado con símbolos fácilmente identificables por todas las personas cultas. Para lograr su propósito, Torres-García tramaba sus lienzos o la superficie de sus murales en espacios geométricos de desigual tamaño, en los que luego colocaba diversos objetos y figuras: peces, seres humanos esquemáticamente dibujados, soles, plantas, números, cruces, estrellas, como si redactara jeroglíficos de una nueva civilización. Y en realidad algo de esto había: para Torres-García su arte era una especie de esperanto occidental, un lenguaje artístico común que era tan uruguayo como francés o alemán. Su amigo Piet Mondrian, que coincidía con él en ciertos aspectos –la necesidad de tramar o dividir geométricamente la obra de arte–, no sin cierto dogmatismo le reprochaba la existencia de figuras en lugar de colores primarios y simples. No obstante, el parentesco estético entre los dos artistas es más que evidente. Torres-

García creó escuela y dejó discípulos en el Cono Sur que continuaron explorando el camino que él despejó.

El Surrealismo parece haber sido la tendencia estética de mayor calado en América Latina. André Breton, a pesar de todo un francés más racional y cartesiano de lo que él mismo suponía, viajó a América, y en todas partes, sorprendido, dijo lo mismo: "México es un país surrealista", "Cuba es un país surrealista", "Haití es un país surrealista". Lo deslumbraba lo real maravilloso que parecía encontrar en los lugares que visitaba. En todo caso, la mayor parte de los pintores latinoamericanos que han encontrado reconocimiento internacional y un mercado generoso se encuentran más o menos adscritos a esta tendencia: el cubano Wifredo Lam, el chileno Roberto Matta, los mexicanos Frida Khalo, Rufino Tamayo, Remedios Varo y Leonora Carrington, que son pocos pero buenos ejemplos de una lista que podría alcanzar el centenar de creadores si fuera exhaustiva.

Wifredo Lam viajó con Breton a Haití para enseñarle al francés las ceremonias de vudú. Al poeta no le gustaron demasiado –pueden ser desagradables los sacrificios de animales–, pero se encantó con los primitivos haitianos y, de alguna forma, al comentarlos, los lanzó al mundo internacional del arte. Lam era un cubano hijo de chino y de mulata. Le llamaron siempre El Chino Lam, e hizo en París su larga y exitosa carrera artística, avalada por Picasso con entusiasmo. Algún artista cubano, celoso de sus triunfos, dijo que era el Juan de Pareja de Picasso, recordando al mulato sirviente de Velázquez (y pintor él mismo). Pura envidia. La verdad es que Lam fue un excelente pintor. Comenzó dentro de la tradición académica de la escuela de San Alejandro, en La Habana, y pasó a la de San Fernando en Madrid, pero al llegar a París, como era frecuente, su realismo formal muy pronto derivó primero hacia el cubismo y luego a un surrealismo que algo le debía al Picasso obsesionado por las máscaras africanas.

En la obra de Lam hay, en efecto, una influencia de la estética negra, a la que tuvo una primera aproximación en su Cuba natal por medio de una hermana de su madre, una santera muy devota de las deidades afrocristianas construidas por el sincretismo religioso de la población negra (y blanca) de la Isla. Los cuadros de Lam, poblados de figuras filosas, con rasgos diabólicos, salpicados de símbolos sexuales –penes, testículos, pechos, nalgas– transmiten una atmósfera inquietante de agresividad. Por lo menos, eso fue lo que percibieron los críticos norteamericanos en los años cuarenta, cuando el MOMA de Nueva York exhibió *La jungla*, un óleo sobre lienzo de buen tamaño en el que se daban cita los personajes creados por Lam. No era, dijeron (y corroboró el mismo Lam), la apacible jungla pintada por el aduanero Rousseau en su cuadro *El sueño*. El de Lam era un mundo agreste y aguerrido, en el que los monstruos que comparecen sugieren estar a punto de entrar en alguna suerte de combate. Y no es de extrañar la diferencia entre el amable Henri Rousseau, pintor de fin de semana que disfrutaba enseñando a dibujar a los niños sin abandonar su destino de funcionario administrativo, y el más combativo Lam, siempre ardorosamente politizado desde posiciones de izquierda que no abandonó nunca tras su paso fugaz pero notorio por la Guerra Civil española en el bando, naturalmente, de la República.

El mexicano Rufino Tamayo, descendiente de indios zapotecas, y niño vendedor de frutas en el mercado –luego las reproduciría golosamente en sus lienzos–, no buscó en África, como Lam, la fuente de su pintura, sino en el mundo precolombino, al que se asomó como dibujante del Museo Arqueológico de México, oficio, el de dibujante, que había aprendido en la Academia de San Carlos. Diego Rivera se dio cuenta del enorme talento de Tamayo y trató de acercarlo al muralismo, pero no lo consiguió. Tamayo sostenía que esa voluntad política, esa obra-protesta, estaba en pugna con el arte. Lo que los muralistas hacían era arengar desde las paredes, divulgar noticias o interpretaciones históricas, pero no arte universal. Obviamente, ese juicio no era popular en medio de la exaltación nacionalista que México vivía en los años veinte. Tamayo se fue a New York. Ahí entró en contacto con una vanguardia menos politizada, aunque también, como era inevitable, gravitara hacia la izquierda del espectro ideológico. Y la vanguardia era, como en Europa, una combinación de Surrealismo, abstracción y Cubismo. Tamayo experimentó con todos ellos y desde todos los ángulos, al extremo de que algunos críticos han visto en su pintura una especie de valiosa síntesis. Predominaban, eso sí, unos tonos ocres, unas combinaciones oscuras, porque le parecía que el substrato mexicano era triste. Poco a poco sus éxitos norteamericanos le fueron abriendo las puertas de México. Los artistas, para ser profetas en la tierra propia deben comenzar por triunfar en la ajena. Y la verdad es que Nueva York acabó por rendírsele. Luego viajó a París, ya consagrado. Posteriormente regresó a México donde hasta su muerte fue una figura venerada. Vivió más de noventa años.

Roberto Matta fue el pintor chileno de mayor peso internacional. Abandonó Chile a principios de los años treinta, cuando el país vivía, como casi toda América entonces, un periodo de gran inestabilidad. Era un brillante estudiante de arquitectura. Se fue a París, y allí tuvo la rara oportunidad de trabajar en el gabinete arquitectónico de Le Corbusier. Pero el Racionalismo y el Constructivismo que se respiraba en aquella atmósfera inmensamente creativa no era lo que mejor se adaptaba a la sicología del joven artista. Algo de lo que se percató cuando entabló amistad con otro joven delgado e intenso llamado Salvador Dalí. Dalí no tardó en presentarlo a André Breton, hechicero mayor de la secta surrealista, y ya en 1937 Matta cuelga sus primeros dibujos en medio de otros surrealistas mejor instalados en el medio parisino. A partir de ese momento, comienza a desarrollar un estilo propio en el que se advierte una predilección por extrañas formas de vida, a mitad de camino entre un arte sutilmente figurativo y el Expresionismo Abstracto, como si sus rarísimas pero bellas criaturas posaran para el pintor desde la plaqueta de un microscopio o desde las profundidades abisales del océano. A esto le llamó, certeramente, Morfologías sicológicas. Con buen olfato para las grandes tragedias, dejó Europa en los prolegómenos de la Segunda Guerra Mundial y se trasladó a Nueva York y luego a México. En este último país, cómo no, se sintió atraído por la estética precolombina –la azteca, la maya–, y de alguna manera introdujo estos símbolos en su obra. Se ha dicho, y con razón, que forma, junto a Lam, el dúo de pintores latinoamericanos más europeos, y viceversa.

Es famoso que fue André Breton, durante su estancia en México, quien le notificó a Frida Khalo que era ella una pintora surrealista. "¿En serio?", preguntó sorprendida la mujer de Diego Rivera. "Sin duda", afirmó el francés sin vestigios de duda. Y lo era en gran medida. Ese cuadro en el que Frida Khalo le da la mano a Frida Khalo, *Las dos Fridas*, ambas con el corazón expuesto, como suelen presentarse las imágenes de Jesús, mientras una arteria gotea sangre sobre el vestido blanco de una de ellas, tiene todos los elementos del Surrealismo: el subconsciente tenebroso, la pesadilla onírica, incluso una cierta crueldad y la indudable tristeza con que tuvo que vivir esta singular mujer, destrozada por un accidente sufrido cuando tenía quince años, que le hizo añicos la pelvis, y del que nunca pudo recuperarse. Sólo vivió 44 años, y de ellos una buena parte bajo la sombra inmensa de Diego Rivera, circunstancia que conspiró contra su fama personal. Pero su relación con Rivera –apenas seis años– fue también una fuente de dolor emocional, a veces somatizado. Se trataba de un matrimonio abierto, en el que ambos tuvieron relaciones con otras personas –Frida, entre otros, con Trotsky, a quien le dedicó uno de sus muchos retratos; Rivera, entre otras, con la hermana de Frida–, y aparentemente estas infidelidades a dos bandas terminaron por liquidar el vínculo, aunque no el afecto que siempre se tuvieron.

Resultaba obvio que Khalo sentía una inmensa autocompasión como consecuencia de sus quebrantos físicos. No sólo era el dolor, sino la pena de haber quedado estéril y las dificultades para trasladarse. Se pintó una y otra vez, y siempre con los mismos rasgos melancólicos. Había algo de exhibicionismo en ello. Pintó todos los episodios de su vida, desde el momento en que sacaba la cabeza de la vagina de su madre, hasta poco antes de morir, ya con una pierna amputada. Muchos de sus cuadros evocan una especie de quirófano. Se pintó vestida, desnuda, despierta y durmiendo. Incluso masturbándose. Cuando, junto a otros pintores, jugó al cadáver exquisito –una pintura hecha entre varios artistas, espontáneamente, como recetaban los surrealistas–, se las arregló para reflejar su mundo sombrío de huesos y osamentas. No hay duda: su mayor fuente de inspiración fueron sus propias miserias físicas. Padecía de ostiomielitis y se operó en numerosas ocasiones, acaso –señalan algunos críticos– innecesariamente, para despertar la atención de sus amigos y el cariño de Diego. Era el terrible síndrome de Münchhaussen: la persona se saja, se tala, se hace daño, o se lo hace a los seres queridos, para provocar el cariño de los allegados. Su pintura fue un constante ejercicio de tristeza. Tal vez por eso su rostro es uno de los más conocidos del siglo XX. Fue tras su muerte, ocurrida en 1954, cuando poco a poco la crítica internacional comenzó a acercarse a su obra con creciente interés. Por cierto, nunca creyó ser surrealista. No pintaba pesadillas: las vivía. Su entierro fue un acto público sonado, con la asistencia de Lázaro Cárdenas, el ex presidente, con un Diego Rivera desconsolado y los intelectuales y artistas más valiosos situados en torno al ataúd, cubierto por la bandera de la hoz y el martillo. Frida Khalo murió en la gracia del Partido Comunista, como una devota ortodoxa creyente. Conociendo su obra, estoy seguro de que le hubiera encantado pintar esta última escena de su vida.

Otras dos mujeres, exiliadas en México, la española Remedios Varo y la británica Leonora Carrington, fomentaron con éxito el surrealismo latinoamericano. Varo se había unido en España, durante la Guerra Civil, al poeta francés Benjamín Péret, y con él comenzó una peripecia, propia de las sacudidas de los años treinta y cuarenta, que culminó en México. Carrington, muy joven, a los 20 años, conoció en Londres al pintor surrealista alemán Max Ernst y se fue con él a París. Pero allí, como a tantas parejas, la Segunda Guerra Mundial los separó. No obstante, esa breve pero intensa relación la puso en contacto con todas las claves de la pintura surrealista: el *collage*, el automatismo, la fantasía onírica, la mezcla de elementos totalmente dispares. Los temas de las pinturas de ambas mujeres –luego buenas amigas en México– fueron la Edad Media, la alquimia, la magia, los elementos esotéricos. Les fascinaba el misterio. Asuntos que intrigaron a los surrealistas, pero, antes que a ellos a los prerrafaelistas agrupados en torno a Dante Gabriel Rossetti. Las dos artistas, en cierta forma, se adelantaron a lo que décadas más tarde se llamaría *New age*.

La generación siguiente

Fernando de Szyszlo, hijo de un naturalista polaco "atrapado" en Lima como consecuencia de la Primera Guerra Mundial, es el gran pintor peruano de la segunda mitad del siglo XX y uno de los mejores de Suramérica. Se formó en Lima y luego en París, donde adquirió una vasta cultura plástica y literaria. Durante veinte años enseñó arte en la Universidad Católica de Lima. Por un breve periodo trabajó en la OEA, en Washington, junto al cubano José Gómez Sicre, el Director de la Galería de la institución y probablemente la persona que más ha hecho por impulsar el arte latinoamericano. Como todos los jóvenes pintores, Szyszlo se asomó con interés al Surrealismo y al Cubismo, pero, finalmente, desde los años cincuenta, acaso bajo la influencia del Rufino Tamayo menos figurativo, encontró su cauce natural de expresión en la pintura abstracta, aunque con un sello muy personal, del que no se ha movido un milímetro. Sólo que la abstracción de Szyszlo, muy peculiar, muy dramática, con figuras sensuales, a veces agresivas, marcadas por la penumbra, en medio de unos colores generalmente hermosos –rojos intensos, morados, ocres–, también encuentra su filiación en el tenebrismo de Caravaggio y en sus claroscuros. Felizmente, existe un excelente libro–entrevista titulado *Szyszlo: Travesía*, escrito por la periodista Mariella Balbi, que aporta todas las claves para entender al pintor. Todas: las estéticas, las humanas, las literarias. Son más de dos mil quinientas las pinturas debidas a Szyszlo, casi todas en tamaño grande o mediano.

Alejandro Obregón nació en España, hijo de un diplomático colombiano. Coetáneo de Szyszlo, también es vecino de su estética: el Expresionismo Abstracto, pero frecuentemente trufado con elementos figurativos en los que se advierten algunos rasgos cubistas. No por gusto vivió en París en los años de mayor gloria de Picasso, a quien admiró devotamente. Sin embargo, es fácil advertir en la pintura de Obregón una inclinación creciente por la abstracción. Su pintura de la década de los cincuenta contiene más rasgos identificables que los cuadros que pintó a partir de los sesenta. Le interesaron las flores y los animales, las selvas y la costa, los volcanes y los ríos. Le fascinó todo lo que encierra la enorme diversidad natural de Colombia. Mas Colombia también era la violencia y la muerte, enfrascada como estaba en una guerra civil entre liberales y conservadores, luego renovada con mayor dosis de barbarie, así que Obregón llevó todo esto a su pintura. Años más tarde otra colombiana, Patricia Tavera, admiradora de Obregón, también horrorizada por las masacres, pintaría unas caras de niños entristecidos, *Los rostros de la guerra*, que quedarán como un testimonio de la mejor expresión artística y, además, del sufrimiento indecible de ese país.

Fernando Botero, colombiano de Medellín, es quizás el pintor latinoamericano más reconocido en el mundo y acaso el de mayor cotización. ¿Quién no reconoce sus gordos asexuados, adiposos genitales, con penes diminutos, y sus gordas amables, envueltas en una maciza capa de dulce celulitis? Pero si interesante es esa obesidad omnipresente, igualmente sorprende la plácida actitud de sus personajes: los militares no asustan, las prostitutas no seducen, los chulos no intimidan, los niños no se divierten, como su hijo Pedro, Pedrito, muerto en un triste accidente de tránsito, cuando cabalga en un caballito de palo vestido de gendarme. Incluso Cristo y Pablo Escobar –el temible mafioso liquidado a tiros en una azotea– tienen expresiones faciales parecidas. Es un mundo sin emociones extremas, sin maldad, incluso sin pecado. Un universo único, al que Botero, paradójicamente, no llegó una tarde en que pintaba seres humanos, sino en que dedicaba su talento a un inocente bodegón en cuyo centro había una mandolina. Casi por casualidad, en México –tenía apenas 24 años–, Botero aumentó las proporciones del instrumento musical y enseguida advirtió que el cuadro adquiría una nueva forma más expresiva, mucho más rica. En cierta manera, era el camino inverso de El Greco. Mientras El Greco estilizaba sus figuras y las marcaba por gestos dramáticos, Botero eligió redondearlas y tocarlas de un hálito de indiferente melancolía.

La primera vocación de Botero fue la tauromaquia: pensó ser torero. Fracasó rápidamente. Tendría que conformarse con pintar numerosos cuadros relacionados con la fiesta taurina. Muy pronto se inicia como pintor guiado por su propio instinto. Viene de una familia de clase media baja. Casi en la adolescencia vende ilustraciones a un periódico, *El Colombiano*. Antes de cumplir 20 años consigue exponer sus dibujos y acuarelas. Marcha a España y matricula en San Fernando, pero no es ahí, sino en El Prado, donde comienza a formarse en la contemplación de los maestros Velázquez y Goya. Como ejercicio, y como forma de ganarse la vida, copia y vende las copias. Eso le da oficio. A su talento natural va añadiendo soltura en el dibujo y una virtuosa limpieza en el trazo. Luego marcha a Florencia. Más tarde declarará sin asomo de dudas: "Mis años en Florencia los considero los más importantes de mi formación". La belleza de Piero della Francesca lo cautiva. Pero hay otros: Ucello, Tiziano, Giotto. Algo le sucede en Italia: "Se me acentuó el deseo por lo enorme, por lo fuerte y lo monumental".

Pero llegar a ser Botero, el Botero que conocemos y admiramos, no le resultó fácil. Lo acusaron de facilismo, de hacer una pintura decorativa, de confundir la caricatura con el arte. Él siguió, insistió. Pasó del lienzo al taller de fundición y les dio a sus criaturas una forma artística más acorde con sus rasgos. La escultura es el mundo del volumen. Si el boterismo podía ser aceptado sobre un lienzo, tanto más ocurriría con los bronces. Y así fue: poco a poco, como un general que invade las grandes ciudades del mundo con un ejército de guerreros silenciosos, las gordas y gordos de Botero fueron dispersándose por Madrid, París, New York y otra docena de grandes capitales. Generoso y preocupado por la preservación de su obra, Botero le dejó a su ciudad natal, Medellín, un número notable de obras propias y otras de su colección. De esa forma se inmortalizaban ambos: Botero y Medellín.

El arte multiplica sus caminos

Tras la Segunda Guerra Mundial el centro artístico de Occidente se desplazó a Nueva York. Durante el tiempo que duró el conflicto –1939 a 1945– muchos pintores se habían dispersado, y un buen número de ellos buscó refugio en Estados Unidos. Cuando terminó el conflicto, el esfuerzo de reconstruir el Viejo Continente no era el ambiente más auspicioso para fomentar las artes plásticas. Estados Unidos, en cambio, era el país victorioso, sus ciudades se habían mantenido intactas, sus cientos de universidades y museos funcionaban sin interrupción, y en ese momento acaparaba la mitad de la producción industrial y agrícola del planeta.

Por otra parte, se trataba de una sociedad porosa que absorbía y metabolizaba todas las influencias extranjeras sin ningún tipo de remilgo nacionalista. Al país le gustaba jugar con la idea de ser un *melting pot*, una especie de crisol donde se fundían todas las expresiones artísticas, desde el *jazz*, con su influencia negra, hasta el cubismo picassiano o la austera arquitectura centroeuropea de la Bauhaus.

No obstante los destrozos de la guerra, tras la liberación de París, tal vez en la primera exposición importante de la Ciudad-luz, apareció un no-tan-joven artista –tenía más de cuarenta años– llamado Jean Dubuffet que no entusiasmó demasiado a la crítica. Sus dibujos eran especialmente grotescos, con algo de infantiles, en los que se reproducían gestos de desequilibrados mentales, una de sus obsesiones permanentes. Las aberraciones, decía, son parte de la naturaleza humana, lo que aconsejaba incorporarlas como un tema esencial de la pintura. En ese año, un joven de origen húngaro, Víctor Vasarely, avecindado en París y con experiencia en el mundo de la publicidad, exhibe por primera vez su obra. Su oficio publicitario lo ha enseñado a buscar, por encima de todo, la mirada del público. Necesita sacudirlo, lo que los franceses llaman *trompe l'oeil*, y el camino más directo que encuentra para lograrlo son los efectos ópticos. Figuras que parecen moverse, dibujos ambiguos, hechos de bloques y sombras que nos entregan una forma diferente si lo miramos desde un ángulo o desde otro. En general, son dibujos bellos, fríos, con reminiscencias metálicas, muy impersonales, como si hubieran sido producidos por una máquina.

Una década más tarde, en 1955, Vasarely era una figura internacionalmente reconocida y lanzaba su *Manifiesto Amarillo*. El arte clásico, desde la pintura de las cavernas hasta el abstracto, arte bidimensional, estaba sujeto a juicios que ya no servían para juzgar las obras futuras. Los nuevos materiales –el cristal, el níquel, los tubos de luz– y el movimiento daban lugar a otra categoría. Vasarely estaba proponiendo

dos nuevas direccciones, el arte óptico y el kinético o cinético. ¿Diferencias entre uno y otro? En el óptico el movimiento se producía dentro del cerebro del espectador. Era un
movimiento imaginado. En el cinético no había ilusiones,
sino movimiento real. Pero ambas expresiones artísticas, según el criterio de Vasarely, debían colocarse al servicio de la
arquitectura, debían integrarse en la construcción, embelle-
cerla, como sucede con su mural en la Ciudad Universitaria
de Caracas. No es extraño que en su juventud Vasarely haya
sido estudiante de la filial húngara de la Bauhaus: el urbanismo con contenido social lo acompañará desde entonces.

Lo que se llamó la Escuela de Nueva York fue una reacción norteamericana frente a la supremacía de París en el
terreno del arte contemporáneo. Sus dos mayores exponentes fueron Willem de Kooning y Jackson Pollock. Willem
de Kooning llegó a los Estados Unidos a los 22 años desde
su Holanda natal. Viajó decidido a integrarse en la sociedad
norteamericana, algo que a los holandeses usualmente les
resulta peculiarmente sencillo. Trabajó en murales y enseñó arte en diversas universidades, y entre ellas en la muy
prestigiosa Yale. El Cubismo fue su primera fuente de inspiración, pero también el Expresionismo Abstracto con una
presencia notable de elementos figurativos. Su *Mujer*, el más
conocido de sus cuadros, resume esta síntesis muy notablemente, a la que añade, además, un inquietante toque de violencia expresado en los dientes siniestros de una sardónica
señora sentada en una silla. Jackson Pollock se fue a Nueva
York tan pronto llegó a los 18 años. Su pequeño pueblo de
Wyoming era insuficiente para sus sueños de llegar a ser un
gran pintor. Cuando conoció a los surrealistas expatriados,
y cuando comenzó a ensayar el arte abstracto, estuvo seguro de haber encontrado su camino. Pero a estas tendencias
le agregó algo que, de alguna manera, es la primera aporta-
ción estadounidense a la pintura contemporánea: el *dripping*.
El goteo de pintura sobre un lienzo colocado en el suelo. Son
cuadros grandes. Pollock mezcla a veces el trazo fuerte de

una brocha ancha con las gotas de pintura. El cuadro no tiene centro ni perspectiva, ni punto de fuga. Es un cuadro sin
foco. Como la forma de pintar requiere de cierto movimiento por parte del pintor, que camina junto al lienzo (a veces
sobre él), un crítico bautiza esta tendencia con un nombre
que perdurará: *Action painting*.

Mark Rothko sólo tenía diez años cuando dejó Rusia para
vivir junto a su familia en Estados Unidos. Estudió arte en
Yale y en lo que entonces comenzaba a ser uno de los centros de creatividad plástica más notables del país: la Art
Student League de Nueva York. De alguna manera, su obra
explora el camino desbrozado por Mondrian treinta años
antes. Mondrian partió del Cubismo y en su alejamiento de
la figura llegó a los colores primarios colocados en marcos
geométricos. Rothko suprimiría las gruesas líneas divisorias
tan típicas de Mondrian, pero respetaría las formas rectangulares, generalmente inscritas como manchas en fondos de
colores planos. Esos colores, sin embargo, serían muy distintos a los de Mondrian. Lejos de utilizar la paleta convencional, Rothko colocaría diversas capas de pigmento hasta
dar con una tonalidad exacta que reflejara su estado anímico. Generalmente, estas eran oscuras. Perteneció a un grupo, *Color field*, o Campo de Color que buscaba en el colorido
una salida a sus inquietudes artísticas y a sus emociones más
hondas. Para Rothko sus pinturas, siempre de tamaños heroicos, tenían que ser lo suficientemente grandes como para
sentir que su espíritu penetraba en ellas.

A mediados del siglo XX el arte plástico convencional,
como suponía Vasarely, comienza a dar muestras de agotamiento. En Londres, un chimpancé que responde al nombre de Congo, adiestrado por Desmond Morris, el conocido
naturalista y etólogo, exhibe exitosamente una serie de dibujos. Y ni siquiera es el único caso: pronto se unirá a él una
hembra chimpancé, también artista, a la que llaman Betsy.
Sus pinturas son manchas de colores que muestran cierta
armonía. Algunos pintores perforan sus lienzos, otros los

cortan con cuchilla o queman algunas porciones. En 1960, en París, Yves Klein combina la pintura, con algo que se parece a la música y el fetichismo en una exhibición única. La música, compuesta por el pintor, se limita a repetir incesantemente una nota seguida por un largo silencio. El suelo de la galería está cubierto de papeles blancos propios para el dibujo. En una esquina hay tres bellas mujeres desnudas. Klein las embadurna con pintura y luego ellas se frotan contra el suelo y dejan sus cuerpos estampados sobre el papel. Es una muestra de pintura monocroma acompañada de música monocorde. Klein, quien murió poco después, muy joven, de un ataque al corazón, ha iniciado con ese acto la moda del *performance*. Muchos lo seguirán: en la Bienal de Arte de Venecia, a principios de los setenta, un artista muestra una obra impía: se trata de un pobre idiota de carne y hueso al que exhibe en un rincón del espacio que le han asignado. El pobre hombre se babea. La crítica no aplaude. Junto a los *performances* hay otras manifestaciones plásticas *avant-garde*. El ensamblaje es una de ellas. Se trataba de una lógica derivación de los collages de cubistas y surrealistas y de los *ready-made* de Duchamp. La clave está en utilizar objetos industriales y desechos como parte de nuevas obras de arte. A los escultores les suele parecer una buena idea. Robert Rauschenberg lo hace con notable aceptación de la crítica. En sus cuadros se integran al dibujo pelotas de béisbol, cajas de madera, piedras. Más que hablar de pintura, hay que comenzar a pensar en objetos plásticos.

Vecino del *performance* quedaba el *happening*. En él la obra de arte era la colaboración a veces multitudinaria de personas que realizaban algún acto inusual no ensayado en el que había mucho de espontaneidad. Los organizadores de los *happenings* a veces sacan artefactos a las calles y les piden a los transeúntes que se introduzcan en ellos. La contorsión del improvisado artista es la obra de arte. Un antecedente remoto pudo ser la conferencia dictada desde un trapecio que alguna vez pronunció Ramón Gómez de la Serna. Pero el *happening* suele tener una connotación escatológica o sexual. En algunos, los participantes orinan o defecan. Con frecuencia las personas se desnudan. Hay algo en ellos de reto a los valores convencionales de la tribu. De una manera natural el *happening* colectivo derivó al *happening* personal y este se convirtió en un curioso rito: el *streaking*. La persona se desnuda sin previo aviso. A veces corre. El dramaturgo Fernando Arrabal, uno de los grandes exponentes del surrealismo tardío y del teatro del absurdo, también pintor muy meritorio, se atreve a hacerlo en Oklahoma, en medio de una entrevista televisada. Lleva un sobretodo y se lo quita sorpresivamente. Va sobre nada. Otro escritor, el periodista Ramón Mestre, lo hace a pleno día en la céntrica calle Princesa de Madrid, durante el último año de la dictadura de Franco, pero para protegerse de la previsible reacción violenta de la policía, corre desnudo al grito de "¡Viva el Caudillo!" Nadie se atreve a detenerlo pese a que recorre desnudo cerca de 500 metros y pasa junto a agentes del orden súbitamente petrificados.

Las galerías y los museos se llenan de expresiones artísticas curiosas. Algunas son sólo objetos triviales. Un pedazo de piedra, por ejemplo. Un poco de heno regado sobre el pavimento. A veces es sólo agua o pintura derramada. Se trata de instalaciones. De repente, varios objetos inconexos colocados en una habitación o puestos sobre la hierba se transforman en una suerte de arte visual. La obra de arte está en la subjetividad del creador y en la complicidad de quien la contempla. Los escultores proclaman las virtudes del minimalismo. La calidad del arte está en su veracidad. Hay que despojar el objeto de cualquier clase de disfraz o afeite. Todo debe reducirse a simples estructuras austeras, desprovistas de color o brillo. Nada de trampas. Un escultor exhibe sus heces fecales. Andy Warhol, que viene de la publicidad, opta por una lata de sopas Campbell o por reproducciones múltiples de su rostro o del de Marilyn Monroe. Para ello utiliza una combinación entre la fotografía y el *silk-screen*.

Una actriz y estudiante de arte, Valerie Solanas, conocida de Warhol, efectúa la más radical crítica de la historia: le da dos tiros en el vientre y casi lo mata. Es, a su manera, un sangriento *performance*. Luego el cine consagrará su triste historia. Pero quien ha llevado más lejos la idea del arte como un gesto, es Christo Javacheff, un búlgaro avecindado en París que ha colocado cercas rurales de veinticinco kilómetros de largo en las que colgaban velas para construir un barco inmóvil e imposible, ha empaquetado o envuelto palacios ingleses, puentes parisinos y hasta islas enteras del sur de la Florida, en una demostración de creatividad y tenacidad que sólo palidece ante su sorprendente capacidad de convencer a las autoridades municipales para que lo dejen efectuar esos colosales gestos artísticos. Pocos artistas, como Christo, encarnan, pues, lo que el filósofo francés Jean-François Lyotard expresa sobre el Postmodernismo, término que lanzara al ruedo de la crítica en 1979: la función del artista es crear sin reglas, o que su obra genere simultáneamente los nuevos cánones. En nuestros tiempos es inútil recurrir a las polvorientas escalas de valores de la tradición grecolatina. La lógica tradicional, incluso la ética, sirven de poco para explicar el hecho artístico actual.

Sin embargo, la pintura figurativa más o menos convencional no está muerta del todo. Roy Lichtenstein lanza el *pop-art* basado en los personajes de las tiras cómicas y de pronto descubre un éxito instantáneo. Al fin y al cabo, casi la única formación plástica de decenas de millones de norteamericanos es la que les brindan los *comics* o tebeos. Esa es la gramática artística que han aprendido. ¿Qué personajes podían ser más conocidos que el Pato Donald, Mickey Mouse o Superman? El *pop-art*, en efecto, se sirve del lenguaje de las tiras cómicas, mas también del de la publicidad. Tom Wesselmann con sus desnudos de mujer en situaciones domésticas –un Degas extemporáneo y chato, como para adolescentes– y James Rosenquist recorren el mismo camino. Es acaso la vulgaridad del *pop-art* lo que pone en circulación una nueva categoría estética: el *kitch*. La belleza del *kitch* es su mal gusto, su rastacuerismo. Y surgen los coleccionistas de lo *kitch*. ¿Qué objeto puede ser más bello que un orinal de porcelana, una escupidera de cobre, un automóvil descapotable? Sí: los rolos o rulos que se colocan en la cabeza las mujeres. Una colección de rolos de plástico se subastó y alcanzó los diez mil dólares. No es para escandalizarse. Mucho menos que la lata de sopa de Warhol o la millonaria tira cómica de Lichtenstein.

De pronto el péndulo se mueve en la otra dirección. Tras décadas de huir de la realidad como del diablo, aparecen los hiperrealistas. El movimiento surge en el Pacífico, en California, y en el Atlántico, en New York. En España comparece un formidable hiperrealista: el manchego Antonio López. Al movimiento también le llaman Superrealismo y Realismo Radical. Son pintores capaces de reproducir la vida con una fidelidad aún mayor que la de la cámara fotográfica. En cierta forma, esa expresión artística es el resultado de la falta de posibilidades de ser realmente original. Todo cuadro parecía que ya había sido previamente pintado por alguien. Es imposible sorprender a nadie con nada, salvo con un tipo de pintura tan extraordinariamente difícil de realizar que podía despertar la admiración de cualquier espectador. Frente a la mayor parte de la pintura abstracta el profano tiene la idea, acertada o errónea, de que él es también capaz de hacer eso. Ante un cuadro que reproduce un escaparate de vidrio que refleja el edificio de enfrente, las nubes y la sombra de dos automóviles, quien no sea un virtuoso de la pintura sabe que es imposible hacer algo así. El Hiperrealismo era un arte clásico con un presupuesto estético claramente barroco: sólo una pequeñísima porción de artistas era capaz de llegar a ese dominio de la pintura. Es un asunto de iniciados. Los maestros son John Kacere, Richard Estes y Ralph Goings. Unos se especializan –Kacere– en figuras de mujer semidesnudas. Otros, como Estes y Goings, prefieren objetos y paisajes urbanos. La crítica se divide frente a ellos: "¿si tenemos a

Cannon y a Nikkon, para qué queremos a los hiperrealistas?"
No es justo: el ojo humano, servido por una mano precisa e
implacable, alcanza una percepción de la realidad que le está
vedada al lente fotográfico.

Pero aparecieron otras expresiones del realismo. Sigmund Freud se dedicó a hurgar en la conciencia de seres
angustiados. Su nieto Lucian Freud prefirió pintarlos.
Lucien, nacido en Alemania, escogió a Inglaterra para vivir,
de la misma manera que su abuelo, acosado por los nazis, la
había elegido para morir. Lo mejor de la obra de Lucian
Freud son los retratos, mucho más apegados al natural, acaso
emparentados con los de Alberto Giacometti, como revela
el que le hizo al escritor Jean Genet. También son muy valiosos sus estudios del desnudo humano, pintados dentro de
una especie de realismo grotesco que deja ver el fondo torturado de sus modelos, invariablemente gentes gordas y
envejecidas que presentan aspectos monstruosos. Sin embargo, otro inglés llevará aún más lejos el dolor de vivir: Francis
Bacon, un autodidacta que comenzó su vida artística como
diseñador de muebles. La pintura de Bacon, aunque figurativa, es menos realista que la de Freud. Los cuerpos desnudos se contorsionan contra un fondo plano de colores
hermosos, muy inteligentemente escogidos para transmitir,
mediante el contraste, una extraña sensación de moderna
sordidez, a veces subrayada por lavabos o inodoros. El sufrimiento de sus criaturas viene de adentro. El exterior puede
ser luminoso. La penumbra está en el alma de esos seres. Los
rostros exhiben una especie de mueca borrosa, como si gri-
taran. Viven en un universo siniestro. Parece que vomitan.
Se retuercen, padecen. El pintor favorito de Bacon, claro,
es Van Gogh. Pero del que hace una versión es de Velázquez:
su recreación del "Retrato del Papa Inocencio X", el italiano Giambattista Pamfili, es genial. Ya no es el Sumo Pontífice severo que pintó el sevillano, sino una especie de
endemoniado que grita imprecaciones desde su trono, acaso atormentado por las extrañas relaciones que se le atribuían

con la viuda de su hermano. Desde diez años antes de su muerte, Bacon era el pintor vivo cuyos cuadros habían adquirido mayor precio en el mercado del arte. Algo sorprendente, tratándose de alguien que hasta los cincuenta años fue un ilustre desconocido. Fenómeno que no es único, pues al otro gran pintor realista, o semi realista que deja el fin del siglo XX, el conde Baltasar Klossowski de Rola, mejor conocido por Balthus, le sucedió lo mismo: el reconocimiento y el éxito económico le llegaron tarde en su larguísima vida. El mundo de Balthus, sin embargo, es totalmente diferente al de Lucien Freud y al de Francis Bacon. En él no hay maldad, sino una especie de pícaro *voyeurismo* que roza la pedofilia. En sus cuadros, donde siempre se recrea un ambiente solitario y silencioso, muy cerca de Di Chirico, suele haber niñas y adolescentes desnudas o semivestidas que posan lánguidamente en alcobas hospitalarias. Los colores son amables y los contornos de las cosas ligeramente redondeados. Es un universo sin agresiones, sensual y suave. El conde Balthus, ex director de Villa Medici en Roma, tuvo una vida artística tan privada e íntima como sus pinturas.

La expresión latinoamericana de estas tendencias

Los neofigurativos latinoamericanos son muchos, y algunos excelentes. Cada país cuenta con representantes de esta tendencia. En algunos casos esa representación es numerosa, como sucede en México. Los mexicanos José Luis Cuevas, Leonel Góngora –nacido en Colombia–, Francisco Corzas, Rafael Toledo y, parcialmente, Alberto Gironella, son una buena muestra. En su momento, Cuevas fue el protagonista más interesante de un movimiento de ruptura con el muralismo de denuncia política. Dibujaba seres monstruosos, deformes, a la manera del primer Dubuffet. Era una pintura interior, a la búsqueda de rasgos y conflictos sicológicos, a veces ambientada en prostíbulos sórdidos y o en tétricos manicomios. Pintar el horror era uno de sus objetivos, algo curioso, dada la notablemente equilibrada personalidad de su autor. Junto a Cuevas, vinculado a la aparición de la revista *Nueva Presencia*, una publicación que agrupó a quienes no creían en las virtudes del Expresionismo Abstracto ni en la pintura de barricada propuesta por los muralistas de la generación anterior, su contemporáneo Pedro Coronel, yerno de Diego Rivera –lo que no le impidió hacer, felizmente, una pintura muy diferente a la de su suegro–, construyó un mundo muy sugerente de figuras extrañas, a veces tocadas con sombreros imposibles. A diferencia de Cuevas, en cuyos cuadros domina la fina línea del dibujante, Coronel es un pintor más cercano al oficio clásico y las imágenes que plasma sobre el lienzo, generalmente oscuras y misteriosas, están más más próximas al Realismo tradicional. Por último, Alberto Gironella, tomó otro camino más cercano a las vanguardias de mediados de siglo: los ensamblajes. Como Rauschenberg, incorporó objetos extraños a sus cuadros. Ya no le bastaba la limitación bidimensional de la pintura. Muy inquieto y creativo, diseñó la escenografía de obras de Jodorowsky y de Fernando Arrabal.

Si notable ha sido el original aporte del venezolano Jacobo Borges al expresionismo figurativo o neofiguración –un mundo necesariamente emparentado con De Kooning y Cuevas, más cerca de los colores del primero y de los trazos del segundo–, donde Venezuela se coloca a la cabeza de la vanguardia es en la mezcla del *op-art* y del arte cinético, mundo plástico que alude a la modernidad y a la tecnología, en el que se combinan la pintura, la escultura, el *collage*, el ensamblaje y las instalaciones de diversas formas inmensamente imaginativas. Algo perfectamente razonable tratándose de un país orientado al futuro quizás más que ningún otro de América Latina. Y tal vez el pionero de esta tendencia fue Alejandro Otero, y acaso su obra más impresionante sea la escultura *Vertical vibrante de oro y plata*, una impresio-

nante columna de hierro y aluminio de 20 metros de altura
con la que se recibe a los visitantes en la ciudad de Maracai.
Sin embargo, el artista venezolano contemporáneo que más
atención ha recibido de la crítica internacional ha sido su
compatriota Jesús Rafael Soto, quien ha mezclado como
nadie el nylon, el plexiglás, la madera, los metales, la luz, los
sonidos y la pintura, para crear un mundo integral de formas y transparencias que no renuncia a ningún material o
elemento que pueda expresar una emoción estética. En una
línea paralela de trabajo, Carlos Cruz-Díez, procedente,
como Vasarely, de la publicidad, ha subrayado más que Soto
el valor del color, como revelan sus *Fisicromías* exhibidas en
1959 y luego los curiosos experimentos llevados a cabo en
París bajo el título de *Cromosaturación* una década más tarde.

El argentino Julio Le Parc, como Soto y como Cruz-
Díez, partió de las reflexiones sobre la percepción del ojo
humano propuestas por Vasarely –a quien conoció en Francia–, pero profundizó aún más en el terreno teórico con la
creación en París del Groupe de Recherche d'Art Visuel.
Eran los años sesenta del siglo XX, periodo de radicalismos
políticos y atrevimientos estéticos. Le Parc incurrió en ambos. Sus laberintos de plexiglás, colocados en los Campos
Elíseos, en los que dócil y festivamente se introducían los
caminantes convirtiéndose ellos mismos en parte de la expresión artística, o sus *Anteojos para una visión distinta*, constituían un logrado esfuerzo por convertir el arte en un modo
de creación de una nueva realidad. O acaso en lo contrario:
servían para demostrar esas otras realidades potenciales que
se esconden tras las banales apariencias rutinarias. Menos
audaces, pero igualmente valiosos, fueron otros artistas argentinos de parecida tendencia plástica consignados por
Jacqueline Barnitz en su espléndido libro *Twentieth-Century
Art of Latin America*: los creadores del Arte Generativo surgido en Buenos Aires de la mano de Eduardo Mac Entyre,
Miguel Ángel Vidal y Ary Brizzi.

El arte invisible latinoamericano

Como consecuencia de la limitada importancia económica o demográfica de los países más pequeños y menos poderosos de América Latina, la actividad artística de las Antillas y de Centroamérica no suele colocarse en el punto de mira de la crítica. Se trata de una omisión lamentable que debe evitarse.

En San Juan de Puerto Rico y en Nueva York, donde la presencia boricua es sustancial, las artes plásticas contemporáneas alcanzaron un altísimo nivel de calidad. Julio Rosado del Valle, tras estudiar en Florencia, París, Nueva York –donde conoció al pintor surrealista cubano Mario Carreño, quien fue uno de sus maestros y amigos– logró hacerse de un estilo propio muy apreciado dentro del Expresionismo Abstracto. Es justo mencionar a otros puertorriqueños meritorios muy reconocidos por la crítica y cuyas obras se recogen en buenos museos: Rafael Tufiño –grabador, serigrafista, muralista–, Lorenzo Homar, Luis Hernández Cruz, Augusto Marín, Ángel Botello, Antonio Martorell, Myrna Báez –una excelente pintora, hoy figurativa, gran colorista–, Arnaldo Roche-Rabell, y Francisco Rodón, un retratista que puede figurar entre los mejores del siglo XX. Sus retratos de la cubana Alicia Alonso, notable bailarina de ballet, de Juan Rulfo, Jorge Luis Borges y Luis Muñoz Marín, pintados a la manera expresionista con que Giacometti pintó a Jean Genet, o con la agonía que Francis Bacon y Lucian Freud colocaban en sus obras, buscando en los trazos fuertes la psiquis profunda de los personajes, están entre los mejores que ha conocido la plástica latinoamericana. Por el retrato de Alicia Alonso se pagó la mayor cantidad de dinero jamás abonada a un pintor puertorriqueño: trescientos mil dólares. "En la segunda mitad del siglo XX, Puerto Rico se convirtió en una sociedad capaz de expresarse en el terreno artístico con el vigor de una nación notablemente educada, perfectamente relacionada con las grandes capitales del mundo y con algunas zonas de excelencia, como ocurre con el grabado", ha dicho alguna vez la profesora de arte y notable ceramista Magda Varona. Tiene razón.

Las relaciones secretas entre la pintura caribeña contemporánea son curiosas. Si el cubano Mario Carreño fue uno de los pintores que más influyó en el puertorriqueño Rosado del Valle, a su vez Carreño tomó gran parte de su estética plástica de un dominicano, Jaime Colson, el prior de la pintura moderna de ese otra isla antillana, a quien el surrealista cubano conoció y admiró en París. Nacido a principios del siglo XX, Colson estudió muy formalmente en Madrid, en San Fernando, pero no tardó en marcharse a Francia, y luego a Italia, a Nueva York, a México, porque uno de sus rasgos vitales era la trashumancia. Cambiaba de sitios y de paisajes incesantemente, hasta que regresó a República Dominicana, ya consagrado. Como en todos los buenos pintores contemporáneos, en la obra de Colson se ve una trayectoria que va desde el cubismo de Picasso y Braque –su *Llanto en claroscuro*, por ejemplo–, con escala en el surrealismo, hasta dar con una expresión propia, neoclásica, neofigurativa, muy interesada en el rostro humano y en sus infinitas posibilidades. Desaparecido Colson, el gran pintor vivo de los dominicanos, el que mayor reconocimientos ha recibido, es Ramón Oviedo, un abstracto con gran sentido del color, como comprueba cualquiera que se asome a *Movido en la eternidad*. Su visión de la composición la expresa claramente en una frase clave: "Yo veo la vida como una permanencia infinita, por eso cuando me toca representarla gráficamente, lo hago en forma de espiral, esta forma es agradable y representativa". Su compatriota Iván Tovar, en cambio, optó por la invención de formas y de máquinas, a la manera de Lam, de Matta, de Tanguy, de Di Chirico, pinturas de muy buena factura donde se encuentran rasgos angulosos, agresivos, muy propios de cierto surrealismo. Otros notables pintores dominicanos eligieron distintas rutas figurativas. Domingo Liz, por ejemplo, con sus amables paisajes urbanos, diestramente dibujados en tonos pasteles que ignoran ex profeso la sordidez de la pobreza, como sucede en la fantástica serie de *Escrituras del Ozama,* y en donde se adivina la admiración por Chagal y Miró. O Antonio Guadalupe, que se asoma diestramente a la mitología taína con el trazo y el colorido de un Paul Klee criollo. O Fernando Peña Defilló, hermético dentro de su mundo místico, solitario en su vida y en su arte, muy bien expresado en la serie "Sobre la materia y el espíritu". O Alberto Ulloa, con sus retratos lúdicos, pintor que en su juventud se acercó a Botero y luego tomó otra senda mucho más personal y madura. Y dos maestros figurativos que, en cambio, no pintan el mundo interior, sino la luminosa realidad de República Dominicana, sus gentes, su historia, sus paisajes: Guillo Pérez y Cándido Bidó, ambos amados por los coleccionistas.

En el caso de la mayor de las Antillas, Cuba, hay que tener en cuenta su circunstancia histórica para entender el desproporcionado peso de sus artistas plásticos a partir de 1959. En cierto sentido, el éxodo de unas cuantas decenas de notables pintores y escultores fue, al comienzo, un hecho doloroso, pero acabó por diseminar y revalorizar las obras de algunos notorios creadores, como ha sido el caso de Cundo Bermúdez, José María Mijares, Rolando López Dirube –uno de los artistas más completos de la historia de Cuba–, Roberto Estopiñán, Gay García, Jorge Camacho, Agustín Cárdenas y Mario Carreño, aunque estos dos últimos residían en el extranjero antes de la llegada de la Revolución. Eso en cuanto a los ya consagrados. La joven generación de exiliados, por su parte, tuvo la oportunidad de formarse en contacto con las mejores influencias de la vanguardia occidental, y unos en París, como sucedió con Ramón Alejandro, notable pintor situado dentro de la mejor tradición surrealista, y con Gina Pellón, expresionista figurativa de la cuerda y calidad de De Kooning. Otros en Nueva York, como Ana Mendieta, originalísima creadora de huellas e instalaciones inquietantes en las que daba cuenta de su propia anatomía, de su propia vida, como si adivinara la trágica muerte joven que la rondaba: cayó misteriosamente desde la ventana de un rascacielos. En Miami, Julio Larraz, neorrealista dotado con una mano extraordinaria para el dibujo –fue, como Daumier, un gran caricaturista antes de dedicarse totalmente a la pintura–, o Humberto Calzada, enamorado de una arquitectura cubana ideal, con sus casas limpias y sus vitrales de colorines. Otros como Arturo Rodríguez, a caballo entre España y Estados Unidos, un pintor que ha fabricado su propia originalidad con una suma crítica de las pesadillas de Bacon, las fantasías de Chagall y su amor por el *jazz* y la música popular, hasta llegar a convertirse en un maestro antes de cumplir los cincuenta años. Cuando el papa Juan Pablo II pasó por Miami, la Universidad Internacional de la Florida, presidida por Modesto Maidique, coleccionista él mismo de buena pintura, obsequió al Santo Padre un cuadro muy notable de Arturo Rodríguez destinado a los fondos del Vaticano. La también artista Demi –buena pintora, dueña de un triste y bello mundo plástico de niñas melancólicas–, esposa de Arturo Rodríguez, pese a tratarse de un regalo, le asignó un precio alto: "espero que nos gane el cielo". Nunca supe si el papa pudo comprometerse a tanto. En todo caso, si el criterio de admisión es de carácter estético, probablemente lo merecen.

Mientras esto ocurría en la diáspora cubana, dentro de la Isla se multiplicaban los pintores y escultores con esa inmensa proliferación de profesionales que suelen estimular los Estados comunistas. Los viejos maestros que quedaron en el país continuaron su obra hasta que desaparecieron como consecuencia de la edad: Amelia Peláez, Víctor Manuel, René Portocarrero, Mariano Rodríguez. A la tradicional escuela de San Alejandro se agregaron otras dos instituciones formativas, la Escuela Nacional de Arte (ENA) y el Instituto Superior de Arte (ISA). La batalla ideológica en que se embarcaba el gobierno necesitaba unos poderosos grafistas e ilustradores y estos fueron apareciendo: Raúl Martínez, Umberto Peña, José Luis Díaz de Villegas, Hernán García y Tony Évora eran buenos ejemplos. Eventualmente, los cuatro últimos marcharían al exilio, donde continuarían su obra con gran reconocimiento. En la década de los setenta llegaron los maestros soviéticos. Eran técnicos competentes y rigurosos dentro del Realismo, lo que de alguna forma significaba una vuelta a la tradición académica. No hubo en el país una feroz acometida contra la pintura burguesa —la que escapaba de los cánones del realismo socialista—, pero algunos pintores fueron acosados. A Servando Cabrera Moreno, durante la época de la persecución a los homosexuales, le reprocharon sus figuras ambiguas, esos extraños seres con pechos y penes. A Antonia Eiriz la acusaron de hacer una pintura contrarrevolucionaria y por un largo tiempo la apartaron de la pintura y la docencia. Nadie se atrevía a pintar a Fidel Castro, a menos que fuera una imagen realista en actitud heroica. Pero la rigidez y el dogmatismo no impidieron la aparición de unos cuantos pintores muy notables: Tomás Sánchez y Alberto Jorge Carol dentro de dos variantes del realismo. El primero, que ha obtenido notoriedad internacional, es un paisajista que observa la naturaleza en la distancia. El segundo, gran colorista, se acerca a las formas hasta encontrar sus secretos más recónditos y los dibuja con mano maestra. Amaury Suárez, autor de una serie impresionante de óleos en los que oculta, difumina y, sin embargo, muestra bellísimos instrumentos de cuerda fragmentados. Tomás Esson, muy buen dibujante de seres grotescos y agresivos; Arturo Cuenca, creativo, cerebral, capaz de convertir su obra conceptual en una reflexión sobre el arte y mezclarla inteligentemente con la ideología política; José Bedia, figurativo, esquemático, inspirado por los símbolos de la cultura afrocubana; Luis Cruz-Azaceta, un poderoso neofigurativo que no rehuye los temas más dramáticos, como refleja su *Familia de refugiados en un bote*. Por último, es interesante saber que las manifestaciones más enérgicas de la vanguardia occidental también penetraron en Cuba con su aire de fresca irreverencia. Se

ensayó todo: *performances*, *happenings*, instalaciones, *collages*.
Pero a veces esto resultaba peligroso: a fines de los ochenta, cuando se estremecía el Muro de Berlín, algunos jóvenes artistas del Grupo Arte-Calle y del Grupo Imán se
atrevían a jugar con la mitología del Che en una especie de
happening en el que los asistentes a la galería caminaban sobre la imagen del guerrillero muerto. El pintor que había
convocado al acto, Juan Enrique González, Juan-sí, pronto
acabaría exiliado. Ese sería el pistoletazo de salida de la última vanguardia artística cubana, ya totalmente desengañada
con la naturaleza de la revolución en cuyos mitos y discurso
se había formado.

III   *En la tierra del ocio*

El pan nuestro de cada día

EN MUCHOS LUGARES de América Latina la calle no sólo es para caminar. Es también un inmenso comedor público en el que se mezclan los olores de las tortillas de maíz, de las carnes fritas en aceite rancio, de las frutas y los zumos, del café recién colado. Cuando el escritor colombiano Plinio Apuleyo Mendoza conversa con su compatriota Gabriel García Márquez sobre el pasado común, ese hermoso ejercicio de evocación acaba por llamarse el olor de la guayaba. América es también un cierto olor, o muchos olores superpuestos. Quien esto escribe guarda en su memoria olfativa –tal vez la más persistente de todas las memorias– el grato olor de un ingenio azucarero en medio de la zafra, mezclado con el salitre de la costa. ¿Cómo se puede escribir o conocer la historia de Cuba sin saber la historia del azúcar? ¿Quién puede asomarse a la verdadera historia de Colombia sin distinguir el aroma del café o a la de Honduras y Ecuador sin sentir en la piel y en las sienes la umbría humedad de sus verdes paisajes bananeros?

Todo se puede comer en las calles latinoamericanas, y, en cierta medida, la historia de esos alimentos, y la de los que se sirven en los hogares o en los restaurantes de lujo, es un fragmento clave de la historia general de América Latina, de la misma manera que se dice, con total certidumbre, que no se puede entender la historia de nuestra especie si no se tiene en cuenta la historia de nuestra comida y de la manera que tenemos de adquirirla. ¿No se afirma que algún simiesco antepasado nuestro se fue transformando en bípedo para poder utilizar las manos en la recolección de alimentos o en la complicada apertura de las conchas en las que se ocultaban ciertos apetitosos moluscos? ¿No hay antropólogos que atribuyen a la comida, o a la lucha por la comida, la desaparición de la especie de los neandertales a manos de los más astutos *sapiens sapiens*, implacables abuelos nuestros?

Un notable científico español, Faustino Cordón, hasta ha llegado a plantear que la cocina hizo al hombre. Es decir, que la complejidad de cocer los alimentos dio lugar a la socialización y a la gradual aparición del lenguaje. ¿No fue acaso una piedra afilada para destazar algún animal muerto la primera talla que registra la historia de la escultura? ¿No surgió la pintura en el fondo de una cueva como conjuro mágico para cazar renos y bisontes con los cuales alimentar al pequeño clan? ¿No aparecieron el arte y la industria como consecuencia de la necesidad de almacenar los excedentes de comida en vasijas y cestas? Y, de no haber habido estos excedentes alimentarios, ¿cómo hubiera podido sostenerse la lenta especialización de guerreros, chamanes, hilanderos, curtidores, albañiles o carpinteros profesionales? ¿Cuál fue la primera tribu, seguramente triunfante y hegemónica durante mucho tiempo, que utilizó el fuego y la cocción –aprendidos en la tarea de cocinar– para fabricar venenos con los cuales convirtió sus flechas y dardos primitivos en armas terroríficas absolutamente letales, inaugurando con este siniestro descubrimiento las guerras químicas? Es casi imposible entender la historia si no se tiene una idea más o menos precisa del papel que en ella juega la perentoria necesidad de alimentarse que tienen los seres humanos, la estrategia que desarrollan para lograr sus objetivos y las consecuencias que provocan sus costumbres alimenticias.

Los primeros asentamientos urbanos –vinculados a previos lugares de enterramientos– casi seguramente surgieron junto a campos de cereales o de frutos silvestres que exigían efectuar la recolección en un preciso momento para que no se perdiera la cosecha. La agricultura llegó después, cuando los primeros campesinos lograron entender la relación entre la semilla y los ciclos de fertilidad de la tierra. Y tras este trascendental paso de avance vino el otro: la domesti-

cación de animales como el perro, la oca, y –mucho más adelante– el caballo. Ninguno de estos tres animales –ni las
gallinas, las vacas o los corderos–, por cierto, existía en
América cuando a fines del siglo XV llegaron los europeos a
bordo de sus extrañas barcas y armados con espadas y
arcabuces.

En busca de las especias

El descubrimiento de América y la exploración de África, en cierta medida, son el resultado de una fatal combinación entre la glotonería, las supersticiones científicas y la
desmedida presión fiscal. Me explico: para el mundo europeo medieval, por usos y costumbres heredados de la tradición romana, la utilización de especias orientales era mucho
más que un capricho culinario. La canela, el clavo, el jengi-
bre o la pimienta, además de aderezar los alimentos y de
ocultar el fuerte sabor de las carnes algo descompuestas,
formaban parte de la farmacopea de la época, pues supuestamente curaban las dolencias, y su posesión constituía un
cierto símbolo de estatus. Los muy respetados médicos
árabes, por ejemplo –entonces, junto a los judíos, los más afa-
mados–, creían poder evitar la peste con una naranja me-
chada con clavo, mientras la canela tenía fama de excitar la
libido. Los ricos, por su parte, almacenaban especias en sus
despensas y gustaban presumir de esas posesiones bastante
más que de sus escasas bibliotecas domésticas.

Esclavos de estos hábitos, desde tiempos inmemoriales
los pueblos y naciones del Mediterráneo recorrían la costa
arábiga en sus torpes embarcaciones en dirección de la India,
en lo que ya se conocía como la ruta de la pimienta. Solían
ser viajes inmensamente costosos. La mitad de los buques
no conseguía llegar a su destino. Los comerciantes de la
India o de Ceilán cobraban en oro y a precio de oro las especias que vendían, pero dados los escasos conocimientos
geográficos de la época, la falta de instrumentos de navega-

ción, y la precaria calidad de los navíos, no parecía sensata
la idea de bordear la costa occidental del continente africano, cuyo contorno nadie conocía, para tratar de llegar al
Océano Índico, o la de navegar hacia el oeste para circun-
valar la tierra, que desde los cosmógrafos griegos se suponía redonda.

Sin embargo, en la segunda mitad del siglo XV esta percepción comenzó a cambiar. Primero, porque en 1453 los turcos
otomanos ocuparon Constantinopla (la antigua Bizancio)
poniendo fin al milenario Imperio Romano de Oriente –la
segunda Roma–, y de inmediato establecieron unos fortísimos tributos a las naves de los comerciantes que se dirigían
a las Indias, encareciendo terriblemente el valor de las especias; y, en segundo lugar, porque tanto el diseño de los barcos
mercantes como la cartografía marítima y los instrumentos
de navegación habían mejorado notablemente. Las especias
seguían teniendo un enorme valor en el mercado y los europeos las reclamaban con insistencia, lo que sugiere que en ese
punto de la historia no parecía tan alocado intentar largos
desplazamientos marítimos para tratar de conseguirlas. Al
fin y al cabo, españoles y portugueses ya habían alcanzado y
conquistado las Islas Canarias frente a las costas de África o
las Azores en medio del Atlántico. A esas alturas de la época, la relación entre objetivos, costos y riesgos inclinaba la
balanza en dirección de la aventura. Y esa aventura encarnó
en un hombre terco y ambicioso empeñado en alcanzar la
fama y la riqueza: Cristóbal Colón. No en balde el Almirante
llevaba pimienta y canela en su primer viaje a las Indias, pero
no para consumirlas sino para mostrárselas a los nativos que
encontrara en su camino con el objeto de que lo guiaran
hacia esos tesoros. Es cierto que el oro parecía ser su primera obsesión, y se sabe que sobre la existencia de este metal interrogaba a todos sus sorprendidos interlocutores, pero
la segunda eran las especias: dónde podían hallarse grandes
cantidades de pimienta y canela. Los indios, que ya empe-
zaban a sospechar de aquellos curiosos barbudos, se los qui-

taban de encima señalando siempre hacia otra isla, generalmente poblada por sus enemigos. Eran ingenuos, pero no
tontos. Desinformar al invasor fue la primera estrategia defensiva que desarrollaron. Esas falsas noticias, sin embargo,
aceleraron tremendamente el ritmo de los descubrimientos.
El continuado engaño sirvió para expandir el Imperio en un
periodo muy breve, dada las formas de locomoción de fines
del siglo XV. En cualquier caso, no hallar especias debe haber
sido doloroso para Colón, especialmente tras haber sabido
que el portugués Vasco de Gama, quien llegara a la India en
1498 siguiendo la ruta africana, se había convertido en una
persona inmensamente rica con sólo vender el cargamento
de especias tras su regreso a Lisboa. Por eso Colón murió
en Valladolid en 1506 sosteniendo, contra toda evidencia,
que había llegado al Oriente de las especias y no a un territorio nuevo. Le convenía creerlo. Para él, para sus intereses
económicos, lo importante no era la gloria de dar con un
continente insospechado, sino con las islas de las especias,
con Cipango, y con la maldita pimienta que se le escapaba
de las manos.

Cerveza, vino y pan

Si Colón no era genovés –hay diversas teorías sobre su
origen–, lo cierto es que su primer contacto con la península Ibérica fue a los veinticinco años de edad como náufrago
de una expedición comercial genovesa que en 1476 se diri-
gía a Inglaterra. Atacados los barcos por un corsario, Colón
pudo nadar hasta la orilla, y de ahí fue conducido a Lisboa.
Se sabe que, posteriormente, navegó por las costas de África y en otro viaje hasta llegó a Islandia, entonces un incierto destino marítimo, dadas las distancias y las peligrosas
heladas de esos climas nórdicos.

¿De dónde le vino a Colón la pasión por navegar hacia
el oeste y la convicción de que esa era la ruta certera para
llegar a las islas de las especias y al Imperio asiático del gran

Khan? En primer término, de su afición a la cartografía
–llegó a tener un negocio de venta de mapas marítimos junto
a su hermano Bartolomé–, y de la reciente colonización y
conquista de varias islas situadas en el Atlántico, verdaderos peldaños en la ruta hacia el Occidente. En 1312 otro
genovés, Lancelloto Malocelli, había redescubierto las Canarias –llamadas las Islas afortunadas en la antigüedad–, archipiélago colonizado por los españoles a lo largo de los cien
años siguientes, mientras los portugueses habían hecho lo
mismo con las Azores y con Cabo Verde. Es muy probable
que Colón, marino experimentado y con una buena cabeza
científica, tuviera información más o menos exclusiva sobre
el creciente rumor entre los navegantes de la época sobre
barcos que habían conseguido llegar a tierras extrañas allende el océano, y se cuenta que en su propia casa murió un
marino de Huelva que había realizado la travesía. El mismo
marinero que le explicara no sólo el viaje de ida, sino el de
regreso, pues Colón, sin vacilaciones, volvió a España por
la ruta marítima correcta. Por supuesto, tampoco era raro
que los monarcas de España –o de Inglaterra, o de Portugal– colaboraran en la empresa, pues eran tiempos, precisamente, de descubrimientos y conquistas.

No es un accidente fortuito –por ejemplo– que en el
mismo año en que por primera vez Colón toca tierra en las
Bahamas americanas –la mítica Guananí–, el conquistador
español Alonso Fernández de Lugo se apoderara de las islas
La Palma y Tenerife del archipiélago canario. Como se ha
dicho, no fue por casualidad que América fue descubierta,
sino por causalidad. Estaban dados todos los elementos para
que tal cosa sucediera. Fue ventajoso, sin embargo, que le
correspondiera a Colón ese honor, pero no sólo por la gloria
de Castilla o por la conveniencia del aventurero genovés,
sino por el alto nivel científico que poseía, bagaje intelectual
que le permitió hacer valiosas observaciones. Lo que el Almirante anotó sobre los vientos alisios, los desconocidos ciclo-
nes, el Mar de los Sargazos, el inesperado comportamiento

de la brújula en esas latitudes –descubrimiento chino llegado a Europa dos siglos antes–, o la corriente del Golfo, aportó a la navegación un importante caudal de conocimientos
que mantuvo su vigencia durante mucho tiempo.

En aquellos largos e inciertos viajes, al margen de las
tormentas, dos eran las grandes preocupaciones mayores: el
agua y la comida. El agua, que se pudría en bidones de madera en los que los insectos solían depositar sus larvas, no
sólo era escasa, sino también acababa por convertirse en una
fuente de enfermedades. Con la circunstancia agravante de
que las galletas y las carnes saladas, dieta básica de los mari-
neros, provocaban una intensa sed que demandaba una gran
cantidad de líquido. Ese líquido podía ser agua, vino o cerveza. Las dos últimas bebidas no tardaron en incorporarse
a la dieta americana, aunque el vino, durante siglos, tuvo
mayor aceptación que la cerveza, y es sólo ahora, en la centuria que acaba, cuando el consumo de cerveza parece desplazar definitivamente a la otra bebida.

Cerveza y vino

El vino y la cerveza, presentes en toda América a partir
de la llegada de los europeos –más la segunda que el primero
por razones climáticas– han establecido un singular combate
a lo largo de la historia, enfrentamiento en el que estaban
en juego las preferencias de los consumidores y las posibilidades materiales de servirlos. En el siglo XVII, el dramaturgo
español Lope de Vega deja muy en claro sus preferencias en
una estrofa brutal de su comedia *Pobreza no es vileza*: "voy a
probar la cerveza/ a falta de español vino/ aunque con mejores ganas/ tomara una purga yo/ pues pienso que la orinó/
algún rocín con tercianas."

Aparentemente, la cerveza obtenida por la fermentación
de la cebada fue la primera bebida alcohólica que se fabricó
de forma masiva, y ya en el Código de Hammurabi, el primer
texto legislativo que se conserva, se puede comprobar cómo

sumerios y asirio-babilonios contaban con regulaciones para
su producción y para la asignación de esta bebida –considerada como alimento– a los trabajadores.

En el norte de Europa el éxito de la cerveza fue y es permanente. Prácticamente todas las tribus germánicas, además
de los vikingos y los celtas, fueron grandes productores y
consumidores de cerveza, entre otras razones, porque em-
píricamente habían comprobado que era más probable con-
traer enfermedades si se ingería agua que si se optaba por la
cerveza. Desaparecidos, absorbidos o marginados los celtas
y vikingos por los pueblos germánicos, es natural que hayan sido los alemanes quienes fueran perfeccionando lentamente la calidad de la producción de cerveza. En el siglo XIII
introdujeron la utilización del lúpulo para mejorar el aroma y el sabor de la bebida, dándole un cierto amargor que
resultaba placentero. Doscientos años más tarde, en Baviera,
se legisla sobre su pureza para que nadie pudiera alterar la
calidad de la variedad alemana.

Los italianos o los españoles –y los latinoamericanos,
naturalmente, si exceptuamos la chicha de maíz o el pulque
derivado del maguey–, en cambio, no tuvieron fábricas de
cerveza hasta bien entrado el siglo XIX, y la razón hay que
buscarla en los viejos gustos de los romanos: la civilización
grecorromana prefería el vino y detestaba la cerveza. El vino
era una bebida y un placer sensual al mismo tiempo. Lo ce-
lebraban los poetas, lo utilizaban en fiestas civiles y en ceremonias religiosas. Hay mil poemas dedicados al vino en
el Mediterráneo, pero ni una estrofa a la vulgar cerveza.
Había divinidades –Dionisos entre los griegos, Baco entre
los romanos– relacionadas con la cosecha de la uva y con la
producción del vino. Existía –y se mantiene– una cultura
vitícola de catadores que distinguen calidades y las clasifican.
Hay una vieja ciencia, la enología, de expertos en la difícil
producción de vinos, que tiene más de dos mil años de continuidad gracias al papel que este derivado de la uva desem-

peñó en la liturgia cristiana. Como los judíos, al contrario de los árabes, no rechazaron el consumo de vino, y los cristianos, por ende, tampoco, toda la sabiduría de los agricultores y productores de vino del Imperio Romano se refugió, conservó y mejoró en los monasterios.

Algún autor hay que dice que el vino hizo a Europa. Claro que no a toda, porque hay climas, como el de Inglaterra o el de Escandinavia, impropios para las vides, pero sí a casi toda. La cultura vitícola, que primero arraigó en torno al Mediterráneo, fue ascendiendo geográfica y sicológicamente junto con el prestigio de Roma y con el perímetro de las conquistas. Si todos los caminos conducían a Roma, lo que en Roma se hacía y lo que en Roma complacía acababa imponiéndose como gusto universal. Los bárbaros –especialmente las tribus germanas– querían vino y aprendieron a elegir las semillas más adaptables, a identificar los microclimas secos, a roturar profundamente la tierra, y a mantener la compleja cosecha con sus árboles de sostén y sus laboriosas podas. Pero ese proceso, igual en Sicilia que en Marsella, en el Rin que en la Mancha, de alguna manera uniformaba culturalmente al Viejo Continente. Todos los vinos cosechados tenían un sabor distinto, pero todos eran producidos de la misma manera. Esa era la diversidad y la unidad europea. Y esa diversidad y esa unidad también acabaron siendo latinoamericanas.

Pan

Como es obvio, la dieta marinera de los españoles formaba parte de la cocina mediterránea difundida por los romanos. El pan, el aceite de oliva y el vino habían sido los alimentos clave de los legionarios romanos que habían ocupado la península durante siete siglos y esas costumbres alimenticias llegarían hasta América. Más aún: no faltan historiadores que hasta han aventurado una especie de interpretación de Roma y de su papel en el mundo antiguo como resultado de la afición al pan de trigo, desde hace siglos parte consustancial de la mesa latinoamericana.

Grecia, montañosa, poco fértil para el cultivo de cereales, se expandió hacia el occidente, hasta las llanuras itálicas, en busca de territorios aptos para la siembra de trigo. Ese era el objetivo imperial de la Magna Grecia. Pero también el de los fenicios asentados en Cartago, los cartagineses, y el de los etruscos situados al norte de Italia. ¿Resultado de esa pugna a tres bandas? Un cuarto e insospechado poder salió victorioso. Los habitantes del Lacio, los futuros romanos, acabaron conquistando la península itálica y enseñoreándose por mucho tiempo en torno al Mediterráneo. Egipto –otro caso– en su momento fue invadido por los romanos en busca, fundamentalmente, de los grandes trigales cultivados a la orilla del Nilo. El Imperio egipcio, que durante milenios había hecho del pan la base de su sustentación, acababa aniquilado por la riqueza de sus sembrados y por la codicia despertada por sus previsores almacenes abarrotados de granos.

Sea cierta o falsa esta visión cerealista de la historia, es indudable la afición, casi la dependencia romana del pan, puesto que la carne, con la excepción del cerdo, era un alimento que rara vez los legionarios probaban, y cuando lo hacían, no solían quedar muy satisfechos, dada la dureza del casi siempre flaquísimo vacuno. El pan, por el contrario, era el alimento perenne. Cada soldado en campaña tenía diariamente derecho a kilo y medio de trigo que molía y cocinaba sobre el terreno en unos pequeños hornos calentados con aceite, pues esa sustancia vegetal, además de servir como alimento –el pan se mojaba en aceite y se le añadía sal, tal y como todavía suele hacerse– se utilizaba como combustible para encender las lámparas. Y sólo había una circunstancia en la que se privaba a los soldados de esta dieta: cuando se comportaban cobardemente en el campo de batalla. En las oportunidades en las que esto sucedía se les sometía a la dieta de la deshonra: durante cierto tiempo debían alimentarse del inferior y degradante pan de centeno.

Suele decirse –y esta es la visión de los historiadores cristianos a partir del siglo v– que Roma cayó víctima de la depravación de sus costumbres, pero es más probable que la primera causa haya que buscarla en la imposibilidad de encontrar comida para abastecer a sus legiones en larguísimas campañas en las que era frecuente sitiar ciudades enemigas durante meses y hasta años, períodos en los que sólo el trigo y el vino podían conservarse sin mayores problemas. Algo de esto debieron intuir los astutos galos cuando llevaron a cabo la quema de cosechas romanas, táctica que también provocaba el desabastecimiento de los territorios romanizados, y con ello aumentaban las dificultades de entregar alimentos gratuitamente a los ciudadanos del Imperio, práctica sobre la que descansaba una buena parte de la legitimidad política de los gobernantes. En el siglo v, sin poder alimentar a las legiones y sin poder ofrecer pan y circo al pueblo, el Imperio se desplomó. En el trayecto, sin embargo, toda Europa, y en su momento América Latina, fueron conquistadas por esta costumbre alimenticia. No es por azar que en inglés primitivo se le llamara *lady* a quien amasaba el pan. Era ésa una función socialmente importante.

En la Edad Media, además, la panadería cumplía otro papel: servía de punto de reunión a las mujeres. Como la mayor parte de las casas no contaban con horno, las autoridades de la ciudad, a veces mediante concurso público, autorizaban la creación de panaderías a las que las mujeres acudían con la harina convenientemente amasada. Allí, por una módica cantidad, o por una parte de la masa, el panadero horneaba el pan mientras estas conversaban. Esas panaderías, a su vez, estaban sometidas a numerosos reglamentos y ordenanzas, unas veces para tratar de que respetaran ciertas normas higiénicas, y otras, para intentar reducir los fraudes en el peso y en los materiales empleados en la confección del pan.

Azúcar, café, arroz y banana

Si Colón en su primer viaje fue con el ánimo de buscar especias, en el segundo, ocurrido un año más tarde, en septiembre de 1493, la clara intención que llevaba era colonizar las tierras descubiertas, lo que explica las dimensiones de esta nueva expedición: diecisiete buques, varios de ellos convertidos en verdaderas arcas de Noé, en las que los marinos apenas podían conciliar el sueño por los ladridos de los perros, los maullidos de los gatos, los balidos de las ovejas o los relinchos de los caballos. Había, también, asnos, patos, gallos y gallinas, cabras, toros y vacas. Pero, superando al personaje bíblico, además de los animales, Colón llevaba plantas y semillas para tratar de recrear en el mundo americano el panorama alimenticio de la vieja Europa: garbanzos, naranjas, azafrán, uvas, centeno, trigo, arroz, frijoles y caña de azúcar. A ésta última, posteriormente, otros viajeros añadirían dos vegetales que con el decursar del tiempo para siempre dejarían su impronta en el destino político, social y económico del Nuevo Mundo: el café y el banano.

Azúcar

Se sospecha que fueron los audaces navegantes polinesios quienes hace varios milenios llevaron a la India la caña de azúcar y en ese subcontinente enseñaron el buen sabor y la vitalidad que proporcionaba su jugo. Los persas, quinientos años antes de la era cristiana, bajo el mando de Darío, tras la invasión a la India comenzaron su cultivo en el Próximo Oriente, pero fue Alejandro Magno quien la trajo a Europa, a Grecia, denominándola, muy correctamente, la miel sin abejas, lo que para los griegos, que todo –incluidos ciertos panes, vinos y carnes– lo endulzaban con miel, fue una grata promesa culinaria. Sin embargo, los responsables de la universalización de la producción y consumo de azúcar de caña no fueron ni los persas ni los griegos, sino los árabes, quienes desde el siglo VI fueron capaces de crear azúcar en forma de jarabe y en granos sólidos que denominaron, un tanto paradójicamente, la sal dulce. Y esa sustancia de sabor agradable fue popularizándose lentamente en la España medieval en la medida en que la presencia árabe propiciaba su utilización. No obstante, tal y como sucedía con ciertas especias, el azúcar era percibido más como una cura que los médicos prescribían como lavativas, emplastes y revitalizadores –algo no muy descaminado dado su poder energético– que como un alimento o condimento. Su precio era altísimo, y sólo los *ricos homes* podían darse el lujo de consumirla o de almacenar cantidades apreciables al extremo que aparece consignada entre los bienes atesorados por una princesa y legados como herencia en su testamento.

Si los árabes fueron capaces de elaborar el azúcar de caña desde el siglo VI, es natural que en el VIII, tras la invasión a España, introdujeran el cultivo y el modo artesanal de producir el dulce derivado. Los cristianos poco a poco fueron adquiriendo los conocimientos, pero como se trataba de una planta propia de los climas cálidos, no es hasta la reconquista del sur de España cuando la producción alcanza proporciones notables, fenómeno económico que acaece en Valencia, entre los siglos XIII y XIV, cuando el rey Jaume II de Aragón, tras cobrar parte de la dote de su segunda esposa en azúcar, y tras lograr venderla a buen precio, decide establecer el negocio azucarero dentro de sus predios y a gran escala, para lo cual utiliza esclavos musulmanes expertos en esa materia, a lo que luego añade las recomendaciones de un valioso libro de la época: *La prattica de la Mercatura*, escrito por Pegolotti. Ahí se describen las variantes entonces aceptadas por los consumidores, todas ellas clasificadas de acuerdo al color, textura e impurezas: la *meccera*, blanca y densa, la *caffetino*, o la conocida como *azúcar cande*, denominación que se mantuvo durante siglos. Pocas décadas más adelante, con la ayuda de banqueros y comerciantes alemanes de la compañía Ravensgurger, el azúcar valenciana logra comercializarse en diversas ciudades Europeas generando considerables ganancias. Sin embargo, el antecedente directo de la producción de azúcar en América no fue la experiencia valenciana, sino la obtenida en Canarias, verdadero laboratorio de pruebas para la posterior experiencia americana.

Varias fueron las consecuencias más dramáticas de la introducción de este cultivo en América y del aumento exponencial del consumo que se produjo en Europa. La primera fue la multiplicación de la trata de esclavos africanos. La geografía de la esclavitud en América Latina, *grosso modo*, es la geografía de la caña de azúcar y de las fábricas o ingenios que molían y preparaban industrialmente el producto. No es que no se utilizaran esclavos negros –fuertes, resistentes a las enfermedades– en otras actividades económicas, sino que la demanda de mano de obra que exigía la caña para su siembra, corte, molienda y exportación era tremenda. Literalmente, millones de seres humanos de piel negra fueron raptados en África e internados en los cañaverales de las Antillas y de Brasil para desarrollar una durísima tarea agrícola que ni los españoles o portugueses, ni los indios, podían o querían desempeñar.

Ese fue el primer holocausto moderno. Los negros esclavos no eran personas y ni siquiera prisioneros de guerra: eran piezas fungibles de un mecanismo productivo en el que todo estaba siniestramente planificado. Muy cuidadosamente, se calculaba el valor de la pieza y la cantidad de alimento que había que proporcionarle para que no decayera su rendimiento; se incluía en la ecuación la vida productiva presunta –generalmente entre cuatro y siete años a un ritmo de trabajo de dieciocho a veinte horas diarias en época de zafra– y el costo de reemplazo una vez ponderada la inflación. No eran hombres y mujeres: eran máquinas de fabricar azúcar. Máquinas calcinadas por el sol, comidas por los mosquitos, aisladas en barracones, privadas de sexo o del afecto familiar, desgarradas por los látigos de los mayorales y sometidas a unas humillaciones devastadoras para el equilibrio emocional de cualquier ser humano.

La segunda consecuencia fue de carácter geopolítico. El inmenso negocio del azúcar –primer producto agroindustrial moderno de masivo consumo planetario– provocó el apetito imperial de ingleses, franceses y holandeses –además de los españoles y portugueses, que ya figuraban en escena– y los atrajo a la franja tropical de América. Si hoy existen un Caribe francés, otro inglés y hasta uno holandés, es porque en esa zona reinaba su majestad la caña de azúcar. En el siglo XVIII, contados en buenos luises, valía más Haití que Canadá, y España estaba dispuesta a entregarle a Inglaterra la Florida o lo que fuera con tal de no perder a la dulcísima Cuba.

La tercera consecuencia es de otra naturaleza, mucho menos trascendente que las dos primeras, aunque muy significativa en el orden económico y en el de las costumbres gastronómicas. La caña de azúcar, que fue la maldición de los negros y la bendición de las potencias imperiales, acabó calentándoles el corazón a unos y a otros al adoptar la forma y el sabor del ron. En efecto, los muy industriosos y observadores ingleses advirtieron que la melaza, un derivado sin valor del proceso de producción de azúcar, podía destilarse, y de ella se obtenía una bebida de alto contenido alcohólico a la que primero llamaron matadiablos y luego *rumbullion* o tumulto, palabra luego reducida al ron de los hispanohablantes o al *rum* de los angloparlantes.

Las Indias occidentales –los ingleses, tercamente, se empeñaban en llamar Indias a las Antillas–, como productoras de caña, fueron (y son) grandes destiladores de ron que, al principio, consumían los marinos ingleses y holandeses como parte de su cuota diaria de alimentos y hoy es una bebida prácticamente universal. Sin embargo, los negros africanos, mientras duró la esclavitud, pagaron las consecuencias de esta afición, pues se creó una especie de círculo vicioso que se retroalimentaba incesantemente: en algunos lugares de la costa africana se determinaba el precio de los esclavos por el valor del ron, y esta bebida acabó siendo una especie de moneda que, de acuerdo con las oscilaciones del

mercado, establecía el precio en botellas o barriles con los
que se compraban los prisioneros negros con el objeto de
trasladarlos a América para fabricar más azúcar, más melaza y más ron, crecimiento económico que a su vez requería,
naturalmente, más negros esclavos.

Café

El café –producto clave en la historia de Brasil, Colombia, El Salvador y Costa Rica– tiene una historia menos sangrienta que la caña de azúcar, aunque sólo sea porque su
cultivo, cosecha y producción industrial requieren mucho
menos esfuerzo físico. Se supone que este arbusto proviene
de Etiopía, y la leyenda dice que los pastores descubrieron
su efecto sobre el sistema nervioso cuando observaron la
inquieta agilidad de las cabras tras ingerir las pequeñas frutas de los cafetales silvestres. Pero, como en el caso del azúcar (y en el del papel) fueron los árabes los que comenzaron
a propagar su consumo al moler, tostar y convertir las semillas en una infusión a la que luego le agregaban miel, canela y clavo hasta darle un sabor que de algún modo recuerda
al *capuccino* más tarde popularizado por los italianos.

Sin embargo, al margen de la inmensa importancia económica del comercio mundial de café, y de lo que significa
para el bienestar o el malestar de América Latina de acuerdo con el precio que alcance en el mercado mundial, otro
elemento vinculado al café tiene en casi todas las latitudes
un destacadísimo papel social: el lugar donde se expende. Es
decir, el café o cafetería con mesas, sillas y locuaces parroquianos que en él ejercen una de las más intensas manifestaciones del instinto gregario. Y así ocurrió desde que en el
siglo XI los árabes crearon unos sitios especiales para vender estas infusiones, locales que, de inmediato, se convirtieron en tertulias masculinas en las que se discutía sobre todo
lo humano y sobre aquello de carácter divino que no con-

trariara excesivamente el celo siempre alerta de las autoridades religiosas islámicas.

En el Estambul del siglo XVI, en la antigua Constantinopla, capital del poderoso Imperio de los turcos desde 1453, ya hay un buen número de cafés en los que se degustan tanto la infusión como la conversación larga y pausada. No en balde los bizantinos, varios siglos antes, habían eliminado los reclinatorios en los comedores, inaugurando la costumbre de ingerir los alimentos sentados en sillas mientras dedicaban mucho tiempo a largas sobremesas. Ahora, bajo el dominio de los turcos, el café –la bebida– se sirve fuerte pero no se revuelve y el polvo crea una especie de poso en el fondo de la taza. Hace casi quinientos años de estas escenas, pero poco ha cambiado en el decorado de hoy, y basta recorrer la geografía de lo que fue el Imperio otomano para ver en Grecia o en el Líbano, en Bulgaria o en Chipre, unos soñolientos cafés en los que los parroquianos pasan las tardes conversando y sorbiendo el estimulante líquido negro.

En el mundo iberoamericano ocurre otro tanto. Cuando Pérez Galdós escribe su primera novela, sitúa a varios conspiradores románticos del XIX en un café madrileño, en *La fontana de oro*. Los tangos argentinos evocan con nostalgia mi cafetín de Buenos Aires, y así, en cada ciudad de cada país, el café –el sitio en donde se bebe– se convierte en el punto de reunión de peñas literarias, de grupos políticos, de periodistas bohemios y de estudiantes inquietos que se proponen cambiar el mundo, mientras el café –la bebida– ilumina con sus trallazos de alcaloides la imaginación de los contertulios y aumenta la capacidad de trabajo de los intelectuales. En Londres, en el café Lloyd, unos aficionados a las finanzas echan las bases de un gigantesco imperio financiero que acabaría llamándose como el establecimiento en que naciera. Y en París, Balzac atribuía los múltiples tomos de *La comedia humana* a cincuenta mil tazas de café tomadas sin prisa ni tregua mientras mojaba su pluma en el

tintero. No serían tantas, pero sus contemporáneos daban
fe de una afición que casi había adquirido la condición de
vicio incontrolable en el autor de *La piel de zapa*.

Arroz

No hay cereal más consumido en el planeta que el arroz,
y esta afirmación probablemente también es cierta en América Latina, especialmente en toda la región centroame-
ricana, en Venezuela, Colombia y Brasil, en donde suele
mezclarse con frijoles. ¿Por qué este extraordinario éxito del
arroz en tierras americanas, un grano típicamente asiático,
originario de China e Indochina, donde se le concedía una
importancia casi mística, con dioses que lo protegían y emperadores que se reservaban el derecho a regular su producción y almacenamiento? Por dos razones vinculadas entre
ellas: por el bajo precio a que se exportaba este grano desde
Asia en el siglo XIX, lo que explica que fuera la alimentación
de los esclavos y de la peonada casi siempre india o mestiza,
pero invariablemente pobre. No obstante, como las familias pudientes contaban con cocineras de este humilde origen
social, poco a poco lo que fue un alimento destinado a los
grupos más pobres pasó a formar parte de la dieta de los
criollos, e, incluso, de la de sus padres y abuelos españoles.

Ni griegos ni romanos cultivaron arroz, pero lo conocían
y lo importaban del Oriente Medio para utilizarlo en su re-
postería mezclado con miel y con leche, y, como era habitual, como una forma de medicina desde que el griego Galeno
–la autoridad máxima en curar enfermos desde el siglo II
antes de Cristo hasta el Renacimiento–, tal vez por el carácter astringente de estos granos, lo recetara para aliviar ciertas enfermedades relacionadas con trastornos intestinales,
recomendación que no estaba muy descaminada a juzgar por
lo que se continúa prescribiendo en nuestros días en casos
de diarrea.

Como sucedió con el azúcar, las semillas de arroz llegaron a España en las alforjas de los árabes, los mayores expertos agricultores del medievo, quienes enseguida descubrieron la potencialidad de la albufera de Valencia y de otras zonas más o menos pantanosas del Mediterráneo para desarrollar este cultivo difícil, necesitado de grandes cantidades de agua para poder sobrevivir. Varias centurias más tarde, ya habituados los españoles a su consumo, no es de extrañar que Colón, en su segundo viaje, lo incorporara entre los granos que pretendía aclimatar en el nuevo mundo, fenómeno, por cierto, que realmente no sucedió hasta el siglo XX, debido, con toda certidumbre, al imbatible precio con que los asiáticos de Filipinas e Indochina exportaban este cereal, y luego a la fenomenal productividad de los arrozales norteamericanos de Louisiana y las Carolinas.

Bananas

Si para los cristianos el árbol del paraíso es el manzano, para los árabes es el banano o plátano, dato que debió conocer el sabio sueco Carl Linneo cuando le llamó *musa paradisiaca* a esta gigantesca hierba. En cualquier caso, en pocas regiones del planeta es tan importante el cultivo del banano como en las zonas tropicales y subtropicales de América Latina, donde para algunos países resulta determinante el precio que alcance la fruta en el mercado internacional para poder mantener la estabilidad económica y, a veces, hasta la política.

Aparentemente, fue en Asia y hace millares de años cuando comenzó a cultivarse el banano, pero fueron los incansables comerciantes árabes quienes introdujeron esta planta en África, aunque no, lógicamente, en la península ibérica, pues el clima no se adaptaba a este tipo de cosecha. Sin embargo, en el siglo XVII los españoles llevan este vegetal a América y comienzan a hacer los primeros experimentos de plantaciones científicamente explotadas, pero el crecimiento es muy lento por una causa muy sencilla relacionada con la debilidad de la demanda: el paladar europeo todavía no estaba habituado a esta fruta carnosa, exótica y riquísima en potasio y carbohidratos, como luego descubriría la bioquímica para desconsuelo de quienes sueñan con una figura esbelta. Ese último dato, no obstante, no ha inhibido el consumo de la fruta, pues tanto en Europa como en Estados Unidos, a lo largo del siglo XX se ha producido un aumento permanente de las importaciones, lo que, al mismo tiempo, no ha dejado de ser una fuente de conflictos por el volumen y el valor de este considerable comercio internacional y el inevitable choque de intereses que esto conlleva.

Maíz, papa, tomate y chocolate

Si el azúcar, el trigo, el café, el arroz o los bananos se trasladaron de Oriente a Occidente en las embarcaciones de los europeos, en los viajes de regreso estos buques llevaron otros productos de la tierra americana que cambiarían para siempre los hábitos de consumo del Viejo Mundo. ¿Se concibe un buen plato de la cocina europea sin guarnición –acompañamiento– de papas o patatas aderezadas de veinte maneras distintas? ¿Es posible pensar en una ensalada o en un plato de pasta italiana sin tomate? Y no sólo estos ubicuos vegetales cruzaron el Atlántico en dirección Este: también lo hicieron el maíz, el aguacate, el fresón, el maní o cacahuete, la piña, el nopal, la pita, la batata, la yuca, la quina que cura la malaria o la coca que ha llenado las cárceles de delincuentes y los callejones de cadáveres.

Algunos ensayistas hasta han llegado a configurar el mapa de las culturas precolombinas americanas con relación a sus cultivos principales. De esta suerte, habría una civilización del maíz instalada en Mesoamérica –mayas y aztecas–, y otra civilización de la papa –incas–, y aún otra, la civilización de la yuca o mandioca, mucho más primitiva que las dos anteriores, arraigada y dispersa por la inmensa geografía de la cultura arahuaca –buena parte del Brasil, Venezuela, la costa colombiana y el reguero de islas antillanas, luego llamadas caribeñas por una deformación introducida por los ingleses. Origen esto último de ciertas interpretaciones antropológicas poco serias que atribuyen a las deficiencias nutritivas de estos alimentos la supuesta debilidad de los nativos de América, frente a la pretendida superioridad de los europeos, superioridad generada por lo que podría llamarse la civilización del trigo.

Maíz

Cuando Colón regresó de su primer viaje y se reunió con los Reyes Católicos en Barcelona, una de las sorpresas que llevaba en su equipaje era una mata de maíz. La había tomado de La Española –ayer Santo Domingo, hoy, República Dominicana– y enseguida advirtió de su condición de alimento, pero no le hicieron demasiado caso: más bien se les antojó una planta extraña y ornamental con la que se podían adornar los jardines de los poderosos, capricho del que ciertos españoles no se privaron a lo largo del siglo XVI.

Según los hallazgos de los arqueólogos, nueve mil años antes de Cristo los habitantes del altiplano andino –Perú, Bolivia y Ecuador– ya conocían, cultivaban y comían profusamente este cereal, unas veces asado, otras hervido, y casi siempre acompañado por alguna carne. No muy diferente era la costumbre de mayas y aztecas, quienes –como los chinos con el arroz o los griegos con el trigo–, persuadidos de su importancia, colocaban las cosechas bajo la advocación de deidades femeninas responsables de la fecundidad de las tierras.

Pocos vegetales tienen unas posibilidades de utilización tan absolutas como el maíz. El grano molido, tostado y seco, se convierte en una harina llamada polenta que desde el siglo XVII ha sido un tradicional alimento de campesinos y personas de bajos recursos económicos, o en unas tortillas que para millones de personas realizan exactamente las mismas funciones del pan. Fermentado el maíz, se obtiene una especie de cerveza de bajo contenido alcohólico –la chicha–, todavía muy popular entre la población latinoamericana de origen indio. Pero convenientemente destilado, el resultado es un fuerte whisky estadounidense que lleva el muy afrancesado nombre de *bourbon*, licor que suelen tomar los caballeros distinguidos (y otros que no lo son tanto).

Sin embargo, no termina ahí su utilidad. Además de ser devorado en forma de palomitas o rositas en los cinematógrafos de medio mundo, el maíz se utiliza como forraje para los animales o en un sirope edulcorado con el que se endulza, por ejemplo, una gran parte de los refrescos que se consumen en Estados Unidos, primer productor mundial de ambas cosas: de maíz y de refrescos. Y esta explotación implacable del maíz ni siquiera se trata de un fenómeno nuevo: los campesinos europeos de los siglos XVII y XVIII utilizaban las hojas que envolvían la mazorca para rellenar sus colchonetas, y las mazorcas, una vez privadas de sus granos, para frotarse el cuerpo en las pocas oportunidades en que tomaban algún baño, así como los tallos para construir cercados, y la raspa como combustible para avivar el fuego en las ingratas noches de invierno. Esta afición al maíz, no obstante, cuando no estaba acompañada de otros alimentos, tuvo una nefasta consecuencia: la pelagra –piel agria– provocada por avitaminosis, pues este generoso cereal carece, en cambio, de niacina, una sustancia vital cuya ausencia puede provocar daños neurológicos irreversibles.

Papa

Nadie sabe con certeza quién y cómo introdujo la papa o patata en Europa, pero deben haber sido los españoles o los portugueses en la segunda mitad del siglo XVI, cuando la conquista y colonización del altiplano andino estaba en pleno apogeo, mas seguramente fue un acercamiento bastante cauteloso. Desesperados por el hambre, algunos conquistadores españoles deben haber probado una infusión de las hojas de la papa –un humilde tubérculo poco vistoso–, y probablemente sufrieron terribles alucinaciones provocadas por los alcaloides que contiene la planta. Esa experiencia, en los violentos años de la Reforma y la Contrarreforma, cuando el diablo estaba suelto en ambas zonas de la desgarrada cristiandad, hasta podía llevar a la hoguera a más de uno si al señor inquisidor le daba la piadosa vena de reprimir con fuego al Enemigo.

Pero los españoles pronto aprendieron de los indios que lo mejor de la papa no eran esas peligrosas hojas, sino lo que estaba bajo la tierra, la percudida raíz, y que sin esa masa insípida, rica en almidón, tercamente resistente al frío andino, acaso no se podía explicar la estabilidad del incanato ni la legitimidad de un monarca indio que –como José entre los egipcios con relación al trigo, según relata la Biblia–, sabía guardar el maíz y la papa en los almacenes reales para distribuirlos en épocas de penurias o para fermentar ambos alimentos hasta conseguir una bebida alcohólica de poco poder embriagador, pero ilimitadamente amada por su pueblo.

La expansión de la papa en Europa fue bastante rápida para los estándares de la época, debido, principalmente, a las devastaciones de las guerras. Los sembradíos de papa resistían el clima nórdico europeo y la barbarie humana mejor que los trigales, al extremo de que los alemanes de fines del XVIII, enfrascados en una guerra dinástica por la jefatura de Baviera, acabaron guerreando por controlar los mejores campos de este cereal. Pero no fue un germano sino un inteligente agrónomo francés (quien legara su nombre a una receta, papa a la Parmentier), André Parmentier, observador prisionero de guerra que aprovechó su cautiverio de varios años en manos de los prusianos para convertirse en el gran propagandista de la papa entre sus compatriotas. Si él había sobrevivido tanto tiempo en un infecto calabozo, apenas alimentado con papas, algún formidable valor nutritivo debía esconder ese poco apetitoso tubérculo que hacía recomendable su universalización.

El éxito de la papa, no obstante, también acarreaba ciertos peligros. Los irlandeses, que muy exitosamente entre los siglos XVIII y XIX habían convertido este tubérculo en el centro de su alimentación, entre 1845 y 1847 contemplaron cómo una plaga destruía las cosechas y provocaba una verdadera hambruna que, literalmente, mató por inanición a centenares de miles de personas, mientras varios millones, a partir de entonces y durante varias décadas, emigraron hacia Estados Unidos, dando lugar a la creación de la primera minoría que se instalaba en el balcanizado mapa étnico de la nación americana. Luego vendrían los judíos e italianos y, más tarde, los equívocamente llamados hispanos.

El gusto por la papa llevó a los científicos a buscar formas para tratar de preservarla, y durante la Primera Guerra Mundial se desecó, repitiendo, tal vez sin advertirlo, un procedimiento de conservación conocido como *chuno* que los incas habían desarrollado en el altiplano suramericano mucho antes del arribo de los europeos. Avanzado el siglo XX, perfeccionada la congelación, y con un dominio mucho mayor de la genética vegetal y del control de las plagas, la papa –frita, asada o en forma de puré–, se ha convertido en uno de lo alimentos más populares del planeta.

Tomate

A Colón, tan buen observador, en su segundo viaje a América le llamó la atención una fruta roja y lustrosa, nada azucarada en contraste con la mayoría de los productos tropicales, y echó sus semillas en su profundo morral para trasladarla a Europa en el viaje de regreso. Otros colonizadores luego dirían que los aztecas la denominaban *tomatl* y le asignaban valores afrodisiacos. Los europeos lo creyeron a pie juntillas –siempre obsesionados por el sexo– y la llamaron fruto de amor. Otros, menos poéticos e imaginativos, la asociaron con la manzana y la bautizaron como manzana de oro. Finalmente, prevaleció la palabra indígena, eliminándole, eso sí, la impronunciable ele final tan característica de la lengua nahuatl.

Al principio no fue muy cálida la acogida de los europeos al tomate. Se decía que aumentaba la pasión de los amantes, pero también los médicos de la época –casi siempre una colección de charlatanes– afirmaban que podía ser pésimo para la salud, indigesto y venenoso. Poco a poco, a base de cautelosas pruebas, las dudas se fueron despejando. El tomate era un alimento bueno, refrescante, jugoso, y parecía una buena idea incluirlo en las ensaladas. Luego probaron con las salsas, pero fue un lento proceso de transculturación gastronómica: no es hasta el siglo XX que el tomate aparece cotidianamente en la dieta familiar, y eso es debido, probablemente, a la influencia de los norteamericanos. Había llegado la hora del inevitable *catsup*.

Chocolate

A los conquistadores españoles se les hizo curiosa la afición, casi el vicio, del emperador azteca por una bebida oscura y amarga, algo atemperada por la miel, a la que le añadía picante, fabricada con unas semillas secadas y molidas que también eran utilizadas como moneda. Era el cacao. Se trataba de un alimento de reyes y dioses, dato que se tomó muy en serio el paciente Carl Linneo cuando procedió a denominar esta planta. La llamó *Theobroma*, de donde el estimulante alcaloide que contiene, pariente de la cafeína, recibe el nombre de *theobromina*.

Como era habitual, los españoles –parece que por indicación de los aztecas– le atribuyeron al *chocolatl* propiedades afrodisiacas, sospecha que parecían confirmar las decenas de hijos de Moctezuma, y costumbre que no ha desaparecido del todo, pues los enamorados continúan regalándose este alimento, no se sabe si como prueba del amor que se tienen o como una intuitiva manera de aumentar su intensidad. Esto último, por cierto, parece confirmarlo la ciencia moderna, pues el chocolate contiene grandes cantidades de *felantinamine*, una sustancia asociada a los neurotransmisores, presente de manera notable durante los estados de enamoramiento y en los momentos de felicidad extrema.

Durante varias décadas el chocolate fue una especie de secreto de estado, pero al fin las semillas viajaron a Europa dentro del bastón ahuecado de un jesuita. En Europa, muy lejos de los gustos picantes de los aztecas, el chile fue sustituido por la vainilla y la miel por el azúcar, dando lugar a la aparición del chocolate caliente, más o menos como lo conocemos en nuestros días. Y como ocurriera con el café, fue tal el éxito de la nueva bebida, que en el siglo XVIII se abrieron en Venecia las primeras chocolaterías, sitios en los que se ensayaron las más diversas y dudosas mezclas: con ron, con aguardiente, con café o con té. Por fin, en la segunda mitad del siglo XIX, dos suizos –Daniel Peter y Henri Nestlé– consiguieron mezclarlo con leche, azúcar y vainilla, en una riquísima pastilla fácil de conservar y transportar. Todavía en algunos lugares de América Latina se llama peter a la barra de chocolate. Y en todo el mundo Nestlé es sinónimo de chocolate.

Entre el "¡Oléééé!" y el "¡Goooool!"

EN LOS TRÓPICOS MUCHOS latinoamericanos suelen jugar con la fantasía de que habitan una región nacida para los placeres y el ocio: la hamaca, el café humeante, el puro encendido, la cómoda mecedora de caoba, el sorbo de ron, todo ello inmerso en un *tempo* lento, como de quien está más interesado en sentir el goce de la brisa que la satisfacción del trabajo intenso. Estamos, claro, ante un estereotipo. Pero como en todas estas reducciones y caricaturas, hay algo de cierto. Si existe una zona del quehacer humano en la que los latinoamericanos han alcanzado cierto grado de excelencia es en el terreno del ocio. No contiene esta afirmación ni una pizca de ironía: se trata de la constatación de un hecho positivo. Es en la literatura creativa, en los deportes, en la música o en el baile donde la presencia latinoamericana (y española) alcanza un rango de primera magnitud. Los negocios –el no-ocio– o el desarrollo tecnólogico y científico no han sido (por lo menos hasta ahora) nuestro fuerte, pero queda lo otro, el aspecto lúdico, como consuelo y compensación.

No es poca cosa ni constituye una excentricidad. En las raíces de nuestra cultura occidental está la veneración por los héroes del mundo del ocio. Poetas y atletas han sido siempre objeto de la mayor reverencia. Lo fue Homero para los griegos. Lo eran los campeones olímpicos. ¿Por qué esa devoción? Es difícil precisarlo, pero parece emerger de una atávica necesidad de la especie. La admiración colectiva por las personas excepcionales es uno de los lazos más fuertes de la tribu. Une al grupo, lo cohesiona, lo funde en una emoción común. Es esa honda sensación que se percibe cuando el equipo nacional gana (o pierde) una competición importante. O la que nos entristece, pero también nos acerca, ante la desaparición de una figura descollante. Cuentan que en 1635, durante los funerales de Lope de Vega –el escritor más querido y popular del Madrid de su tiempo– los habitantes de la Villa y Corte se abrazaban llorando en medio de las calles. ¿Por qué no? Así ocurrió en París cuando se conoció la muerte de Víctor Hugo o en New York el día en que un chiflado ultimó a balazos a John Lennon.

¿Por qué existe ese vínculo emocional con el héroe admirado? La explicación más convincente remite a la sociobiología: es una de las múltiples estrategias de la especie para mantener la cohesión social. Hay algo muy gratificante, placentero, en la sensación de ver triunfar al grupo al que pertenecemos o a la persona con la que nos identificamos. Ese estallido de alegría que recorre el estadio, o esa pena fatal que nos embarga ante la derrota, son como enérgicas estelas que dejan en nuestro cerebro la actividad de los neurotransmisores. Y de alguna opaca manera somos adictos a esas sensaciones: las buscamos, y en la lucha por encontrarlas, la tribu fortalece sus lazos, se estrecha, y resiste la tendencia a la fragmentación y a la insolidaridad, también presentes en nuestra compleja y contradictoria naturaleza.

No todos estos fenómenos psicofísicos tienen, por supuesto, el mismo origen. No se acude a contemplar una obra dramática por las mismas razones que a un partido de fútbol; no se lee una novela o un poema impulsados por la misma fuerza interior que nos lleva a disfrutar (a quienes les complace) de una corrida de toros, pero todos estos actos tienen un común denominador: forman parte de nuestras necesidades irracionales, pero ellas son tantas y les dedicamos una parte tan sustancial de nuestra vida, que parece increíble que la mayoría de las personas no tengan una visión histórica de esos comportamientos a los que tan jubilosamente se entregan a lo largo de toda la vida.

El reposo de los guerreros

Cuando los españoles llegaron a América traían con ellos ciertas formas de divertirse que en seguida comenzaron a practicar en el Nuevo Mundo. La más inmediata estaba relacionadas con los caballos, con la doma de potros salvajes o broncos, con las carreras, con la suerte de cañas, remedo elemental de los torneos medievales en los que las lanzas se sustituían por cañas. Colón no llevó caballos en su primer viaje, pero sí en el segundo, en 1493, aunque fue víctima de una estafa. El Almirante escogió muy cuidadosamente los animales que lo acompañarían en la travesía, unos magníficos ejemplares granadinos, pero a la hora de la entrega los traficantes con los que hizo el trato los cambiaron por unos caballos sevillanos de calidad inferior, sustitución que Colón descubrió muy tarde, ya a bordo de las naves. No en balde por aquellos años comenzó a gestarse la novela picaresca. Se trataba de un mundo de aventureros y tramposos.

Los conquistadores eran verdaderos expertos en las actividades ecuestres, y a lo largo de los siglos habían logrado cruzar los finos y rapidísimos caballos árabes con otras variedades más fuertes y de mayor alzada, hasta dar con razas espectacularmente resistentes. Aquel animal poderoso, cubierto de cascabeles, cuyo ruido metálico, relinchos y bufidos espantaban e infundían pavor a los indios, de inmediato se convirtió en el elemento clave de una sutil guerra sicológica. El Inca Atahualpa se dio cuenta y no se dejó amedrentar cuando Hernando de Soto lanzó su caballo contra él con el propósito de desmoralizarlo delante de su pueblo. Se mantuvo impávido, no retrocedió un milímetro, pero sus huestes, en cambio, se desorganizaron y huyeron. Atahualpa hizo entonces ejecutar a 300 indios acobardados y a sus familias. Se daba cuenta de que el miedo de sus soldados era su principal enemigo. Pero el escarmiento no tuvo éxito. Los indios tardaron en comprender que ese animal grande y aterrador, como primero lo describieron, no era un dios inmortal, sino una eficaz arma de guerra frente a soldados desmontados que blandían hachas, mazas y espadas de piedra o madera. Un arma de guerra, además, capaz de transportar a los conquistadores a los territorios más remotos, de roturar la tierra, o de servirles de alimento cuando apretaba la hambruna.

El caballo, que a veces alcanzaba precios más altos que los esclavos –después de Dios, el caballo, escribió Bernal Díaz del Castillo–, constituyó un elemento tan básico y consustancial de los conquistadores que acabó por imprimirle un sello muy especial a América Latina: a los gauchos argentinos, uruguayos y brasileros, a los charros mexicanos, a los llaneros venezolanos, a los jinetes antillanos, juguetones sobre los paso fino puertorriqueños, mortíferos en las cargas a machete de los mambises cubanos. ¿Cómo pensar en los países del Cono Sur sin recordar esa profunda cultura ecuestre que todavía comparten? Si los argentinos poseen los mejores equipos de polo del mundo es, entre otras razones, porque no ha desaparecido del todo una vieja sociedad en la que el caballo ocupaba una posición central. Y el fenómeno no es sólo latinoamericano. Todavía hoy, en la región más hispana de Estados Unidos –Texas– los vaqueros (vaqueruus decían los norteamericanos hasta hace unas pocas décadas) encuentran en el rodeo, vestidos con ropas de montar originadas en modas españolas propias del viejo campo salmantino, una de las raíces más fuertes de su folklore regional.

Es posible escribir una curiosa historia de la civilización con los caballos como eje central. Tal vez la hegemonía de los hititas, asirios y luego persas en Asia Menor, entre el tercer y primer milenio a.C., se debió a la mejor utilización del caballo en la guerra. La silla que vistió el lomo del animal, el freno de metal que facilitó la doma y conducción, el estribo que mejoró sustancialmente la estabilidad de los jinetes, la collera que convirtió al caballo en bestia de tiro, son hitos tecnológicos importantísimos en el desarrollo de la civilización. Sin caballos hubiera sido mucho más difícil el

paso de las ciudades-estado a los imperios. El secreto de la
asombrosa movilidad de los mongoles se supo mucho después de haber arrollado medio mundo: hábilmente, los guerreros de la estepa, en casos extremos, se alimentaban de la
sangre de sus pequeños pero fortísimos caballos. Sabían san-
grarlos sin matarlos. Conocían el periodo de recuperación
que necesitaba la bestia. Viajaban sobre una veloz despensa
repleta de un alimento rico en proteínas.

No hay duda de que los griegos incluían las carreras de
caballos en sus juegos olímpicos. Pero fueron los romanos
los que se aficionaron a ellas con una pasión casi incontrolable. Era el espectáculo favorito en los grandes circos, dotados de pistas alargadas que permitían que los carruajes
desarrollaran una velocidad imposible de lograr en los
anfiteatros. Los carros solían ser tirados por cuatro caballos
–cuadrigas–, por tres –trigas–, o por dos: bigas. Los aurigas
–quienes conducían los carros– llevaban casco y un cuchillo para cortar las riendas en caso de que perdiera el dominio sobre las bestias. Y corredores y público se afiliaban muy
emotivamente a equipos señalados por colores: verdes, azules, rojos. A veces las pasiones se desbordaban hasta provocar incendios y sangrientas revueltas. Son famosos los
desórdenes y enfrentamientos entre azules y verdes ocurridos en Constantinopla en el 512. Se saldarían con más de
30 000 muertos y un incendio pavoroso. Claro que no se
trataba de pura rivalidad deportiva. Como buenos bizantinos, el enfrentamiento también tenía un ángulo teológico: los azules solían ser ortodoxos creyentes en la Trinidad,
mientras los verdes eran monofisistas. Dios, para ellos, tenía una naturaleza unitaria. Pero no siempre era el pueblo
el que asumía estas pasiones. A veces el propio emperador
participaba en las carreras, o, como ocurrió con el cruel
Caracalla, ordenaba la ejecución del equipo de aurigas que
derrotó a sus atletas favoritos.

Sin embargo, el vasto dominio que tenían los romanos
de la cría y cuidado de caballos, tanto para la guerra como

para la diversión, no fue suficiente para evitar sucumbir, precisamente, ante enemigos que dominaban mejor que ellos el arte de guerrear sobre estos animales. Esto fue lo que comenzó a suceder a partir del siglo IV d.C. con las tribus bárbaras –especialmente los vándalos– que los derrotaron en diversos puntos de la larga frontera del Imperio de Occidente. Esto fue lo que volvió a suceder mil años más tarde, en Bizancio, cuando los arqueros turcos, galopando sobre sus veloces aunque pequeños caballos, consiguieron vencer a la pesada caballería del Imperio Romano de Oriente hasta llegar a la toma final de Constantinopla (1453). El potente arco turco, mucho mejor que los europeos, cuyas flechas podían penetrar las armaduras y los petos, en conjunción con el caballo adecuado y el demoledor uso de la artillería pesada, resultaron inderrotables. Medio siglo más tarde, sin los caballos con los que luego caracoleaban, competían y se divertían, los españoles difícilmente hubieran podido destrozar imperios como el Inca o el Azteca.

Los instrumentos del azar: dados y naipes

Los conquistadores, muy dados a los juegos de azar, pese a las condenas de los religiosos, tuvieron en los dados y los naipes, debido seguramente a su tamaño y portabilidad, los primeros y más extendidos pasatiempos. Los dados españoles –remotamente parecidos a los que utilizaban aztecas y mayas antes de la Conquista, hechos con frijoles negros en los que se pintaban de blanco unos puntos–, cuyo origen se vincula a las primeras civilizaciones, generalmente como una forma de adivinación del futuro, fueron un juego introducido en la península por las legiones romanas.

Desde entonces y por más de quince siglos formaron parte de los hábitos cotidianos de los soldados ibéricos durante las horas de descanso, no obstante la persecución de que eran objeto tanto su fabricación como su uso en los siglos XVI y

XVII: hasta pena de dos años de destierro podían sufrir los fabricantes de dados o los más empedernidos jugadores.

Los naipes –cuya impresión y venta eran privilegios de la Corona castellana–, gozaban, en cambio, de la venia del Estado, siempre que no provinieran del extranjero o de otro de los reinos de España, puesto que ese contrabando se consideraba una seria defraudación de la Real Hacienda. Aún así, no todos los juegos eran lícitos: andaboba, carteta y las vueltas –cuyas reglas ya sólo los eruditos conocen– estaban terminantemente prohibidos, mientras otra larga docena de suertes contaba con la tolerancia oficial. Con el tiempo, y tras la fundación de las ciudades, surgieron los primeros casinos, llamados en España casas de conversación, donde se autorizaban el juego, las rifas y otros entretenimientos de salón a los que acudían los señores principales de los pueblos –a las mujeres se les solía prohibir la entrada, pero no eran éstos los únicos establecimientos en los que se apostaba: en las tabernas y en las casas de lenocinio también surgían garitos clandestinos en los que no faltaban los escándalos y las puñaladas cuando se descubrían naipes marcados o dados evidentemente cargados por tahúres inescrupulosos.

Vallas y gallos

¡Diez monedas al canelo! Ese grito, o parecido, suele escucharse todos los días en las decenas de vallas de gallos oficiales o secretas que motean la geografía americana, incluido Estados Unidos, donde este deporte, inmensamente popular en el sur, fue prohibido desde hace más de cien años, pese a que nada menos que George Washington, padre de la patria americana, fue un hábil criador de gallos de pelea, Abraham Lincoln fungió de juez de valla más de una vez, mientras Andrew Jackson, belicoso, pendenciero y duelista él mismo, llevó su aprecio por este pasatiempo al extremo de organizar los combates en los terrenos de la Casa Blan-

ca, actividad que muy probablemente estuviera acompañada por alguna suerte de apuestas económicas.

En efecto, junto con los gallos y gallinas traídos por los
españoles a América –los indios enseguida se acostumbra-
ron a comer sus huevos– también llegó la afición a las peleas de estas aves y la costumbre de apostar, sangriento juego
que todavía cuenta con numerosos aficionados en el Nuevo
Mundo, notablemente en la cuenca del Caribe, y especialmente entre las personas de procedencia rural, pese a las
constantes admoniciones de la Iglesia o las persecuciones casi
siempre discretas de los gobiernos sometidos a la presión de
las sociedades protectoras de animales.

Parece que el deporte de adiestrar y enfrentar a estas
pendencieras aves, dotadas por la naturaleza de un fortísi-
mo instinto territorial, se originó en China, o tal vez en la
India, pero el punto de partida de la tradición iberoamericana es la Grecia clásica, de donde la tomaron los romanos.
Diversión griega, le llamaban los romanos con desdén –los
de la República y los del Imperio–, pero eso no impidió que
los aficionados llegaran a apostar enormes sumas o a pagar
grandes cantidades por ejemplares especialmente fuertes y
agresivos.

Como sucede en todas estas competiciones, y especialmente cuando median apuestas económicas, los amantes de
este juego han desarrollado ciertas reglas concebidas para
garantizar una suerte de equidad. Las vallas deben ser circulares, de unos seis metros de diámetro, y los galleros colocan sus aves una frente a otra en el centro del redondel. Las
espuelas artificiales con que revisten las del propio gallo están sujetas al control del juez para que el tamaño o el material de que están hechas se ajusten a la norma. Se considera
especialmente grave envenenar las espuelas o dopar al gallo
con sustancias que aumenten su habitual ferocidad.

Es frecuente que uno de los contendientes muera en la
pelea, o que quede ciego o tuerto por las espuelas o los
picotazos de su adversario, pero los instintos del animal lo

alientan a mantenerse en el combate incluso cuando está exhausto o agonizando. Si eso no sucede y el animal huye o vuela la valla, su dueño, además de perder lo que haya apostado, suele ser objeto de burlas. Ahí radica uno de los más curiosos aspectos del juego: al margen de la fortuna o la ruina que le haya traído la pelea, el gallero asume como propias la gloria o el descrédito del animal que ha adiestrado.

El espectáculo, dotado de una siniestra belleza –el colorido de los pájaros, el movimiento frenético, los saltos, la pasión y los gritos de los aficionados–, ha convertido este combate en un socorrido tema pictórico, generalmente atrayente, además de constituir una actividad económica de enormes proporciones: ganar o perder grandes sumas de dinero, incluso hasta arruinarse por las patas de los gallos, es algo que sucede todos los días en diversas vallas de América Latina. Puede comprobarlo cualquiera que visite, por ejemplo, la muy concurrida que existe en Isla Verde, un próspero barrio playero de San Juan, Puerto Rico.

Los toros

Uno puede pensar que no hay exclamación más española que el *¡Olé!* gritado por miles de gargantas cuando el torero, lleno de garbo, esquiva al toro con un elegante pase, pero tal vez quienes gritan sean mexicanos reunidos en un estadio de México, y a quien animan pudiera ser un torero venezolano, colombiano o peruano. En efecto: se trata de un deporte iberoamericano, acaso el único. Agustín Lara, el compositor mexicano, compuso uno de sus más conocidos pasodobles en homenaje de su compatriota el torero Silverio Pérez, en su momento ídolo tanto en México como en España, Perú, Colombia, Ecuador o Venezuela, geografía básica de un deporte o espectáculo que, además, también abarca, aunque con menos fuerza, Portugal y el sur de Francia. Los españoles, que a fines del siglo XX aplaudían al colombiano César Rincón y lo calificaban como uno de los mejores de todos los tiempos, en la anterior generación dijeron lo mismo del venezolano César Girón, y a principios de la centuria de los mexicanos Rodolfo Gaona y Vicente Segura. Los cubanos –probablemente sin saber muy bien a quién se refieren–, cuando quieren ponderar el arrojo extraordinario de una persona, todavía lo comparan con Mazzantini, el torero, pese a que la actividad taurina prácticamente desapareció de la Isla en la década de los veinte del siglo que acaba de terminar. Los toros, en efecto, son tan americanos como españoles, y aunque la proporción de aficionados con relación a la población sea mayor en los cuatrocientos cosos de España que en América Latina, no hay que olvidar que la mayor plaza de toros del mundo no es la de Madrid –veinte mil almas o veinte mil desalmados, de acuerdo con la maña y la suerte de los toreros–, sino la de México, donde caben cincuenta mil personas.

La pasión taurina comenzó muy pronto en América. En la *Quinta carta de relación* de Hernán Cortés a Carlos V, fechada en 1526, ya hay noticias de unos festejos en los que se corrieron toros y hubo cañas. Los toros venían de Cuba, donde los había criado un primo de Cortés, Juan Rodríguez Altamirano, y es probable que el emperador viera la noticia con simpatía: pese a su ancestro neerlandés y su escasa residencia en España, le gustaba la fiesta. Un año más tarde, en 1527, él mismo lanceó un toro a caballo. El rejoneo o toreo a caballo era lo propio de los grandes señores, y cuando los aristócratas montados no lograban liquidar al toro, entonces la cuadrilla, gentes sin ninguna distinción social, remataba la faena a pie. ¿Por qué, nada menos que el emperador Carlos V, participó en estos juegos? Lo hizo, como era frecuente, en homenaje al nacimiento de su hijo Felipe, aunque tal vez la abuela del Emperador, Isabel la Católica, no hubiera aprobado la acción, pues existen pruebas de sus escrúpulos ante la crueldad de la fiesta: ella fue quien primero, y sin ningún éxito, pidió que se cubrieran las astas del animal para que no hirieran a quienes se le enfrentaban. Su marido, Fernando el Católico, en cambio, tenía otro uso más práctico para el toro: más que aficionado a las corridas lo era a las criadillas, convencido, como muchos europeos de su época, de que comer testículos de toro aumentaba la virilidad, algo que seguramente no le vino mal cuando enviudó a los cincuenta y tres años y tuvo que desposar en segundas nupcias a una chiquilla de diecisiete poseída por una implacable vitalidad.

En Cuba y en Perú hubo corridas en 1538, en Colombia en 1556, en Caracas en 1573. Generalmente se asociaban a conmemoraciones especiales, a nacimientos ilustres o a festividades religiosas. Probablemente tenían más de juegos peligrosos –correr perseguidos por los toros–, como todavía se hace en las fiestas de San Fermín, en Pamplona, y en otros cien pueblos españoles, que de enfrentamiento entre los toreros y las bestias. Parece que los indios y negros esclavos muy pronto comenzaron a disfrutar del deporte, unas veces viendo los toros desde la barrera, y otras retando a la fiera directamente. En 1606, en Perú, ya hay indios y negros que participan como mata-toros en una fiesta. En esa época, sin embargo, no puede hablarse de una actividad profesional. No es hasta el siglo XVIII que cierta gente en España cobra dinero y adquiere fama por liquidar a un toro de una estocada en la testuz: ha surgido el torero profesional. Es en ese periodo cuando se fijan las reglas, los trajes, los curiosos sombreros y la liturgia que rodea el toreo: las cuadrillas, los alguaciles, los picadores, los banderilleros, y la estrella maxima, el matador. Cada uno de estos personajes tiene su función y participa en un orden determinado o tercio. Tras los pases iniciales con la capa, dados por el matador, primero actúan los picadores desde sus caballos protegidos por petos, sangrando y debilitando profusamente al toro con sus picas o lanzas. Luego siguen los banderilleros, quienes, muy rápido, en una carrerilla que algo tiene de baile o de maroma circense, clavan sus banderillas en el lomo del animal. Por último, regresa el matador, la figura principal,

con un estoque escondido tras la muleta, y –si tiene suerte–
liquida al toro de una estocada certera. Cuando la faena ha
sido notable, el público le concede al matador una oreja del
toro. Si ha sido muy buena, son dos las que obtiene. En algunos casos, cuando el trabajo ha resultado excepcional, el
generoso público le añade un tercer despojo al triunfador:
el rabo de la bestia. Es como un ballet brutal, en el que los
artistas –siempre se habla del arte taurino– y el público conocen a fondo la coreografía, la cadencia, los más pequeños
movimientos de las personas, y aún de los animales. El talento de los matadores se mide por la gracia y destreza de
sus movimientos y por el valor que demuestre en acercarse
a los peligrosísimos cuernos del animal sin dar muestras de
nerviosismo. La verónica –pase de capote cuyo nombre,
acuñado en el siglo XVIII, alude a la santa que colocó el su-
dario sobre la cara de Jesús– es el más famoso de estos movimientos, pero alguno de los grandes toreros, incluso, le han
dado nombre a diversos juegos de capote o muleta: la chicue-
lina por Manuel Jiménez Chicuelo, la Gaonera, por el torero mexicano Rodolfo Gaona, la orticiana, por el también
mexicano Pepe Ortiz, o la manoletina, así llamada en homenaje al famoso Manolete que prefería, sin embargo, la
media verónica. En todo caso, si es un ballet, se trata, sin
duda, de una modalidad muy peligrosa: son muchos los toreros que han muerto en la arena, y prácticamente todos los
profesionales una que otra vez resultan heridos por las astas
del toro, lo que ha dado lugar a una especialidad quirúrgica
dominada por cirujanos expertos en el tipo de lesión que
suelen producir los agudos pitones.

Hay diversas teorías sobre el origen de esta actividad
deportiva, pero ninguna es concluyente. En las cuevas de
Altamira, en Santander, y en otras cuevas del Levante español y de Francia, hay bisontes admirablemente pintados en
tonos ocre por artistas del paleolítico, pero nadie puede asegurar si se trataba de conjuros mágicos para estimular la caza,
o si eran figuras totémicas a las que se les atribuía una rela-

ción casi religiosa con el surgimiento del grupo que las dibujaba. El toro, por otra parte, estuvo presente entre las deidades de Mesopotamia y del Medio Oriente –el dios-toro Baal de los fenicios–, casi siempre asociado a la virilidad y a la fuerza, y en todo el Mediterráneo se le utilizaba para sacrificios religiosos, siendo el más espectacular la ceremonia que los griegos llamaban hecatombe, en la que se ofrecían a los dioses nada menos que cien bueyes. Pero es en Creta –madre y maestra de tantas costumbres del Mediterráneo– donde se sabe, con certeza, que hubo fiestas en las que toros y hombres se enfrentaban, juego que luego los romanos convierten en una actividad favorita en los numerosos anfiteatros que moteaban el Imperio.

¿Qué hacen los romanos con los toros en sus sangrientos circos? Los utilizan para despedazar criminales condenados por los tribunales, o para matar judíos y cristianos que vulneran las tradiciones religiosas paganas. Los enfrentan a osos, a jaurías de perros o a otras fieras. A veces sus oponentes son gladiadores armados con hachas o espadas. Es un espectáculo que el público agradece y aplaude. Lo anuncian con carteles. Hay escuelas taurinas, y en los anfiteatros y circos donde se llevan a cabo, existen acomodadores que sientan a las personas donde les corresponde. Generalmente las tres primeras filas, revestidas de mármol, eran para las dignidades. La plebe se sentaba sobre la piedra desnuda. Es probable que ya existiera el alquiler de cojines. Los anfiteatros de la España romana –Itálica, Emérita, Tarraco, Sagunto–, aunque más pequeños y menos lujosos que los de Italia, se llenaban totalmente cuando convocaban a toros. Al fin y al cabo, parece que aun antes de la conquista de los romanos, los iberos, como otros pueblos del vecindario Mediterráneo, ya se divertían de diversas maneras con estos animales fuertes, agresivos y escasamente inteligentes.

Los godos –como queda dicho, pueblo germánico que se apoderó de España tras el hundimiento del Imperio Romano en el siglo V–, no fueron demasiado entusiastas con los

juegos romanos, y hasta se conserva el regaño del severo rey
Sisebuto (s. VII), perseguidor de arrianos y judíos, al obispo
de Barcelona, a quien le censura su predilección por las corridas de toro. Ello explica la parálisis en la construcción de
edificios públicos destinados al ocio y a las actividades lúdicas
que sufre Europa tras la caída de Roma. Los pueblos germánicos no tenían la alegría de vivir que exhibían los romanos, y, aunque podían ser tremendamente violentos en las
guerras o en los castigos a los condenados, rechazaban la
crueldad lúdica y casi sin límites de los juegos romanos. En
todo caso, los godos son más tristes y es durante su hegemonía política cuando la Iglesia adquiere un mayor control
de la sociedad. La Edad Media ha comenzado, y el acento
se pone en los templos, monasterios y abadías, no en los
estadios ni anfiteatros.

Tras los godos, en el siglo VIII llegaron los árabes, y se
sabe que la prodigiosa capacidad de absorber influencias que
tenía este pueblo, por lo menos en el medievo, pronto le permitió aficionarse a las corridas. El Cid, en el siglo XI, que
casi siempre combatió a la *morería*, pero a veces estuvo a su
servicio, presenció algunos juegos. A fines del siglo XV, a
punto de caer Granada, víspera del Descubrimiento, el último reino musulmán de la península encontró tiempo para
esta diversión. Los adversarios que los asediaban también.
Se creían muy diferentes, pero en el fondo se parecían muchísimo.

En la España cristiana, sin embargo, aunque se reducen
los juegos y el tiempo de ocio –la mitad del calendario en
época de Roma–, no se renuncia a las corridas de toro. Si no
hay anfiteatros, las plazas y hasta las calles son buenas para
divertirse con estos animales, y así será durante muchas centurias: la plaza mayor de Madrid entre los siglos XVI y XVII
lo mismo alojaba un auto de fe para quemar judíos o protestantes, a veces en presencia del rey, siempre con la grave com-
parecencia de grandes e inconmovibles autoridades, que para
degollar condenados o celebrar jubilosas corridas. Oportuni-

dades hubo en las que hasta se combinaron los dos sangrientos espectáculos para diversión de la endurecida población. ¿Cuándo se realizaban estas corridas? Pretextos nunca faltaban. En la plaza mayor de Madrid, por lo menos tres veces al año, ante cualquier festividad religiosa o civil, aunque a la Iglesia nunca le gustó demasiado. En 1567 el papa Pío V –luego declarado santo– prohibió las corridas y amenazó con excomulgar a quienes participaran en ellas. Le parecía demasiado sanguinaria y pagana una fiesta en la que un señor principal alanceaba al toro desde un caballo y luego una docena de espadas de baja condición –lacayos– remataban a la bestia herida. Pero cuando el deporte se tornaba aún más siniestro era cuando la corrida culminaba despeñando al animal hacia el río, haciéndolo resbalar por una cuesta ensebada, como sucedía en el Pisuerga que baña Valladolid. Una vez en el agua, desde pequeños botes o a nado, los primitivos toreros remataban la faena. La Iglesia protestaba, pero fue inútil: en 1596 otro papa, ya resignado y bajo la presión del todo poderoso Felipe II, eliminó esta prohibición. Era una sana diversión popular, probablemente menos sangrienta que otras peleas entre animales feroces –leones, jabalíes, tigres y los inevitables toros–, encerrados en plazas valladas con las que se entretenía el noble pueblo.

Eran, además, los años de la aventura americana. En los barcos de Colón viajó también, como pasajera silenciosa, la pasión por los toros. La costumbre no tardaría en comenzar a instalarse más allá del Atlántico, donde en Perú se le añadió una de las variantes más crueles, aportada por los indios, conocida como Fiesta del Jaguar, combate en que se ata un cóndor sobre el lomo del toro, y con su fuerte pico lenta y dolorosamente el ave va destruyendo la espina dorsal del animal hasta conseguir matarlo. Acaso era mucho más que un pasatiempo. Tal vez tenía algo de símbolo, de venganza de la vieja raza india atropellada por los españoles.

La fiesta hispana, no hay duda, caló hondo. Al margen del jolgorio y de la borrachera, algo tenía de convocatoria a

la secreta unidad de la tribu; algo de perenne rito de iniciación a la hispanidad profunda. Servía para poner a prueba
la valentía de los varones y para reforzar el folklore nacional. Servía para comenzar a sellar en un nuevo ser a conquistadores y a conquistados, juntos, de pronto, en una común
emoción. Es una oculta fuerza centrípeta. El historiador
Fernando Claramunt lo señala con agudeza: el idioma español, como lengua diferente a la romana, incluso eso tan
vago que se llama carácter nacional, se van formando al
mismo ritmo con que la fiesta de toros se perfecciona y estiliza. No hay ningún pasatiempo, deporte o manifestación
popular que haya dado tantas frases, palabras y expresiones
al lenguaje. El especialista Carlos Abella anota más de doscientas en un libro muy entretenido, *¡Derecho al toro!*: *Coger
el toro por los cuernos, dar largas* (dejar pasar al toro), *dar la
puntilla, cortarse la coleta* (abandonar una profesión), *capear,
cambiar de tercio* (de tema o asunto), *entrar al trapo, lidiar una
situación, mano a mano* (cuando torean dos diestros), *atacar
como un miura* y así hasta las habituales *estar como un toro* o
rematar la faena. Y eso sucede a ambos lados del Atlántico,
sea en tierras taurinas o en las que ya no lo son. Ahí hay un
vínculo, un cohesionador que durará siglos y se prolonga
allende los mares, hasta hoy mismo.

Que vienen los ingleses y los yanquis

Cuando comienza el siglo XX son sólo unos cuantos latinoamericanos los que juegan y disfrutan el fútbol. No era
ése un deporte español. Los españoles tampoco dominan el
juego. Es una cosa ajena, extraña. Pero cuando se acaba la
centuria es el deporte más extendido en América Latina y
en la Madre Patria donde son muchos más los que acuden
al fútbol que los que prefieren el toreo. La corrida, aunque
se siga llamando la fiesta nacional, es una actividad minoritaria y con un público que tiende a envejecer. El fútbol, en
cambio, dentro del ámbito de la cultura iberoamericana lo

practican decenas de millones de jóvenes, mientras lo contemplan, apasionadas, centenares de millones de personas.
Los brasileros y argentinos, que crecen corriendo hábilmente tras el balón, jurarían que es un pasatiempo autóctono,
inventado en Río o en Buenos Aires, sin advertir que se trata, como tantos otros hábitos, de una moda importada. En
este caso, recientemente importada.

¿Cómo sucedió? El siglo XIX que, a efectos históricos,
comenzó con la derrota de Napoleón en Waterloo en 1815,
y terminó en 1914 con el inicio de la Primera Guerra mundial, fue la gran centuria inglesa, y cuanto provenía de Gran
Bretaña obtenía un inusitado prestigio. No sólo vestir a la
inglesa o construir casas estilo Tudor se convirtió en el objetivo de media Europa –se cuenta que los *snobs* más poderosos enviaban su ropa a lavar a Londres–, sino hasta las
formas británicas de divertirse se expandieron por el mundo a una sorprendente velocidad, especialmente si tenemos
en cuenta que la fotografía estaba en pañales y no existían
el cine, la radio o la televisión.

¿Cómo ocurrió este vertiginoso fenómeno de transculturación? El origen es doble. En las vastas colonias británicas
son los soldados los que propagan el fútbol, pero también
están las escuelas británicas que existían en las ciudades más
importantes del mundo occidental o en las principales ciudades conquistadas por las armas inglesas. Eran escuelas en
las que se educaban los hijos de los empresarios y funcionarios ingleses y no pocos de los jóvenes de la burguesía local.
En esas instituciones se reproducían fielmente el ambiente
y las costumbres de las escuelas inglesas, tanto las de las
elitistas *public schools* como las de las prestigiosas universidades: Oxford y Cambridge. Fue así como llegó el fútbol a la
América Latina, lo que explica que, en un primer momento, el juego comenzara a practicarse con mayor intensidad
en el cono sur –Argentina, Uruguay y Chile–, la zona donde
la influencia británica era mayor, hasta llegar a cubrir en pocos años, de sur a norte, casi todo el mapa latinoamericano.

El deporte rey

¿Cuáles son los latinoamericanos más conocidos y admirados? Sin duda, los futbolistas, con Pelé y Maradona a la cabeza. Si un extraterrestre escuchara la radio en español por primera vez, el sonido, grito o palabra que más le sorprendería escuchar es ese ¡Goooooooooooool! desgarrado y emotivo con que los narradores deportivos comunican que un equipo de fútbol ha anotado un punto. Pocas actividades hay que apasionen con tanta vehemencia a los latinoamericanos. Y ningún otro deporte tiene el triste privilegio de haber desatado una guerra como la que en 1969 enfrentó a Honduras y El Salvador, o una catástrofe como la estampida humana que en 1964 provocó el aplastamiento de más de trescientas personas en un estadio de Lima en el que competían equipos de Perú y de Argentina.

Antes de la llegada de los europeos al Nuevo Mundo casi todas las grandes culturas –mayas, aztecas, incas– se divertían con juegos en los que se pateaba o perseguía algún objeto redondo –un pasatiempo casi instintivo de la especie humana–, pero parecen haber sido los mayas quienes contaban con una forma más elaborada de torneo, con canchas rectangulares de tamaño regular, y unos anillos de piedra por los que una gran bola de caucho debía pasar tras ser golpeada con el torso o las caderas, prescindiendo de brazos y piernas. Sin embargo, lo más extraordinario no era el aparentemente difícil juego, sino un tipo de dramática consecuencia sin parangón en la historia de la competencia humana: los jugadores y algunos aficionados arriesgaban sus ropas y hasta la existencia misma. Quienes ganaban podían privar de la vida a quienes perdían. ¿Cómo un simple juego podía llevarse a esos extremos? Probablemente, porque se trataba de algo mucho más profundo: ciertos partidos reñidos en determinadas épocas del año –los mayas vivían y morían obsesionados con la astrología– poseían un contenido religioso. La cancha era una reproducción del universo en el que el bien y el mal se enfrentaban, y la decapitación de los vencidos constituía una suerte de sacrificio ritual para calmar a los sanguinarios dioses mesoamericanos. Luego los cráneos se apilaban por un tiempo cerca de la cancha, como recogen los tétricos frisos y bajorrelieves que adornan muchas de las construcciones aledañas a los campos de pelota.

Los aztecas contaban con canchas en forma de dos letras tes opuestas por la base, divididas por una raya que separaba los campos contendientes. Utilizaban una pelota maciza de hule a la que no podían golpear con los pies. Se le pegaba con la cabeza –algo realmente arriesgado–, con los codos, hombros y caderas, y también, como entre los mayas, en los laterales, al centro del terreno, existían unos aros de piedra por los que debían pasar la pelota. Existían numerosas canchas, y era frecuente que los señores principales, además de los reyes, por supuesto, contaran con ellas dentro de sus propiedades, pues se trataba del más popular de los juegos. Según la leyenda, poco antes de la llegada de los españoles, el resultado de una de estas competiciones les sirvió a los adivinos para vaticinar que Moctezuma perdería su reinado.

Los españoles del siglo XVI también se divertían con juegos en los que utilizaban pelotas de cuero rellenas de heno que los contendientes trataban de llevar al campo del adversario. Eso formaba parte de una viejísima tradición europea que puede comprobarse en un bajorrelieve del siglo V. a.C. que reproduce la imagen de un atleta griego que golpea con su rodilla una pelota de parecido tamaño a las actuales. Los romanos, posteriormente, practicaron el *harpastum*, un juego en el que intervenían los pies principalmente. Pero el antecedente directo del fútbol moderno parece ser el *quico del calcio* que jugaban los italianos desde el siglo XIV, especialmente en Bolonia y Florencia, lo que da la medida de que se trataba de un deporte urbano con que los jóvenes se divertían en las plazas o en las afueras de la ciudad durante las fiestas de carnaval.

Finalmente, en las escuelas inglesas de la primera parte del siglo XIX el fútbol comienza a adquirir el perfil que hoy presenta. Se conocen el nombre y la trayectoria del iniciador: se trata de Thomas Arnold, el director del colegio "Rugby" entre 1828 y 1840. Como pedagogo, quería potenciar algunas de las virtudes inglesas más apreciadas: la disciplina, la tenacidad y la sujeción a las reglas o *fair play*. El fútbol no sólo sería útil para entretener a los jóvenes y facilitar la descarga de agresividad: serviría también para fortalecer los músculos y templar el carácter. Una nación como Inglaterra, predestinada a dirigir al resto del mundo, necesitaba una clase dirigente provista de un espíritu especial. El fútbol contribuiría a forjarlo.

En un principio intervenían los pies y las manos. Pero pronto el deporte se escindió en dos vertientes: el *rugby*, muy violento, que se jugaba con las manos, a empellones, tratando de arrebatar el balón para llevarlo al campo adversario, y el *dribbling game*, también llamado *soccer*, menos rudo, con reglas de 1849 que expresamente prohiben se golpee en la tibia a los jugadores, y en el que no se permite tocar el balón con las manos, hasta que en 1871 se establecen unas nuevas normas que autorizan al portero el uso de las extremidades superiores para impedir el gol del contrario.

La fabulosa capacidad de la sociedad civil británica para organizarse enseguida se hace presente. En la década de los ochenta ya hay más de mil clubes inscritos en la Football Association. Y no sólo los auspician las escuelas: el deporte se ha desbordado y las parroquias, las empresas y hasta los *pubs*, las populares y muy visitadas tabernas inglesas, crean y respaldan a sus propios equipos. Lo que empezó siendo una actividad elitista de los jóvenes más acomodados de la sociedad, en pocas décadas se convirtió en un deporte jugado por casi todos los hombres y por algunas mujeres audaces. Se ha proletarizado.

Bajo la influencia inglesa, Europa comienza a patear el balón furiosamente. En 1880 surge en España, en Huelva, el primer equipo organizado. El juego ha llegado a la península de la mano, o más bien de los pies, de los empleados británicos de la empresa Riotinto y con el aval moral del Instituto Libre de Enseñanza, una rigurosa escuela pedagógica convencida de que la perfección moral también se alcanza con el ejercicio físico. En América Latina, al comenzar el siglo, todavía no puede hablarse de fútbol institucionalizado, aunque se juega en numerosas canchas, también aprendido como consecuencia de los inmigrantes ingleses, casi siempre vinculados a empresas filiales de casas matrices radicadas en Gran Bretaña. En 1904 se crea la Federación Internacional de Asociaciones de Fútbol (FIFA). Pronto el deporte se incorpora a los juegos olímpicos. La FIFA convoca en 1930, en Montevideo, al primer campeonato mundial. Todavía no hay vuelos comerciales trasatlánticos y el viaje desde Europa es largo y en barco. Sólo cuatro países europeos deciden hacer la travesía y los equipos aprovechan para practicar sobre cubierta. Finalmente, son trece los países que participan y gana Uruguay, la nación anfitriona, derrotando a Argentina, el equipo finalista, lo que provocó conflictos en la frontera y una singular explosión de júbilo en la pequeña república sudamericana. Inmediatamente, escoltadas por la prosa fácil de la prensa deportiva, llegan las caracterizaciones más arbitrarias: el fútbol latinoamericano es artístico, el español furioso, el inglés fuerte, el brasilero se deja dominar por la teatralidad. Los viejos prejuicios adquieren un nuevo cliente para clavarles los colmillos.

En la medida en que el fútbol se convierte en el deporte rey, con estadios en los que caben 250.000 personas, como el de Maracaná en Brasil, la actividad deportiva va tomando un abultado contorno empresarial. Los grandes futbolistas no son sólo famosos: algunos consiguen salarios y primas fabulosos, además de las sumas que perciben por sus actividades publicitarias. Ciertos comentaristas deportivos se convierten en los periodistas mejor pagados de la profesión, y las publicaciones especializadas en estos temas son las de mayor tirada y lectura. El deporte se torna, además, en una industria con consecuencias fiscales derivadas de las quinielas con las que se intenta adivinar a los ganadores y de los boletos de entrada al espectáculo. Hay también efectos sociales muy importantes: en casi todos los países surgen bandas de jóvenes agresivos que después de los partidos se entregan a una suerte de vandalismo salvaje contra la propiedad y las personas. Son los *hooligans*, particularmente feroces en Inglaterra, y fuera de ella cuando viajan al extranjero: en 1985, en el estadio Heysel de Bruselas, treinta y nueve italianos mueren aplastados y cuatrocientos resultan heridos como consecuencia de la acción de los jóvenes ingleses partidarios del Liverpool. Pero no son sólo los británicos los que practican este desagradable vandalismo: los alemanes o ciertos madrileños del sur de la ciudad pueden resultar igualmente destructivos si no son mantenidos a raya por las fuerzas del orden. Es una especie de fascismo sin ideología. Una variedad de la violencia que no posee otro objetivo que la violencia misma. Lo impulsa la rivalidad tribal que subyace en el juego: ese fuego interior que en Argentina sienten los partidarios del Boca Junior cuando el adversario es el River Plate, o el que electriza a los fanáticos o hinchas –una palabra de origen uruguayo– del Real Madrid cuando su equipo compite en la cancha contra el Barcelona y viceversa. De alguna manera, se trata de un sentimiento guerrero canalizado por otras vías. Es una ironía que un deporte impulsado para templar el carácter y estimular las mejores virtudes haya terminado por generar las actitudes contrarias en alguna gente –felizmente una ínfima minoría–, pero la contradicción también forma parte, y muy importante, de la naturaleza humana.

¡Se llevó la cerca!

Si el fútbol es un legado de los británicos, el béisbol –de *base ball*– es un deporte de clara procedencia norteamericana. Y al contrario del fútbol, que se extendió de sur a norte por el continente sudamericano, el béisbol primero se jue-

ga en Cuba y en México –los dos países hispanos más cercanos a Estados Unidos–, y desde ahí comienza a desplazarse
hacia el sur y al resto de las Antillas, con énfasis en los sitios
en los que se produjeron intervenciones norteamericanas:
Puerto Rico, Panamá, Nicaragua y República Dominicana,
con una sola excepción, Haití, nación en la que el fútbol continúa siendo el deporte favorito. En Japón, no obstante los
esfuerzos de los misioneros desde fines del siglo XIX, no es
hasta después de la Segunda Guerra Mundial –pese al extraño insulto gritado por los soldados nipones desde las
trincheras: al diablo con Babe Ruth, el gran pelotero norteamericano– cuando el deporte comienza a reunir multitudes y lentamente empieza a desplazar al sumo: ese curioso
pugilato entre luchadores semi desnudos, inmensamente
gordos, que intentan expulsarse uno al otro de un pequeño
círculo.

A mediados del siglo XVIII los ingleses ya practicaban un
deporte en el que se golpeaba una pelota con un palo y se
corría luego por el terreno hasta llegar a una base en la que
el jugador estaba a salvo. Parece que el éxito de los jugadores consistía en atinar a los adversarios con la pelota. Los
norteamericanos pronto los imitaron y se sabe con certeza
que los soldados de Washington se entretenían con este
pasatiempo. En Inglaterra ese juego primitivo no tardó en
evolucionar hacia un deporte más complejo llamado *rounder*,
también popular en Estados Unidos, hasta que en 1845 un
jugador de New York cambió las reglas, humanizándolas, y
se abandonó el objetivo de golpear con la bola a los otros
atletas. Se comenzó entonces a tocarlos para ponerlos *out* o
fuera del juego. A partir de ese momento el béisbol americano fue incorporando ciertas normas, unificando criterios
y organizando equipos y federaciones –actividad que ni siquiera se interrumpió del todo durante la Guerra Civil de
1861-1865–, y ya a fines de la centuria parecía ser el deporte nacional. Un deporte, por otra parte, muy lento –generosa ventaja que permite que lo practiquen cuarentones y

hasta cincuentones afectados por el sobrepeso–, aburrido para quien no lo comprende, complicadísimo, y con una extraordinaria cantidad de reglas que, en algún caso, hasta se pueden violar cuando el *pitcher* o lanzador se descuida y un corredor le roba una base.

¿Qué hace a este deporte tan popular en Estados Unidos? Entre otros aspectos, la pasión tan norteamericana por la cuantificación de las actividades, hazañas o pifias de los jugadores individuales y de los equipos a los que pertenecen, precisiones aritméticas casi neuróticas, notable e inmediatamente multiplicadas tras la aparición de las computadoras. Las pizarras electrónicas no sólo dan cuenta de las carreras anotadas, sino de cuántas veces el bateador ha acertado contra zurdos o derechos, los diferentes tipos de contacto entre el bate y la pelota (sencillos, dobles, triples), las bolas atrapadas en juegos diurnos o nocturnos, y así hasta el infinito. Durante décadas, romper el récord de sesenta jonrones en una temporada establecido por Babe Ruth (1927) fue la obsesión de decenas de bateadores y el gran *suspense* del juego, hasta que en 1961 Roger Maris lo lograra, pero casi cuarenta años más tarde otro jugador, Mark McGwire, seguido con tenacidad por el dominicano Sammy Sosa, finalmente alcanzó la cifra de setenta en 1998, algo que los expertos consideraban prácticamente imposible. No obstante esa supuestamente imbatible nueva marca fue otra vez superada en 2001, cuando un nuevo campeón de bateo, Barry Bonds, la elevó a 73 jonrones. Batear la pelota por encima de la valla o llevarse la cerca, dicho sea de paso, es la jugada que más admiración despierta entre los seguidores del béisbol. Cuando el *home run*, castellanizado como jonrón se produce con las bases llenas, la reacción de los aficionados alcanza el nivel de delirio. Entonces se les llama *grand slams*.

Los cubanos comienzan a jugar béisbol dentro y fuera de la Isla. En el XIX son muchos los jóvenes que estudian en las universidades norteamericanas –casi todos exiliados de la guerra contra España–, pero también hay emigrantes económicos que aprenden el juego en un ambiente proletario. Es curioso que el primer equipo profesional estadounidense de jugadores negros, creado en Long Island, New York, en 1885, se llamara Cuban Giants, Gigantes Cubanos. Los norteamericanos, a su vez, viajan a Cuba y allí se instalan para desarrollar actividades empresariales casi siempre relacionadas con la producción de azúcar. En esos ingenios o centrales azucareros hay grandes terrenos baldíos propicios para jugar a la pelota. Los cubanos, blancos y negros, aprenden rápido, y ya en 1874, en la provincia de Matanzas, muy cerca de La Habana, en un sitio conocido como Palmar del Junco, se celebra un juego que merece la primera crónica periodística. Muy popular debe haber sido este entretenimiento pues sólo quince años más tarde ya aparece una publicación en La Habana con este larguísimo y puntilloso nombre: *El base-ball en Cuba. Historia del base-ball en la Isla de Cuba, sin retratos de los principales jugadores y personas más caracterizadas en el juego citado, ni de ninguna otra*. El autor es Wenceslao Gálvez y Delmonte, jugador él mismo, empeñado en dejar para la posteridad las anécdotas de lo que debió haber sido su pasión incontrolable.

A partir de ese momento la pelota, como le llaman los cubanos, muy rápidamente va convirtiéndose en el juego favorito, hasta que en la década de los veinte ya puede hablarse de un deporte nacional, con equipos o *tínes* –de *team*– que acaparan el fervor casi total de la sociedad y jugadores que merecen y reciben el cariño y respeto de lo que en la Isla llamaban la fanaticada. Muchos de esos jugadores participan de las grandes ligas norteamericanas –los circuitos donde sólo jugaban los profesionales más competentes del país que había perfeccionado este *sport*– y, a su vez, durante el invierno, a lo largo de la primera mitad del siglo XX, especialmente en las décadas de los cuarenta y cincuenta, muchos de los norteamericanos se integraban a las ligas cubanas y se convertían en personajes muy familiares para las multitudes que seguían de cerca los juegos. Esta coinci-

dencia en la devoción por el béisbol, y este constante intercambio entre Estados Unidos y Cuba, ha llevado al académico de la Universidad de Yale, Roberto González Echevarría
–hispanista y jugador *amateur* de pelota–, a afirmar, en un
libro muy interesante –*The pride of Havana: a history of Cuban
Baseball*–, que la ruptura y el enfrentamiento de Cuba con
su vecino tiene un elemento de irracionalidad casi incom-
prensible, en la medida en que la pelota, el más americano
de los deportes, forma parte inseparable del ser nacional
cubano.

Si Cuba fue la potencia pelotera latinoamericana hasta la
década de los sesenta, a partir de ahí y de manera creciente,
otros países han ocupado su lugar, y en especial República
Dominicana y Puerto Rico, cunas de dos de los jugadores
más admirados de la historia de este deporte: el toletero o
excelente bateador Sammy Sosa, y Roberto Clemente, uno
de los atletas más completos de cuantos han pasado por el
profesionalismo. Reconocimiento que tiene una notable
consecuencia en el terreno económico: un periodista que
sumó las primas y salarios recibidos por las dos docenas de
dominicanos que juegan en las ligas mayores, descubrió que
la suma por ellos percibida era más valiosa que la producción azucarera de toda la nación a precios internacionales.
Eso, entre otras razones, explica que miles de niños pobres
dominicanos, puertorriqueños, venezolanos y, últimamente, colombianos y nicaragüenses, se entreguen ilusionados
a un deporte que, además de divertirlos, puede cambiar sus
vidas para siempre.

Baloncesto

Si el fútbol es de origen incuestionablemente inglés, y si
el béisbol es una derivación de otro juego británico, el *basket* o baloncesto, en cambio, nació en Estados Unidos y debe
ser el único deporte sobre la tierra del que se conoce la fecha de aparición y el nombre de quien sin duda lo creara.

El primero de diciembre de 1891, un esforzado profesor de educación física, James Naismith, contratado por la Young Men's Christian Association, la célebre y ubicua YMCA organizada por las iglesias protestantes para proveer a los jóvenes de sanas diversiones que les alejen los malos pensamientos y les fortalezcan el cuerpo, a la sazón en Springfield, Massachusetts, dividió a un grupo de muchachos en dos equipos de cinco personas, ató a sendas varas dos canastas vacías de melocotón en los extremos del patio –de ahí que el nuevo pasatiempo se llamaría *basket ball*–, improvisó ciertas sencillas reglas, y con una pelota de fútbol y un silbato en los labios organizó el primero de los centenares de miles de juegos de baloncesto que más adelante se llevarían a cabo en el resto del planeta.

La velocidad con que este deporte se expandió por el mundo se debió, en gran medida, al prestigio y al ímpetu de la nación que lo impulsaba –como había ocurrido con el fútbol con relación a Inglaterra–, pero en este caso concurrían otros factores muy favorables: el tamaño de la cancha, relativamente pequeño, mucho más reducido que los terrenos de fútbol o de béisbol, permitía que prácticamente cualquier institución lo incorporara a sus predios. Incluso, se podía practicar bajo techo, algo verdaderamente importante en el norte de Estados Unidos, donde los inviernos son largos y fríos. Al mismo tiempo, sólo se requerían una pelota, dos aros y unas líneas dibujadas sobre un suelo que podía ser de tabloncillo o hasta de cemento. Originalmente, se utilizó el balón de fútbol, pero años más tarde se optó por una pelota ligeramente mayor, de algo menos de ochenta centímetros de circunferencia. Al contrario del *rugby*, la bola no puede ser llevada en las manos –hay que hacerla rebotar– y se prohíbe cualquier clase de violencia. En 1913, cansados del fastidio de tener que sacar la pelota de la canasta cada vez que alguien encestaba, se optó por abrir la malla por debajo. Esto aceleró notablemente el ritmo del juego.

El baloncesto llegó a América Latina simultáneamente

con el béisbol, pero con dos peculiaridades que lo distinguen: el juego se difundió básicamente por medio de los sistemas escolares, y ha tenido una implantación más extensa –se practica en todos los países–, pero menos intensa. Es decir, aunque todos lo juegan, no constituye el deporte nacional de ningún pueblo, al contrario de lo que sucede con la pelota en las Antillas, donde cubanos, puertorriqueños y dominicanos tienen ese pasatiempo como la verdadera pasión de cada una de las islas.

Una explicación de esta tibia recepción al baloncesto, mientras el fútbol o el béisbol, literalmente, arrebatan, acaso tiene que ver con una limitación física que desalienta la competencia en todo el planeta: el baloncesto se ha ido convirtiendo en un deporte de verdaderos gigantes de dos metros de altura; especímenes humanos que no son frecuentes dentro de los fenotipos convencionales de América Latina o de Japón. Mientras en el fútbol un señor pequeño y rechoncho como Maradona, en un momento dado puede ser el mejor jugador del mundo, enfrentado a futbolistas de todos los tamaños y colores, en el baloncesto resulta muy difícil ocupar un puesto discreto si no se tiene la talla descomunal de los atletas norteamericanos, canadienses, o de ciertos pueblos europeos igualmente altos y corpulentos. Así las cosas, el baloncesto, poco a poco va pasando de ser un deporte que se practica con devoción para convertirse en un espectáculo que se contempla. El ¡que inventen otros! gritado por Unamuno, comprensiblemente va derivando en ¡Que jueguen otros!

Bibliografía

A.A.V.V. Gran enciclopedia del fútbol. Editorial Océano, Barcelona, 1982.

A.A.V.V. Iberoamérica, lugar de encuentros. Asociación Cultural Hispano-Norteamericana, Madrid, 1979.

A.A.V.V. La apuesta del Nuevo Mundo. Realsa, Lima, 1997.

A.A.V.V. La Hacienda en el Perú: historia y leyenda. Banco Latino, Lima, 1997.

A.A.V.V. Spanish ports throughout history. Centro de Estudios Históricos de Obras Públicas y Urbanismo, Madrid, 1994.

Abella, Carlos. ¡Derecho al toro! El lenguaje taurino y su influencia en lo cotidiano. Anaya & Mario Muchnik, Madrid, 1996.

Agustín, San. Confesiones. Alianza Editorial, Madrid, 1998.

Alcalá-Zamora, José N. (Dir.). La vida cotidiana en la España de Velázquez. Temas de hoy, Madrid, 1999.

Alonso, Amado. Estudios lingüísticos. Gredos, Madrid, 1951.

Amorós, Andrés. Toros y cultura. Espasa-Calpe, Madrid, 1987.

Ballester Escalas, R. Veinticinco siglos de creencias religiosas. Editorial Mateu, Barcelona, 1961.

Bellver Martín, Dolores. La España de los Reyes Católicos. Anaya, Madrid, 1998.

Benevolo, Leonardo. Introducción a la arquitectura. Celeste ediciones, Madrid, 1992.

Bessière, Gérard. Jesús, el inesperado. Ediciones B, Barcelona, 1999.

Bloomfield, Leonard. Lenguaje. Universidad de San Marcos, Lima, 1964.

Bodo Schieren. Patate. Rizzoli, Milán, 1990.

Boff, L. y Boff, C. Introducing Liberation Theology. Orbis Books, New York, 1987.

Bolaño e Isla, A. Manual de historia de la lengua española. Editorial Porrúa, México, 1971.

Bosch Gimpera, P. La formación de los pueblos de España. Imprenta Universitaria, México, 1945.

Cabot, José Tomás. La vida y la época de Felipe II. Planeta, Barcelona, 1997.

Cahill, Thomas. The Gifts of the Jews. Anchor Books, Doubleday, New York, 1998.

Cálvez, J.I. La enseñanza social de la Iglesia. Biblioteca Herder, Barcelona, 1991.

Calvo, José. Así vivían en el Siglo de Oro. Anaya, Madrid, 1996.

Camacho, Ildefonso. Doctrina social de la Iglesia. San Pablo, Madrid, 1991.

Cámara, Alicia. Fortificación y ciudad en los reinos de Felipe II. Editorial Nerea, Madrid, 1998

Carrington, Philip. The early Christian Church. Cambridge University Press, Cambridge, 1957.

Castro, F. Fidel y la religión. Conversaciones con Frei Betto. Publicaciones del Consejo de Estado, La Habana, 1985.

Cavalli-Sforza, Luca y Francesco. Quiénes somos: historia de la diversidad humana. Crítica, Barcelona, 1994.

Cavallo, Guglielmo. Libros, editores y público en el Mundo Antiguo. Alianza Universitaria, Madrid, 1995.

Cela, Camilo José. Torerías. Espasa-Calpe, 1991.

Chamorro, Eduardo. La vida y la época de Felipe IV. Planeta, Barcelona, 1998.

Chaunu, Pierre. Conquista y explotación de los nuevos mundos. Labor, 1973.

Chevalier, Maxime. Lecturas y lectores en la España de los siglos XVI y XVII. Turner, Madrid, 1976.

Chomsky, Noam. "Reseña de Verbal behavior de Skinner, B.F"., Language 35, U.S.A., 1959.

Chueca Goitía, Fernando. Ensayos críticos sobre arquitectura. Edhasa, Barcelona, 1967.

Cinquetti, M. L'industria del mais, Chiriotti, Pinerolo, 1987.

Cipolla M. Carlo. Las máquinas del tiempo y de la guerra. Crítica, Barcelona, 1999.

Claramunt, Fernando. Historia ilustrada de la tauromaquia. (2 vol.). Espasa-Calpe, Madrid, 1992.

Coady, Chantal. Chocolate. Evergreen, edición en español, Slovakia, 1998.

Colón, Hernando. "Historia del Almirante". Historia 16, Madrid, 1984.

Cordón, Faustino. Cocinar hizo al hombre. Tusquets editores, Barcelona, 1980.

Corral, Fabián B. La Hacienda. Dinediciones S.A., Quito, 1996.

Crosby, A.W. Lo scambio colombiano. Einaudi, Turín, 1992.

Cunqueiro, Álvaro. La cocina cristiana de Occidente. Tusquets, Barcelona, 1981.

D'Introno, F., Guitart, J. y Zamora, J. Fundamentos de lingüística hispánica. Editorial Playor, Madrid, 1988.

D'Introno, Francesco. Sintaxis transformacional del español. Cátedra, Madrid, 1979.

Dawson, C. Historia de la cultura cristiana. Fondo de Cultura Económica, México, 1997.

Demandt, Alexander; Rosen, Klaus et al. Los grandes procesos de la historia. Crítica, Barcelona, 2000.

Díaz Salazar, R. La izquierda y el cristianismo. Taurus, Madrid, 1998.

Díaz-Plaja, Fernando. La vida y la época de Felipe III. Planeta, Barcelona, 1998.

Domecq, Álvaro. El toro bravo. Espasa-Calpe, 1985.

Domínguez Molinos, Rafael. Historias extremas de América. Plaza & Janés, Barcelona, 1986.

Eliade, M. The Encyclopedia of Religion. Macmillan Publising Co., New York, 1987.

Entwistle, William J. Las lenguas de España: castellano, vasco, y gallego portugués. Ediciones Istmo, Madrid, 1973.

Fajardo G. de Travecedo, Santiago y Fajardo López-Cuervo, Íñigo. Tratado de castellología. Trigo Ediciones S.L., Madrid, 1996.

Fernández de Villalobos, G. Estado eclesiástico, político y militar de la América. Instituto de Estudios Fiscales, Madrid, 1990.

Fernández Díaz, Roberto. La España del siglo XVIII. Anaya, Madrid, 1990.

Fernández Herrero, Beatriz. La utopía de América. Anthropos, Madrid, 1992.

Fernández Román, Fernando. Los toros contados con sencillez. Maeva, Madrid, 2001.

Fontán, Antonio. Dos mil años de era cristiana. Ediciones Nueva Revista, Madrid, 1999.

García Candau, Julián. Épica y lírica del fútbol. Alianza Editorial, Madrid, 1996.

Girouard, Mark. Cities & People: a Social and Architectural History. Yale University Press, New Haven, 1985.

Goldstein, Warren. Playing for Keeps: A History of Early Baseball. Cornell University Press, 1989.

González Echevarría, Roberto. The pride of Havana: a history of Cuban Baseball. Oxford University Press, New York, 1999.

González, Justo L. La era de los reformadores. Editorial Caribe, Miami, 1980.

Greus, Jesús. Así vivían en Al-Andalus. Anaya, Barcelona, 1988.

Gutiérrez, G. Teología de la liberación. Sígueme, Salamanca, 1972.

Haring, Clarence. Comercio y navegación entre España y las Indias. Fondo de Cultura Económica, México, 1979.

Harris, Marvin. Bueno para comer. Alianza/Ediciones del Prado. Madrid, 1989.

————. Caníbales y reyes. Alianza Editorial, Madrid, 1987.

Hartt, Frederick. Arte. Akal, Madrid, 1989.

Haubert, Maxime. La vida cotidiana de los indios y jesuitas en las Misiones del Paraguay. Ediciones Temas de Hoy, Madrid, 1991.

Hehn, Víctor. Cultivated plants and domesticated animals in their migration from Asia to Europe. John Benjamins. Amsterdam, 1976.

Hemingway, Ernest. Muerte en la tarde. Planeta, Barcelona, 1968.

Hooker, Richard. Food and drink in America. Bobbs-Merrill. New York, 1981.

Iribarren, J. y Gutiérrez García, J.L. Once grandes mensajes. Biblioteca de Autores Cristianos. Madrid, 1993.

Jean, Georges. La escritura, memoria de la humanidad. Ediciones B, Barcelona, 1998.

Johnson, H. Il vino, storia, tradizioni, cultura. Muzzio, Padua, 1991.

Johnson, P. A History of Christianity. Atheneum, New York, 1976.

Jones, A.H.M. Constantine and the Conversion of Europe. The English Universities Press Ltd., Londres, 1949.

Keller, W. The Bible as History. Barnes & Noble, New York, 1995.

Khan, Hasan-Uddin. El estilo internacional. Taschen, Colonia, Alemania, 1999.

Küng, H. Grandes pensadores cristianos. Editorial Trotta, Madrid, 1995.

Lamet, P.M. Arrupe: una explosión en la Iglesia. Ediciones Temas de Hoy, Madrid, 1989.

Lapesa, Rafael. Historia de la lengua española. Gredos, Madrid, 1980.

Leonard, Irving. Los libros de los conquistadores. Fondo de Cultura Económica, México, 1979.

Leroux-Dhuys, Jean-François. Las abadías cistercienses en Francia y en Europa. Könemann. Colonia, Alemania, 1998.

Letson, D. y Higgins, M. The Jesuit Mystique. HarperCollins. Londres, 1995.

Lodares, Juan Ramón. Gente de Cervantes. Historia humana del idioma español. Taurus, Madrid, 2001.

López Morales, Humberto. Introducción a la lingüística actual. Editorial Playor, 1983.

Lucena, Manuel. Así vivían los aztecas. Anaya, 1992.

Luraschi, A. Il pane a sua storia. L'arte bianca, Turín, 1953.

Malmberg, Bertil. La América hispanohablante. Istmo, Madrid, 1992.

Mangual, Alberto. Una historia de la lectura. Alianza Editorial. Fundación Germán Sánchez-Ruipérez, Madrid, 1998.

Manzano y Manzano, J. Colón y su secreto. Cultura Hispánica, Madrid, 1976.

Maroni, A. Pane, storia, tradizioni, ricette. Acanthus, Milán, 1988.

Martínez, José Luis. Origen y desarrollo del libro en Hispanoamérica. Fundación Germán Sánchez-Ruipérez, Madrid, 1984.

Menéndez Pidal, Ramón. Manual de gramática histórica española. Espasa-Calpe, Madrid, 1980.

——————. Orígenes del español. Espasa-Calpe, Madrid, 1956.

Metz, R. Historia de los Concilios. Oikus-Tau, Barcelona, 1971.

Millares Carlo, Agustín. Introducción a la historia del libro y de las bibliotecas. Fondo de Cultura Económica. México, 1971.

Mintz, S.W. Storia dello zucchero tra politica e cultura. Einaudi. Turín, 1990.

Morales Padrón, Francisco. Los conquistadores de América. Espasa Calpe, Madrid, 1974.

————. Vida cotidiana de los conquistadores españoles. Temas de hoy, Madrid, 1992.

Moreno Fraginals, Manuel. El Ingenio. Complejo económico social cubano del azúcar. Editorial Ciencias Sociales, La Habana, 1978.

Morley, Sylvanus G. La civilización maya. Fondo de Cultura Económica, México, 1989.

Mumford, Lewis. The City History. NJF Books, New York, 1997.

Navarro Tomás, Tomás. Manual de pronunciación española. Consejo Superior de Investigaciones Científicas, Madrid, 1985.

Neft, David y Cohen, Richard M. The Sports Encyclopedia: Baseball. St. Martin's Press, New York, 1991.

Novak, M. El pensamiento social católico y las instituciones liberales. Libro Libre, San José, C.R. 1989.

Palazzi, A. Il libro del riso. Fabri, Milán, 1988.

Partner, Peter. God of Battles. HarperCollins, Londres, 1997.

Pérez Rioja, José A. Panorámica histórica y actualidad de la lectura. Ediciones Pirámide, Madrid, 1986.

Pérez, Joseph. La España del siglo XVI. Anaya, Madrid, 1998.

Pirenne, Henri. Las ciudades en la Edad Media. Alianza Editorial, Madrid, 1972.

Puente Ojea, G. Ideología e historia. La formación del cristianismo como fenómeno ideológico. Siglo XXI, Madrid, 1974.

Ramos, M.A. Historia de las religiones. Editorial Playor, Madrid, 1989.

Reichold, Klaus y Graf Bernhard. Buildings that changed the world. Prestel, Munich, 1999.

Revel, J.F. 3000 anni a tavola. Rizoli. Milán, 1979.

Ricard, R. La conquista espiritual de México. Fondo de Cultura Económica, México, 1995.

Risebero, Bill. Historia dibujada de la arquitectura. Celeste ediciones, Madrid, 1991.

Ritchie, Carson I. Comida y civilización. Alianza Editorial, Madrid, 1981.

——————. La búsqueda de las especias. Alianza Editorial, Madrid, 1994.

Ross de Cerdas, Marjorie. Las frutas del paraíso. Editorial de la Universidad de Costa Rica, San José, 1995.

Salamán, R. N. Storia della patata. Garzanti, Milán, 1989.

Sánchez-Albornoz, Claudio. España y el Islam. Sudamericana, Buenos Aires, 1943.

Saussure, Ferdinand. Curso de lingüística general. Losada, Buenos Aires, 1965.

Sédillot, René. Historia de las colonizaciones. Aymá S.A. Editora, Barcelona, 1961.

Segourne, L. América Latina. Antiguas culturas precolombinas. Siglo XXI, Madrid, 1978.

Serradilla Muñoz, José v. La mesa del emperador: recetario de Carlos V en Yuste. R&B Ediciones, San Sebastián, España, 1997.

Solano, Francisco de (coordinador). Historia y futuro de la ciudad iberoamericana. Consejo Superior de Investigaciones Científicas, Madrid, 1985.

Tate, Georges. Las cruzadas. Ediciones B, Barcelona, 1999.

Toman, Rolf (coordinador). El románico. Könemann, Colonia, 1996.

——————. El gótico. Könemann, Colonia, 1998.

——————. El barroco. Könemann, Colonia, 1997.

Ullmann, Walter. Historia del pensamiento político en la Edad Media. Ariel, Barcelona, 1999.

Verdú, Vicente. El fútbol, mitos, ritos y símbolos. Alianza Editorial, Madrid, 1980.

Vickers, Graham. Key moments in Architecture. Hamlyn, Londres, 1998.

Vidal Manzanares, César. Diccionario de las tres religiones monoteístas. Alianza editorial, Madrid, 1993.

——————. El legado del cristianismo en la cultura occidental. Espasa Calpe, Madrid, 2000.

Voltes, Pedro. Nueva historia de España. Plaza & Janés Editores, Barcelona, 1989.

Wahl, Alfred. Historia del fútbol: del juego al deporte. Ediciones B, Barcelona, 1997.

Wilken, R. L. The Christians as the Romans saw them. Yale University Press, New Haven, 1984.

Zabala, Vicente. La entraña del toreo. Prensa española, 1968.

Zabalbeascoa, Anatxu y Rodríguez Marcos, Javier. Vidas construidas: biografías de arquitectos. Editorial Gustavo Gili S.A., Barcelona, 1998.

Zamora Vicente, A. Dialectología española. Gredos, Madrid, 1967.